西方心理学大师
经典译丛

科学与人类行为

SCIENCE AND HUMAN BEHAVIOR

B. F. Skinner

[美] B. F. 斯金纳 ◎ 著

王京生 ◎ 译

中国人民大学出版社
·北京·

译者序

斯金纳（B. F. Skinner，1904—1990）这个名字，对于系统学习过心理学课程的人来说，几乎无人不晓。如果用一句话来对这位心理学巨匠做一个描述的话，那就是“动手能力极强的激进的行为主义心理学家”。之所以说动手能力极强，是因为我们很容易联想到以在斯金纳箱中进行的鸽子实验为代表的那一系列至今堪称无懈可击的动物实验。说到激进的行为主义，通常的理解就是只研究可观测的行为以及可检验的影响行为的变量，至于那些无法计量的内在影响因素基本都被看作假设的虚构物而不予考虑，这或许就是科学哲学中所探讨的深刻的片面性。斯金纳的著作过去翻译成中文的不多，因此，这种认识大多来自西方心理学史以及人格心理学这类著作中的介绍。然而，当通读了《科学与人类行为》这部著作后，相信多数人会从中看到一个与以往的想象很不一样的斯金纳。这不仅会对斯金纳产生一个相对全面的认识，也会对行为主义心理学有一个更为全面的认识。对于从事心理学工作的人来说，更可以从中获得一些启示。

从科学的角度看，心理现象是比生命现象更加复杂的研究内容，就其复杂性而言，其研究领域势必会越分越细。而作为跨越自然科学与社会科学两界的心理科学，必然也包含着基础研究与实践应用两个部分。因此在许多人看来，心理学工作者似乎也是由两类人组成，一类是从事基础研究的科研人员，一类是从事实践应用的从业者。这两类人无论是在人格特征还是在能力类型上都应该有着很大的不同。与斯金纳同时代的另一位心理学巨匠弗洛伊德似乎更接近于后者，那么斯金纳应该是属于哪一类人呢？根据前面的描述，他显然应该是第一类人，因为我们对于他的认识，几乎都是源于他的那些动物实验。然而从《科学与人类行为》一书中我们看到，这种区分完全不适用于他，他的研究兴趣几乎涵盖了人类生活的各个方面。人们通常习惯用二分法来区分个体的独特性，如理性与感性、微观与宏观、分析与综合、专一与广博等，而就本书内容来看，这些看似相对的特征均在作者身上展现了出来。

斯金纳的实验设计简明而严谨，堪称实验心理学的经典。但好的实验一定是建立在好的研究假设之上的，这既需要天马行空的丰富想象，又需要缜密的逻辑推理，而这正是《科学与人类行为》贯穿全书的风格。本书涉及人类社会生活的各个方面，斯金纳试图用行为主义的强化原理来解释所有这些方面的人类行为，在其论证过程中，既有对生活细致入微的独到观察，又有广博的自然科学知识与人文知识做支撑，更有贯彻始终的严谨思辨。他喜欢用实验说话，书中大量的思辨内容都可用头脑中的实验来加以检验。我们所熟知的那些实验只不过是他头脑中无数个实验落在实处的那部分而已。与本书同时期出版的他的《瓦尔登湖第二》（亦有人译为《桃源二村》），就是一个在头脑中运用行为主义原理进行乌托邦式社会改造的实验。更为难得的是，他对心理学的巨大贡献不仅是以严谨实验为支撑的行为主义理论，他还十分善于将实证研究的成果应用于人类生活实践，在推广普及行为主义理论的应用方面，他是当时极负盛名的社会公众人物。早在20世纪50年代，他所设计的程序教学就在教育领域获得广泛的应用，并产生了深远的影响。时至今日，他的理论在教育和心理治疗领域依然占有十分重要的地位。

自20世纪初以来，精神分析与行为主义曾并驾齐驱引领国际心理学发展近半个世纪。精神分析更具哲学意味，是在临床观察的基础上构建起的对人类精神现象的一种智慧的描述。但其常被批评缺乏实证性，更像是一个哲学体系。而行为主义与之相反，突出体现了科学的实证精神。但心理学毕竟脱胎于哲学，从本质上说是研究人性的，没有哲学的视角，再严谨的研究也很容易陷入盲人摸象的困境。斯金纳给人的印象是实验设计的高手。但通过本书的阅读我们会看到，他在实证研究方面的优长与其哲学方面的造诣相得益彰。今天的科研条件与斯金纳的时代已经不可同日而语，然而可被称为经典的实验并不多见，其中一个原因便是缺乏哲学的整体视角以及实验设计之前的精细思辨，因而提不出高水平的研究假设。本书在这方面可以为读者提供大量可供参考的范例。

说到精神分析，该学派的理念似乎与行为主义相距甚远，但斯金纳在本书中对其概念引用颇多，也并未有过所谓“激进”的批评。而且就其引用的内容来看，他对于精神分析理论也是驾轻就熟。他并非一概地反对非实证性的概念，而是试图从行为主义的角度对其进行深入的分析；虽然他有时也称之为“解释性虚构”，但并不否认其存在的价值，甚至将其视为有重要意义的假说。他所坚持的是探索这些概念背后可能存在的那些可供检验的因变量。他对于“自有事件”的探讨便是如此。

虽然本书是斯金纳的早期著作（1953），但无论是就其所涵盖的内容（宏观）还是对每个实验的深入思辨（微观）来看，它都可以被视为行为主义心理学的基本教科书。初读本书，可能会对书中的一些分析略感繁复甚至晦涩。这是因为我们以往对斯金纳实验的了解多限于实验过程和实验结果，而对于这些实验的基础，即提出假设的思辨过程却所知甚少。而缜密的思辨恰恰就是本书最突出的特点。因而读者以一定的耐心去跟随作者的思路是大有裨益的。一旦熟悉了其思辨过程，随后的阅读便会豁然开朗。

一本译著会不会令读者获益？首先要看译者是否已经从中受益。若译者受益颇多，但读者仍不明所以，说明问题出在语言的准确表达上。若译者本人都未能充分理解，那即便外语水平再高，也是无济于事的。翻译的过程是一个逐渐走近大师并不断追随大师思路的过程，这也是一个十分费力但也充满惊喜的过程，我本人从中受益匪浅。遗憾的是，本人未曾接受过系统的英语训练，更没有在国外长期学习的经历。唯一所仰仗的是：20世纪80年代读硕士期间，在导师陈泽川先生的指导和严格要求下通读过英文版的心理学著作。90年代读博士期间，承蒙导师陈会昌教授的信任，邀请我参与了一些心理学著作和文章的翻译。再就是在军队院校工作期间，由于工作需要，翻译了几部军事心理学著作。当张宏学编辑邀请我翻译此书时，我对自己的信心是不足的，犹豫再三，但最终还是抱着学习的态度接下了这一工作。然而初读之后便深感力不从心。以往翻译的军事心理学著作，多是资讯性质的内容，语言修辞比较简单，把问题介绍清楚即可。而斯金纳是那个年代的畅销书作者，本科是英语文学专业，曾经的志向是成为作家。且不说其知识的渊博和思维的严谨，仅语言的独特风格就令我感到难以驾驭。我曾多次欲知难而退，但张宏学编辑的信任与鼓励又令我感到这是一份无法推卸的责任。心理学专业著作对于没有心理学教育背景的人来说，即便英文再好，其翻译难度也比粗通英文的心理学工作者更大，这项工作终究要有人来做，于是我就勉为其难了。翻译是一项充满遗憾的工作，每重读一遍就会发现许多值得重译的地方，就“信、达、雅”而言，我只能是尽可能追求“信”了。

关于几个概念的说明：

1. Operant，“操作性”是字面的意思，也有“自发性”的含义。巴甫洛夫的经典条件作用与操作性条件作用的根本区别在于前者是由刺激引发的行为，因此也叫应答性条件作用，而后者则是自发行为，不为任何刺激所引发，刺激仅起辨识作用，所以译为“自发性”条件作用似乎更容易理解。但考虑到操作性条件作用这个概念早已经约定俗成，且几代人都在使用，只能是提出这样一种看法，仅供参考。

2. Contingency，这是斯金纳使用频率极高而其他理论却很少提及的概念。有偶然性和意外的含义，曾有人译为“列联”“偶联”“相倚”等，根据斯金纳的定义，意为刺激、反应和强化三要素的偶然联结，我译为“相倚关系”。该词中文没有统一译法，就如同 empathy 和 client 等概念。最终使用频率最高的译名通常具有歧义最小、最容易顾名思义（无须专门界定、解释）的特点，并且还要像是一个概念，而不是俗语。

3. Schedule，常被译为“时间表”，无法顾名思义。其实这是强化程式的意思，不仅有时间维度，还有比例维度。所以译为“强化程式”或“程式”更不容易产生歧义。

4. Repertoire，原意为演出总剧目、保留剧目或常备剧目，斯金纳在本书中频繁使用这一概念，意为反应或技能的集合。我在“集”和“库”之间反复斟酌，最后选定“集”，如反应集、言语集等。

5. Private event，有人译为“私有事件”或“个人事件”，但这种直译不能反映斯金纳的原意：个人所经历的主观感受，且无法为公众所感知。因此，我译为“自有事件”。

一己之见，只为抛砖引玉，望同行们给予指正。

王京生

2022 年 8 月 10 日于青岛

献给

弗雷德·凯勒（Fred S. Keller）

致　谢

这段引用弗朗西斯科·拉纳（Francesco Lana）的话（第一章）吸引了《科学》杂志读者们的注意，引用这段话的文章发表在 1939 年 8 月 25 日的《科学》杂志上，作者是阿什利-蒙塔古（M. F. Ashley-Montagu）。感谢作家协会（Society of Authors）爽快地允许我引用乔治·萧伯纳的《黑人女孩的寻找上帝之旅》（*The Adventures of the Black Girl in Her Search for God*；第四章）。关于布里格斯（LeBaron Russell Briggs）院长的故事（第十四章）取自玛丽·伍利（Mary E. Woolley）发表于《美国学者》（*American Scholar*）杂志 1932 年第一卷第一期的文章。我引用的卡尔·罗杰斯的话（第二十九章）可见于 1984 年秋季《哈佛教育评论》（*Harvard Educational Review*）的第 212 页，并且获得了引用许可。我要感谢毕比-森特（J. G. Beebe-Center）对手稿颇有助益的阅读。还要感谢狄安娜·拉森（Diana S. Larsen）女士和多萝西·科恩（Dorothy Cohen）小姐在编辑方面的协助。

哈佛大学
马萨诸塞州剑桥市
B. F. S.

目　录

第一部分 1

人类行为科学的可能性

第一章 3
科学有用吗？

科学的滥用

直至 17 世纪中叶，人们才终于明白，地球是被大气的海洋所包裹，就像它的大部分面积被水覆盖一样。当时的一位科学家弗朗西斯科·拉纳（Francesco Lana）声称，比空气还要轻的船是可以漂浮在这大气的海洋之上的，并且还提出了如何建造这样一艘船的设想。他无法用实践来检验他的发明，但他认为不能付诸实践的唯一原因是：

> ……上帝永远不会让这项发明奏效，因为其所带来的许多后果可能会给人类的公民政府造成困扰。如果有谁看不到这一点，那么让我来告诉你，届时没有哪个城市是安全的，因为我们的船可以在任何时间被直接部署到该城市的上空，士兵会从天而降；同样的事情还可能发生于私人家园以及海上的船只，因为我们的船可以穿过大气层，冲向舰船的船帆，切断其绳索，无须降落便可抛出抓钩，将舰船倾覆，消灭其船员，并用人造烟火和火球焚毁船只。这种做法不仅可以用于攻击舰船，还可用于摧毁高大建筑、城堡和都市，它们居高临下，可以在枪炮射程之外安全地向下抛掷这些东西，而不必顾及来自地面的攻击。

拉纳的预言其实没有什么依据，但他对现代空战细节的预见之精准却 4
令人惊讶，如空中扫射和轰炸。然而与他的期望相反，上帝并没有阻止他的这些预言变为现实。

人类便是如此。这个说法提示我们，科学以及我们一直在使用的科学产品是不承担责任的。人类力量的增长与其智慧的发展似乎完全不成比例。人类在建设一个健康、幸福和富有成效的世界时从未摆正过自己的位置；然而，情况似乎从未像现在这么糟糕。半个世纪内发生的两场世界大战令世人精疲力竭，但持久的和平却依然无望。文明进步的梦想被数百万无辜者惨遭杀戮的场景所粉碎。最坏的结果或许还在后面。科学家们也许不会启动核反应从而将这个世界推向万劫不复，但是一些看似更为合理的展望却几乎无法减轻人们的恐慌。

面对这种显然不该发生的情况，善良的人们会发现自己是如此无助，抑或是害怕采取行动。一些人被极度的悲观所吞噬。有的人则盲目地拼命反击，而他们反击的目标大多指向科学本身。科学的威望被大大削弱，它被看作儿童手中的危险玩具而遭到诋毁，因为儿童不了解其危险性。在任何时代，那些具有突出特征的事物常会因其带来的一些问题而备受指责，科学在20世纪必然会扮演替罪羊的角色。但是这种抨击并非毫无道理。科学的发展之路是崎岖不平的。因为要从较为容易的问题入手，科学首先扩展了我们对非生物界的控制力，但对于随之而来的重大社会问题却毫无准备。建立于科学基础之上的各种技术也同样令人不安。内部相对固定的孤立群体开始相互接触，从而打破了他们固有的均衡状态。工业产业如雨后春笋般涌现，而社会成员没有为此做好准备；与此同时，另一些行业却在消亡，并造成数百万从业者因为不胜任高效能的工作而失业。科学的广泛应用防止了饥荒与瘟疫，降低了死亡率——其影响遍布全球，现有的文化体系或政府职能竟然难以望其项背。科学也使得战争变得更为可怕，更具破坏性。尽管大部分不是有意为之，但它的确起到了这样的作用。由于
5 科学家们都是智慧之人，我们有理由相信他们会对这些后果保持警惕。

当听到有人提议要废弃科学时，不必感到惊讶，至少眼下不必为此而紧张。这一解决方案特别吸引那些生性更适合其他生活方式的人。如果我们能将人类引入一种艺术或宗教的复兴，即使是我们今天视为平静生活的一些琐碎争论，我们也可能从中获得一些慰藉。这一方案很像塞缪尔·巴特勒在《乌有之乡》（*Erewhon*）一书中描述的公民决策：科学的设备与产品被当作人类文化演变的某个阶段的遗迹而送进了博物馆，而这一阶段的人类文化早已不复存在。然而，不是所有人都愿意支持这种僵化、“无知”的立场。就无知本身而言毕竟不是什么美德。令人遗憾的是，我们不可能一成不变：结束科学研究就意味着重返饥饿与瘟疫，回到靠艰辛劳作生存的奴隶制文化。

科学的校正作用

另一种解决方案对于当代思潮更具吸引力。科学本身没有错，错在对科学的运用。科学方法在所有领域的尝试都取得了巨大的成功。那就让我

们把它们应用于人类事务吧！我们不必蜷缩在那些科学业已高度发达的领域，我们需要将对人性的认识也提升至同等水平。其实，这有可能是我们唯一的希望。如果我们能够从客观的视角来仔细观察人类行为，了解其真相，我们也许更能够采取合理的行动方式。现在人们普遍感到需要建立某种平衡，那些能够掌控科学方向的人也正在采取相应的行动。人们认识到，自然科学若不涉及人性这一庞大的内容，其发展将毫无意义，因为只有把人性考虑在内，科学成果才能够得到明智的利用。兴许，科学已经伸出了援手，而这一构想最终将在有关人类事务的领域中得以实现。

对自由的威胁 6

然而，这里存在着一个困难。将科学应用于人类行为并不像看上去的那么简单。大多数主张这样做的人仅是在探寻“事实”。在他们看来，科学不过就是细致入微的观察。他们试图对人类行为的本来面目进行评估，摒弃无知或充满偏见的解释，然后据此做出行之有效的决策，随之便可迅速迈入一个更加幸福的世界。但科学在其他领域的应用方式表明，这其中还牵涉更多的问题。科学关注的绝不仅仅是“获取事实”，人们还可以用非科学的方式来展现更为智慧的行为。而科学自有其智慧。它为研究主题提供一种新观念，并为其所关注的这部分世界提供一种新的思维方式。如果我们打算享用科学在人类事务领域所具有的优势，那就必须准备采用科学所提供的有关人类行为的工作模式，这是必然的选择。但是那些宣称要用科学解决当前问题的人中却很少有人会走这么远。

科学不仅仅是在事件发生时对其进行描述。它试图发现秩序，并证明某些事件与其他事件之间存在的规律性联系。在没有发现这种关系之前，任何实用技术都不是以科学为基础的。但秩序不仅仅是一种可能的终极产品，它还是在一开始就必须要采用的一种工作假设。如果假设某研究主题是变化无常的，科学方法便无法运用于此。科学不仅要描述，它还要预测。它不仅要研究过去，还要探讨未来。预测也不是最后的结论：当相关条件能够改变，或者说可控时，未来也就可以被掌控。如果我们要将科学方法运用于人类领域，我们就必须假设行为是有规律的，是可以被确定的。为此我们必须假设某人做某事是由可以被确认的条件所引发的，一旦能够发现这些条件，我们就可以预期并在一定程度上决定其行为。

这种可能性对许多人来说实在是无法接受。这有悖于我们悠久的传统认识，人类历来被看作具有自由意志的行动者，其行为是内在自主变化的 7

结果，而不是明确的前置条件所致。有关人性的主流哲学都认为内在的“意志”具有干预因果联系的能力，它使得行为无法被预测和控制。如若放弃这一观点，许多我们所珍视的信仰将会受到威胁——一种看似令人激动并又富有成效的人性概念就会被瓦解。另一种观点则强调人类行为的强制力，而这也许是我们不愿意正视的。无论是从世俗还是从超然的角度，它都挑战了我们雄心勃勃的志向。当我们将人类行为作为科学的研究主题时，无论我们从中获益多少，作为西方文明的产物，不经一番斗争是无法企及的。我们只是不想要这样一种科学而已。

这类冲突在科学史上并不罕见。《伊索寓言》中的那头狮子看到一座人类征服狮子的雕像[1]时，轻蔑地评论道：“这位雕刻家显然是人类。”原始人关于人类及其在自然界之地位的信念通常都是夸大其词的。描绘一幅更为现实的图画对于科学来说一直是一种不幸的责任。哥白尼的日心说瓦解了人类在万物中显赫的中心地位。今天我们可以不带任何情感地接受这一理论，而最初它却遭遇了强烈的抵制。达尔文挑战了人与动物之间的壁垒，此前人类坚定地将自己与动物加以区分，而这一挑战所引发的痛苦争斗至今尚未终结。尽管达尔文将人类放置于生物学的地位，但他并不否认人类完全有可能成为主人。那些自主性、创造性行为所需要的特殊才华或特殊能力也许就是在进化的过程中显现出来的。当这一区分如今受到质疑时，一种新的威胁就产生了。

就理论问题而言，有多种防范途径可供选择。有人坚持认为有关人类行为的科学是不可行的，因为行为的某些本质特征是永远超越科学范围的。尽管这一论断可能会阻止许多人进行深入探索，但对于那些有意尝试
8 和亲身体验的人来说则毫无影响。另一种常见的反对意见是认为科学只在某种程度上是适当的，但它必须始终为信仰或者“价值判断”保留一席之地：科学可以告诉我们如何处理人类行为，但对于做什么，则必须依据某种非科学的方式来做出决定。也许会有人认为还存在着一种能够兼容个人自由学说的科学。例如，社会科学有时就被认为在本质上有别于自然科学，它们不适用于同样的法则。预测与控制可能会让位于“解释”，或者为了便于理解其他一些物种而被弃之不用。但是，那些以价值判断，或直觉，或解释为代表的智能类活动则从未被清晰地阐述过，也没有表现出任何能够改变我们当前困境的能力。

① 此处原文为画作 painting，但《伊索寓言》中此故事实为雕像 statue。——译者注

实践问题

我们当下的实践活动并没有体现出任何明确定义的理论地位。事实上，它们完全是混乱的。有时候我们似乎将某人的行为看作是自发的和负责任的。但有时候我们又意识到内在决定的作用至少是不全面的，个体并不总是需要承担责任的。我们无法对缓慢累积的证据视而不见，即超越个体的环境也起着重要的作用。我们有时会用“情有可原”一词来为某人开脱责任。我们不再责怪未受教育者无知，也不再指责失业者懒惰。我们也不再让少年儿童为自己的违法犯罪行为负全责。“对法律的无知”不再是不可饶恕的罪过：“主啊，请宽恕他们，因为他们自己并不知道自己在做什么。”精神病患者由于自身的状况而早已被免除了责任，我们今天用于减免责任的神经症行为与精神病行为的种类在成倍增加。

但是我们并没有一路走下去。我们将普通人看作自身所处环境的产物；但我们保留了对取得重大成就的伟人给予个人信赖的权利。（同时我们也乐于证明，即使这些人的部分成就，亦是受他人或其成长史上一些微 9
不足道的环境因素的“影响”。）即使我们情愿把那些思想有问题的人看作错误宣传的受害者，我们也仍然愿意相信，那些思想正确的人是受正确的原则所驱动的。落后的人也许是落后文化所造就的，但我们却总希望精英们不仅仅是先进文化的产物。尽管我们观察到穆斯林的子女通常都成了穆斯林，基督徒的子女通常也都成了基督徒，但我们并不想把出生的偶然性当作信仰的基础。我们将那些与我们认识不一致的人斥之为无知的受害者，而我们认为促进我们自己的宗教信仰就不仅仅是特定环境的安排了。

所有这一切都表明我们正在转型。我们没有完全抛弃有关人性的传统哲学；同时，我们也远没有毫无保留地采纳科学的观点。我们在某种程度上接受了决定论的假设；但我们也允许我们的同情心、我们的忠诚以及我们的个人志向都足以捍卫传统的观点。我们当前正致力于一种拼凑性的工作，根据传统理论将新的事实与方法整合进来。

如果这仅仅是一个理论问题，我们大可不必惊慌；但理论是要作用于实践的。一种关于人类行为的科学观念决定了一种实践，而一种主张个人自由的哲学则会产生另一种实践。理论上的混乱意味着实践中的混乱。当今这一令人不快的状况在很大程度上可以被归结为我们的摇摆不定。无论是和平集会还是刀兵相见的战场，国与国之间争端的主要问题都与人类自由与控制密切相关。极权与民主、国家与个体、统一计划与自由主义、外来文化的影响、经济决定论、个体主动性、宣传、教育、意识形态之战，所有这些都涉及人类行为的本质。如果不能在认识上取得一致，对这些问题的解决几乎肯定是徒劳的。

除非我们找到了替代方案，否则我们无法真正评估这一问题。西方文
10 化中有关人性的传统观点是众所周知的。一个自由的、负责任的个体的概
念被嵌入了我们的语言之中，并且遍布于我们的实践、准则和信仰。假如给出一个人类行为的例子，大多数人可以立即使用这一概念来描述它。实践是十分自然的事情，以至于很少受到检验。然而科学的表述则是新异和陌生的。很少有人清楚人类行为科学究竟有多大的可行性。个体行为或由个体构成的群体的行为能够以何种方式加以预测和控制？行为有什么样的规律？作为行为系统而产生的人类有机体的整体概念是什么？只有当我们至少初步回答了这些问题时，我们才会考虑人类行为科学在人性理论或人类事务管理方面的含义。

第二章 11
行为科学

科学最直接、最实在的优势就是比哲学、诗歌、艺术或神学更容易评估。正如乔治·萨顿所指出的，科学表现出的积累性进步是独一无二的。牛顿在解释自己所取得的巨大成就时说，他是站在了巨人的肩膀上。所有的科学家，无论他们是不是巨人，都能够让他们的后继者再开启一段新的进程。这在其他领域里就未必如此了。我们当代的作家、艺术家和哲学家显然并不比希腊黄金时代的先人更具影响力，而处于平均水平的高中学生对于自然的认识也远超古希腊最伟大的科学家。古希腊时期的成就与现代科学几乎不具有可比性。

很明显，科学是“有其独到之处的”。它是一个独特的智力过程，可以产生非同寻常的结果。其危险性在于它惊人的成就可能会掩盖它真实的本性。这在我们将科学方法扩展到一个新领域时尤其重要。科学的基本特征不限于任何研究主题。当我们研究物理学、化学或生物学时，我们都研究有组织的积累的信息。这些不是科学本身，而是科学的产物。当我们进
入新领域时，也许无法使用这些材料。我们不应该让自己迷恋于研究工 12
具。我们想象中的科学家都是在天文台或者实验室里使用望远镜、显微镜和粒子回旋加速器来进行研究。仪器为我们提供了一个从事科学研究的戏剧性画面。但是，假如没有这些改善我们与周围世界之联系的设备，科学不可能走得太远，尽管任何先进的科学离开了它们就会寸步难行，但它们自身仍然不是科学。如果某个新领域缺乏我们所熟悉的仪器设备，我们也不必感到不安。科学也不等同于精确的测量或数学计算。精确总比不精确要好，如果没有定量观察，没有必需的数学工具将研究报告转换为更为概括的表达，许多现代科学都将无用武之地；但是我们完全可以在没有科学依据的情况下进行测量或数学计算，就如同我们可以在没有这些工具帮助的情况下以最基本的方式保证科学性一样。

科学的重要特征

科学首先是一系列的态度。它是一种处理事实的倾向，而不是处理别人对这些事实的评价。当人们投身于研究“自然，而不是书本”时，拒绝权威就成了文艺复兴的主题。当权威干扰到对自然的观察时，科学甚至会拒绝其自身的权威性。

科学心甘情愿地接受事实，即使这些事实与自己的愿望相反。虽然有思想的人从来都清楚，我们看到的事情可能只是我们希望看到的，而并不是事情的本来面目，但我们依然要感谢西格蒙德·弗洛伊德，他使我们今天能够更清楚地意识到“一厢情愿式思维”的含义。与此相反的是理性的诚实——这是成功的科学家们所拥有的极为重要的一笔财富。科学家并不是天生就比其他人更诚实，珀西·布里奇曼指出，是科学实践对诚实给予极高的评价。科学自身的特点决定了任何不诚实的做法都会迅速招致灾
13 难。例如，一位科学家在研究中要检测一种他所熟知的理论。检测结果可能会证实其理论，也可能与该理论相矛盾，或者存在疑问。只要存在任何相反的倾向，他就必须像报告证实结论那样来报告相反的结果。如果他不这样做，其他人早晚也会得出这样的结果，无非是几周后、数月后，或者多少年之后，到那时其名誉会遭受重大损害，远不如当初如实报告。在正确或者错误不那么容易或者快速地确认的领域，就不会有类似的压力。从长远来看，问题不在于个人声誉，而是事关有效程序。科学家们只是发现，诚实对于科学进步来说是最基本的，无论是对自己还是对别人，都是一样的。实验并不总是产生我们所期待的结果，但是事实必须接受，先前的预期可以放弃。最了解事实的是主题，而不是科学家。同样的实践结果造就了科学的氛围，在这种氛围中所有的研究报告要永远服从检测的结果，在这里对事实的精确描述具有至高无上的地位，无论你对其短暂的结果有多么反感，也只能接受事实。

科学家们还发现了在没有可靠答案时存疑的价值，并相信终究会找到令人满意的答案。这是一门相当困难的课程。这需要花费大量的培训方能够避免过早地下结论，防止在证据尚不充分的情况下即报告结果，做出纯粹杜撰的解释。科学发展史一次又一次地证明了这样做的好处。

科学当然不只是一系列的态度。它本质上是对事物之间的秩序、统一性，以及规律性联系的探索。就像我们通常所做的那样，它也是开始于对单一情节的观察，但它很快就将其纳入一般规律，形成科学法则。早期人类行为中所表现出的有些东西非常像科学法则中所表述的秩序。我们从我

们的活动空间中学习粗糙的空间几何学。我们在走来走去、推拉或抛抓物体的过程中学习“运动定律”。如果我们不能找到这个世界的某种统一性，我们的行为便是无序和无效的。科学越来越多地揭示了事件之间的相互关系，而且这种揭示也愈加精准，从而对这种经验认识做出了补充，也使得这种认识更加清晰。恩斯特·马赫在追溯力学发展史时曾表明，最早的科
学规律也许就是工匠和手艺人在训练学徒时所使用的规则。有经验的工匠 14
可以就一个公式而向学徒讲授大量的细节，而这些规则可以节省时间。掌握了某种规则，徒弟便可以在特殊情况出现时亦能加以应对。

到后期，科学从对规律或法则的搜集阶段发展到对其进行更为广泛的系统整理阶段。它不仅要对世界做出表述，它还要对这些表述做出表述。它为研究主题建立“模型”，因为规则在解决某具体问题时本身又会引发新的实践活动，所以这些模型十分有助于产生新的规则。一门科学可能在一个时期内无法达到这个阶段。

科学“体系”，就如同法则一样，其设计就是为了让我们能够更为高效地处理某种主题。被我们称为科学概念的东西并不是被动的知识。科学并不关心沉思默想。当我们发现了影响着我们周边世界某部分的法则，并将这些法则组织成一个系统时，我们就为有效地应对这部分世界做好了准备。通过预测到某事件的发生，我们得以为此事件的发生做好准备。根据系统法则指定的方式设置条件，我们不仅可以预测事件，还可以掌控事件：我们“引发”某事件，或者致使该事件具有某种特征。

作为科学研究主题的行为

对行为的研究，不一定只有借助于望远镜或显微镜这类仪器的发明方可实施。关于行为，我们所了解的事实有成千上万。实际上没有哪个主题比之行为更为我们所熟悉，因为我们总是要面对至少一个表现某种行为的有机体。但是这种熟悉又是一种不利因素，因为它意味着我们很可能会在缺乏严谨的科学方法支撑的情况下就匆忙得出结论。尽管我们对行为观察了许多年，但没有科学方法的帮助，并不一定能够清晰地表述出具有实用价值的一致性或者具有规律性的相互关系。在对行为做出合理猜测方面，
我们可能会表现出相当的技巧，例如朋友或熟人在不同的情况下会做出何 15
种反应，或者我们自己会怎样做。我们通常也会对人们的行为做出看似合理的概括。但这些猜测与概括很少能经得起深入分析。在最初接触行为科学时，我们通常会大量地摒弃我们以往所学的东西。

研究行为之难，不仅是因为它难以把握，还在于它极为复杂。因为行

为是一个过程而不是一个物体，很难在观察的过程中使其保持静止状态。它是变化的、流动的、转瞬即逝的，因此，这对科学家的聪明才智和精力提出了极高的技术要求。但由此而产生的任何难题基本上是可以解决的。

关于行为，有一些常见的表述。当我们在讲述一桩奇闻逸事或传播一则流言时，我们都是在报告一个独立的事件——某人在某时刻、某种场合做了什么："她摔门而出，未发一言。"我们报告的是一小段历史。而历史本身无非就是大规模的类似报告。传记作家常常将自己局限于主人公生活中的一系列事件。在心理学一些领域中占有重要地位的个案史也是一种传记，其关注重点同样是特定个体于特定时间在特定地点做了什么："玛丽 11 岁时就去了温彻斯特与未婚的姑妈同住。"长短篇小说都可以被看作隐含的传记或历史，即便是高度虚构的小说，其素材也是以各种方法取之于生活。关于人类在特定时间、特定场合之行为的描述性报告也是考古学、民族学、社会学和人类学的一部分。

这些描述是有用的。对于那些未曾直接接触到类似资料的人来说，他们的经验得以扩展。但这只是一门科学的开端部分。无论个案报告的精确性以及数量如何，它也仅仅是一个初始的步骤。下一步是发现某种一致性。当我们用某逸事来支持我们的观点，或用个案史来做某原理的例证
16 时，无论表达的有多么含糊，其实都暗含着一种通则。历史学家很少满足于单纯的叙述。他们用报告事实来支持其有关周期、趋势或者历史形态的理论。当传记作者追溯早期事件对一个人后来生活的影响时，他不会拘泥于简单的报告，尽管并不那么确定，但依然坚称是前因导致了后果。寓言和讽喻如果蕴含着人类行为的某种一致性，那它就不单单是在讲述故事。在文学作品中我们偏好"性格一致性"而排斥难以置信的巧合，这表明我们还是期待规律性。社会学家和人类学家所说的"风俗"和"习惯"都反映了人类群体的一般行为。

一种不确定的秩序感产生于任何对人类行为的持续观察。一位朋友在特定情境下将会做什么或者说什么，任何看似合理的猜想都是基于这类一致性所做出的预言。如果找不到一种合理的秩序，我们就很难有效处理人类事务。科学方法旨在澄清这些一致性，并使之更加明确无误。人类学家和社会心理学家的实地研究技术、心理诊所的工作程序以及实验室的控制实验法都是为了这个目的，科学研究所使用的数学和逻辑工具亦是如此。

许多对人类行为感兴趣的人并不觉得需要一种精确科学的证明标准；即使没有这些标准，行为的统一性也是"显而易见"的。同时，如果他们自己没有"感觉"到这种一致性，他们也不愿意接受由这些证据必然指向

的结论。但这些特质是昂贵的奢侈品。我们不需要为科学方法在行为上的应用辩护。在发现以及表达一致性时所运用的实验技术和数学方法是一般科学的共同特征。几乎每个学科都为这一资源库做出了贡献，所有学科又都从这一资源库中获取养分。这些优势是确定无疑的。

对行为科学的异议 17

对单一事件的报告不会引发任何理论上的问题，也不会与有关人类行为的哲学发生冲突。体现一致性的科学法则或体系有可能与理论发生冲突，因为它们都声称这是自己的领地。当一门行为科学达到了能够处理规律性关系的程度时，它就会遇到那些捍卫前科学或非科学概念的人的抵制。这种抵制并不总是以公开拒绝科学的形式出现。它可能转化为对局限性的强调，并且常常使用高度科学化的术语。

例如它有时会指出，自然科学已经无法维持其决定论哲学了，尤其是在亚原子水平上。根据“不确定性原则”，在有些情况下物理学家无法掌握所有相关信息：如果他选择观察某一事件，他就放弃了观察另一事件的可能性。因此，以我们现有的知识状态，有些事件似乎是不可预测的。但这并不意味着这些事件就是任意发生或反复无常的。由于人类行为极其复杂，而人类有机体的维度却是有限的，许多行为都可能涉及“不确定性原则”的应用过程。但这并不意味着人类行为是自由的，只是说它可能超出了某种科学预测或控制的范围。然而，多数学习行为科学的学生更愿意接受自然科学所能够达到的预测和控制程度，尽管自然科学也有局限性。我们要寻求规律性问题的最终答案，不能局限于有机体内部的任何假设机制，而是在我们的能力范围内揭示有机体作为一个整体的行为的规律。

类似的反对意见也有其逻辑性。有人认为理性不能够理解其自身，或者用更加实质性的术语来说，欲理解一个人自身的行为，所需要的行为必须超越被理解的行为。的确，知识的有限性是由有机体自身认识上的局限
性造成的。世界上可以为人所知的事物的数量，肯定远超所有以各种不同 18
状态存在的知晓者的数量。但科学的法则与体系是为了将关于特定事件的知识变得不重要而设计的。一个人完全没必要了解特定领域的全部事实，而仅仅需要了解所有事实的种类。我们没有理由假定人类理智无法阐明或理解人类行为的基本原则——当然这种假定在我们对这些原则有了更清晰的认识之前是成立的。

设想行为也是一种有规律可循的科学研究资料，有时会遇到另一种反对意见。科学关注的是一般性，而个体的行为则必然是独一无二的。“个

案史”内容丰富并独具韵味，与一般原则形成鲜明的对比。如果说存在着两个截然不同的世界，其中一个是科学所无法触及的，这样说服自己是很容易的。这种区分也不是行为研究所特有的。在任何科学研究的早期阶段，当我们还不清楚运用一般原则会从某特定案例中推论出什么来时，这种区分就总会产生。对于刚入门的学生来说，物理学对这个世界的解释相比于他们的日常经验是相当枯燥和乏味，但随后便会发现，实际上即便是对于一个单一事例的解释也是相当精辟的。当我们希望有效地处理单一事例时，我们还是要向科学求助。随着行为科学的进步和其一般规律的含义愈加清晰，这种区分将失去说服力。一种反对医疗科学可行性的类似观点已经失去了存在意义。托尔斯泰在《战争与和平》里描述他最喜欢的一个人物所患疾病时写道：

> 医生们前来看望娜塔莎，既单独与她会面，又在同行之间讨论。他们用法语、德语和拉丁语说了一大堆。彼此相互指责，为他们所知晓的所有疾病制定了极为不同的治疗方案。但是却没有任何一个人会做出一个简单的反思，他们不理解折磨娜塔莎的病痛，因为没有任何一种疾病可以在活人身上被完全认识；因为每个活着的个体都有自己的特殊性，而且总是有着独特的、新奇的、复杂的和尚不为医学所了解的病情——不是像医学书籍上所表述的某种肺病、肾病、皮肤病或
> 19 者心脏病等，而是一种由这些器官的无数种小病组合而成的综合性疾病。

托尔斯泰认为每一种疾病都是独一无二的，这种说法是有道理的。个体的每一个行为也是独一无二的，物理学与化学的每一个事件亦是如此。但他用独特性来反对医学却是没有根据的。这种观点在当时貌似理由充分，因为没有人能拿得出必要的基本原则来反驳他。然而从那时起，医学发生了许多变化，今天很少有人会争辩说某种疾病无法用一般术语来描述，或者说无法通过参考许多病例的共同因素来讨论某种单一疾病。旧式诊断专家的直觉式智慧在很大程度上已被诊所的分析程序所取代，就如同科学的行为分析最终将取代对独特事例的个人解释。

类似的观点也适用于行为科学中统计学的应用。将对一般人行为的预测结果用于特定个体，常常是很少甚或是没有什么价值。人寿保险公司的精算表对于医生预测某患者死亡或者存活来说毫无价值。这个问题在物理学领域依然存在。它与因果关系和概率的概念有关。物理学很少研究单个分子、原子和亚原子粒子的行为。当偶尔需要这样做的时候，特定事件的

所有问题就都出现了。一般来说，一门科学只有在它的定律适用于个体的情况下，才有助于处理个体的问题。一门只关注群体行为的行为科学不太可能帮助我们了解特定的个案。科学也可以研究个体的行为，但成功与否取决于研究的成果，而非任何一种先验的论点。

行为的异常复杂性有时被认为是研究难度的额外来源。尽管行为是有规律的，但其有可能因为太过复杂而无法用规律来处理。奥利弗·洛奇爵士（Sir Oliver Lodge）曾经坚称："虽然天文学家可以计算出行星、彗星甚至流星的运行轨道，虽然物理学家可以研究原子结构，化学家可以研究 20
它们各种可能的组合，但任何一个生物学家或从事科学研究的人都无法计算出一只普通苍蝇飞行的轨道。"这一表述说的是科学家的局限性，或者说是他们愿望的局限性，而不是其研究主题的适用性。即便如此，这也是错误的。可以肯定地说，即使没人计算过一只苍蝇飞行的轨道，也仅仅是因为没有人有足够的兴趣做这件事。如今对许多昆虫的向性运动已经相当了解了，但记录一只苍蝇飞行的轨迹并计算出所有影响其飞行的条件所需要的研究设备耗资巨大，其代价超过了这一研究主题所要证明的重要性。因此没有理由像作者那样得出结论认为："一种无法计量的自我决定因素使其在动物的尺度上显得相当低。"自我决定并不是来自复杂性。计算苍蝇飞行轨迹的困难并不证明它是变幻莫测的，尽管这种变幻莫测有可能使得对其他任何东西的证明都成为不可能。由研究主题的复杂性所产生的问题必须要在出现时加以解决。显然，看似无望的情况也会随着时间的推移而变得可控。直到最近，才有可能对气象规律做出任何合理的解释。我们常常在实验室里通过简化影响条件而成功地将复杂性降低到一个合理的程度；但即使无法做到，也还可以用统计分析来做出一个低水平的但在许多方面又是可以接受的预测。当然，没有人现在就准备说行为科学最终能够或者不能够实现什么。对科学局限性的预先估计通常被证明是不准确的。从长远来看，这个观点比较务实：没有试过，怎么知道行与不行?

另一种反对使用科学方法研究人类行为的理由是，对行为的预测有可能会改变行为，所以行为是一种反常的研究主题。如果我们告诉朋友他将要买某一种汽车，他就可能对我们的预测做出反应，购买另外一种汽车。同样的效应也被用来解释民意调查的失败。在 1948 年的总统选举中，人们信心十足地预测大多数选民会投某候选人的票，结果却大相径庭。有人 21
就断言选民是以一种相反的方式对这一预测做出了反应，所以说媒体的预测对预测事件产生了影响。但这绝不意味着一定会允许对行为的预测影响到行为者。也许有一些实际原因可以解释为什么相关民调结果不能在选举结束后发布，但在纯粹的科学研究中，情况并非如此。

观察者与观察对象之间还可以有其他一些互动方式。研究本身会扭曲被研究的事物。但对人类行为来说，这尤其不是什么大问题。如今人们普遍认为，对观察过程中出现的任何现象都可以施加一定程度的干预，这已经是科学研究的一项基本原则。科学家在观察或分析行为的过程中可能会对行为产生影响，他必须要充分考虑到这一点。但行为也可以通过被试与科学家之间微小的互动而得以被观察，最初尝试着开始研究时莫不如此。

最后一个反对观点是关于科学分析的实际应用。尽管我们假设行为是有规律的，科学方法会揭示支配行为的规律，但除非某些条件能够得到控制，否则我们可能无法采用任何运用这些规律的技术。在实验室，许多条件都被简化了，无关条件通常也都被排除了。但是，如果我们必须预测和控制类似无法被简化的行为，那实验室研究还有什么价值？的确，只有我们能够控制那些影响行为的因素，我们才可以对行为施加控制。科学研究的作用是使我们能够最有效地利用我们所拥有的控制能力。实验室的简化揭示了可能为我们所忽略的因素的相关性。

我们不能简单地否认那些必要条件是可控的，从而回避行为科学所提出的问题。事实上，许多相关条件在很大程度上是可控的。在惩戒机构和军事组织中，这种控制比比皆是。我们在托护机构控制人类有机体的环
22 境，这种机构是为那些到了晚年又需要像幼儿一样照看的老人设置的。对影响人类行为的相关条件施加控制的做法相当广泛，在企业通过工资和工作条件，在学校通过成绩单和学习条件，在商业领域通过任何拥有货物或金钱的人，政府机构通过警察和军队，在心理诊所是通过与被控制者之间的知情同意，等等。有效的控制程度就掌握在艺人、作家、广告商和宣传者手中，虽然这并不容易识别。无论是出于理论目的还是出于实践目的，这些显而易见的控制足以使我们把实验室科学得出的对人类行为的解读应用到日常生活之中。鉴于行为科学将不断扩展对这些控制的有效应用，现在比以往任何时候都更为重要的是了解所涉及的进程，并做好准备应对肯定将要出现的各种问题。

第三章 23
有机体为什么会有行为?

“原因”和“结果”这两个术语在科学上已不再被广泛使用。它们与关于宇宙结构与运行的许多理论相联系，其含义超出了科学家们讨论的范围。但是取代它们的术语指的是同样的事实核心。“原因”变为“自变量的变化”，“结果”变为“因变量的变化”。早期的“因果联结”变成了“函数关系”。新术语并没有说明原因是如何导致结果的，它们仅仅表明不同事件趋向于以某种秩序而共同发生。这很重要，但并不是最关键的。如果我们总是准备将其替换为更为准确的对应词的话，在非正式讨论中使用“原因”与“结果”其实没有什么特别的风险。

因此，我们关心的是人类行为的原因。我们想知道人们为什么要这样做。任何可以表明对人类行为造成影响的条件或事件都必须考虑在内。通过发现和分析这些原因，我们可以预测行为，只要我们能够操纵它们，我们便可控制行为。

在捍卫个人自由信条的热情中有一种奇怪的矛盾，因为人们总是痴迷
于搜寻原因。人类行为的自发性显然不比“为什么”和“是何原因”更具 24
有挑战性。解释行为的欲望是如此强烈，以至于人类一直被引导去期待正当的科学探索，并构建了非常令人难以置信的因果关系理论。这种做法在科学史上并不罕见。任何学科的研究最初都始于迷信领域。空想的解释先于有效的解释。天文学起源于星相学，化学起源于炼金术。行为领域过去就有（现在依然有）星象学家和炼金术士的存在。历史悠久的前科学解释为我们提供了一系列奇妙的因果解释，这些因果解释除了对科学早期阶段一些肯定无法解答的问题提供虚假答案之外，别无他用。

一些流行的行为“原因”

任何碰巧与人类行为同时发生的引人注目的事件都有可能被抓来当作

是原因。某人的出生时间与行星位置之间的关系就是一个事例。通常星相学家不会根据这些原因来预测特定的行为，但是当他们告诉我们某人会浮躁、粗心大意或者思维缜密时，我们一定会假设他的某种行为受到了影响。数字命理学却从数字中发现了一系列不同的原因——例如，某人住址街道的数字，或者其姓名的字母数量。出于对了解人类行为以及有效解决问题的极度需要，每年都有数以百万计的人求助于这些虚假的原因。

星相学家、数字命理学家以及这类学说的预言通常都十分模棱两可，无法被严格地确认或者反驳。失败很容易被忽视，而偶尔猜中一次就足以令信徒们信心百倍了。某些与此类迷信相似的有效关系为此提供了虚假支撑。例如，某人的一些行为特征可以被追溯到其出生的季节（虽然不是他出生时行星的位置），还有当时的气象条件，这些在一定程度上也受行星
25 在太阳系的位置或太阳自身变化的影响。这类影响如果得到恰当的验证，就决不能被忽视。当然，这并不能证明占星术是正确的。

另一个常见做法是根据个体的结构来解释行为。身体的比例，头部的形状，眼睛、皮肤或头发的颜色，手掌上的印记，以及面部特征都决定了一个人的行为。“快乐的胖子”，“面黄肌瘦的”卡西乌斯[1]，还有成千上万深植于我们语言中的其他特征或类型，都影响着我们处理人类行为的实践。某些特定行为可能永远无法根据体形加以预测，但不同的人格类型则意味着以不同方式行事的倾向，因此可以假定会影响到某种具体行为。这种做法就如同当看到一位与老朋友长得相像的人时，我们就会预期他们做事情也应该是相像的，这种错误我们都会犯。某种“类型”一旦确立，它就会在日常生活中被长期使用，因为据此做出的预测就像星相学那样模棱两可，但偶尔的猜中就会让人震惊不已。行为与身体类型之间许多有效的联系也为此提供了虚假的证明。有关男人和女人的体格对于不同疾病的易感性的研究不时地吸引着研究行为的学生们的注意。身体结构的最新分类——谢尔顿（W. H. Sheldon）的体型说——已经被用于预测气质和不同的犯罪类型。行为科学理所当然要考虑体型与行为之间的有效联系，但是这不应该与行外人在不加批判的做法中所调用的那种关系相混淆。

即使行为与身体结构之间存在相关，也并不总是清楚谁是谁的原因。即使可以用适当的统计方法表明，胖人尤其有可能是快活的，这仍然不能说明体质决定气质。胖人在许多方面都处于劣势，他们可能会将快活行为

[1] 罗马共和国末期的将领。——译者注

发展成一种特殊的竞争技术。快活的人也有可能发胖，因为他们不受情绪困扰，而情绪困扰会导致其他人工作过度或者忽视自己的饮食和健康。胖 26
人可能更快活，还可能是因为他们一直能够通过暴饮暴食来成功地满足自己的需要。假如体格特征可以被修正，我们一定会问：应该首先修正谁？是行为还是体格特征？

当我们发现，或者我们认为我们发现，显而易见的生理特征可以解释某人的部分行为，很容易假设那些不明显的特征也能解释其他部分行为。这种认定意味着某人表现出某种行为是因为他“天生如此”。反对这一说法并不是说行为完全不取决于遗传因素。行为需要一个行为有机体，而它就是遗传过程的产物。不同物种在行为上的巨大差异表明，遗传素质，无论是在个体身体结构上观察到的还是从遗传史上推断的，都十分重要。但是有关“天生如此”的学说与被证明的事实无关。这通常是在求助于无知。“遗传”，作为行外人对这一术语的使用，只是对行为做出的一个虚构的归因解释。

即使可以证明行为的某些方面的确与出生季节、身体形态或遗传素质有关，事实上它们的作用也十分有限。也许这有助于我们预测行为，但它在实验分析和实际控制上几乎没有价值，因为这种情况在怀孕后是无法掌控的。最重要的是，对遗传因素的了解可以使我们更好地利用其他原因。如果我们得知某个体具有某种先天的局限性，我们就可以更加聪明地运用我们的控制技术，但是我们却不能改变遗传因素。

涉及这类原因的项目在实际应用上的不足或许可以解释对这类问题常见的激烈争论。许多人研究人类行为是因为他们想要据此做些什么，想帮助人们变得更加幸福、行动更加高效和高产，不那么具有攻击性等。对这些人来说，作为各种“种族类型”缩影的先天决定因素似乎是无法逾越的障碍，因为除了优生学缓慢而可疑的程序外，没有任何行动路线可供遵
循。遗传性状的证据因此受到了严密的审查，任何表明它证明力微弱或自 27
相矛盾的迹象都会被狂热地接受。但是在确定行为倾向的遗传程度时，决不能被现实问题所干扰。这个问题并不像人们通常认为的那样重要，因为我们将看到，对于那些想要更快结果的人来说，还有其他类型的原因可供考虑。

内在“原因”

每一门科学都曾经有过这样的时候，即在其所研究的事物中寻找内在的行动原因。有时这种做法被证明是有用的，有时却并非如此。诉诸内在

解释本身并没有错，但是位于系统内部的事件很可能难以观察。因此，我们被鼓励在没有正当理由的情况下为它们指定属性。更为糟糕的是，我们可以编造原因而不用避讳自相矛盾。石头的滚动曾经被认为是自身的活力（*vis viva*）所致。物体的化学性质被认为是由构建它们的原则和本质决定的。燃烧被解释为是燃烧物内部的燃素所致。伤口的愈合与身体的康复是因为内部痊愈的力量。正如下面的事例所表明的，把一个活的有机体的行为归因于一个内在动因的行为，这一点尤其诱人。

神经学的原因。行外人把神经系统当作对行为的现成解释。英语中有数百种表达都暗含着这种因果关系。在漫长的审判结束时，我们看到了陪审团大脑疲劳的迹象，被告的神经十分紧张，被告的妻子已濒临神经崩溃的边缘，人们认为他的律师缺乏足够的头脑来应对起诉。很显然，没有人对这些人的神经系统进行过直接的观察。他们的“大脑”和“神经”都是在一时冲动下被发明出来的，目的是为他们的行为提供物质性基础，否则对行为的描述看起来会十分肤浅。

神经科学和生理学并没有完全放弃类似的实践。由于观察神经组织电
28 冲动过程和化学过程的技术尚未发展起来，早期关于神经系统的信息仅限于显而易见的解剖学认识。神经过程只能从行为中推断而来，而行为据说是产生于神经过程。这种推论作为科学理论是完全合理的，但却不能够合理地解释这些推论所依据的行为。早期生理学家的假设可能比行外人的假设更为合理，但在获得独立证据之前，他们对行为的解释也并不令人满意。有关神经系统化学过程和电学过程的许多直接信息如今都是可用的。关于神经系统的表述也不再都是推理和虚构了。但在许多生理学解释中，甚至在专家的著作中，仍存在一定程度的循环论证。在第一次世界大战期间，有一种熟悉的症状叫作“炮弹休克”。对这种行为障碍的解释是剧烈的爆炸损害了神经系统的结构，尽管并没有造成这种损害的直接证据。到了第二次世界大战期间，这种障碍被认定为“神经精神”障碍。这个前缀似乎表明，人们一直不愿意放弃使用假设的神经损伤来解释这种行为障碍。

最终，一门建立在观察而非推理基础上的神经系统科学将被用来描述行为事例发生之前的神经状态和事件。我们将会了解在做出“不，谢谢你！”这样的反应之前的确切的神经活动状态。我们会发现在这些事件之前依次发生的其他神经活动事件，而在这些神经活动事件之前又可依次发现其他事件。这个序列将引导我们回到神经系统之外的事件上，最终将是有机体之外的事件。在下面的章节中，我们将详细讨论这类外部事件。我

们将能够更好地评估神经学在解释行为方面的地位。然而，我们可能会注意到，我们此时没有，也许永远都不会有这类神经学的信息，而此时它却是预测某种行为实例所必需的。我们更不可能直接改变神经系统，以便设
置某种实例的先决条件。因此，从神经系统中寻找原因以预测和控制特定 29
行为，其作用是有限的。

心灵学的内在原因。一种更为常见的做法是用缺乏物理维度的内在动因来解释行为，它被称为“精神”或“心灵”。心灵解释的最纯粹形式可见于原始人的万物有灵论。人死后身体完全静止，由此可推断出主管活动的灵魂离开了身体。当我们谈到一个热情的人时，从词源学的角度来看，热情（enthusiastic）这个词就蕴含着内在神明激励的意思。将生物有机体的每一个行为特征都归因于“心灵”或某种内在“人格”的相应特征，这只是一种适度的改进。这个内在人对人身体的操控，就如同把握着方向盘驾驶汽车。内在人想要某种行动，外在身体就会执行什么行动。内在人没有了食欲，外在身体就会停止进食。内在人动念头，外在身体实施行动。内在人具有令外在身体服从的冲动。

持此类观点的不光是那些仰仗实践的行外人，许多著名的心理学家也使用类似的二元论解释体系。当违法行为被归因于“障碍人格”时，这个内在人有时会被明确地人格化，而当行为被归因于心理过程、能力和特质时，他又有可能被肢解性地处理。由于内在人不占有空间，他可以被任意扩展。有人认为，单一的生物有机体受控于多个灵媒，因此其行为就是这些灵媒各种意志的合力所驱动的。弗洛伊德有关自我、超我和本我的概念常常就是以这样的方式使用的。它们屡屡被看作时常处于激烈冲突之中的无形物，在冲突中的失败或胜利会导致它们寄宿于其中的生物有机体表现出适应性行为或非适应性行为。

比之对神经系统的观察，对心智的直接观察尚不能证明是可行的。的确，许多人相信观察自己的“心理状态”就如同生理学家观察神经活动事件一样，但是对于他们的观察做另一种解释倒是行得通，此内容可参见第
十七章。内省心理学不再假装提供有关事件因果关系前因的直接信息，而 30
是仅仅提供行为的伴随物。对“主观”事件的定义方式剥夺了它们在因果分析中的任何用处。早期那些诉诸心灵主义行为解释的事件至今仍然无法被观察。弗洛伊德通过强调无意识的作用来坚持这一点，坦承重要的心理过程是无法被直接观察到的。弗洛伊德的文献提供了许多事例，并从中推论出无意识愿望、冲动、本能和情绪。无意识思维过程也被用来解释知识成就。虽然某数学家也许会觉得他知道“自己是如何思考的”，但他却常

常不能就导致解决某特定问题的心理过程给出一个清晰明了的解释。但任何一个无意识的心理事件都必然是推论出来的，因此其解释不是基于对有效原因的独立观察。

当人们轻松地发现心理过程具有解释行为所需要的属性时，这种内在原因在形式上的虚构性质就显露了出来。当某教授走错了教室上错了课的时候，这是因为他的心至少此时此刻不在此处。如果他忘记了布置阅读作业，这是因为他的心走神了（课堂上的线索可能会提醒他）。他开始讲了一个老笑话，但停顿了一会儿，每个人都意识到，他试图用心确认自己过去是否已经讲过这个笑话。一年又一年，他的课讲得越发枯燥乏味，而课堂上提出的问题也让他愈发感到困惑，因为他的心智正在衰退。他的讲述经常是杂乱无章的，因为他的想法是混乱的。由于想法的逼迫，他偶尔会不必要地加重语气。他重复自己的话语，是因为他有一个思维定式；他重复别人的话语，是因为他借用了别人的想法。有时他所说的话空洞无物，那是因为他缺乏想法。所有这一切都明确说明，心灵和想法，加之它们所具有的特殊属性，都是为了提供虚假解释而被即兴发明出来的。作为一门行为科学，别指望从这样一个随随便便的做法中能获得多少帮助。由于精
31 神和心灵事件被断言缺乏自然科学的维度，我们就有了一个拒绝它的额外理由。

概念化的内在原因。最常见的内在原因完全没有特定的维度，无论是神经学方面的还是心灵学方面的。当我们说到某人吃东西是因为他饥饿，吸许多烟是因为他有吸烟的习惯，打架是因为他有好斗的本能，行为表现出色是因为他的智慧，或者说他钢琴弹得好是因为他有音乐才能，我们似乎是在谈及原因。根据对这些短语的分析可以证明，这仅仅是些冗余的描述。一组事实用两种状态来表述："他吃东西"和"他饿了"，"他吸好多烟"和"他有吸烟的习惯"，"他钢琴弹得好"和"他有音乐才能"。用一种状态来解释另一种状态的做法是危险的，因为这意味着我们已经找到了原因，因此无须再做进一步探索。此外，像"饥饿""习惯"和"智慧"这类词语将过程或者关系的本质属性似乎转换成了事物。因此，我们并没有准备最终在行为本身中发现这些属性，而是继续寻找那些可能根本不存在的东西。

行为函数的变量

从有机体内部寻找行为解释的做法往往会模糊那些可以立即用科学方法加以分析的变量。这些变量居于有机体之外，存在于外在环境之中以及

环境的历史变化之中。它们具有一种物理状态，这种状态可以采用科学技术加以研究，它们使得解释行为成为可能，就像科学对其他研究主题的解释一样。这些自变量种类繁多，它们与行为的关系往往是微妙和复杂的，但是我们不能指望在不对这些变量加以分析的前提下就能对行为做出充分的解释。

以喝一杯水的行为为例，这在任何人的生活中都不太可能是一个重要的行为，但它却提供了一个方便的例子。我们可以用这样一种方式来描述 32
行为的形态，即任何合格的观察者都可以相当准确地识别一个给定的实例。假设我们把一个人带入一个房间，在他面前放一杯水。他会喝吗？似乎只有两种可能性：要么喝，要么不喝。不过，我们说到他喝水的可能性，这个概念也许可以加以改进，以供科学研究之用。我们想评估的是他要喝水的概率。其范围可能从肯定喝水到肯定不喝水之间。至于如何测量这种概率，这是随后将要讨论的一个相当重要的问题。当前，我们所感兴趣的是这概率如何增加或者减少。

日常经验为我们提供了几种可能性，实验室观察和临床观察也为此增加了其他的可能性。一匹马可以被牵到水边，但却无法被逼迫喝水，这种说法显然并非事实。通过安排一段时间的严苛的饮水剥夺，我们可以“绝对肯定”这匹马将会饮水。以同样的方法，我们也可以肯定实验中的这杯水会被喝掉。虽然我们不太可能在实验中做这样的安排，但必要程度的剥夺有时却会在实验室外发生。我们也可以通过加速水的排泄而获得类似剥夺的效果。例如，我们可以通过提高室温来诱发出汗，或者通过强迫做大量运动，或者通过实验前在食物中添加盐和尿素来促进尿液的排泄。失血造成的效果也是众所周知的，在战场上失血会大大提高饮水的可能性。与此同时，我们还可以通过诱导或强迫被试在实验前大量饮水而把概率降到接近于零。

如果我们要预测被试是否会喝水，我们就必须尽可能地了解这些变量。如果我们要诱导被试喝水，我们就必须操控它们。此外，在这两种情况下，无论是为了准确地预测，还是为了控制，我们都必须运用实验科学的方法与技术定量地研究每个变量的影响。

当然，其他变量也会影响到结果。被试可能会“害怕”实验者搞恶作剧或者为了实验目的而向水中添加了什么东西。他甚至可能“怀疑”水中 33
有毒。也许他所赖以成长的文化要求只能在不被人注视的情况下方可饮水。他还可能仅仅是为了证明我们无法预测或控制他的行为而拒绝饮水。这些可能性无法反驳饮水与前面段落中列举的那些变量之间的关系；它们只是提醒我们还需要把其他变量的影响考虑在内。我们必须了解被试饮水行为的历史，如果我们不能从实验情境中排除社会影响因素，那么我们就必须了解被试与那些和实验员相似的人的个人关系史。任何科学要做出充分的预测，都需要所有相关变量的信息，为了应用的目的而对研究主题加以控制，也有着相似的要求。

其他类型的“解释”也不允许我们免除这些要求，或者以任何更为容易的方式来满足它们。如果说被试此刻会喝水是因为他出生于黄道十二宫的某个特定星座而对水特别关注，或者说他属于消瘦而口渴的类型，或者干脆说他“天生口渴”，知晓这些其实并没有什么用途。然而，根据内部状态或内部动因而做出的解释需要做进一步的描述。如果有人告诉你，“他喝水是因为他渴”，这在多大程度上能有所帮助？如果口渴只是意味着有饮水的倾向，这纯属于废话。如果说他喝水是因为他处于一种口渴状态，就会引发一种内在的因果事件。如果这种状态纯属推论——如果没有给它分配维度，从而使直接观察成为可能——这就不能作为一种解释。但如果它具有生理或精神特性，那么它在行为科学中应该扮演什么角色？

生理学家可能会指出，有几种提高饮水概率的方法可以起到一种共同的效果：增加体内液体的浓度。虽然有些机制尚未被充分了解，但这可能会导致神经系统的相应变化，随之提高了饮水的可能性。同样，也许有人
34 会说，所有这些操作都使得有机体“感到口渴”或者“想喝水”，这样一种精神状态也会以某种无法解释的方式作用于神经系统，导致被试饮水。在每种情况下我们都有一条由三个环节构成的因果链：（1）以使其“缺乏”的方式对有机体实施操作，例如饮水剥夺；（2）一种内部条件，例如生理或者精神上的口渴；（3）一种行为，例如饮水。有关第二个环节的独立信息显然将使我们在不借助于第一个环节的情况下直接预测第三个环节。它将是首选的变量类型，因为它是非历史性的；第一个环节可能存在于有机体过去的历史中，而第二个环节是当下条件。然而关于第二个环节的直接信息很少，如果有的话，也是可用的。有时，我们从第三个环节推论出第二个环节：某动物如果饮水就被判定为口渴。在这种情况下，其解释是虚假的。有时我们从第一个环节推论出第二个环节：如果某动物长时间没有饮水，就被认为是口渴了。在这种情况下，我们显然不能排除其先前的历史原因。

在对行为的控制方面，第二个环节是没有用的，除非我们可以操控它。目前，我们还没有办法在行为有机体生命的适当时刻直接改变其神经过程，也没有发现任何方法可以改变其精神过程。我们通常是通过第一个

环节来建立第二个环节：我们通过剥夺动物的饮水、给它喂食盐等做法，使得动物无论是在生理上还是精神上都出现口渴。在这种情况下，第二个环节显然不允许我们排除第一个环节。即使有什么新技术被发现，使得我们能够直接建立或者改变第二环节，我们仍然必须处理那些通过操纵第一环节来控制人类行为的巨大领域。一种操作第二环节的技术将会提高我们对行为的控制，但是已经开发出来的这些技术仍然有待分析。

最令人诟病的做法是遵循因果序列，只追溯到假设的第二个环节。无论是在理论科学上还是在对行为的实际控制上，这都是一个严重的缺陷。
如果说为了让有机体饮水，我们只是“让它口渴”，这话其实没有什么用 35
处，除非我们还能够知晓如何做到这一点。当我们获得了必要的致渴处方时，整个方案的复杂性就超出了实际的需要。同样，当某失调行为被解释为“患有焦虑症”时，我们依然需要了解焦虑的原因。但是随后引发的外部条件可能与失调行为直接相关。还有，当说到某人偷了一条面包是因为“他饥饿”时，我们仍然需要了解造成他“饥饿”的外部条件。这些条件足以解释他的盗窃行为。

反对内在状态并不是因为它们不存在，而是因为它们与函数分析不相关。当我们完全置身于内在原因时，我们无法解释任何系统的行为；最终我们必须借助于外力对于有机体的作用。除非在我们的因果链上存在一个薄弱环节，以至于第一环节不能根据规律决定第二环节，或者第二环节不能决定第三环节，那么第一环节和第三环节之间就必须存在合乎规律的关联。如果我们必须最终回到第二个环节之外来进行预测和控制，我们可以将第三个环节当作第一个环节的一个函数来加以检验，从而避免走许多令人厌烦和徒耗精力的弯路。有关第二个环节的有效信息可能会阐明这种关系，但绝不会改变它。

函数分析

以行为作为其函数的外部变量为行为研究提供了所谓因果分析或函数分析。我们以此预测和控制个体有机体的行为。这就是我们的“因变量”，即结果，而我们要找出造成这一结果的原因。我们的“自变量”（行为的原因）是指各种外部条件，而行为则是其函数。两者之间的关系（行为的“因果关系”）是科学规律。综合这些量化术语所表达的规律，就能获得有机体行为系统的全面图景。

这些必须在自然科学的范围内进行。我们不能假定行为具有任何需要 36
独特方法和特殊知识方可获知的特别属性。人们常说，行为不如其背后的

“意图”重要，或者说只能用它对行为个体或是受其影响的他人的“意义”来描述。如果这类陈述对科学目的有用，它们就必须是建立在可观察到的事件之上，我们仅限于在函数分析的范围内讨论这些事件。稍后我们将会看到，尽管像“意义”和“意图”这类术语似乎指的是行为的属性，但它们通常会掩盖对自变量的参照。像“好斗的”“友好的”“混乱的”“聪明的”，以及其他一些术语也是如此，看似描述的是行为的属性，但实际上是指其控制关系。

自变量也必须以物理学的术语来描述。人们常常努力避免在分析物理情境方面耗费力气，而是猜测其对有机体的“意义”，或者是将物理世界的“经验”和心理世界的“经验”加以区分。这种做法也反映了因变量与自变量之间的混淆。影响有机体的事件必须能够用自然科学的语言加以描述。人们有时会认为，某些“社会力量”，或文化影响，或传统是例外的。但是，如果不能够解释它们是如何影响科学家和被观察的个体，我们就无法借助于这类存在。必须借助于物理事件方能做出解释，这将为我们提供另一种适合于物理分析的材料。

通过把我们的研究限定在这些可观察事件上，我们不仅在理论上，而且在实践中获得了极大的优势。在行为的操控方面，“社会力量”并不比饥饿、焦虑或怀疑这类的内部状态更为有用。正如我们必须将这些内部事件追溯到可操作的变量上，也就是我们所说的函数，我们才能够把它们实际运用起来，我们必须先确定一种“社会力量”通过哪些物理事件影响有机体，然后才能操纵它以达到控制的目的。在处理可直接观察的数据时，我们既不需要考虑内部状态，也不需要考虑外部力量。

37 行为科学要分析的材料有许多来源：

（1）我们的随机观察不能被完全忽略。它们在研究的早期阶段尤其重要。基于这些观察之上的概括，即使不做详细的分析，也能为进一步的研究提供有用的直觉。

（2）在有控制的实地观察中，以人类学的一些方法为例，数据取样更加仔细，结论陈述也比随机观察更为明确。标准化的仪器和应用提高了实地观察的精确性和一致性。

（3）临床观察提供了广泛的资料。访谈与测验的标准化操作使得行为可以很容易地被测量、概括，以及与其他人的行为进行比较。虽然它通常关注的是导致人们前来就医的疾病，但这种临床样本往往异常有趣，当这种异常状态反映行为的某种重要特征时，它便具有了特殊的价值。

（4）在工业领域、军事领域以及其他机构的研究中，广泛的行为观察被置于更为严格的控制条件之下。这项工作通常不同于实地观察与临床观察，它更多使用的是实验法。

（5）人类行为的实验室研究提供了特别有用的资料。实验法包括使用设备来改善我们与行为的接触，以及我们对那些影响函数的变量的处理。记录设备使我们能够长时间地观察行为，精确的记录和测量使我们能够做出有效的量化分析。实验室方法最为重要的特征是对变量的刻意操控：决定某给定条件重要性的做法是，以一种可控的方式对其加以改变，并观察其结果。

目前有关人类行为的实验研究有时并不像人们期望的那么全面。并不是所有的行为过程都能在实验室里建立，在某些情况下，只能牺牲实验条件的真实性以获得测量的精确性。那些重点关注个体日常生活的人往往对
这些人为的东西缺乏耐心，但只要能在实验控制条件下建立起相关的联 38
系，实验室就能够为获取科学分析所需要的量化结果提供最佳机会。

（6）对低于人类水平的动物行为的实验室研究也可获得大量的成果。使用这种资料常会遇到这样的反对意见，即人类与其他动物之间有着本质的鸿沟，从一种动物实验中获取的结果并不能外推至其他动物。在一项科学研究的开始阶段就坚决主张这种不连续性其实是对问题的回避。将人类行为与其他动物的行为加以区分的是其复杂性、多样性以及超越其他动物的技艺，但是其基本过程并不一定差异很大。科学的发展就是从简单到复杂；它经常关注在某一个阶段发现的过程和规律是否适合于下一个阶段。在这个问题上不能草率地断言人类行为与低等物种行为之间没有本质区别，但如果不曾努力尝试在同样条件下研究这两类行为，也不能轻言它们之间就存在本质区别。有关人类胚胎学的讨论就充分利用了对小鸡、猪和其他动物胚胎的研究成果。有关消化、呼吸、循环、内分泌以及其他生理过程的研究都会用到大鼠、仓鼠和兔子等，虽然研究者的兴趣主要是人类。对行为的研究也从类似的做法中收获良多。

我们研究动物的行为是因为动物的行为更加简单。基本过程更容易揭示，可以做更长时间的记录。我们的观察并不会因为实验对象与实验者之间的社会关系而变得更加复杂。实验条件可能更容易控制。我们可以设置遗传史以控制某些变量，也可以设置特殊生活史以控制其他变量——例如，如果我们想了解某种生物如何学会看东西，我们可以在实验前将其饲养在黑暗环境中。我们还能够将当前的环境控制在一个不容易为人类行为所意识（察觉）到的程度——例如，我们可以大范围地改变剥夺状态。这
些优势不应该因为先入为主的论点而被忽视，这种论点认为人类行为不可 39

避免地要被分离成为一个独立的领域。

数据分析

关于人类行为的数据可以用多种方法来表述和分析。本书拟遵循的计划可概括如下：

第二部分包含对变量（行为是这些变量的一个函数）的分类，以及当这些变量中的任何一个发生变化时，对行为变化过程的调查。

第三部分将有机体看作一个整体，提供了一个更为广阔的观察视角。在某些复杂的设置中，个体行为的一部分改变了其中的一些变量，而行为的其他部分则是这些变量一个函数。这些就是我们所说的活动，例如，某个体“控制自己”“想出了一个解决问题的办法”或者“意识到了他自己的行为”。

第四部分分析了社会系统中两个或两个以上个体之间的相互作用。一个人往往是另一个人的环境的一部分，而这种关系通常是相互的。对某一特定社会事件的充分描述可以解释所有事件参与者的行为。

第五部分分析了政府、宗教、心理治疗、经济以及教育领域中控制人类行为的各种技术。在每一个领域里，个体和施加控制的机构构成了第四部分意义上的社会系统。

第六部分调查了作为社会环境的整体文化，讨论了控制人类行为的一般问题。

该计划显然是由简单向复杂推论的一个实例。本书中的所有原则都会在第二部分讨论。这一部分的基本关系和过程是根据最接近于精确科学的条件下获得的数据推导而来的。在第五部分里，我们用这些更为简单的过程和关系来分析从某些业已建立的知识领域中提取的人类行为的复杂实
40 例。这一过程通常被称为还原论。如果我们的兴趣主要在于基本过程，我们就转向这类资料，以测试我们的分析是否充分。与此同时，如果我们的兴趣主要在于复杂个案，那么我们使用一种在更为有利的环境下定制的公式依然可以获益良多。例如，特定的政府、宗教和经济体制等历史事实和可比较事实导致了行为个体特定的传统观念，但是每一种观念都只适用于产生这种观念的特定的一系列事实。这一限制被证明的确是一个严重的障碍。从经济现象研究中产生的人的观念对于心理治疗领域几乎或者根本没有什么价值。为应用于教育领域而发展起来的人类行为观念与用于解释政府实践或法律惯例的人类行为观念也几乎或者根本没有什么共同之处。然而，一个基本的函数分析却为我们提供了一个有关个体行为的常用公式，

我们可以用它来讨论所有这些领域的问题，并最终考虑整个社会环境对个体的影响。

也许我们需要承认在处理历史事实和可比较事实时所存在的局限性。在有关人类行为的问题上，我们经常被要求做出更多的解释，但对于其他领域的科学家们，人们却提不出这么多的问题。我们如何解释文学人物或历史人物的行为？为什么哈姆雷特不杀死他的叔叔，为被谋害的父亲报仇？罗伯斯庇尔的真正动机是什么？我们如何解释达·芬奇的画作？希特勒是偏执狂吗？人类对这类问题抱有极大的兴趣。许多心理学家、历史学家、传记作家以及文学批评家都试图回答这些问题，因此存在一个强有力的推测，即这些问题是可以回答的。然而事实并非如此。我们缺乏函数分析的必要信息。尽管我们可以对每种情况下起作用的变量做出貌似合理的猜想，但我们并不确定。在物理学、化学以及生物学领域中的类似问题只能用同样有限的方法来回答。为什么圣马可广场的旧钟楼会倒塌成为一堆
瓦砾？物理学家也许知道该钟楼建造时砂浆是如何制作的，它是在什么样 41
的大气条件下解体的，等等；虽然他可能会给出一个貌似合理的解释，但他却不能肯定地解释它坍塌的原因。气象学家无法解释将挪亚方舟带到亚拉拉特山顶的洪水，生物学家也无法解释渡渡鸟灭绝的原因。专家也许会对某历史事件做出最为合理的解释，但如果缺乏必要的信息，他们也无法在科学的框架内给出一个严谨的说明。科学家在回答有关人类行为的类似问题时会面临更大的压力。他也许会感受到，或者被迫接受那些假装给出正确答案的人的挑战。此外，他的回答也许具有重大的实践意义。例如，临床医生可能会被要求解释其患者的行为，当现有的信息远远不足时，临床医生如果说自己不知道，可比物理学家说不知道要困难得多。

针对这一全面的函数分析，最常见的反对意见仅仅是因为它无法具体落实，但这方面的唯一证据是至今它还尚未具体落实。我们不必为这一事实而气馁。人类行为也许是迄今为止应用科学方法所研究的最为困难的课题，而这很自然，实质性的进展应该是缓慢的。然而令人感到鼓舞的是，科学很少以匀速发展。科学发展有时仅仅因为被关注的主题的某特定方面被证明不重要和无价值，就会停滞很长时间。攻击点的微小改变就足以带来快速的进展。当人们认识到，化合物的重量比其质量或性质具有更重要的研究价值时，化学才产生了重大的进步。当人们发现对于某些研究目的而言，距离和时间较之大小、形状、色彩、硬度和重量更为重要时，力学便获得了快速的发展。多年来，人们对行为的不同属性或不同方面进行了研究，取得了不同程度的成功。最近出现了一种函数分析，将行为定义为

一种因变量，并建议用可观察和可操作的物理条件来解释它。目前已经表
42 明这是一个前途无量的公式，在它没有接受检验之前，我们没有理由对此表示怀疑。

这种计划的执行不能流于表面。成功地建造一座桥梁的工程师对材料的性质不能止于偶然的印象，但现如今我们必须承认，我们不能用一般的“人类行为哲学”来解决人类事务的重要问题。当前的分析需要高度关注细节。虽然回避了数字资料，但我们仍应尝试严格定义每一种行为过程，并举例说明每种过程或该过程与特定实例的关系。如果读者想充分参与后面章节提供的广泛解释，他就必须检查这些定义，并观察他们对不同过程所做出的区分。这项工作可能很艰巨，但是没有办法。人类行为作为一门学科其难度至少不亚于有机材料化学或原子结构。科学对任何研究主题的浅显概述往往都是有趣的，但它们永远都不足以用于有效的行动。如果我们想进一步了解人类行为并改进我们的控制实践，我们就必须为科学所要求的那种严谨思维做好准备。

第二部分

行为分析

第四章 45
反射与条件反射

人是机器

行为是生物的基本特征。我们几乎把它等同于生命本身。任何运动着的东西都可以被称为是活着的——特别是当这种运动具有方向性或是改变环境的行为时。运动使有机体的任何模式都活灵活现。木偶一旦动起来就活了，能够活动并且还能吞吐烟雾的偶像尤其令人惊叹。机器人以及其他机械动物能够愉悦我们仅仅是因为它们能够活动。卡通片中的动画一词在词源学上意义重大。

机器之所以看起来有生命，仅仅是因为它们在活动。蒸汽铲车的魅力就是一个传奇。不那么熟悉的机器实际上可能更加令人恐惧。我们也许会觉得，只有原始人才会误把它们当作当今的生物，但曾几何时，它们对每个人来说都是陌生的。当华兹华斯与柯勒律治经过一台蒸汽发动机时，华兹华斯注意到自己几乎不可能摆脱这样的印象，即它是具有生命和意志的。“是的，”柯勒律治回答说，“这是一个只有一种想法的巨人。”

一个模仿人类行为的机械玩具引发了我们如今称为反射行为的理论。46
在 17 世纪早期，一些可以动的人像常常被安装在私人和公共花园里供人们娱乐。它们靠液压驱动。当一位年轻的女士穿过一座花园时，她可能会踩到一个隐藏的小平台。这会打开一个阀门，水会流入一个活塞，一个令人恐惧的人像就会从灌木丛中窜出来吓唬她。笛卡尔知道这些人像是如何动起来的，他也知道这些人像多么像是活着的生物。他考虑到这样一种可能性，这一液压系统不仅可以解释这种人像的活动，也许同样可以解释另一种。当液压的作用移动到肢体时，肌肉会膨胀——也许它是因来自大脑的神经液体的充盈而膨胀了。从身体表面延伸到大脑的神经也许就是打开阀门的弦。

笛卡尔并没有断言人类有机体总是以这种方式运作。他更倾向于用动物的实例来解释，但他为“理性的灵魂”保留了一个活动范围——这也许是在宗教的压力下不得已而为之。然而时隔不久，他就更近了一步，提出了完全成熟的“人是机器”学说。这一学说的广泛流行并不是因为它的合理性（笛卡尔的理论并没有获得可靠的证据支撑），而是它那振聋发聩的形而上学与理论的含义。

自那时起发生了两件事情：机器变得愈加栩栩如生，人们发现生物有机体却更像机器。当代的机器不仅仅是更加复杂，它们还被有意设计成以类似人类行为的方式来运作。“近乎人类”的发明设备成为我们日常生活中常见的一部分。房门看到我们的到来而开门迎接。电梯记住了我们的指令而停在了我们要去的楼层。机械手把有瑕疵的物品从传送带上取下。还有的机器人写的信息清晰可辨。机械计算器或电动计算器可以解那些对人类数学家来说太困难或太耗时的方程。简而言之，人类是以自己的形象创造了机器。其结果是生命有机体失去了它的一些独特性。相比我们的先
47 祖，我们对机器的敬畏要小得多，不太可能赋予这一巨人哪怕一种想法。与此同时，我们发现了更多生物有机体的工作原理，并且能够更好地发现其类似机器的属性。

反射作用

笛卡尔迈出了重要的一步，他提出，生物有机体的某些自发性只是表面现象，有时行为可以追溯到外部。两个世纪后，第一个明确的证据表明，他正确地猜测到了外部控制的可能性，人们发现蝾螈的尾巴即使被从身体上切了下来，在被碰触或刺穿时依然会动。这类事实如今已经很熟悉了，我们早就调整了我们的信念，将此类事实考虑在内。然而这一发现在当时却引起了极大的轰动。它被认为是对于主流理论的严重威胁，主流理论认为影响行为的是内在动因。如果被截断的尾巴的运动可以被外力控制，那么当它被接续到另一类性质的蝾螈身上时，其行为会是怎样的呢？如果没有反应，那么迄今为止用来解释这一现象的内在原因是什么呢？有人严肃地提出，作为一种答案，“意志”必须与身体共同存在，它的一部分必须被分置于任一被截断的部分。但事实正如笛卡尔有关内在解释的大胆假设所言，可以将其替代的外部事件已经被确定。

外部因素被称为*刺激*。由刺激所控制的行为被称为*反应*。它们共同构成了所谓的*反射*。根据该理论，由刺激导致的扰动被传递到中枢神经系统，然后被“反射”回肌肉。人们很快发现，类似的外部原因可以在生物有机体的更多行为中得到证明——例如，从那些自脖颈处被切断脊髓的青

蛙、猫或狗的身体上也获得了同样的结果。包括部分大脑的反射很快就被添加进来，如今大家都知道，在完整的生物有机体身上，许多种刺激几乎不可避免地会导致具有相同反射性质的反应。这种关系的许多特征都得到 48
了量化的研究。在刺激与反应之间所花费的时间（“延迟时间”）已经被精确地测量过了。反应的量级已经被作为刺激强度的一个函数而加以研究。人们还发现，有机体的其他条件对于完整地解释这一过程也很重要——例如，反射被不断地快速诱导时可能会产生“疲劳”。

这种反射最初与所谓的“反射弧”中假设的神经事件密切相关。对有机体的手术切除是一个十分必要的突破口，因为它提供了一种简单而又激动人心的行为分析方法。但是一旦了解了刺激的原理，并且发现了可以用其他方式处理变量的复杂设定的技术，这种外科手术式的分析就变得没有必要了。通过消除某些条件，保持其他条件不变，并有序地改变其他条件，不需要解剖便可以建立基本的规律性关系，也不需要神经学理论就可以准确地表达。

只有在遭到强烈反对的情况下，反射原理才得以扩展到越来越多的有机体的行为上。脊椎动物的反射性质受到了“脊椎意愿”拥护者的挑战。他们提供的证据支持一个由行为构成的残留的内在原因，这显然不能完全用刺激来解释。当神经系统的高级部分被加入时，当这个原理最终扩展到完整的生命有机体时，接下来都是同样的反对模式。但是，对自发性的论证，以及对自发性所要求的解释实体的论证，都是这样一种形式，即它们必须在不断积累的事实面前退却。自发性是负面的证据；它指出了当前科学解释的不足之处，但它本身却不能证明另一种解释。就其本质而言，随着科学分析的进步，自发性必须为之让步。随着越来越多的有机体行为被解释为刺激的作用，内在解释所把持的领地已经减少。“意愿”在沿着脊髓向上撤退，经过大脑的下部和上部，最后，在条件反射的作用下，通过前脑逃跑了。在每一个阶段，有机体的某些控制部分都已经从一个假想的 49
内部实体过渡到了外部环境。

反射作用的范围

可见，行为的某一特定部分是由刺激引起的，我们对这种行为的预测特别精准。当我们对着一位正常被试的眼睛闪光时，他的瞳孔会收缩。当他吸吮柠檬汁时，唾液会分泌出来。当我们将房间的温度升高到某个度数时，他皮肤上的小血管就会扩张，血液会被运送到更贴近的地方，皮肤就会“变红”。我们将这些关系用于许多实际目的。当有必要诱发呕吐时，我们使用适当的刺激物——刺激性液体或将手指插入喉咙。女演员要想哭出真正的眼泪，就要往手帕上滴洋葱汁。

正如这些事例所表明的，许多反射式反应是由平滑肌（例如血管壁的肌肉）和腺体完成的。这些结构尤其与有机体内部的经济性有关。它们最有可能成为涉及情绪反射的行为科学的兴趣点，这将在第十章中讨论。其他反射使用的是驱动有机体骨骼框架的“条状肌”。医生用于诊断的“膝反射”以及其他一些反射就是例子。我们保持某种姿势，无论是站着不动还是四处走动，都要借助这种复杂的反射网络。尽管这些例子说明了这些行为的重要性，但如果我们把所有属于简单反射模式的行为集合起来看，我们其实只拥有生物有机体全部行为的很少一部分，这也是毋庸置疑的。这可不是该领域早期研究者们所期望的。我们现在看到了，反射原理承载得过多了。有关刺激的振奋人心的发现导致了对事实的夸大。不能把有机体想象成一个可以做一系列复杂动作的玩偶盒，按动一个对应的按钮，就会启动一种动作，这种假设既不合理，也不合适。完整的有机体的大部分
50 行为不受这种原始刺激的控制。环境以多种方式影响着有机体，这些方式被归类于“刺激物”并不合适，甚至在刺激物领域里，只有一小部分作用于有机体的力能够以不变的反射动作引发反应。但是完全忽视反射原则同样是毫无道理的。

条件反射

当俄罗斯生理学家巴甫洛夫首先研究了刺激和反应之间的过程，发现刺激和反应之间可以在个体的一生中建立起新的关系时，反射就成了一种更加重要的分析工具。赫伯特·乔治·威尔斯曾经把巴甫洛夫和他同时代的另一位杰出人物乔治·萧伯纳做过比较。他认识到了安静的实验室工作人员与技术纯熟的宣传人员对社会的相对重要性，并通过描述一个假设的情景来表达他的观点：假如这两个人同时溺水，而他手头只有一个救生圈，他将会把这个救生圈抛给巴甫洛夫。

显然，萧伯纳对此很不高兴，当他对巴甫洛夫的著作匆匆瞥了一眼后便做出了反击。在他的小说《黑人女孩的寻找上帝之旅》中，他描述了一个女孩在思想丛林中的经历。该丛林中居住着许多先知，有些是古代的，有些是现代的，比如就像一个与巴甫洛夫长得十分相像的“老近视眼①”就在这个黑人女孩被先知弥迦可怕的吼声吓到之后，她遇到了巴甫洛夫。

① 此处 myope 是双关语，既有近视眼的意思，也含短视的意思，旨在嘲讽巴甫洛夫。——译者注

她飞快地逃跑并惊呼道：

“我在逃避什么？我不怕那个可爱的吵吵闹闹的老头！”

“你的恐惧与希望都是幻象。”一个声音在她耳边响起，这是一位带着高度近视眼镜、坐在一截粗糙原木上的老人。“你的逃跑行为就是一种条件反射。这很简单。你从小就和狮子生活在一起，这就把狮吼声与致命危险联系在了一起。所以当那个迷信的老蠢货对你吼叫时，你就仓皇地逃离了。这一非凡的发现耗费了我二十五年的研究时间，在此期间，我切除了无数只狗的大脑，观察它们的唾液，在它们 51
的脸颊上打洞，让唾液通过这些洞而不是通过舌头流出。整个科学界都拜倒在我的脚下，对这一巨大成就表示钦佩，对我揭示了人类行为的重大问题而感激不尽。”

“你为什么不问我？”那女孩说，“我本可以在 25 秒内就告诉你，而不必伤害那些可怜的狗。”

“你的无知与傲慢简直无法形容。”老近视眼说道，“当然，每个小孩子都了解这一事实；但它却从来没有在实验室里被证实过，因此它根本就没有科学依据。我觉得这是一个毫无技术含量的猜想：我把它作为一门科学提交了出来。请问，你曾经做过实验吗？”

“做过几次，”黑人女孩答道，“我现在就要做一个。你知道你现在坐在什么上面吗？”“我坐在一根灰色的原木上，这上面覆盖着令人不舒服的粗糙的树皮。”老近视眼说道。

“错！”黑人女孩说道，“你坐在一只熟睡的鳄鱼身上。”

伴随着一声连弥迦自己都可能羡慕的惊叫声，老近视眼跳了起来，疯狂地逃向了附近的一棵大树，他像猫一样敏捷地爬了上去，从这样一位如此年老的绅士来看，他简直就是个超人。

“下来吧，”女孩说，“你要知道鳄鱼只有在河流附近才会有。我只是在做一个实验而已。”

但是，老近视眼却下不来了，他请求这女孩再做一个实验。

“好吧，”黑人女孩说道，“有一条树蛇正在你的脖子后面嗅呢。”

老近视眼瞬间便跳到了地上。[①]

---

① George Bernard Shaw, *The Adventures of the Black Girl in Her Search for God*, copyright, 1933, by George Bernard Shaw, and used by permission of the Public Trustee and the Society Authors.

很显然，萧伯纳抓住了行为科学的精髓。这黑人女孩无疑是一位出色的行为工程师。在这两个简洁的刺激控制实例中，她诱发了老近视眼的清晰反应。（我们将在后面看到，他的行为并不是对简单反射的一个例证，无论是条件反射还是其他反射。）但是，如果作者充分意识到对行为的实际控制有多么大的潜力，那么他在理论上就不会那么自信了，因为这段话佐证了一个对于科学成就的普遍误解。

52 科学的事实很少是“每个孩子”都完全不知晓的。一个能够接住球的孩子一定十分了解球的运行轨迹。科学可能需要很长时间来计算一个球在给定时刻的位置，就像孩子为了接住球而必须“计算”它的位置一样。当拉姆福德伯爵（Count Rumford）[1] 在慕尼黑的军火库里给大炮钻孔，展示了他可以不经过燃烧而产生任何想要的热量时，此刻他改变了关于热量成因的科学思考的进程；但是他所发现的一切，对于那些钻木取火的野蛮人，或者在一个寒冷的早晨使劲地搓着双手取暖的人来说，却是一无所知。

不成熟的推测与科学事实之间的区别不仅仅是证据上的不同。人们早就知道，孩子还没真正受伤就可能会哭，狐狸只是看到一串葡萄就可能会流口水。巴甫洛夫所补充的内容，可以从他的成长历史中获得最清楚的理解。起初他对消化过程很感兴趣，他研究了消化液分泌的条件。口腔或胃中的各种化学物质，在消化腺的反射作用中产生。巴甫洛夫的杰出工作使其荣获了诺贝尔奖，但这一工作并不完整。他被某种无法解释的分泌物所困扰。虽然食物在嘴里可能会引发流唾液，但口腔空空的时候往往也会大量地流出唾液。当得知这被称为“精神分泌”时，我们不必为此而感到惊讶。这是用“任何一个孩子都能理解”的术语做出的解释。也许这只狗在“思考食物”。也许看到实验者在为下一次实验做准备时，狗会“想起”它在早期实验中得到的食物。但是这些解释并没有把不可预测的唾液分泌纳入严格的消化系统范围内。

巴甫洛夫的第一步是控制条件，使“精神分泌”在很大程度上消失。他设计了一个房间，在这个房间里，狗与实验者之间的接触被降至最低限度。房间尽可能地消除偶发的刺激。狗听不到附近房间里的脚步声，也嗅
53 不到通风系统里偶然的气味。巴甫洛夫于是逐步地建立起一种“精神分泌”。不再是实验者使用注射器或往盘子里塞食物这类的复杂刺激，他引入了可控制的刺激，这些刺激可以很容易地用物理术语来加以描述。不再

[1] 即本杰明·汤普森（1753—1814），英国物理学家。——译者注

是刺激可能先于或者伴随食物出现这类的偶然情况，巴甫洛夫设计了精确的程式，以控制刺激物和食物按一定的顺序出现。在不以任何其他方式影响狗的情况下，他可以发出一个声音，并把食物送入狗的嘴里。他以这种方式表明，声音获得了引发唾液分泌的能力，他还能够跟踪这一过程的发生。一旦掌握了这些事实，他就能对所有唾液分泌行为做出满意的解释。在研究有机体的近代史上，他用明确的客观事实取代了产生精神性分泌的那个“精神”。

根据巴甫洛夫在其《条件反射》一书中的报告，条件作用的建立过程是一个刺激物替代的过程。先前的中性刺激获得了引起反应的力量，这种反应最初是由另一个刺激引发的。当中性刺激之后再施加有效刺激，或曰“强化”时，这种变化就会发生。巴甫洛夫研究了刺激与强化之间时间间隔的影响。他研究了刺激的各种特性能够在多大程度上加以控制。他还研究了相反的过程，即当条件刺激不再被强化时，引发反应的能力便会失去——他称之为“消退”。

他所发现的量化属性并不是“每个孩子都知道的”。这些量化属性十分重要。在对行为的实际控制中，条件反射最有效的运用往往都需要量化的信息。一个令人满意的理论也有同样的要求。例如，排除那些解释性的虚构，在我们能够预测出任何给定时间内的确切分泌量之前，我们无法肯定“精神分泌”所暗示的这种事件不是偶然造成的。只有定量的描述才能确保没有额外的心理过程，在这个过程中，狗“把音调的声音与食物的念头联系起来”，或者因为“期待”食物的出现而流口水。只有当巴甫洛夫 54
能够根据刺激、反应和条件作用的历史，对唾液分泌做出一个完整的定量描述时，他才能够避免这类概念。

作为一位生理学家，巴甫洛夫感兴趣的是刺激如何转化为神经过程，以及其他过程如何通过神经系统的作用传递到肌肉和腺体。《条件反射》这本书的副标题是“大脑皮层生理活动的研究”。而“生理活动”是推论的结果。但我们可以预期，类似的过程最终将会用适合于神经活动的术语来加以描述。这样的描述将填补早期条件作用的历史与其当前结果之间在时间和空间上的差距。这个附加的解释将在科学知识的整合中发挥重要作用，但却不会使刺激和反应之间的关系更具规律性，或在预测和控制方面更加有用。巴甫洛夫的成就不是发现了神经过程，而是发现了重要的数量关系，这使我们能够在不考虑神经学假设的情况下，直接解释条件反射领域的行为。

反射的“生存价值”

反射与有机体的健康密切相关。如果胃部在某些食物进入其中后没有开始分泌某些分泌物，消化过程就无法进行。涉及外部环境的反射行为也同样重要。如果狗的一只脚在踩到锋利的物体时受伤，重要的是腿要迅速地屈曲，这样才能把脚收缩回来。所谓的“屈曲反射”就是源于此。同样重要的是，吹进眼睛的灰尘应该通过分泌大量的眼泪将其冲洗掉，一个突然向眼睛移动的物体应该通过眨眼等来躲避，凡此种种。这样的生物学优势从进化的角度“解释”了反射现象：最有可能以这种方式行事的个体，大概最有可能存活下来，并将这种适应性特征传递给后代。

55 条件作用同样具有生存价值。由于环境在一代又一代地变化，特别是外部环境而不是内部环境，适当的反射反应不能总是作为遗传机制来发展。因此，当某些化学物质刺激口腔时，有机体可能准备分泌唾液，但除非食物的物理外观在不同的环境和不同的时间保持不变，否则它无法在真正品尝食物之前获得分泌唾液的额外优势。也就是说，由于自然无法预见具有特定外观的物体是否可以食用，进化过程只能提供一种机制，通过这种机制，个体在遇到特定环境的特定特征后，就会获得对这些特征的反应。当遗传行为不起作用时，条件作用过程就取代了遗传的可变性。

但这并不是说每一种条件反射都有生存价值。这一机制可能会出问题。某些成对的刺激，如食物的外观和味道，可能以某种一致的方式同时发生，而这种方式对生物有机体的整个生命都是重要的，但我们不能保证，当这种刺激成对出现只是暂时的或偶发的，条件作用就不会发生。许多“迷信”行为例证了由偶发的相倚关系而产生的条件反应。这种行为源于实际的刺激配对，但由此产生的条件反射却是没用的。我们称这类反射为“非理性”反射。被一只狗攻击过的孩子可能会害怕所有的狗。狗所提供的视觉刺激与可怕的身体攻击刺激相配对。但是这种配对并不必然地适用于所有的狗。当人们后来再看到一只无害的狗而做出相同反应时，这种反应就不会起到任何有用的作用。然而，这是一个在其他地方的确被证实有价值的过程。当我们做出刻板反应时，我们都会遭受进化过程上的失败。当看到一个极不喜欢的人时，我们会产生强烈的情绪行为，这种行为可能会被其他具有相同特征、穿着相同类型衣服的人唤起，等等。同类型的小影响就不那么麻烦。对一首与当年旧情相关的流行曲子产生怀旧反应
56 也是一种条件反射，它是由一组无作用的刺激配对产生的，但我们不能称之为迷信或非理性。

条件反射的范围

虽然条件作用过程极大地扩展了诱发性刺激的范围，但它并不能把生物有机体的所有行为都纳入这种刺激控制之中。根据刺激替代的公式，我们必须先引起反应，然后才能将其条件化。因此所有的条件反射都是以无条件反射为基础的。但我们已经看到，反射反应只是有机体全部行为的一小部分。条件作用的建立增加了新的控制刺激，但并没有增加新的反应。因此，在使用这一原则时，我们并不赞同这样一个包含所有行为的“条件反射理论”。

对条件反射范围的一个合理的衡量是它在实际行为控制中的使用情况。与有机体内部经济性有关的反射对其他人来说很少具有实际的重要性，但当我们有意使某人脸红、大笑或哭泣时，就有意义了，然后我们便求助于条件刺激或无条件刺激。文学常常是以这种方式引发行为。“催人泪下”就可以顾名思义。更为微妙的效果是相似的：在理解一首诗的效果时，需要着重注意，条件反射可能是由诸如“死亡”“爱”“悲伤”等言语刺激引起的，与诗歌的作用完全不同。音乐和绘画的情感效果在很大程度上都是条件化的。

我们将在晚些时候利用这个过程来设置对行为的控制。例如，在爱国主义和宗教教育中，对旗帜、徽章、符号和仪式的情感反应是条件化的，因此这些刺激在未来的场合会产生效果。有一种“治疗”过度饮酒或吸烟的方法常被推荐，即在酒或烟草中添加引起恶心、头痛等症状的物质。当后来看到或品尝酒或烟草时，类似的反应会因为条件作用而被唤起。这些反应可能会与饮酒或吸烟的行为竞争，比如“把所有的乐趣都赶走”。这种条件作用治疗的是一种症状，而不是原因，但它可能会让患者更容易因 57
为其他原因而停止饮酒或吸烟。

训练士兵是建立条件化情绪反应的一部分。如果把敌人的照片、敌人的旗帜等与暴行的故事或照片配在一起，一看到敌人就可能产生恰当的攻击反应。有利的反应在某种程度上是相同的。对美味食物的反应会迅速地迁移到其他物体上。正如我们“不喜欢”导致我们生病的酒或烟草，我们“喜欢”伴随着美味的食物的刺激。成功的推销员可能会请他的顾客喝一杯或请他出去吃饭。推销员的兴趣不在于顾客分泌胃液的反应，而是顾客对他以及他的产品产生好感的倾向性；正如我们随后将会看到的，这同样是来自刺激的配对。政治集会上的免费午餐也有类似的效果。儿科医生给他的小患者送口香糖也是如此。实验表明，如果人们边吃边听现代音乐，他们就会“喜欢”现代音乐。当犹太儿童第一次学习阅读时，他会亲吻一页被滴了一滴蜂蜜的纸。其重要意义不是他以后看到一本书就会分泌唾液，而是他会表现出“喜欢”这本书的倾向性。建立这种倾向性的强化物并不都是消化液。广告商都知道，美女、婴儿和令人愉快的场景所引起的反应和态度可能会迁移至商品名称、产品、产品图片等。我们有时会对产生某种情绪反应感兴趣，以抵消或平衡另一种情绪反应。例如，牙医所面临的一个实际问题，就是他必须实施疼痛刺激。这些都与候诊室、牙科椅、医疗器械和牙钻的声音所提供的刺激有关，而牙钻的声音最终会引发各种不同的情绪反应。其中，一些情绪被我们粗略地表述为焦虑。在候诊室里，一本有趣的图画书可能会引起与焦虑不相容的反应，并在某种程度上消除焦虑。这种短暂的效果具体说明了已经被条件化的刺激的使用。这样一本书的“教育”效果，创造了一种对牙医不那么排斥的态度，佐证了
58 条件作用在行为控制方面的作用。“殡仪馆”里的鲜花和音乐在抵消由尸体引起的不良反应方面有直接的效果，并且通过条件作用过程，为后续的葬礼活动创造了一个更为有利的倾向。

消除条件反应也是一个常见的实际问题。例如，我们可能想要减少由人、动物、空袭或军事战斗引起的恐惧反应。根据条件反射实验的步骤，我们呈现了一个条件刺激，同时排除了影响其效果的强化刺激。例如，治疗口吃的一个重要步骤是消除口吃者的焦虑或尴尬反应，而此类反应是由那些不顾及他人感受而嘲笑口吃者或对其不耐烦的人引发的。一个常见的技术是鼓励他和遇到的任何人交谈。焦虑和尴尬的功能性反应通常是在儿童早期形成的。如果成年口吃者没有被人嘲笑，这种反应可能会消失。这种疗法仅仅是鼓励口吃者说话，这样自动产生的条件刺激就可以在没有强化的情况下发生。

如果条件刺激引起的反应太过强烈，就有必要以剂量分级的方式呈现。如果一个被大狗惊吓过的孩子再接触一只小狗，那么小狗和那只大狗之间的相似性就不足以引起强烈的条件性恐惧反应。任何出现的轻微反应都会消退。当小狗长得与大狗相像的时候，完全的消退就是水到渠成了。类似的技术有时被用于降低对空袭、战斗以及类似创伤性事件引发的条件性过度情绪反应。消退是由一些刺激物引发的，这些刺激物一开始只是造成轻微的困扰——模糊的噪声，微弱的警报声，或远处的炮弹爆炸声。在反映实际战斗的无声电影中，视觉刺激是在没有听觉伴随的情况下呈现的。当消退发生时，则加大逼真度。最终，如果治疗成功的话，即使是全面的刺激也很少能够或完全无法引起反应。

第五章 操作性行为 59

行为的后果

条件反射或其他反射主要与有机体的内部生理机能有关。然而，我们最感兴趣的通常是对周围环境产生一定影响的行为。这类行为引发了人类事务中的大多数实践问题，也因其特殊性而具有特定的理论意义。行为的后果可能会“反馈”给有机体。当它们这样做的时候，它们可能会改变其行为再次发生的概率。英语中有很多如“奖励”和“惩罚”这样的词，它们指的都是这种效果，但只有通过实验分析，我们才能对这种效果有一个清晰的认识。

学习曲线

1898 年，桑代克首次严肃地尝试研究行为后果所带来的变化。他的实验引发了一场争论，随后也引起了人们的极大兴趣。达尔文在坚持物种的连续性的同时，对人类在动物界具有独一无二的思考能力这一观点也提出了质疑。大量的出版物记载了低等动物似乎能表现出“推理能力”的奇闻逸事。但是，当以前只适用于人类行为的术语得到扩展时，关于它们的 60
意义就产生了某些问题。这些观察到的事实是否指向心理过程，这些明显的思维证据是否可以用其他方式来解释？最终的结论很明显，内在的思维过程是不需要假设的。许多年过去了，同样的问题因涉及人类行为才被严肃地提出来，但桑代克的实验和他对动物推理的另一种解释是朝着这个方向迈出的重要一步。

如果一只猫被放入一个笼子里，它只有打开门闩才能从笼子里逃出来，它会表现出许多不同的行为，其中一些行为可能会有效地打开笼门。桑代克发现，当一只猫被一次又一次地放入这样一个笼子时，导致猫逃跑的行为往往会发生得越来越快，直到最终逃跑变得尽可能简单和迅速。这只猫已经解决了它的问题，就好像它是一个“会推理”的人类，尽管也许没有那么快。然而桑代克并没有观察到任何“思维过程”，并认为不需要任何解释。他可以简单地描述他的实验结果，说这只猫的一部分行为是被“铭刻”（stamped in）了，因为它的行为之后便是门开了。

行为会随着一定的后果而被铭刻，桑代克称之为“效果律”。他所观察到的是，与相同情境下的其他行为特征相比，某些行为变得越来越容易发生。通过记录打开笼子的连续延迟时间，并将它们画成图表，他构建了一条“学习曲线”。这一展现行为量化过程的早期尝试，类似于物理学和生物学的过程，被誉为一项重大的进步。它揭示了一个发生在相当长一段时间内的过程，这一过程对于随机的观察来说并不明显。简而言之，桑代克有了一个发现。此后，许多类似的曲线被记录了下来，并成为心理学教科书中有关学习章节的重要内容。

61 然而，学习曲线并不能描述铭刻形成的基本过程。桑代克的测量，既有逃出笼子所花费的时间，也包括消除其他行为所花费的时间，该曲线取决于一只猫在一个特定笼子里可能做的不同事情的数量。它还取决于实验者或仪器设备碰巧选择的“成功”行为，以及与笼子里唤起的其他行为相比，这种行为是常见的还是罕见的。用这种方法得到的学习曲线可以说反映了带门闩笼子的特性，而不是猫的行为。为研究学习而开发的许多其他设备也是如此。大白鼠和其他动物学习跑各种迷津，动物在“选择箱”中学习区分刺激的属性或模式，在研究人类记忆的过程中用仪器呈现一系列需要学习的材料，每一种研究都会产生各自不同的学习曲线。

通过对许多个案进行平均，我们可以使这些曲线尽可能地平滑。此外，在许多不同情况下获得的曲线在显示某些一般属性时可能是一致的。例如，当以这种方式实施测量时，学习通常是“负加速”的——当条件趋近于无法进一步改善时，学习成绩的提高会越来越慢。但这并不意味着负加速是基本过程的特征。打个比方，假设我们用碎石子填满一个玻璃罐，碎石子混合得非常好，任何给定大小的石块都呈均匀分布。然后我们轻轻地摇动罐子，看着碎石子被摇得重新排列。大块的石子向顶部移动，而小块的石子则向底部沉落。这个过程也是负加速的。起初混合的石子分离得很快，但随着分离的不断进行，分离过程就越来越缓慢，直至接近不再进一步发生变化。这样的曲线可能是相当平滑和可重现的，但这一事实本身并没有任何重大意义。这条曲线是某些基本过程的结果，包括不同体积球体的相互接触、摇晃产生的力的分解等，但它绝不是这些过程中最直接的记录。

学习曲线显示了在复杂情境下所引发的各种行为是如何被分类、被强调以及被重新排序的。单一行为的基本铭刻过程带来了这种改变，但这一 62
变化本身并不直接被纳入报告。

操作性条件作用

为了弄清楚桑代克“效果律”的核心，我们需要澄清“反应概率”的概念。这是一个非常重要的概念；然而遗憾的是，这也是一个十分困难的问题。在讨论人类行为时，我们经常用“趋势”或“倾向”来表现特定的行为方式。几乎所有的行为理论都使用这样一些术语，如“兴奋潜能”“习惯强度”或“决定性倾向”。但我们如何观察一种倾向呢？我们又如何测量它呢？

如果一个给定的行为样本只存在于两种状态中，其中一种状态总是发生，而另一种状态从未发生，那么我们在运用函数分析程序时几乎是无能为力的。一个全或无的主题只适合于简单的描述形式。相反，假设做出反应的概率处于全或无这两极之间的连续范围内，这将是一个很大的优势。这就使我们得以处理这些变量，这些变量与诱发性刺激不同，不会“导致特定的行为发生”，而只是使得发生的可能性更大。例如，我们可以继而处理由多个这样的变量产生的综合效应。

含有概率、倾向或趋势等概念的日常表达都是对行为发生频率的描述。我们从来不曾观察到这样的概率。当我们注意到某人经常打桥牌并且经常谈论桥牌时，我们就说他对桥牌很“热情”。对音乐“非常感兴趣”就是大量地演奏、欣赏和谈论音乐。那些“积习难改”的赌徒就是那些频繁赌博的人。摄影“迷”就是自己拍照片、冲洗照片，观看自己以及别人拍的照片。“性欲旺盛”的人会沉浸于性行为。“酒精成瘾”就是频繁饮酒。

在用频率来描述一个人的行为时，我们假定了一定的标准条件：他必 63
须能够实施并且重复给定的行为，而其他行为不得被明显地干扰。例如，如果一个人必须忙于其他事情，我们就不能确定他对音乐的兴趣到底有多大。当我们为了科学应用而完善反应概率的概念时，我们发现，在这里我们的数据也是频率，而且必须详细说明观察它们的条件。设计一个受控实验的主要技术问题就是对频率的观测和解释。我们要消除（或至少使其保持不变）任何鼓励与我们要研究的行为相竞争的行为条件。一个有机体被置于一个安静的箱子里，在那里它的行为可以通过单向玻璃屏加以观察或者被机械设备记录下来。这绝不是一个环境真空，因为有机体会对箱子的特性做出多种反应；但它的行为最终会达到一个相当稳定的水平，据此可以研究被选择的某种反应的频率。

要研究桑代克所谓的铭刻过程，我们必须要有一个“后果”。给饥饿的有机体食物就可以。我们可以用一个电动的小托盘给我们的实验对象喂食。当托盘第一次被打开时，有机体可能会以某种方式对托盘做出反应，这些反应方式可能会干扰我们计划中的观察进程。最终，当这个托盘不断地给有机体喂食后，它就很乐意从中取食了，然后我们准备视其行为而做出结论，并观察其结果。

我们选择一种相对简单的行为，它可以自由快速地重复，并且很容易观察和记录。例如，如果我们的实验对象是一只鸽子，把它的头抬高到一个给定的高度以上是很方便的。这可以通过鸽子头部上方钉在箱子远侧墙上的刻度来观察。我们首先研究其头部通常保持的高度，并在墙的刻度上选择一些很少达到的线。我们的眼睛紧盯着刻度，只要鸽子的头超过了刻度线，我们就会快速地打开食物盘。如果实验是按照规范实施的，结果是
64 不变的：我们观察到头部越过刻度线的频率立即发生变化。我们还观察到更高的线正在被超越，而这在理论上十分重要。通过决定什么时候喂食，我们几乎可以立即达到更高的水平。一两分钟后，这只鸽子的姿势发生了变化，它的头顶很少低于我们最初选择的那条刻度线。

当我们用这种相对简单的方法演示铭刻过程时，我们发现对桑代克实验的某些常见的解释是多余的。“试误学习”这一经常与效果律联系在一起的说法，在这里显然并不合适。当我们把任何头部向上的运动称为“尝试”时，我们正在从我们的观察中读出一些东西，没有理由把任何没有达到特定结果的运动称为“错误”。甚至“学习”这个术语也有误导性。关于这只鸽子“知道它可以通过伸长脖子来获得食物”的说法是对所发生事情的不准确报告。说它已经养成了伸长脖子的“习惯”，不过是诉诸一种解释性的虚构，因为我们就这种习惯所拥有的唯一证据，就是做出这种动作的一种习得的行为倾向。对这一过程最简单的表述是：我们根据行为的某些物理特性（头部向上的运动）来确认一个给定的结果，然后观察该行为频率的增加情况。

人们习惯上把有机体的任何运动都称为“反应”。这个词是从反射动作领域借用而来的，它意指这样一种行为，也就是说，它是对先前发生的事件（刺激）所做出的回应。但是，我们可能在不确定或者无法确定一个先前刺激的情况下，视其行为而制造一个事件。我们没有通过改变鸽子的

环境来引发其头部向上的运动。我们或许无法证明，任何单一的刺激都必然会先于这一动作。这类行为可能受到刺激的控制，但它们之间不是引发的关系。因此，“反应”一词并不完全恰当，但却已经约定俗成，在随后的讨论中我们将继续这样使用它。

已经发生的反应当然不能预测或控制。我们只能预测，类似的反应将
在未来发生。因此，预测科学所使用的单位不是反应，而是反应的类别。 65
“操作性”这个词可用来描述这一类别。该术语强调的是这样一个事实，即行为作用于环境并产生结果。结果界定了这些相似反应的属性。该术语既可用作形容词（操作性行为），也可用作名词来标定那些由一个给定的结果定义的行为。

例如，鸽子抬起头就是一种反应。这是一个过程，可以用我们希望使用的任何参考框架来报告。无论具体的实例发生于何时，“抬头”行为就是一种操作性行为。它可以被描述为一组行为，而不是一个完成的行为，是由头部抬起的高度的性质来定义的。在这个意义上，操作性行为是由某种效果来定义的，这种效果可以用物理学术语来描述；在一定高度上的“分界”是行为的一种属性。

“学习”一词可以根据传统的意义有利地保存下来，用来描述在复杂情境下反应的重新组合。有关铭刻过程的术语可以借用巴甫洛夫对条件反射的分析。巴甫洛夫自己把所有增强行为的事件称为“强化”，而将所有由此产生的变化称为“条件作用”。然而，在巴甫洛夫的实验中，强化物与刺激配对；而在操作性行为中强化则取决于反应。因此，操作性强化是一个单独的过程，需要单独分析。在这两种情况下，由强化而产生的对行为的增强被恰当地称为“条件作用”。在操作性条件作用中，我们“增强”某个操作性行为，从而使得某种反应更有可能发生，或者实际上发生的频率更高。在巴甫洛夫式条件作用（或者叫“应答性”条件作用）中，我们只是提高了由条件刺激引起的反应的量级，并缩短了刺激和反应之间所用的时间。（顺便说一句，我们注意到，这两种情况囊括了所有的可能性：当一种强化物［1］与另一种刺激同时出现，或者［2］紧随有机体自身行为之后出现时，有机体就建立了条件反射。任何不符合这两种情况的事件
都不会改变反应的发生概率。）在鸽子实验中，食物是强化物，当反应发 66
生时为其提供食物，这就是强化。操作性行为是由强化所依据的属性来定义的，即头部必须抬至的高度。头部抬至这个高度的频率变化就是操作性条件作用过程。

只要我们醒着，我们就不断地对环境采取各种行动，而我们行动的许

多后果都具有强化作用。通过操作性条件作用，环境为我们建立了基本的反应集（repertoire），借此我们可以保持平衡、行走、玩游戏、操作仪器和工具、交谈、写作、驾船、开车或驾驶飞机。环境的变化，如一辆新车、一位新朋友、一个新的兴趣领域、一份新工作、一个新地点，都可能会让我们措手不及，但我们的行为通常会随着我们获得新的反应、抛弃旧的反应而迅速得到调整。在下一章我们将会看到，操作性强化不仅仅是建立一个反应集。它提高了行为的效益，并在获得效益后或者效益不再引起兴趣之后很长一段时间内，它都依然保持着行为的强度。

量化的属性

要获得操作性条件作用形成的曲线并不容易。我们既不能完全分离出操作性反应，也不能放过所有随意产生的细微变化。在我们所做的实验中，我们可以绘制一条曲线来显示鸽子的头部抬起到给定高度的频率是如何随着时间或强化的次数而变化的，但总体效果显然要比这更为丰富。在一个更大的行为模式中会有一个变化，为了完整地描述它，我们必须跟踪头部的所有运动。即便如此，我们的解释也仍不完整。头部抬起的高度是随机选择的，强化的效果则取决于这个选择。如果我们强化一个很少达到的高度，行为模式的变化将比我们选择一个普通高度要大得多。为了获得充分的解释，我们需要一组涵盖所有可能性的曲线。如果我们强迫鸽子的头抬向越来越高的位置，还会出现另外一个随机的因素，因为我们在预先选择强化路线时可能会遵循不同的强化程式。每个强化程式都会产生它自
67 己的曲线，只有当它涵盖了所有可能的强化程式时，这个图形才会完整。

我们不能通过选择一种反应来避免这些问题，这种反应是根据环境的特性而更加清晰地定义的，例如操作门闩的行为。当然，某些行为的机械指标是一个优势，例如可以帮助我们持续地强化。我们可以用排列的光电管来记录鸽子头部的高度，但是选择一种更容易记录环境变化的反应要简单得多。如果训练这只鸽子形成啄击实验箱壁上一个小圆盘的条件反射，我们就可以用圆盘的被触动来关闭电路——这样既可以操作食物盘，也可以计算或记录反应。这种反应似乎不同于鸽子伸长脖子的反应，因为它具有全或无的特征。但是我们马上就会看到，啄击圆盘的机械特性并没有界定一个“反应”，这个反应的随机性丝毫不亚于伸长脖子。

为了提供操作性条件作用的定量数据，实验设计不必完美无缺。我们已经能够评估许多因素了。反馈的重要性是显而易见的。要产生条件作用，有机体必须受到其行为后果的刺激。例如，在学习摆动耳朵时，如果

产生动耳的反应要比不产生动耳的反应需要得到增强，那么就有必要知道耳朵何时动。在对患者实施如何运用部分瘫痪肢体的再教育时，无论是使用设备还是通过训练指导师的提示，增强对轻微动作的反馈都是大有裨益的。聋哑人只有接收到自己行为的反馈时才能学会说话，而这种反馈可以与他所接收到的来自其他说话者的刺激相比较。教育者的一个功能就是为了获得反馈而提供随机的（有时是虚假的）结果。条件作用还取决于强化的种类、数量和即时性，以及其他诸多因素。

一项单独的强化可能会产生相当强大的效果。在良好的条件下，反应频率会发生一个突然的变化，从一般性的低值提升到一个稳定的高值。更为常见的是，我们观察到由于一项强化而导致的大幅度的提升，以及随后 68
的各种强化所带来的额外提升。由于我们不能分离出一个单独的操作性反应，所以观测结果与瞬时变化到最大概率的假设并不矛盾。提升的频率必须根据其他行为特征或情境来加以解释。在像大鼠或鸽子这类“低等”生物体身上，条件作用可以如此快速，这一事实具有耐人寻味的含义。通常所说的智力差异，在某种程度上可以被看作学习速度上的差异。但是，没有什么比瞬间提高反应概率更快的学习了。因此，人类行为的优越性属于另一种形式。

操作性行为的控制

操作性条件作用的实验程序十分简单。首先，我们设计了一种强化性相倚关系，并让一个有机体在一定的时间段接触它。然后，我们通过指明这段过程来解释这种反应为何会频繁释放。但是这对于我们预测和控制未来的行为有什么改进呢？什么变量使我们能够预测有机体是否会做出反应？我们现在必须控制哪些变量才能诱导它做出反应？

我们一直在用一只饥饿的鸽子做实验。在第九章我们将看到，这意味着一只鸽子在一段时间内要被剥夺食物，或者直到它的正常体重略有减轻。与人们可能预期的相反，实验研究表明，食物强化作用的大小可能并不取决于这种剥夺的程度。但由强化引起的反应频率则取决于这种反应在被观察阶段被剥夺的程度。即使我们训练鸽子形成伸长脖子的条件反射，但如果它不饿，它也不会这样做。因此，我们对鸽子的行为有了一种新的控制：为了让鸽子伸长脖子，我们只是让它感到饥饿即可。接着，一个选定的操作性反应被列入一只饥饿的鸽子可能做出的所有反应之中。我们将对反应的控制与对食物剥夺的控制汇聚为一体。在第七章我们将看 69
到，一个操作性反应也可能受到外部刺激的控制，这是预测和控制行为的另一个变量。然而我们应该注意到，这两个变量都要与操作性强化本身区别开来。

操作性消退

当强化不再出现时，反应也出现得越来越少，这就是所谓的“操作性消退”。如果不再给鸽子喂食物，鸽子最终就会停止抬头。一般来说，当我们从事不再“有回报”的行为时，我们就会发现自己不太可能再那样做了。如果我们丢失了一支钢笔，我们就会越来越少地把手伸进原先装钢笔的口袋里。如果没有人接电话，我们最终会停止打电话。如果我们的钢琴走调了，我们渐渐地就会弹得越来越少。如果我们的收音机变得音质嘈杂或者节目变得很糟，我们就会停止收听。

由于操作性消退要比操作性条件作用的形成慢得多，这一过程可能更容易追踪。在适当的条件下可以获得平滑的曲线，从这些曲线可以得见，反应速度会缓慢地下降，也许会在数小时内下降。这些曲线揭示了一些不可能通过随机检查而观察到的特性。我们可能会“得到这样的印象”，即某个有机体的反应越来越少，但只有当行为被记录下来时，才能看到这种变化的有序性。该曲线表明，存在着一个相当一致的过程，它决定了消退期间行为的输出。

在某些情况下，曲线会受到情感因素的干扰。没有得到强化的反应不仅会导致操作性消退，还会导致通常所说的沮丧或愤怒的反应。没有得到强化的鸽子会转身离开待啄的圆盘，咕咕叫着，拍打着翅膀，表现出其他的情绪行为（第十章）。人类有机体也会表现出类似的双重效应。如果一个孩子的三轮车不再对脚踏板有反应，他不仅会停止踩脚踏板，还可能会表现出暴力的情绪。一个成年人发现抽屉被卡住后可能很快就会停止拉
70 抽屉，但他也可能会敲打桌子，大喊“该死的!”或表现出其他愤怒的迹象。就像孩子最终回到三轮车上、大人回到抽屉旁边一样，当情绪反应平静下来时，鸽子会再次转向那待啄的圆盘。当其他反应没有得到强化时，另一轮反应可能就会随之而来。在这种情况下，消退曲线呈现出一种循环振荡，即情绪反应的建立、消退和再次建立。如果我们反复使用消退过程或以其他方式来消除这种情绪，曲线就会以一种更简单的形式呈现。

消退过程中的行为是先前条件作用的结果，从这个意义上说，消退曲线为强化的效果提供了一种补充性的测量。如果只有少数反应得到强化，消退就会迅速发生。一段长时间的强化之后便是持久的反应。任何时刻观

察到的反应概率都无法预测对消退的阻抗。我们必须了解强化的发展过程。例如，虽然我们在一家新餐馆会因一顿美食而受到强化，但一顿糟糕的饭菜就可能使我们再次光顾的概率降低到零；不过，如果我们多年来总在一家餐馆里享用美餐，那么在其他条件相同的情况下，我们只有在那里吃过多顿糟糕的饭菜后才会失去再次光顾这家餐馆的兴趣。

强化反应的数量与消退过程出现的反应数量之间不存在简单的关系。在第六章我们将会看到，相比针对连续反应施加的相同数量的强化，间歇强化所产生的抗消退力量可能要强大得多。因此，如果我们只是偶尔因为孩子的好行为而对其施予强化，那么当我们不再继续强化时，孩子的行为会比我们在每次好行为之后都施加相同数量的强化时要持续更长久的时间。这在实际生活中十分重要，因为可用的强化物是有限的。这类问题出现在教育、工业、经济以及其他许多领域。在一些间歇强化的程式下，鸽子的行为在完全消退之前可能会出现多达 10 000 多个反应。

消退是从有机体的反应集里消除某项操作性反应的一种有效的方法。 *71*
它不应该与旨在产生同样效果的其他程序相混淆。目前首选的技术是惩罚，我们将在第十二章中看到，它涉及不同的程序，而且其效果也值得怀疑。遗忘也经常与消退相混淆。就遗忘而言，条件作用的效果会随着时间的流逝而消失，而消退则需要因反应不再受到强化而发生。遗忘通常不会很快发生；而反应在最后一次受到强化之后，鸽子的消退曲线在长达六年的时间里一直保持着相当大的幅度。六年大约是鸽子正常寿命的一半。在这段时间内，鸽子是生活在一种反应不可能得到强化的环境中。在人类行为中，由相对精确的相倚关系所产生的熟练反应，往往在不使用的情况下亦可以保持长达半辈子。早期经验决定有机体成熟后的人格，这一论断假定操作性强化的效果是持久的。因此，如果由于童年的经历，一个男人娶了一个长得像他母亲的女人，某种强化的效果一定会持续很长时间。大多数有关遗忘的案例涉及在特定刺激控制下的操作性行为，在第七章讨论这种控制之前，我们目前无法对其进行充分的探讨。

消退的效果。消退完成的条件或多或少地已为人们所熟悉，但却常常被误解。极端的消退有时被称为“意志力缺失”（abulia）。但如此定义并没有什么帮助，因为意志的存在与否是从行为的存在与否推论出来的。然而这个术语似乎是有用的，因为它暗示了行为的缺乏是由于某种特殊原因，我们可以用另一种方式做同样的区分。行为的强或弱是由许多不同的变量决定的，行为科学的任务对就是对这些变量进行识别和分类。我们用变量来定义任何给定的情况。从表面上看，持久的消退造成的情况与由其

他原因造成的停滞状态相类似。所不同的是它们的发生过程。一个有抱负
72 的作家把一篇又一篇的稿子寄给出版商，却都被出版商拒绝了，他可能会说自己“一个字也写不出来了”。他可能会出现被称为“书写痉挛”的局部瘫痪症状。他可能仍然坚持说他“想写作”，我们也可能会同意他自己的解释：主要是由于消退而导致他的反应概率极低。如果没有发生消退，其他变量仍将会以极高的概率产生操作性行为。

因消退而导致的操作性行为强度低下通常是需要治疗的。心理治疗的某些形式就属于强化系统，其目的是使因消退而消失的行为复原。治疗师可能会自己提供强化，或者会设置有可能强化行为的生活条件。例如在职业治疗中，鼓励患者从事一些简单的活动方式，这些行为能立即得到相当一致的强化。如果说这种疗法是通过获得“成就感”或提高“士气”、建立“兴趣”、消除或防止“气馁”来帮助患者的话，这种说法其实并无裨益。这类的术语只是增加了解释性虚构的数量而已。一个乐于从事某一特定活动的人并不是表现出兴趣，他只是表现出了强化的效果。我们并没有给某人成就感，我们只是强化了某个特定的行动。气馁只是由于缺乏强化而无法做出反应。我们的问题仅仅是根据强化和消退的过程来解释反应的概率。

哪些事件具有强化作用？

在日常生活中，在诊所以及实验室中与我们的同胞打交道时，我们可能需要知道某一特定事件是如何被强化的。我们通常是首先注意到我们自己的行为在多大程度上被同一件事所强化。这种做法经常出错；然而，人们仍然普遍认为，强化物是可以从它们对特定有机体的作用中识别出来的。然而，正如这里所使用的术语一样，定义强化刺激的唯一特征就是它有强化作用。

判断某一特定事件是否在特定条件下对某一特定有机体起强化作用的
73 唯一方法，就是做一个直接的测验。我们对所选定反应的频率进行观察，然后酌情制造一个事件，并观察该反应频率的任何变化。如果有变化，我们便将该事件归之于在现有条件下对有机体的强化。按照事件的影响对事件进行分类不存在循环论证的问题；该标准既是实证的，也是客观的。然而，如果我们接下来断言某给定的事件增强了某操作性反应是因为它正在对其进行强化，这就是循环论证。我们在猜测强化的力量方面取得了一定的成功，这只是因为我们在某种意义上做了一个粗略的调查；我们测量了一个刺激对于我们自身的强化效果，并假设对其他人也会有同样的效果。

只有当我们与被研究的有机体十分相像，并能够正确地审视自己的行为时，我们才会成功。

研究发现，强化有两种类型。有些强化主要是呈现刺激，为情境添加一些东西，如食物、水或性接触等。我们称这些东西为正强化物。另一种类型是从情境中去除一些东西，例如高噪声、强光、极冷或极热，或者电击。这些东西都被我们称为负强化物。在这两种情境下，它们的强化作用是一样的——其反应概率都是提高。我们无法通过争辩说，在负强化的情况下，强化是亮光、高噪声等的消失，从而避免这一区分；鉴于这种强化作用的产生是因为原本存在的刺激的消失，这也只是刺激被撤除的另一种说法。当我们考虑负强化物的呈现或正强化物的去除时，这两种情境的区别会更加明显。这些都是被我们称为惩罚的后果（第十二章）。

在操作性条件作用的实际应用中，经常需要对强化某一特定个体的事件进行调查。在人类行为占重要地位的每一个领域，如教育、政府管理、家庭、诊所、工业、艺术、文学等，我们都是通过设置对行为后果的强化来不断地改变反应的发生概率。企业家要想让员工始终如一地工作而不旷工，就必须确保他们的行为得到适当的强化——不仅要有工资，而且要有 74
合适的工作条件。想要再次约会的女孩必须确保她的男朋友在邀请她和遵守约定时间的行为得到适当的强化。为了有效地教孩子读书、唱歌或玩游戏，我们必须制订一个强化教育的计划，使适当的反应经常得到“回报”。如果患者想再来寻求进一步的咨询，心理治疗师必须确保该患者前来咨询的行为在某种程度上受到强化。

当我们试图发现某人“从生活中得到了什么”时，我们会评估强化事件的强度。这对其目前的反应集以及其中反应的相对频率有什么影响？他对各种话题的反应能够告诉我们一些事情，但他每天的行为是一个更好的向导。我们从最不寻常的事情中推断出重要的强化物，比如他对专注于某特定主题的某作家的“兴趣”、对陈列特定物品的商店或博物馆的兴趣、对参与特定行为活动的朋友的兴趣、对提供特定食物的餐馆的兴趣等。“兴趣”是指至少部分地由“获取兴趣”行为的结果所产生的概率。如果我们观察到，伴随着强化物的提供与中断的交替变化，行为也随之出现和消失，我们可能会更接近于确定强化物的重要性，因为概率的变化不太可能是由其他种类的偶然变化引起的。与特定朋友交往的行为会随着朋友在提供强化方面的变化而变化。如果我们观察到这种共变，我们就能够相当确定“这种友谊意味着什么”，或者说“我们的被试在他的朋友身上看到了什么”。

这种评估技术经改进后可以用于临床和实验室研究。通过让被试观看各种各样的图片，并记录下他花在每张图片上的时间，一个量表就可被制作出来。看一幅画的行为会被其看到的东西所强化。看一幅画可能比看另一幅画会受到强度更大的强化，而且所用时间也会相应地变化。如果有任何必要的原因来强化或消除被试的行为，这些信息就可能是有价值的。

75 文学、艺术和娱乐活动是人为的强化物，公众是否购买书籍、演出门票和艺术品，取决于这些书籍、戏剧、音乐会或画作是否具有强化作用。艺术家常常局限于探索对自己有强化作用的事物。当他这样做的时候，他的作品“反映了他自己的个性”，而如果他的书、戏剧、音乐或画作对其他人有强化作用，那么这只是一种意外（或者在一定程度上反映了其作品的普适性）。只要这对于商业上的成功很重要，他就可以直接研究别人的行为。（在第十六章中，作家和艺术家的活动被解释为对某些媒介的强化力量的探索。）

我们不能仅仅通过询问一个人是什么强化了他从而就结束这项调查。他的回答也许有些价值，但未必可靠。一个具有强化作用的联结对于一个被强化的个体来说未必是显而易见的。人们往往只有在回顾时才会发现，一个人以某种特定方式行事的倾向是其行为的某些后果所导致的，而且，正如我们将在第十八章中看到的那样，这种关系可能永远不会被意识到，即使它对别人来说是显而易见的。当然，在那些被证明具有强化作用的事件中，个体之间也存在着巨大的差异。物种之间的差异太大，这种差异几乎不会令人感兴趣；很显然，对一匹马起强化作用的事件不一定对狗或者人有强化作用。在同一个物种的成员之间，这种巨大的差异不太可能是由于遗传的禀赋，在一定程度上可以追溯到个体成长的环境上。生物有机体显然继承了被某些事件强化的能力，但这一事实并不能帮助我们预测某未经实验的刺激是否具有强化作用。强化事件与剥夺之间的关系，或者有机体的其他任何状况，都不能赋予强化事件任何特定的物理属性。尤其不太可能的是，那些已获得其强化力量的事件将以任何特殊的方式得到标记。然而，此类事件是一种重要的强化物。

76 条件强化物

在操作性强化中呈现的刺激可能与在应答性条件作用中呈现的刺激相对应。在第四章中，我们探讨了如何获取引发某种反应的力量；此刻我们关心的是强化的力量。虽然强化是一种不同的刺激功能，但刺激配对的过程似乎是相同的。如果我们经常用盘子给饥饿的有机体喂食物，此后即使是空盘子也会引发其分泌唾液。在某种程度上，空盘子也会强化某种操作性反应。

我们可以更容易地用刺激来证实条件强化过程，而这些刺激也更容易控制。如果我们每次打开灯后就给一只饥饿的鸽子喂食，这盏灯最终会也成为一种条件强化物。它可以像食物一样被用来条件化操作性行为。我们多少了解这灯光是如何获得这种特性的：灯光与食物搭配的次数越多，它的强化作用就越强；灯光之后不能间隔太长的时间不提供食物；当所有的食物都不再提供时，这种强化的力量就会迅速丧失。我们应该期待所有这一切从刺激条件化的知识中获得答案。

条件强化物往往是自然相倚关系的产物。通常，有机体只有在表现出“先前发生的”行为后才能接受食物和水，也就是它对环境进行操作以创造进食或饮水的机会之后。所以，由这种先前发生的行为引发的刺激就产生了强化作用。因此，在我们能够成功地将食物从盘子移送到我们嘴里之前，我们必须靠近盘子，任何让我们靠近盘子的行为都会自动被强化。因此先前发生的行为在强度上是持续的。这一点很重要，因为只有一小部分行为会立即通过食物、水、性接触或其他明显具有重要生物学意义的事件得到强化。尽管一级强化物在长时间延迟后仍然有效是人类行为的特征，但这可能仅仅是因为中介事件成了条件强化物。当某人在十月份给自己的房子安装了防风雪窗，是因为去年十月他做了同样的事情之后在今年一月份感受到了房间的温暖时，我们就需要弥合十月的行为与一月的效果之间 77
的距离。在影响这种行为强度的条件强化物中，有一些是由他自己或其邻居提供的特定言语的结果。为了达到在实际生活中能够控制行为的目的，在行为与最终的一级强化之间填充一系列的事件通常十分重要。在教育、工业、心理治疗以及其他许多领域，我们接触到了旨在创造适当条件强化物的技术。在终极结果被延迟的情况下，即时提供有效的行为后果，其作用是“提高士气”、“增强兴趣”、“防止气馁”或矫正被我们称为意志力缺失的操作性行为力量不足的情况等。更具体地说，它是引导学生好好学习，员工安心工作，患者从事可接受的社会行为，等等。

泛化的强化物。当一个条件强化物与一个以上的一级强化物相配对时，它就泛化了。泛化的强化物是有用的，因为有机体的短暂条件作用可能并不太重要。只有在适度剥夺的条件下才能观察到单一强化所产生的操作性行为的强度——当我们用食物强化时，我们就能够控制饥饿的人。但是，如果一个条件强化物与适合许多条件的强化物相匹配，那么至少有一种适当的剥夺状态更有可能会在以后占据优势。由此，某种反应就更有可能产生。例如，当我们用金钱强化时，我们随后的控制就会相对独立于暂时的剥夺。一种泛化的强化物的产生是由于许多一级强化物只有在物理环境被有效操纵之后才会被接受。某种形式的先前行为可能在不同的场合先于不同的强化物。因此，由这种行为产生的直接刺激将成为一种泛化的强化物。当我们成功地控制了物质世界，我们就会自动地获得强化，除了某些特殊的剥夺。这也许可以解释为什么我们倾向于从事精湛的工艺制作、艺术创作，以及诸如保龄球、台球和网球等运动。

78 然而，某些“感觉反馈”的强化作用可能是无条件的。婴儿似乎会被来自环境的刺激所强化，而这种刺激并没有伴随着一级强化。婴儿的拨浪鼓就是一个例子。以这种方式获得强化的能力可能是在进化过程中产生的，它可能与我们从“让世界守规矩”中获得的强化是相似的。任何一种有机体，只要成功地控制了自然，不管会产生什么样的暂时后果，只要有了重要的结果，它就会处于有利的地位。

当行为被他人强化时，一些重要的泛化强化物就产生了。一个简单的事例就是关注。如为我们所熟悉的，那些孩子调皮捣蛋“只是为了引起关注”。人们的关注具有强化作用，因为这是他们提供其他强化的一个必要条件。一般来说，只有那些照料我们的人才会强化我们的行为。那些特别有可能提供强化的人，如父母、老师或爱人，他们的关注是一种特别好的泛化强化，并且能够建立起特别强大的吸引关注的行为。许多言语反应特别需要被关注，例如“看呐”、“你瞧”，或者是对名字的称呼。其他因受到关注而表现强烈的典型行为有装病、惹人厌烦以及引人注目（裸露癖）等。

仅有关注通常是不够的。另一个人可能只会强化他所赞许的那部分行为，因此，任何具有赞许特征的行为都有可能具有独立的强化作用。能够引发微笑、言语反应（例如“没错”“很好”）或者任何其他表扬方式的行为都会得到增强。我们利用这种泛化的强化物建立并且塑造他人的行为，尤其是在教育领域。例如，当儿童和成年人表现出恰当的行为时，我们通过说“不错”来教会他们正确讲话。

喜爱是一种更强有力的泛化强化物。它可能尤其与作为一级强化物的性接触有关，当任何表达喜爱的人也提供了其他类型的强化时，其效果就泛化了。

79 要对关注、赞许以及喜爱进行界定、观察和测量，是十分困难的。它们不是具体事物，而是他人行为的不同方面。它们微妙的物理维度不仅给研究它们的科学家带来了困难，而且也给被它们所强化的个体带来了困难。如果我们难以看到有人在关注我们，或者赞许我们，或者对我们用情至深，我们的行为就不会得到持续的强化。因此，它可能是微弱而不可察的，也可能是发生于错误的时间，等等。我们不知道“怎么做才能获得关注或者喜爱，或者什么时间做”。正如我们将在第六章所看到的，孩子为寻求关注而抗争，情人为寻求爱的迹象而苦苦追求，艺术家为获得专业领域的认可而表现出坚忍不拔的行为，这仅仅是间歇强化的结果。

另一种泛化的强化物是对他人的*顺从*。当一个人被迫提供各种强化时，任何表示他顺从的迹象都会成为泛化强化物。恃强凌弱者因被欺负者怯懦的表现而被强化，统治阶级的成员因被统治者顺从的表现而被强化。声望与尊重在能够保证其他人会以某种方式行事的时候也能够成为泛化强化物。那些为了控制而控制的人的行为表明，“随心所欲”也具有强化作用。顺从的物理维度通常并不像关注、赞许和喜爱那样微妙。恃强凌弱者会彰显自己优越的统治地位，其仪式活动则会强调顺从与尊敬。

有一种根据其物理规范加以区分的泛化强化物，即*代币物*。最常见的例子就是金钱。虽然“金钱并不能够买到一切”，但它却是最为理想的泛化强化物，因为它可以用来交换各种不同的一级强化物。用金钱强化的行为相对不受有机体短期剥夺的影响，而金钱作为强化物的一般效用在一定程度上就是取决于这一事实。它的有效性还取决于它的物理维度。这使得行为与结果之间的相倚关系更加明显：当我们获得金钱报酬时，我们知道我们的行为实现了什么，也知道是什么行为实现了它。这种强化效果还可以产生更加成功的条件作用，金钱的交换价值比关注、赞许、喜爱甚至顺 80
从的交换价值更为明显。

金钱不是唯一的代币物。例如在教育领域，个体的行为在一定程度上受其所获得的分数、等级和文凭的影响。它们不像金钱那样容易被用来交换一级强化物，但是交换的可能性是存在的。教育领域的代币物构成一个系列，获得一个就可以交换下一个，最后一个代币物（文凭）的商业价值和声望价值通常是十分明确的。一般来说，对于高分、高专业技能或高成就的奖励（奖章和奖学金）并没有明确地与一级强化物相对应，但是这些奖励所具有的清晰的物理维度在设置各种相倚关系时是一种优势。通常这最终的强化与声望或尊敬的强化是相似的。

人们很容易忘记泛化强化物的来源，并认为它们自身就具有强化作用。当我们说到“对关注、赞许或喜爱的需要”“掌控的需要”以及“对金钱的喜爱”时，就好像它们是剥夺的基本条件。但是，以这种强化方式获得的能力即使在必要条件都已具备的情况下也无法在短时间内得到发展。在进化的过程中，关注、喜爱、赞许和顺从在人类社会的存在大概只有很短的一段时间。此外，它们并不表现为固定的刺激形式，因为它们取决于特定群体的特性。当喜爱主要涉及性时，它可能与某种一级剥夺的条件有关，这种条件在某种程度上不依赖于个体的成长历史，但是，因与性接触或其他强化物的联系而具有强化作用的“喜爱的迹象”，却几乎不可能由于遗传原因而产生强化作用。代币物出现得更晚，人们通常不会真的认为对代币物的需要来自遗传。我们通常可以看到一个孩子被金钱强化的过程。然而，“对金钱的喜爱”看起来常常像是自发的，就像“被赞许的需要”一样，如果我们只是局限于观察这些泛化强化物的效果，我们就应
81 该有同样多的理由来假设金钱也是一种先天需要，就如同假设关注、赞许、喜爱或支配也是先天需要一样。

即使泛化强化物赖以建立的一级强化物不再与之相伴随，这些泛化强化物依然还是有效的。我们玩技巧类游戏是因为这些游戏本身有兴趣。我们寻求关注或赞许就是为了获取关注或赞许。爱并不总是伴随着更为明确的性的强化。即使我们不利用他人的顺从，顺从依然具有强化作用。一个守财奴可以被金钱强化到宁愿饿死也不愿放弃钱财的程度。这些显而易见的事实必须在任何理论或实践思考中占有一席之地。它们并不意味着泛化强化物比每种可观察到的刺激物的物理属性更重要，也不意味着必须要把任何非物理性实体考虑在内。

为什么强化物具有强化作用？

效果律不是一种理论。它只是增强行为的一种规则。当我们强化某种反应并且观察其频率变化时，我们很容易报告客观上发生了什么。但在解释为什么会发生这种情况时，我们会诉诸理论。为什么强化具有强化作用？一种理论认为，有机体不断重复某种反应是因为它发现其后果很“愉快”或者“满意”。但是就自然科学的框架而言，这种解释有何意义？“愉快”或“满意”显然不涉及强化事件的物理属性，因为自然科学既不使用这些术语，也不使用任何同类词语。这些术语肯定指的是对有机体的某种影响，但我们能否以一种有助于解释强化的方式来定义这种影响呢？

有时人们会认为，如果有机体接近某件事物或与之保持接触，该事物就令人愉快；如果有机体避开或减少与之接触，该事物就令人不愉快。在尝试找到一个客观定义的过程中，有过许多不同的方法，但它们都受到了同样的批评：其所认定的行为也许只是强化效果的另一种产物。如果说某种刺激令人愉快，是因为有机体倾向于接近它或延长与其接触的时间，这
82 可能只是该刺激强化了接近或延长行为的另一种说法。一般来说，我们不

是依据强化对于行为的作用来定义强化的效果，而只是简单地列举了我们所熟悉的行为，这种行为几乎不可避免地会被强化，因此通常可以作为一种标志或者强化力量。如果继续这个话题，也就是说刺激具有强化作用是因为它令人愉快，那么，所谓根据两种效果所做出的解释实际上只是对一种效果的多余描述。

另一种方法是通过询问被试对某些事件的“感受”来定义“愉快”和“不愉快”（或“满意”和“厌恶”）。这就假定了强化有两个作用：强化行为和产生“感受”，而其中一个是另一个的某种函数。但这种函数关系也可能是反方向的。当一个人报告说某件事是令人愉快的，他可能只是报告说这是一个给予他强化的事件，或者他发现自己倾向于去做这件事，因为这件事强化了他的这一行动。在第十七章我们将会看到，一个人很可能无法获得关于愉快的言语反应，除非这是一个纯自有的事实。无论如何，被试在进行这种观察时自身并不处于特别有利的位置。根据刺激提供的愉悦感或满意度做出的“主观判断”通常是不可靠的，也是缺乏一致性的。正如无意识理论所强调的那样，我们可能根本无法报告那些显然对我们起强化作用的事件，或者我们可能会报告与客观观察有直接冲突的事件；我们可以报告某种令人不愉快的事件，而这种事件可以被证明是具有强化作用的。这种反常的例子可见于受虐狂与殉道之类的事件。

有时人们会认为，强化之所以有效是因为它减弱了某种被剥夺状态。这至少是一种附带效果，不需要与强化本身相混淆。显然，剥夺在操作性条件作用中很重要。我们在实验中用饥饿的鸽子做被试，否则我们就无法证明操作性条件作用。鸽子越是饥饿，由强化所引发的反应就越是频繁。然而尽管存在着这样的联结，强化也并不总是降低剥夺状态。若以其他方式对剥夺实施测量便会得知，在发生任何实质性变化之前，条件作用就可
能已经发生了。我们所能说的是，能够减少剥夺的事件的类型也具有强化 83
作用。

强化与餍足之间的联系必须在进化的过程中寻找。我们绝不可忽视一级强化物巨大的生物学意义。食物、水、性接触，还有逃离有害环境（第十一章），无疑都与有机体的幸福相关联。一个很容易被这些事件强化的个体会获得高效的行为。如果被特定强化的行为在适当的剥夺状态下特别容易发生，这从生物学的角度来看也是有利的。因而重要的是，不仅任何能够导致食物摄入的行为都应该成为其反应集的重要组成部分，而且这种行为在有机体饥饿时应该表现得特别强烈。这两种优势可能是有机体能够以特定方式得到强化的原因，并且强化的结果将会在相关的剥夺条件下被

观察到。

某些类型的刺激尽管看似不会引发具有生物学意义的行为，但却具有正强化的作用。婴儿不仅可以用食物来强化，还可以用铃铛的叮当声或明亮物体的闪光来加以强化。那些持续伴随着这类刺激物的行为表现出了概率的提高。即便是有可能，也很难将这些强化效果追溯到条件作用的历史。随后，我们可能会发现同样的个体会被某个管弦乐队或某个丰富多彩的景象所强化。在这种情况下，很难保证这种强化效果不是条件作用。然而，我们似乎有理由认为，被任何环境反馈所强化的能力都具有生物学意义，因为它能使有机体在特定的剥夺状态形成之前，就做好了成功掌控环境的准备。当有机体产生触觉反馈时，如感受一块布的质地或一件雕塑的表面，即便受刺激部位的主要功能并不是性，这种条件作用通常也会被认为是性强化的结果。人们很容易认为，由行为产生的其他形式的刺激与生物学上的重要事件有相似的联系。

84 当环境发生变化时，被特定事件强化的某种能力可能会在生物学意义上处于不利地位。由无处不在的糖果柜台我们可以看出，糖对于人类物种的大多数成员具有高度的强化作用。它在这方面的强化作用远远超出了目前的生物学需要。在糖被大规模种植和提炼之前，情况并非如此。直到几百年前，糖的强化作用肯定还是一种生物学优势。环境改变了，但有机体的遗传禀赋却没有随之改变。还有一个例子就是性。性接触的巨大强化作用不再具有生物学上的优势，但我们并不需要重返数百年前的饥荒和瘟疫流行的时代，在当时那种情况下，性强化的力量提供了决定性的优势。

生物学对强化力量的解释也许就像我们所说的，某个事件就具有强化作用。这样的解释在函数分析中可能没什么帮助，因为在我们测试某种特定有机体的强化能力之前，它并没有为我们提供任何方法来识别这种具有强化作用的刺激。因此，我们必须满足于一项关于刺激对行为之影响的调查。

意外相倚关系与“迷信”行为

有人认为桑代克的实验不是典型的学习过程，因为这只猫无法“看到”移动门闩和从笼子里逃出来之间的联系。但在操作性条件作用中，看到这一联系并不是必要的。无论是在条件作用过程中，还是在条件作用建立之后，被试经常会报告自己与环境有关的行为（第十七章）。他的报告从科学的角度看也许是有用的，他对自己行为所做出的反应甚至可能是某些复杂过程中的一个重要环节。但在简单的操作性条件作用过程中，并不需要这样的报告或反应。这是显而易见的事实，人们可能无法描述一个已经产生明显作用的相倚关系。

反应以及对该反应的强化之间不需要有任何永久性的联系。我们通过设置机械与电气的连接，使鸽子的反应与得到食物形成相倚关系。在实验 85
室之外，造成行为与其后果之间相倚关系的是各种物理系统。但是这些不需要且通常也不会以任何其他方式影响有机体。就有机体而言，相倚关系唯一重要的属性就是它的时间性。强化物只是跟随在反应之后。至于它是如何被引发的并不重要。

我们必须假设强化物的呈现总是会强化某些东西，因为它必然与某些行为相一致。我们也看到，一个单一的强化便可能具有某种实质性的影响。如果反应与强化物出现之间只有一个相倚关系，这种行为就被称为“迷信”。我们可以通过从鸽子实验中累积的几个相倚关系的效果来证明这一点。假设我们每 15 秒钟给一只鸽子喂少量的食物，而不管它在做什么。当第一次喂食物时，鸽子会表现出某种行为方式（即便只是站着不动），条件作用就会发生。当再次给予食物时，同样的行为就更有可能发生。如果这被证明为是事实，“操作性反应”将被进一步加强。如果事实并非如此，那么其他一些行为将会被加强。最终，某特定行为达到了一个经常会被强化的频率。即使食物是根据一个与鸽子行为毫无关系的时钟来提供的，它也会成为鸽子反应集里永久的一部分。以这种方式建立的显而易见的反应包括：大幅度转向一侧，双脚轮流跳来跳去，俯下身子争斗，向后转身，昂首阔步，向上抬头。这种行为的形态可能会随着进一步的强化而不断漂移，因为反应形式的轻微改变可能与得到食物是在同一时间发生的。

喂食的间隔时间对于产生迷信行为十分重要。在 60 秒的时候，某种强化的作用在另一种强化发生之前就已经大部分消失了，而其他的行为就更有可能出现。在这种情况下，迷信行为不太可能出现；但如果实验持续很长一段时间，迷信行为就可能会产生。在 15 秒时其作用通常能达到立竿见影。一种迷信的反应一旦形成，即使只是偶尔被强化，也会继续 86
存在。

鸽子不是特别容易上当受骗。人类的行为也非常迷信。在被偶然的相倚关系增强的行为中，只有一小部分会发展成被我们称为“迷信”的仪式性行为，但同样的原理也在起作用。假设我们在公园散步时发现了一张 10 美元的钞票（假设这是一个具有相当大的强化作用的事件）。无论我们正在做什么，或者刚刚做了什么，在我们发现这张钞票的那一刻一定会被认为受到了强化。当然，这很难用一种严格的方法来加以证明，但我们会更有可能再次去散步，尤其是在相同或者类似的公园里散步，并且极有可能像我们曾经捡到钞票时那样将我们的目光细致地盯着地面，诸如此类。这种行为会随着任何与金钱相关的剥夺状态而变化。我们不应该称之为迷信，但它是由相倚关系产生的，而这种相倚关系很少具有“功能性”。

有些产生迷信行为的相倚关系并不完全是偶然的。一个反应很可能会带来一个结果，然而这个反应却不会“产生”一个结果。最好的例子就是一种刺激物被去除之后就会产生强化作用（第十一章）。这类短暂的刺激可能正好在一个恰当的时间终止，从而强化了它一开始所引发的行为。厌恶刺激出现，有机体变得活跃；该刺激终止，便强化了部分行为。某些疾病、残疾和过敏反应的持续时间如此之长，以至于任何“治愈”它们的措施都有可能在病情好转后得到强化。这些措施并不需要真正具有治愈作用。非科学医疗的复杂仪式似乎都可以用多种疾病的这种特征来加以解释。

在迷信类操作行为中，正如第四章所讨论的迷信类条件反射一样，条件作用过程已然失败。条件作用为有机体提供了极大的优势，使其具备了适应新环境的有效行为，但却似乎无法防止由于意外而获得不利行为。奇
87 怪的是，当条件作用的进程在进化过程中加速时，这种困难就一定会增大。例如，假如总是需要有三种强化来改变反应的概率，那么迷信行为就不太可能发生。只是因为有机体达到了一个单一的相倚关系便可造成实质性改变的程度，它们才容易受到巧合的影响。

在人类社会，迷信仪式通常会涉及口头禅，它是作为文化的一部分来传递的。在这一点上，它们有别于偶发的操作性强化的简单作用。但它们肯定是起源于相同的过程，它们可能是由遵循相同模式的相倚关系来维持的。

目标、目的以及其他终极目的

所谓操作性强化“增强了它之前的反应”，这种说法是不正确的。反应已经产生，无法改变。而改变的是未来相同类型反应的概率。作为一种行为它是自发产生的，而不是对某特定情况的一种条件化的反应。因此，这并没有违反科学的基本原则，即排除“终极目的”。但是，如果有人断言，行为受到有机体尚未实现的“诱因”或“目标”的控制，受未完成意图的控制，那么，这就违反了这一科学原则。使用“诱因”或“目的”等词的陈述通常可以简化为关于操作性条件作用的陈述，只需稍加改变就可以把它们纳入自然科学的框架之内。我们不说一个人之所以如此行事是因为他的行为所带来的后果，而只是说他如此行事是因为过去类似行为所带

来的后果。当然，这就是效果律或操作性条件作用。

人们有时会认为，只有把某种反应的目的也看作当前的属性时，它才能够被完整地加以描述。然而“描述”是什么意思呢？如果我们看到有人走在街上，我们可能会用自然科学的语言来报告这个事件。如果我们接着加上“他的目的是寄信”，我们是否说了一些我们第一次报告中没有提到 88
的内容？这是显而易见的，因为一个人在大街上行走“有许多目的”，而无论目的如何，其行走的物理方式都是一样的。我们需要加以区分的不是具体行为之间的不同，而是以行为作为其函数的变量之间的不同。目的不是行为本身的属性，它是适合用来控制变量的一种方式。如果我们看到被试寄走了信件后又原路返回，这时我们的观察报告就会将“目的”归因于他，而不是归因于结束了其在街上行走行为的事件。该事件为他的做法“赋予意义”，不是通过放大对行为本身的描述，而是指出了一个自变量，其行为可能是该自变量的一个函数。除非我们以前观察到过类似的行为和结果，否则我们在看到他寄信之前是看不到他的“目的”的。当我们这样做的时候，我们只是用这个术语来预测他会在这种情况下寄信。

在没有相似事件做参考的情况下，我们的被试也无法看到自己的目的。如果我们问他为什么要沿着这条街走，或者他的目的是什么，而他回答说“要去寄一封信”，我们从中没有得到任何关于其行为的新东西，而只有一些可能的原因。当然，被试自己在描述这些变量时可能会处于有利地位，因为他与自己的行为已经有了多年的长期接触。但是，他的表述与那些很少观察到他行为的人所做出的类似陈述并没有什么不同。正如我们在第十七章将会看到的，他只是根据自己的经历做出了一个貌似合理的预言。而这预言还很可能是错误的。他也许会报告说他“要去寄一封信”，他手里也许真的持有一封信，他也许会走到这条街道的尽头将这封信寄出去，但我们依然可以证明，他的行为主要是由这样一个事实决定的：在过去的某个时候，就是在这样一个步行的场合，他遇到了一个对他来说很重要的人。他可能不会“意识到这个目的”，从某种意义上说，他的行为由于这个原因而变得很强烈。

人们认为操作性行为似乎是“指向未来”的，这实际上是一种误导。 89
以“寻找某物”为例，在什么意义上，“某物”尚未被发现与其行为有关？假设我们让一只鸽子去啄箱子墙壁上的一个圆点，然后，当这个操作被很好地建立起来后，再把这个圆点移走。这只鸽子现在沿着墙壁走向它常去的地方。它抬起头，眼睛望向通常放置圆点的方向，甚至可能会轻啄通常放置圆点的地方。在该行为完全消退之前，它会一次又一次地以相似的方式回到同一个地方。我们一定要说这只鸽子是在“寻找圆点”吗？在解释鸽子的行为时一定要将“寻找”圆点考虑在内吗？

从操作性强化的角度来解释这个事例并不难。由于圆点的视觉刺激的呈现通常是先于接受食物，所以圆点已成为一个条件强化物。它增强了从不同位置观察给定方向的行为。虽然我们只对啄食反应进行了条件强化，但实际上同时也增强了许多先前存在的不同种类的行为，这些行为可以把鸽子带到它能够看到那个圆点并且啄击的位置。即使我们移除了那个圆点，这些反应仍会继续出现，直到消退发生。“正在被寻找”的那个圆点就是在过去作为寻找圆点的行为被即时强化时出现的那个圆点。一般来说，寻找某种东西包括做出反应，而这些反应在过去已经产生了作为结果的“某种东西”。

同样的解释也适用于人类。当我们看到一个人在房间里走来走去、打开抽屉、拿开杂志等时，我们可以完全客观地描述他的行为：“此刻他在房间的某个地方；他用右手的拇指和食指抓住了一本书；他把书拿了起来，低下头，以便能看到书下面的任何东西。”我们也可以说“他在找什么东西”，或者更具体地说“他在找他的眼镜”，以此来“解释”他的行为，或者“解读其中的含义”。我们所要增加的不是对他行为的进一步描述，而是对影响行为的一些变量做出的推断。不需要将当前的目标、诱
90 因、意图或意义考虑在内。即使我们问他在做什么，他也会说：“我在找我的眼镜。”这不是对其行为的进一步描述，而是把他的行为作为一个函数来描述其变量；这就相当于说“我把眼镜丢了”，“当我寻找我的眼镜时，我会放下手头正在做的事情”，或者说“当我以往这样做时，我找到了我的眼镜”。这些转换的说法看似转弯抹角，但这仅仅是因为涉及目标与意图的表述都是缩略语。

我们常常把目的归因于行为，作为描述其生物适应性的另一种方式。这个问题已经讨论过了，但还可以再扩展一些。无论是操作性条件作用还是行为特征的进化选择，结果都会改变未来的可能性。反射和其他先天行为模式的进化是因为它们增加了物种生存的机会。操作性行为之所以变得强大，是因为它们对个体的生活产生了重要的后果。这两种过程都基于同样的原因而提出了有关目的的问题，在这两种情况下，对终极目的的借助都可能以同样的方式被摒弃。蜘蛛不是因为蛛网使它能够捕获生存所需的食物而拥有了结网所需的复杂的反应集。它之所以拥有这种行为，是因为蜘蛛们过去所表现出的类似行为使它们能够捕捉到生存所需的食物。在早期的进化史上，一系列事件都与结网行为有关。当我们观察个体生活中的类似事件时，如果我们说观察蛛网的“目的”，那就错了。

第六章 91
操作性行为的塑造及保持

行为的连续性

操作性的条件作用塑造行为，就如同雕塑家塑造一块黏土。虽然雕塑家在某个时候似乎是创造了一个全新的物体，但我们总是可以循着这一过程返回到黏土最初未分化的状态，我们可以尽量缩小我们返回到这个状态的连续阶段。在任何时候都不会出现任何与之前大不相同的东西。最终的产品似乎有一个特别的统一或完整的设计，但我们找不到一个突然出现的点。在同样的意义上，一种操作性行为并不是在有机体的行为中完全成熟的东西。它是持续塑造过程的一个结果。

鸽子实验清楚地证明了这一点。“抬起头”不是一个独立的行为单元。
可以说，这个动作并不是单独出现的。当鸽子站立或四处走动时，我们只
强化那些能够观察到的行为的轻微异常值。我们成功地改变了鸽子头部抬
起的整个高度范围，但是没有任何东西可以被准确地描述为一种新的“反
应”。诸如在难题箱实验中转动门闩这样的反应似乎是一个更为独立的单 92
元，但这只是因为它与其他行为的连续性更难以被观察到。在鸽子实验
中，鸽子啄击实验箱墙壁上圆点的反应似乎不同于伸长脖子，因为鸽子没
有其他类似的行为。如果我们在强化这样的反应时，只是等待它的发
生——我们可能要等上几个小时、几天或者几周——那么整个行为单元似
乎就会以其最终形态出现，并因此而受到强化。也许并不存在那种明显能
够被我们描述为“几乎啄到圆点”的行为。

然而，鸽子的这类操作性行为和普通行为之间的持续联结很容易被证明。这种联结是建立某种复杂反应的实用程序的基础。为了让鸽子啄到那个圆点，我们做了如下事情：首先，当鸽子从箱子里的任何一个地方稍稍转向那个方向时，我们就给它喂食。这就增加了该行为出现的频率。然后

我们不再强化，直到鸽子做出朝向圆点的轻微移动再给予强化。这又一次改变了行为的总体分布，却没有产生一个新的行为单元。我们不断地强化持续趋近那个圆点的走位，然后就只在鸽子头部稍微向前移动的时候给予强化，最后只在鸽子的喙确实接触到那个圆点的时候给予强化。我们可能会在极短的时间内强化出最后的反应。一只饥饿的鸽子，很好地适应了这种情况和食物盘，通常可以在两到三分钟内以这种方式做出反应。

最终反应形式发生的初始概率非常低；在某些情况下，它甚至可能是零。我们可以通过这种方式构建复杂的操作性反应，否则这些操作性反应永远也不会出现在有机体的反应集里。通过对一系列连续的近似行为实施强化，我们在很短的时间内就把一个罕见反应的发生概率提升到了一个非常高的水平。这是一种有效的程序，因为它识别并利用了复杂行为的连续性本质。从笼子的任何一个地点转向那个圆点，再走向那个圆点，抬起头，啄击那个圆点，这整个行为似乎是一个功能上连贯的行为单元；但它
93 是由从无差别行为中产生的差别强化的连续过程构建而成的，就像雕塑家用一块黏土塑造形象一样。在我们等待一个独立完整的实例时，我们强化了一个类似的序列，但效果要差得多，因为前面的步骤没有得到最佳强化。

这一解释从某方面说是不准确的。我们可以检测到将头部靠近那个圆点与啄击圆点之间的不连续性。啄击动作通常以一个明显是预先形成的行为单元表现出来。有两种可能的解释。一只成熟的鸽子已经有了明确的啄食反应，这种反应有可能会在当前的场合出现。如果我们能够密切关注这种反应的形成过程，也许就会从中看到类似的连续性。然而，有可能存在着来自遗传的不连续性，而且在像鸽子这样的鸟类中，啄食反应作为物种行为的一种形式具有一种特殊的力量和特殊的连贯性。呕吐和打喷嚏都是人类的反应，这两种反应可能具有相似的遗传统一性。在进化过程中必须要寻求与其他行为的连续性。但这些基因单位是很罕见的，至少在脊椎动物中是这样。无论从理论还是从实践的视角来看，我们通常所关注的行为都是由某种基本材料不断改进而来的，而这基本材料在很大程度上是未分化的。

通过强化儿童行为中稍微不同寻常的情况，他学会了爬起来、站立、行走、抓握物体并移动它们。后来，通过同样的过程，他又学会了说话、唱歌、跳舞、玩游戏——简而言之，就是展示了正常成年人所特有的丰富的反应集。当我们调查这些后期的行为时，我们发现区分不同的操作性行为是很便利的，这些操作性行为在形态上各不相同，并产生不同的结果。

通过这种方式，行为被分解为若干部分，以利于分析。这些部分是我们计算的单位，它们出现的频率在达到行为标准上起着重要的作用。用行外人的话来说，它们就是行为被拆分后的“动作”。但是，如果我们要对它的许多量化特性做出解释，就不能忘记行为最终的连续性特征。

对这一特征的忽视导致了行为理论中的一些难题。例如，这种效应有时被称为“反应泛化”“迁移”或“反应诱导”。在强化一种操作性行为 94
时，我们常常会使得另一种操作性行为的强度显著增加。在一个技能行为领域的训练可能会提高在另一个领域中的表现。在一个领域的成功可能会增加在其他领域里更加主动的趋势。通过在诊所或医疗机构中设置优化的具有强化作用的相倚关系，心理治疗师强化了整个世界的行为。但这怎么可能呢？什么是“迁移”？迁移在不具有直接强化作用时似乎并不增强它的行为。这是一个关于伪问题的好例子。我们把行为分为猛烈的和快速的两个单位，然后惊讶地发现该有机体无视我们所设定的界限。我们很难想象这两种反应没有共同点。它们有时会使用相同的肌肉系统。强化的效果可能反映了这一事实，而不是武断地把各种反应称为相互独立的单元。还有，当我们按照序列强化某种最终的、包含许多先前存在成分的反应时，我们可以强化所有包含先前存在成分的单位。我们操纵工具和仪器的技能从一个强化领域迁移到另一个强化领域。

对迁移的传统解释认为，只有当反应“具有”相同元素时，第二种反应才能够得到增强。这是维护反应单位概念的一种努力。一种更为有用的说法是，这些元素无论在哪里出现都会被增强。这导致我们将元素而不是反应识别为行为单元。它是一种行为原子，它也许永远不会单独出现在任何一个单独的场合，但它是所有观察到的实例的基本元素或组成部分。对某种反应的强化提高了包含相同元素的所有反应的发生概率。言语行为提供了特别好的例子，说明了这些原子的重要性。大量的言语反应是由同一肌肉组织完成的。因此，它们可能是由数量相当少的相同元素所组成的反应。这在惯例上通常不被认可，因为言语行为常被看作由各自独立的单元所构成，例如语法学家所说的“词”。严格的分析表明，词绝不是功能单元。更加复杂的词——习语、短语或记忆段落——可能在单一变量的控制 95
下共同变化。与此同时，我们可能会观察到，“原子”单独的功能控制至少与单独的语音一样少。我们必须认识到这些小单位，以便解释这些变形的言语反应，如首音误置和某些口误，以及头韵的修辞手法、谐音、韵律和节奏。

我们缺乏足够的工具来处理行为的连续性或操作性行为之间的相互作

用，这些都可归因于共同的原子单位。然而，操作性行为代表了一个有效的分析标准，因为定义一个反应的属性是可观察到的数据。一组给定的属性可以被赋予一个函数单位。虽然最终还必须要在这一层次上开发出不注重原子单位的方法，但对于我们理解行为的最重要的动力学属性来说，它们并不是必要的。

差别强化

虽然对其他人来说，操作性强化一直是一个选择某种反应强度的问题，但我们可以将其区分为是产生一个相对完整的新单位，还是为了获取更大效果而在一个既有单位上做出微小的改变。在第一种情况下，我们的兴趣在于行为是如何习得的；在第二种情况下，我们关注的是该行为是如何被提炼出来的。这是“知道如何做某事”和“如何把它做好”之间的区别。后者是技能的领域。

旨在提高技能的相倚关系是对具有特殊属性的反应的差别强化。它可以根据环境的力学状态自动提供。例如，在学习投球时，某些反应是必须在球以最快的速度向前移动时，将球从指间释放出去。这些反应受到这样一个事实的差别强化：当球出手时，它会飞过相当长的一段距离。其他情况，如在恰当的时间之前或之后出手都不会被强化。我们很可能忘记了这是一个多么复杂的行为，对于儿童来说，要产生一个合适的时间序列，需
96 要多少差别强化啊。在游戏、工艺和某些艺术表演中，行为操作上的极为细微的差别就会造成结果的重大差别。（对这一问题探讨的结果通常就是第五章所总结的条件强化物。但很少涉及一级强化物。第十章要探讨的负强化物也很重要。例如，在运动中有效地保持条件化的姿势反应或保持直立姿态，其结果可以在很大程度上避免跌倒、碰撞以及笨拙或痛苦的姿势。）

旨在开发技能的强化必须是即时的。否则，差别性效果的精确度就会丧失。在许多实际应用领域，都是通过设置一个快速的成就反馈报告来激励技能性行为的。例如在步枪的射击训练中，极为细小的反应特性都会因命中或者脱靶而受到差别强化。这种差别强化必须是即时的，方可以选择这种量级的特性。但即使步枪手能够看到自己射中了靶子，报告也会因为子弹到达靶子的这段时间而延迟。这段空缺大概是由来自对射击“感觉”的条件强化来弥补的。射手最终得以在目标被击中之前就“知晓”了结果是好是坏。他自身的行为会产生一种刺激性反馈，有些类型的反馈之后会是命中目标，其他一些类型的反馈之后会是脱靶。更为直接的问题是，以这种方式射击是为了产生一种“感觉”，这种感觉之后便是命中目标。就

更具活力的事业而言，这种反馈更加清晰。以保龄球运动为例，保龄球手的正确姿势被其身体反馈所强化。这并不意味着步枪手或保龄球手即使没有接收到击中靶子或木瓶效果的报告也依然能够继续准确射击或者投球。要维持反馈的条件强化力量就需要这种完成报告。

如果差别性相倚关系发生了变化，行为的形态也会随之改变。即使是极为常见的使我们能够直立行走的反应也会因环境的影响而发生改变。当我们在一艘航行在大海上的轮船甲板上行走时，一系列特殊的相倚关系帮助我们在重力场中保持了定向能力。这种新的差别强化为我们建立了“踏浪之腿”。在航程结束时，旧的相倚关系起了相反的变化。由社会设定的 97
强化性相倚关系尤其可能发生转换。言语行为对此提供了许多很好的例子。在托儿所里，简略的口语反应是成功的；溺爱孩子的父母甚至可能在孩子进入青春期或成年后还在强化“婴语式交谈”。但最终，言语行为只有在普通听众中产生合适的行为时才会成功；因此，行为的方式会越来越符合某特定社群的标准。当我们从一个社群迁移到另一个社群时，我们行为的形态可能就会发生变化。

一些差别强化制造出或多或少有些强烈或者有力的反应，但并不明显改变其形态。环境中某种自然产生的相倚关系使得我们更加用力地推动或提拉物体，更加用力地拉扯物体并将其拆分，更加用力地跳跃以达到某给定高度，等等。在呼唤远处的人或与聋人交谈时，我们的言语行为只有在达到一定的响度时才会得到强化。强度测试和其他竞争类游戏提供了这些差别性相倚关系的实例。当一个沉重的球被投掷得超过一定界限时，当撑竿跳或者跳高越过了横杆时，当一个球被球棒击出围栏时（当结果是打破了一项纪录，或者是赢了一场比赛或游戏时），差别强化就起作用了。它可能在某种程度上改变了行为的形态，并产生“正确的姿势”，但它对实施行为时的纯粹力量有重要的影响。

我们使用差别强化来塑造和增强他人的行为，正如我们将在第二十章中看到的那样，也就是我们所说的刻意控制。这种作用也可能完全是无意的。一位母亲抱怨她 3 岁的孩子总是以哀怨和哭闹这样一种令人厌烦的方式寻求关注，但她可能没有意识到自己的强化行为对此是有责任的。如果她在忙于其他事情，她大概不会理会以一种平静的语调发出的召唤或者要求。当孩子提高声调时，她才会做出回应。这就是差别强化。孩子口语行为的平均强度提升了。当母亲适应了这一新的强度时，只有更大的声音才会被强化。在大声反应方向上的进一步差别化也就随之而来。孩子的声音在语调上可能会有所不同。我们所说的“哀怨”可能被认为是夹杂着些许 98

哭腔的话语。这样的言语更有可能获取一种效果，并因此而得到差别性的增强。事实上，我们通常所说的令人厌烦的行为就是那种特别能激发他人行动的行为。如果我们的任务是通过条件作用使孩子变得令人讨厌，那么由过度关注或漫不经心的父母提供的差别强化就非常接近我们应该采取的步骤。

行为的保持

“学习”一词之所以不等于“操作性条件作用”，其中一个原因就是在传统意义上它一直局限于学习如何做某事的过程。例如，在试误学习过程中，有机体学习如何逃出笼子或者如何找到走出迷津之路。不难理解为什么要如此强调行为的习得。早期的研究设计没有直接揭示学习的基本过程。当行为发生重大变化时，操作性强化的效果最为显著。当有机体学会如何做出它以前没有或者不能做出的反应时，这样的机会就会产生。然而，有一种更为敏感的方法使我们能够处理那些对行为习得不甚重要的情况。

即使没有进一步的变化甚或是技能的改进可以被称为习得，操作性条件作用仍然是有效的。行为仍然会产生后果，而这些后果仍然很重要。如果后果不出现，消退就会发生。当我们根据有机体日常生活的所有复杂性来考虑其行为时，我们需要对维持其行为的普遍存在的强化保持不断的警惕。事实上，我们对这种行为最初是如何习得的并不感兴趣。我们只关心它目前发生的可能性，而这种可能性只有通过检验当下的强化性相倚关系方能理解。这是强化的一个方面，在经典的学习方法中几乎从未涉及过。

99 ## 间歇强化

一般来说，对周围物理环境产生影响的行为会持续受到强化。我们以稳定的反应集来引导自己趋向物体，接近、触及并抓住它们，这些反应集产生的结果与自然界光学特性和机械特性所产生的结果是一致的。当然，打破这种一致性是有可能的。在游乐园的“镜子屋”里，或者在一个设计用来给垂直位置提供误导线索的房间里，就很难像通常那样建立确定的反应。但事实上，这些条件非同寻常，并且具有商业价值，它证明了这个寻常世界的稳定性。

然而，大部分行为是断断续续地被强化的。一个给定的结果有可能取决于一系列难以预测的事件。我们在玩牌或者掷骰子时并不总是能赢，因为相倚关系是如此遥不可及，以至于我们称之为“机遇”。当我们去溜冰或滑雪时，我们并不总是能够找到好的冰面或者雪场。那些需要人们参与的相倚关系可能尤其不确定。我们在一家独特的餐馆里并不总是能吃到一顿满意的美餐，因为那里的厨师们并不总是可以预测的。当我们往朋友家打电话时，不一定总能够接通，因为朋友并不总是在家。我们并不总是把手伸进口袋就能拿到笔，因为我们并不总是把笔放在口袋里。工业和教育领域的强化几乎总是断断续续的，因为通过强化每一个反应来控制行为是不可行的。

正如所预料的那样，只有被间歇强化的行为通常才会以中等频率出现，但在实验室里根据不同强化程式所做的实验研究却揭示出了一些令人十分惊讶的复杂结果。这种行为通常非常稳定，对消退有着很强的抵抗力。有实验已经提到，根据一个特殊强化程式强化出的一只鸽子，其消退曲线上显示出了 10 000 多种反应。而经过连续强化后，这类反应永远都无法得到。由于这是一种“从有机体身上获得更多反应”以换取一定数量的强化的技术，所以被广泛使用。以特殊的方式支付工资，博彩和赌博设 100
备被设计成以特殊的程式进行“支付”，是因为在这种情况下，强化的回报相对较大。赞许、喜爱以及其他令自己快乐的感受常常是间歇式的，这不仅是因为提供强化的人在不同的时间会有不同的表现，而恰恰是因为他可能发现这样的强化程式会产生更稳定、更持久和更有利可图的回报。

重要的是要区分由有机体外部系统设置的强化程式和由行为本身控制的强化程式。第一个例子是由时钟决定的强化程式，就是每 5 分钟对鸽子实施一次强化，而间歇期间的所有反应都不予强化。第二个例子是由反应数量决定的强化程式，就是在一定数量的反应产生之后，对其中一个反应实施强化——每到鸽子做出第 50 个反应时，我们就对其实施强化。这两种情况在某种意义上是相似的，即我们在两种情况下都是实施间歇性强化，但相倚关系中的细微差异却导致了非常不同的结果，这通常具有重大的实践意义。

间隔强化。如果以有规律的时间间隔来强化行为，那么大鼠或者鸽子这样的有机体将会根据强化的频率以一种近乎恒定的反应速率来做出调整。如果我们每分钟施加一次强化，动物的反应会很快；如果每 5 分钟施加一次强化，动物的反应就会慢得多。对反应概率的类似影响也是人类行为的特点。在其他条件相同的情况下，我们拨打某电话号码的频率取决于对方应答的频率。如果两家机构提供相同的服务，我们更有可能打电话给常接电话的那一家。我们不太可能去看望那些只是偶尔在一起玩得开心的朋友或熟人，我们也不太可能给一个很少回信的人写信。足够精确的实验结果表明，在一般情况下，有机体对每一个被强化的反应都会做出一定数量的回应。然而，我们将会看到，强化程式的结果并不总是可以简化为一个输入与输出的简单等式。

101 由于在间隔强化下出现的行为特别稳定，它对研究其他变量和条件十分有用。每一种强化的大小或数量都会影响强化的速率——更大的强化会产生更多的反应。不同种类的强化物也会产生不同的速率，可以根据其有效性来对强化物进行排序。速率随强化的即时性而变化：在反应与接受强化物之间的轻微延迟就意味着一个较低的整体速率。在间隔强化中研究过的其他变量将在后面的章节中讨论。它们包括被剥夺的程度以及某些情绪状况的存在与否。

优化的强化程式往往具有重大的实践意义。它们经常与影响速率的其他变量放在一起讨论。用 50 美元对一个人进行一次强化，可能并不如在同一时期分 10 次给他 5 美元进行强化效果更好。这尤其适用于原始人，他们的条件强化物还没有被建立起来，尚不能在反应与最终结果之间建立起跨越时间的桥梁。在强化程式、动机水平以及强化的即时性等之间也有许多微妙的相互作用。

如果行为不断地以固定的时间间隔被强化，另一个过程就会介入。由于反应从来不会在刚刚被强化后又被强化，第七章中所述的一种变化最终会在每次强化之后的短时间内出现反应速率低的情况。当一段时间间隔过去了，有机体大概无法区分出这段时间与被强化的时间之间隔时，速率会再次上升。这些速率的变化并不是企业工资作用的特征，否则就会成为固定间隔强化程式的一个实例了。如同我们将在第二十五章中所看到的，这种矛盾可以用这样一个事实来加以解释，即其他具有强化作用的系统被用来维持某给定的工作水准。扣除某缺勤者的薪水，建立考勤卡作为条件强化物，可以保证他每天在位。然而，主管或老板提供的厌恶性强化（第十一章）是固定间隔工资的主要补充。

102 所谓的可变间隔强化消除了强化后的低反应概率。例如，我们不是每隔 5 分钟强化一个反应，而是平均每 5 分钟强化一次，其间的间隔可能短至几秒，也可能长至 10 分钟。强化偶尔会发生在有机体刚被强化之后，因此有机体在那个时候会继续做出反应。它在这样一个强化程式下的表现是非常稳定和一致的。人们观察到，被食物强化的鸽子在平均每次 5 分钟的可变间隔强化的间歇期间，以每秒钟 2 到 3 次的速度做出反应，时长达 15 个小时，在整个过程中，鸽子的停顿时间不超过 15 或 20 秒。经过这种强化程式强化出的反应，通常很难消退。多种社会强化或个人强化在本质上都是在可变间隔强化的基础上提供的，而且有时会形成非常持久的行为。

比例强化。当强化程式取决于有机体自身的行为时，就会得到一个完全不同的结果——例如，我们每当第 50 次反应出现时对其给予一次强化。这是一种“固定比例”（强化反应与非强化反应的比例）的强化。这在教育领域里是一种常见的强化程式设计：学生因完成一个项目、一篇论文或者其他具体数量的工作而受到强化。这在本质上就是专业薪酬和销售佣金设计的基础。在工业领域，这被称为计件工资。这是一个自然会对雇主产生吸引力的强化系统，因为产生某种给定结果的劳动力成本可以提前计算。

倘若比例不是特别高，固定比例强化会产生非常高的反应率。这应该只是从输入—输出关系中产生的。反应率的任何微小增加都会提高强化的频率，其结果是反应率应该进一步提升。如果没有其他因素干扰，反应率应该能够达到可能的最高值。在工业领域有一个显而易见的限制因素，就是单纯的疲劳。由这种强化程式引发的高反应率和长时间的劳作会对健康构成威胁。这就是为什么有组织的劳工常常极力反对计件工资的主要原因。

对这类强化程式的另一种反对意见是基于这样一种可能性，即由于反 103
应率的提升，具有强化作用的成分将会占据更大的比例。在实验室里，先是第一阶段强化每第 10 次的反应，然后是每第 50 次的反应，之后我们可能发现只强化每第 100 次反应是可能的，尽管我们在开始时不能使用这个比例。在工业领域，由于采用了计件强化程式，提高了生产能力的雇员可能会得到一大笔周薪，从而导致雇主感到有必要增加规定的支付单位所需要的工作单元数量。

在持续不变的强化比例下，刚被强化后的行为最终会表现出非常低的概率，就像在固定间隔强化下的情况一样。这种效应在高固定比例下是显著的，因为有机体在下一次强化之前总是“有很长的路要走”。在任何采用计件强化程式的行业，如工业、教育、销售或其他行业，人们往往在完成一件工作单元后不久就会表现出士气低落或兴趣索然。当反应开始时，情况会因每个反应而改善，而且机体反应越多，得到强化的机会就越大。其结果是一个平滑的加速度的梯度变化曲线，因为有机体的反应越来越快。在高固定比例强化下，最终形成的强化状态并不是一个有效的整体反应模式。它对时间的利用相对较差，而较高的反应率可能会令人特别疲惫。

对比例强化的实验室研究表明，对于特定的有机体和特定的强化措施来说，存在着一个极限比例，超过这个极限比例，行为就无法持续。超过这个比例的结果就是被我们称为意志力缺失的那种极端程度的消退（第五章）。在单独比例的各自运行之间，长周期的休止状态开始呈现出来。正如我们可以轻易用转换强化程式来显示的那样，这种疲劳不是生理上的。它通常被称为“精神”疲劳，但这一名称并没有给所观察到的事实增添任何东西，即除了某高比例的强化外，有机体根本没有获得任何适当的行为。无论是在比例强化的实验室研究中还是在日常生活的实际应用中，从这些中断中都可以看到因比例过高而造成的最初的高负荷迹象。在鸽子完
104 全停下来之前——处于完全的“意志力缺失”状态——它通常在强化之后的很长一段时间内不会做出反应。同样，一个完成了学期论文的学生也许会在梯度变化曲线上呈现出突飞猛进状态，却又发现很难开始投入新的功课。

在比例强化的情况下，由于没有自我调节机制，衰竭就可能发生。与此同时，在间隔强化中，当速率下降时，下一个强化引起的反应更少，这一事实与任何消退的趋势相反。可变间隔强化程式也是自我保护式的：有机体将在任何间隔长度下以给定的速率稳定其行为。

我们采用与可变间隔强化基本相同的方法，根据固定比例的强化程式消除强化后的停顿：我们只是在一个相当大的范围内围绕着某个平均值改变比例。连续的反应可能会被强化，否则数以百计的未强化反应可能就会介入。任何时刻的强化概率基本上保持不变，有机体通过保持一个恒定的速率来加以调节。这种“可变比例强化”比具有相同平均反应数的固定比例强化程式要强大得多。鸽子的反应次数可以达到每秒钟 5 次，并能保持数个小时。

这种强化程式在产生高反应率方面的功效，赌博场所的经营者早已知晓。老虎机、轮盘赌、掷骰子、赛马等，都是按照可变比例强化程式给予回报的。虽然每种设备都有自己附加的强化作用，但强化程式是它们的重要特征。赢钱与否取决于所下的赌注，从长远来看取决于所下赌注的数量，但是具体的回报率是无法预测的。该比例可以被几个“随机”系统中的任何一个所改变。病态的赌徒就是这一结果的例证。就像鸽子在数小时内以每秒 5 次的速度做出反应一样，它是不可预知的强化事件的受害者。长期净收益或净亏损与该强化程式的有效性几乎无关。

105 **组合式强化程式。**在实验室实验中，很容易将比例强化与间隔强化结合起来，这样强化既受时间迁延的影响，又受未强化反应的数量的影响。在这种情况下，如果有机体反应迅速，在被强化之前它会多次做出反应，

但如果它反应迟缓，在下一次强化之前就只会出现几次反应。这样的强化程式类似于间隔强化或比例强化，这取决于在组合中选择的值，但是有一些证据表明存在着一个折中的办法，其中任何一个强化程式都不占优势，所产生的行为都是不稳定的。虽然这种组合式的强化程式看起来相当随意，它却被许多社会情境所例证，正如我们将在第十九章中所看到的，在这些情境下，强化的力量可能会受到被强化的行为水平的影响。

只有当反应以特定的速率发生时，我们才能够对某个有机体进行强化。如果我们只在两秒钟内强化前四种反应，就会产生非常高的反应率。即使我们只在一个相当长的平均时间间隔内以不同的时间间隔进行强化，这种高反应率也能够保持下去。对于相同的净强化率来说，这些反应率超过了一个可变比例强化程式下普遍的反应率。根据可变间隔来强化一个低反应率，对于产生持续的低反应率具有相反的作用。这些研究已经产生了许多事实，太过详细的内容无法在这里讨论，这些事实解释了为什么一个给定的强化程式或强化会有这样的效果。强化程式的效力可归因于根据该强化程式进行强化而普遍产生的相倚关系。换句话说，这样的强化程式只是强化反应率的一些相当不精确的方式。它们通常是最为便利的方法，这也许可以解释为什么它们在现实生活中被如此广泛地用于对行为的控制。但是有了合适的仪器设备，就有可能在所有这些领域改进已经确立的实际做法。因此，从经营者的角度来看，可以通过引进根据可变间隔强化获得回报的设备来“改进”赌博设备，但这只有在使用率特别高的情况下才能起作用。该设备需要比老虎机或轮盘赌更为复杂，但无疑将更加有效地诱惑人们参与游戏。从产生最高生产效率的视角来看，工业、销售、专业发 106
展，以及奖金、激励性工资等方面的薪酬强化程式都可以据此加以改进。

是否应该允许这些改进的问题将在后续章节里讨论。一个强化程式不仅可以提高生产力，它还能够提高员工的兴趣、士气和幸福感。任何涉及强化程式选择的决定都因这一事实而变得复杂。无论如何，我们只有明确了解了旨在维持行为强度的设备的性质和作用，才能在这一领域采取明智的行动。我们可以从对实验分析结果的仔细研究中获益良多。

107

第七章 操作性辨识

辨识性刺激

操作性条件作用可以在不提及任何刺激的情况下进行描述，这些刺激在做出反应之前就已经起作用了。在强化鸽子伸长脖子时，必须要等待鸽子做出伸长脖子的动作；我们没有引发它的这一动作。当婴儿把手放到嘴里时，手和嘴的接触可能会强化这种动作，但我们找不到任何引发这种动作的刺激，而每当这种动作发生时，它又总会出现。刺激总是作用于有机体，但它们与操作性行为的函数关系和反射不同。简而言之，操作性行为是自发的，而不是被引发的。如果反应概率这一概念有意义的话，它就必须具有这一属性。

然而，大多数操作性行为需要与周围世界建立重要的联系。我们可以通过鸽子实验来证明鸽子是如何做到这一点的，方法是在信号灯亮的时候强化其脖子的伸展，而在信号灯灭了的时候则允许其消退。最终，只有当信号灯亮着的时候，伸脖子的动作才会发生。然后，我们还可以展示一种刺激—反应的联系，这大致相当于条件反射或无条件反射：信号灯光的出
108 现将很快伴随头部的向上运动。但是两者之间的关系具有根本性的不同。它有着不同的发展过程和不同的特性。我们是这样来描述这种相倚关系的：刺激（灯光）是一种反应（伸长脖子）之后出现强化（食物）的时机。我们必须详细说明这三个术语。对鸽子的影响是，最终反应更有可能发生在亮灯的时候。这一过程被称为*辨识*。它在理论分析和对行为的实际控制上显然十分重要：当辨识已经确立时，我们可以通过提供或消除辨识性刺激立即改变反应的概率。

在这种刺激控制下，操作性行为几乎必然会出现，因为只有少数反应是被有机体自己的身体自动强化的，而不受外界环境的影响。通过适应特

定环境而获得的强化几乎总是需要被我们称为刺激的那种身体接触。环境控制具有明显的生物学意义。如果所有的行为在所有的场合都有发生的可能性，结果将会是混乱无序的。显然，只有当一种反应有可能被强化时，此时发生的反应才会有优势。

产生辨识性操作行为的三要素[①]相倚关系有许多种类。我们开发了适应空间世界的行为，因为来自某物体的视觉刺激是这样一种情况，即特定的行走、伸展等反应会导致特定的触觉结果。视野是有效操控行为的场景。影响行为的相倚关系是由物体的视觉刺激和触觉刺激特性之间的关系产生的。物体属性之间的其他联系提供了其他种类的相倚关系，这些相倚关系导致了类似的行为变化。例如在果园里，红苹果是甜的，而所有其他颜色的都是酸的，采摘和食用行为就受到红色刺激的控制。

社会环境中包含着大量的此类相倚关系。微笑是一种社交接近得到认
可的场景。而皱眉时，同样的接近就不会被认可。我们甚至可以说，接近 109
在某种程度上取决于被接近者的面部表情。当我们微笑或皱眉时，我们在一定程度上控制了试图接近我们的人的行为。电话铃声也是一种场景，接起电话会听到一个声音。小孩子可以在任何时候都拿起听筒对着电话讲话，但最终他也会只有在电话铃响的时候才这么做。“过来吃饭”是一种场景，走到餐桌旁坐下来通常就会得到食物的强化。刺激会有效地提高该行为发生的概率，而且它是由说话人产生的，因为刺激的确起到了这样的作用。铃声、哨声和交通信号是另外一些明显的场景，在这些场景中，某些行为通常会导致某些后果。

言语行为符合三要素式相倚关系的模式，并提供了许多具有启发性的实例。我们通过获得大量的反应集来学习给物体命名，每个反应都适用于特定的场景。椅子是“椅子”这种反应可能被强化的场景，猫是“猫”的反应可能被强化的场景，依此类推。当我们大声朗读时，我们会对一系列的视觉刺激做出相应的声音反应。根据适当的视觉刺激存在或不存在，用“对”或“错”来强化一个特定反应，这个三要素式的相倚关系在教孩子阅读时最为明显。

许多言语反应受言语性辨识刺激的控制。例如，在记忆乘法口诀时，刺激“9×9”就是这样的场景，它被老师或者计算成功的结果适当地强化了“81”的反应。历史“事实”和许多其他类型的信息都符合相同的公式。当学生考试答题时，只要考试已成为他迄今为止的反应集的一部分，

① 即刺激、反应、强化。——译者注

他就会表现出被考题所建立的特殊场景所强化的那种行为。

我们以两种方式运用操作式辨识。首先，操控已经具有可辨识性的刺
110 激以改变概率。当我们指导建设性的工作、控制孩子们的行为以及发布指令等时，我们会毫不犹豫地、几乎是持续不断地这样做。当我们设置刺激时，我们会做得更加巧妙，而这类刺激对于上述目的来说其有效性尚未明确。大型商店在陈列商品时，顾客的行为是通过辨识性操作行为来控制的。对某些种类商品的购买，被认为极有可能是通常把顾客带到商店的那些条件所决定的。把这种商品陈列在商店门前是错误的，因为顾客会买完就走。相反，购买那些展示的商品更有可能是“一时冲动”的结果，而不是足以把顾客吸引到店里的剥夺或匮乏因素。商品展示起到了一种“提示”作用，因为它为引发微弱行为提供了一种最佳场景。

其次，我们可以建立一种辨识，以确保未来在刺激出现时能产生一定的效果。在第二十六章我们将会看到，教育在很大程度上就是建立这种辨识性反应集。我们建立了产生行为的相倚关系，这些行为的结果是儿童经过路口前要看路况，在适当的场合说“谢谢”，对有关历史事件的问题给出正确的回答，以恰当的方法操作机器，选购以某种方式识别的书籍，观看以某种方式识别的音乐会、戏剧和电影等。

自主行为与非自主行为

辨识性操作行为与控制刺激之间的关系完全不同于诱导。刺激和反应的发生顺序与反射是一样的，但这并不能够证明在一个单一的“刺激—反应”公式中同时包含这两种类型。辨识性刺激不会引起反应，它只是改变了发生的概率。这种关系是灵活的，是连续分级的。反应以一种更从容的方式跟随在刺激之后，它可能是强烈的或微弱的，几乎无关刺激的强度。
111 这种差异实质上是自主行为与非自主行为之间的经典区别。

在研究反射的早期历史中，人们曾努力将反射与有机体的其他行为加以区分。一个经常被强调的区别是，反射是*先天的*，但是条件作用的原理使这种区别变得微不足道。也有人说，反射是不同的，因为它们是*无意识的*。但这并不意味着个体不能报告他自己的反射行为，而是说不管他能否这样做，这种行为都会表现出来。反射行为可能发生在一个人睡着或者“无意识”的时候。如我们将在第十七章所看到的，这也不再被认为是一种有效的区分；在这种情况下，即使明显不属于反射的行为也可能发生。第三个经典的区别是，反射不仅是天生的和无意识的，而且是“不由自主的”。它们不受“意志支配”。这些证据与其说它们不能被意志所支配，还

不如说是它们不能被意志所阻止。可以说，有机体的某些行为是无法避免的。当有东西靠近我们的眼睛时，我们可能会忍不住眨眼。我们可能在枪林弹雨中不得不退缩，在品尝或者（建立条件反射后）看到柠檬时不得不流口水。在条件反射被发现之前，对这种行为的解释是通过假设不同的独立原因来化解内在因果关系的问题。它被归因于妨害性自我或外来的精神暂时入侵身体。例如，一个不由自主的喷嚏就揭示了魔鬼的存在。（当有人打喷嚏时，我们仍然是把“上帝保佑你”这句话作为防范措施的。）随着反射概念的出现，可控性的问题变得不再那么重要了。

从目前的分析中，我们无法通过“谁在控制”这样的问题来区分自主行为与非自主行为。如果我们不考虑所有的内在因素，那么行为无论是属于一个有意志的个体还是属于一个心灵篡夺者都无关紧要。我们也不能依据控制或缺乏控制来做出区分，因为我们假定没有行为是自由的。如果我们没有理由去区分“能够做某事”和“做某事”，像“不能做某事”或“禁不住要做某事”这样的表达就必须用其他一些方式来加以解释。当所 112
有相关变量都设置好后，有机体将会做出反应或者不会做出反应。如果它不做出反应，那就是不能做出反应。如果它能够做出反应，它就会做出反应。问一个人是否能做前手翻动作，这只不过是问他在什么情况下将会做前手翻。能够在枪林弹雨中努力不退缩的人，就是在某特定情况下不退缩的人。在牙医看牙时能够保持不乱动的人，是在某特定场合能够保持不乱动的人。

自主行为与非自主行为的区别在于控制的种类。该区别对应着诱发性刺激与辨识性刺激之间的区别。诱发性刺激似乎更具强制性。它与行为之间的因果关系相对简单并容易被观察到。这也许可以解释为什么它是最先被发现的。换句话说，辨识性刺激与其他变量共享控制，因此其作用的必然性不易被证明。但是，当所有相关变量都被考虑在内后，其结果就不难得出了——辨识性刺激对辨别性操作反应的强制就像诱发性刺激引发有机体做出反应一样不可避免。如果这样做的方式以及由此产生的关系的定量性质能够证明这种区别，我们就可以说，自主行为是操作性行为，而非自主行为是反射。

当然，作为行为的内在解释的“意志”，在操作性行为的研究中本应该存在更长的时间，而由环境产生的控制则更加微妙和间接。例如，在被我们称为强化的操作中，当前的行为强度来自有机体过往历史中发生的事件——这些事件在还没有被观察到时即已被感知到了其产生的影响。剥夺是一个相关的变量，但是对于其产生的历史我们所知甚少或者完全不知晓。当辨识性刺激对反应的概率有影响时，我们看到这的确与当前环境有关，但如果没有充分考虑强化和剥夺的历史，就很难证明控制的必然性。

113 例如，一位饥饿的客人听到主人说："您不过来吃饭吗?"（我们假设该客人为了拥有"通晓英语"的行为，已经经历了精细的条件作用。）作为应答性条件作用的结果，这种言语刺激导致一定数量的唾液和其他胃液的"非自主"分泌，并可能导致胃壁和肠壁平滑肌的收缩。它可能会诱使客人走近桌子并坐下来，但这种行为肯定是另一种。它似乎不那么明确，我们对它的预测也不那么有信心。唾液反射和操作反应都发生了，因为它们通常是被食物所强化，但其过程发生在过去，而且大部分发生在久远的过去。如果没有适当的剥夺状态，它们可能就不会发生；客人可以回答说，"谢谢，我不饿"。但是，即便强化和剥夺的过往经历是令人满意的，操作性反应仍然可能会被涉及相同肌肉组织的其他行为所取代。如果我们的客人由于上菜的不当延误而被冒犯了，他可能会以某种方式实施报复，制造一个进一步的延误——或许是提出去洗手间，并在房间外长时间停留。这种行为之所以习得，是因为对他人的损害性影响强化了这种行为——因为客人"学会了如何惹恼别人"。在我们能够做到像预测他肯定会分泌唾液那样准确地预测他会走近饭桌之前，我们必须了解所有相关变量的信息——不仅是那些提高反应概率的变量，还有那些提高对抗反应概率的变量。由于我们通常对所有这些变量都缺乏足够的了解，所以可以更简单地假设行为是由客人的意愿决定的——如果他想来，他就会来，而且他也愿意来。但是这种假设既没有理论价值，也没有实践价值，因为我们仍然需要预测"意志"的行为。对于我们所需要的信息来说，用内在因素来解释并不是一条可行的捷径。如果许多变量都重要，那就要研究所有这些重要的变量。

自主行为与非自主行为，或者操作性行为与反射行为，它们之间的区别与另一种区别相类似。正如我们所见，反射主要与有机体的内在经济性
114 有关，其中腺体和平滑肌最为重要。使用条纹肌肉的反射主要涉及维持身体姿势以及对周围世界更稳定的属性所做出的其他反应。这是唯一的领域，在这一领域明确的反应是有效的，足以作为有机体的部分遗传设置而被保留下来。与此同时，操作性行为在很大程度上与环境的这一部分有关，在这种环境中有效行动的条件相当不稳定，遗传或"本能"的禀赋即使不是完全不起作用，起作用的可能性也不会大。

反射行为是通过应答性条件作用扩展的，显然不能根据操作性模式使其条件化。腺体和平滑肌不会自然地产生与操作性强化有关的各种结果，

当我们用实验方法设置这些结果时，操作性条件作用就不会发生。每当一个人“脸红”的时候，我们都可以用食物强化他，但我们无法用这种方式使其“自发地”脸红。脸红的行为，就像面色苍白或者分泌眼泪、唾液和汗水等一样，无法用操作性强化直接控制。如果真有什么方法能够用来实现这一结果，就有可能训练孩子控制自己的情绪就像控制自己手的位置一样容易。

当操作性行为产生适当的刺激时，其结果就类似于对腺体或平滑肌的自主控制。如果说无法通过操作性强化直接改变脉搏速率的话，那么有些行为（比如剧烈运动）却可以引发脉搏速率的改变。如果我们强化一个特定的临界速率，我们可能实际上（尽管是在无意中）只是强化了产生临界速率的操作性行为。这种效应似乎可以解释那些明显违反常规的现象。据报道，在有些案例中，有人可以“自主地”使自己手臂上的汗毛立起来。还有一些被试可以根据指令降低自己脉搏速率。但是有合理的证据可以做出这样的假设，每一个案例中都有一个中介步骤发生了作用，而且腺体或平滑肌自身的反应并不是一个操作性行为。其他把操作性行为和反射以这 115
种方式链接在一起的案例我们将在第十五章中再做介绍。

要确定我们是否可以通过操作性强化来将条状肌的纯反射反应条件化并不容易。其困难之处在于，这样会产生一种仅仅是模仿反射的操作性反应。例如，一个人打喷嚏可能不仅是因为被胡椒粉呛得，还可能是因为特殊的社会性后果——“他这样做只是为了让人讨厌，因为他知道这是在恶作剧。”很难说这种模仿出来的喷嚏在每个具体特征上是否都类似于反射反应，但它很可能不是。在任何情况下，控制变量都有足够多的差异以保证这种区别。当我们为不相容的操作性行为设定条件时，那个用打喷嚏来捣乱的小男孩就暴露了。如果我们给他糖果，他就会停止打喷嚏，我们可以肯定这不是反射。自不待言，这个孩子打喷嚏一定是自主行为，“因为他可以随时停止”。一个更容易被接受的解释是，“当引入增强对抗性行为的变量时，他就不再打喷嚏了”。

由于这两个肌肉系统有时会重叠，自主行为与非自主行为之间的区别就更加复杂了。排泄系统的括约肌和眼睑的肌肉都参与某些众所周知的反射。在幼儿身上，反射控制有时候会单独起作用，但后来习得的操作性行为可能强大到足以对抗反射动作。通常情况下呼吸是反射性的，但在适当的操作性强化条件下，我们会“自主地”停止呼吸——例如，为了赢得一场赌局，或者在潜水时为了避免鼻子里呛水。我们能够屏气多久取决于呼吸反射的强度，当二氧化碳在血液中积聚时，反射会变得越来越强。最终，我们达到了“不得不呼吸”的程度。

自主行为与非自主行为的区分关系到我们关于个人责任的观念的变化。我们不认为人们应该为它们的反射行为负责，例如在教堂里咳嗽。我们认为他们应该对自己的操作性行为负责，例如在教堂里窃窃私语，或者
116 在咳嗽时依然待在教堂里而不是走出去。但也有一些变量对耳语和咳嗽有影响，这些变量可能同样无法避免。当我们认识到这一点时，我们很可能会完全放弃有关责任的观念，以及作为内在因果动因的自由意志学说。个人责任学说与某些控制行为的技术有关，这些技术产生“责任感”或指明“对社会的义务”。这些技术相对来说并不适合于它们的目的。那些受苦的人是第一个为他们不可避免的行为大声疾呼的人。酗酒者坚持说他做不到不喝酒，而“受坏脾气支配的人”则忍不住要踢猫或者口无遮拦。我们完全有理由赞同这样的说法。但是，我们可以通过设计替代做法来提高我们对人类行为的理解，并极大地加强我们的控制能力，这些替代做法既承认强化的重要性，也承认以行为作为其函数的其他变量的作用。

辨识性反应集

我们已经看到，操作性行为的任何单元在一定程度上都是人为的。行为是一个完整有机体的连贯、持续的活动。虽然它可能会因为理论或实践的目的而被拆分成几个部分来分析，但是为了解决某些共同的问题，我们需要认识到它的连续性。辨识性行为为此提供了许多实例。在趋近和触摸视野中一个圆点的行为中，该圆点可能占据的每个位置都需要趋近和触摸动作的特定组合。每个位置都成为辨识性刺激的区分属性，从而提高了做出恰当反应的概率。最终，在任何位置上的一个圆点都能唤起触摸到它的运动。在视野的边缘，行为可能是不完整的，而非同寻常的情况可能需要特殊的条件作用——例如，触摸从镜子中看到的物体，或者以一个非同寻常的姿势趋近某个对象——但在中央区域，圆点的所有位置构成一个连续的视野，而引导触及圆点的所有可能的运动组合形成一个相应的视野。当
117 趋向于特定位置的特定反应被强化时，这种行为就在特定的场景下被习得了，但有机体几乎不可避免地会获得一种连贯完整的反应集，该反应集可以在不涉及这两个视野的点状起点的情况下得到描述。

如果我们想详细说明刺激与反应之间可能的最小对应单元，我们就要使用描述这两个视野的维度。这种对应是点与点之间的。但在许多反应集中，最小单位在两个连续的视野中还远远不足。刺激和反应不一定构成视野。当我们想了解许多人的姓名时，我们既不指望人们所呈现出来的视觉

样式，也不指望他们的名字构成连续的视野。反应集仍然是一个非连续性单元的集合。即使刺激和反应作为视野来加以描述，行为也可能发展不到那个程度。在我们探讨的一些辨识性反应集里，出现在任何特定场景下并且远小于刺激或反应的功能单元我们都要特别对待，但它绝不可能小到像两个视野之间对应的实例所表现的那样。

临摹绘画。当我们对生活于其中的空间视野做出反应时，我们的行为是如此熟悉，以至于很可能忘记了它是如何习得的。在某些不太熟悉的行为模式中，有时可以清楚地追溯到辨识性反应集的起源。我们临摹一件“复制品”（或者说得含混一些，描绘一个物体）时，我们的行为是一系列三要素反应集的产物。被临摹的材料中特有的线条就是使用铅笔和纸的某些动作产生类似线条的场景。所有这些线条和所有这些运动都组成了一个视野，但行为未必能达到可以作为一个视野来加以处理的条件。这很容易从幼儿学习绘画的行为中看出。少量的标准化的反应是由高度复杂的刺激视野引发的。熟练的临摹者的行为是由大量的反应组成的，而且看起来就像我们对空间位置的反应一样“自然”。如果临摹样本中的某一根线条没有被准确地复制，而是以画家“个人风格”的特征做出反应，它就不会达 *118*
到构成一个连续视野的程度。在一个极端的例子中，即使刺激具有视野的特征，行为也被划分为诸多可清晰可辨的独立单元，这就是电气工程师的行为，他“绘制”了一台收音机，可能使用了 20 或 30 个单元的反应。

临摹能力有着很大的个体差异。对于视野来说，影响行为的相倚关系绝不像那些影响空间行为的相倚关系那么普遍，而且不同个体接收到的指导数量也大不相同。此外，早期教育的细微差别可能会对最终的结果产生很大的影响。孩子在很小的时候就形成了一整套能成功临摹图画和物体的反应集，他很可能会持续使用这套反应集，并受到更进一步的差别强化。画家的特殊训练包括许多高度敏感的差异性相倚关系，它们由教师提供，或者由画家本人在自身具有了“辨识力”时自动提供。不懂绘画的人有可能会对画家感到困惑。他看不到这是如何做到的。仅凭“意志努力”，不可能取得如此成就。最基本的反应集简直少之又少。这只能通过辨识性强化来建立。行为是在临摹对象而不是画家的控制之下，直到复制临摹对象作为一种辨识性刺激而被基于它的差别强化所控制，行为才会发生。

凭借听觉唱歌或者演奏。在刺激和反应都以同样的方式接近连续视野的情况下，临摹绘画就像是对空间世界的反应。然而，在演奏乐器或歌唱时却缺乏空间维度。在这里，适当的技能是由类似的三要素相倚关系建立的。音调是发声器官中的某些复杂行为通过产生一个匹配的声调而获得强化的场景。这种强化要么是自动的，这取决于演唱者先前对良好匹配反应的条件作用的建立，要么是由某人提供的，比如指导教师，他的行为也反映了匹配的质量。这样的反应集还可以包括对音程的反应，每个听到的音
119 程都是产生相应音程的复杂反应受到强化的场景。旋律、和声进行等有可能构成类似反应集的基础。相同类型的关系可能支配着一种乐器的演奏，而产生音调或音乐模式的行为形态是完全不同的。

歌唱或弹奏的极限单元可能会止于半音阶的水平。刺激和反应通常都表现出这种“纹理”。一名歌手音准差是说他的反应系统有一个不清晰的纹理，与刺激系统不匹配。与此同时，一名音准好的歌手可以正确地唱出本身有缺陷的旋律。在这里，反应集比刺激更为精准。当然，半音阶并不是一个天然的界限。成功的口技演员具有一种近似连续视野的反应集，这使得他可以模拟出非音乐的声音。要成功地模仿鸟的叫声或机器的噪声，就需要这种精细的反应集。

我们很容易忽视形成这种行为所需要的条件作用。那些不能模仿听觉模式的人，或者不能用依靠听力唱歌或演奏乐器的人，很可能会对具有这种能力的人感到困惑。他发现自己根本不可能唱出一个与之匹配的音调，也不可能哼唱出一个与之对应的曲调，更不可能模仿出火车头的声音，他完全无法想象一个成功的口技演员是如何做到这一点的。他不可能通过任何“意志行动”成为一个成功的口技表演者。他们的区别在于强化的经历。如果一个人从未建立起用来再现曲调的反应集，那么它就不会在适当的情况下发挥作用。

模仿。从这些辨识性的反应集到模仿的视野仅有一步之遥。据我们所知，模仿行为并不产生于任何与生俱来的反射机制。这样的机制需要另一个有机体以特定行为方式产生的刺激，来引发一系列具有相同模式的反应——例如，一只奔跑的狗所带来的视觉刺激会引发另一只狗的奔跑。这是一种极其复杂的机制，尽管有人对此完全不相信，认为它似乎并不存
120 在。模仿是在个体成长的历史中发展起来的，它是辨识性强化的结果，同样证明了我们的三要素相倚关系的作用。某人挥手的视觉刺激是挥手的行为有可能受到强化的一种场景。婴儿“哒哒”声的听觉刺激也是一种场景，基于这种场景，能够产生与之相匹配的听觉模式的复杂言语反应就会被欣喜的父母所强化。我们在日常生活中可以看到这种条件作用的发生，我们也可以在实验室里设置这一过程。例如，我们可以给一只鸽子建立条件反射，让其根据另一只鸽子是否表现出某种特定的行为来表现其多种行为中的任何一种。当被模仿者在某一位置上啄一个键时，模仿者也啄击相

应的键。当被模仿者在不同的位置啄击一个键时，模仿者的行为也随之改变。当被模仿者移动到箱子的另一边时，模仿者也跟着移动。这种模仿行为只有在特定的辨识性强化发生时才会发生。鸽子似乎不会“自然地”相互模仿。然而，必要的三要素相倚关系实际上是经常出现的。因此，如果有一只鸽子在撒满树叶的田野里抓刨，这就是一种场景，该场景使得另一只鸽子很可能会因为类似的行为而被强化。人类与之相比差距并不大。当我们看到人们往商店橱窗里看时，我们也会往里看——不是因为有一种模仿的本能，而是因为他人注视的橱窗可能会强化这种行为。普通人模仿性的反应集发展得如此之好，以至于都忘记了它的起源，而很容易将其视为其行为固有的部分。

模仿性的反应集通常是在相对离散的反应中形成的。在学习舞蹈时，一套多少有些固定不变的反应被习得，这是通过教练示范的舞步被学生模仿而实现的。优秀的舞者拥有大量的有关舞步的模仿反应集。当这种反应集有缺陷时，模仿能力就差，初学者会发现很难跟得上复杂的舞步。在表演舞蹈时，就像在凭听觉唱歌时一样，一个好的表演者的模仿能力对于没有受过此类教育的人来说几乎是不可思议的。

一个好演员拥有一整套模仿态度、姿势和面部表情的反应集，这使得 121
他能够实现导演的意图或模仿在日常生活中所观察到的行为。没有演技的演员若非要登台表演，那只会因为缺乏基本反应集而令人贻笑大方。虽然模仿反应能接近一个连续的视野，但这种状态却可能永远都达不到。对刺激的复制常常是不精确的，即使是优秀的口技模仿行为，其反应集的“纹理”也是明显的。

模仿中刺激与反应的相似性没有什么特殊的作用。我们可以很容易地为“模仿者”建立与“被模仿者”完全相反的行为。我们的第二只鸽子可以建立总在不同位置上啄食的条件反射。交谊舞中就有这样的情况，教师与学生的“模仿”反应集就是不一样的。学跳交谊舞时，教师后退一步就是学生上前一步的刺激场景。这种反向模仿可以变得像具有相同属性的行为一样顺畅，就像出色的“舞伴”所表现的那样。

在体育运动领域，也发现了一些类似不对应的反应集。网球运动员的行为在很大程度上是由对手的行为控制的，但其对应模式并不是通常意义上的模仿。尽管如此，还是存在一个三要素相倚关系：来自对手行为的细微刺激与即将到来的球的位置相关，这是采取适当防守行为的刺激场景。击剑就为两个个体的整合行为提供了一个特别好的例子，其中一方的反应构成了对方不同反应的辨识性刺激。这种行为可以像一对舞者同时表演相同舞步一样紧密地结合在一起。

这些反向“模仿”反应集无法接近那些连续的视野，而新的情况将自动从该视野中产生。从某种程度上说，熟练的舞者可以即兴起舞，其中一
122 方跳出一系列的舞步，而另一方就会跟随配合，就像网球选手在某种程度上自动拥有回应对手一个新攻势的技能，但是在真实的模仿中能够提供复制行为的相应的视野还是不足的。

注意

由辨识性刺激施加的控制传统上被认为是在注意的引领下进行的。这一概念暗含了反转行为方向的意思，它不是通过刺激控制了观察者的行为，而是观察者注意到了刺激，从而实施了控制。然而，我们有时会发现，是观察对象“吸引或抓住了观察者的注意”。

在这种情况下，我们通常的意思是观察者持续看着观察对象。例如，一个动画广告牌如果太长时间地吸引车辆驾驶员的注意，是十分危险的。驾车者注意路标的行为只是盯着它看的行为，而不是看着前方道路的行为。这种行为涉及条件作用，特别是辨识性操作行为的特殊条件作用。这些变量并不总是十分明显，但通常还是可以检测到的。人们阅读广告牌而不是去看周围的乡村，这一事实表明了阅读是如何在日常生活中被有效地强化的——不仅是广告牌，而且还有故事、小说和信件等。在手写和印刷文字的每一个领域，成千上万的作家设置了强大的强化环境。所有这些刺激都具有共同的印刷属性，这些属性引发了对新材料的阅读。如果这些特定的材料是“有趣的”，也许马上就会产生一些强化作用。（我们在第六章中曾经看到，“感兴趣”只是表达操作性强化结果的另一种方式。）

我们可以用一个简单的实验来研究这种关系。当鸽子啄击到键钮时，我们施加强化，但只有当键钮上方的小灯闪烁时才给予强化。鸽子形成了一种辨识能力，当灯光闪烁时，它就做出啄击键钮的反应，否则就不啄。我们还注意到鸽子开始看着灯光。我们可以说鸽子在关注它，或者说它保
123 持着注意力。这种行为很容易用条件强化来解释。盯着灯看时偶尔会因为看到灯光的闪烁而被强化。这种行为类似于寻找一个观察对象（第五章）。

眼睛稳定的定向不是唯一可能的结果。瞭望者在黑暗或浓雾中的行为，就是在整个视野中寻找与定位的一个例子。搜索视野的行为，或者说以某种探索性模式对它的每个部分做出反应，这是最常因为发现重要的观察对象而被强化的行为；因此，它会变得强大。我们通常可以观察到，孩子寻找被错放位置的玩具的行为会特别受到条件作用的影响。如果某些观

察模式比其他模式更容易发现目标并因此而被强化，它们就会成为标准行为。我们可以在鸽子实验中研究这个问题，其方法是布置一系列的灯，其中任何一盏灯都可能作为一种辨识性刺激而开始闪烁。让鸽子来观察所有这些呈随机排列的圆点。就像在第五章中所讨论那样，这可以被称为“寻找闪光点”。如果鸽子在看向别处时，灯开始闪烁，那么在视野的一侧就会看到闪烁。直视光线的行为会得到最佳的强化。我们说这灯光“吸引了鸽子全神贯注的注意力”。

但注意不仅仅是连续地看着某物或某一类事物。众所周知，我们在可以看着页面中心的同时也“注意”边缘的细节。试图用“初始眼动”来解释这一点的努力是不成功的；在任何情况下，凡涉及听觉模式特征的似乎都没有类似的定向反应出现。因此，当我们听留声机唱片播放的交响乐时，尤其是听到单簧管演奏时，耳朵的任何特殊方位感都显然不可能表现出来。但如果注意不是行为的一种形式的话，也不能因此就说明它在行为领域之外。注意是一种控制*关系*，是反应与辨识性刺激之间的关系。当一个人在集中注意时，他便处于一种刺激的特殊控制之下。当接受刺激者明显做出定位反应时，我们最容易发现这种关系，但这并不是必需的。如果 124
一个有机体的行为明显处于刺激细节的控制之下，无论接受刺激者是否倾向于产生最为清晰的感受，都会注意到该刺激的细节。当我们的被试在描述处于页面边缘的内容时（尽管我们可以断定他并没有看那里），或者被试告诉我们单簧管在节奏上比小提琴慢了一节拍时，我们都不需要证明刺激与反应的任何空间排列。只需指出使这种反应成为可能的特殊控制关系就足够了。同样，在我们的实验中，鸽子如果能够做出正确的辨识性反应的话——灯光闪烁时啄击键钮，而灯光不闪时就不啄击——即使不看着灯光也会注意到它。它也许会看着灯光，因为负责“注意”的相倚关系也同样负责对这类行为的强化，但它并不需要这样做。

当我们要求某人要特别注意环境的某一特征时，我们的指令本身就是在控制观察者行为时提到的一种辨识性刺激。当观察者被告知要“注意”某个特定刺激时，他会习惯性地去看或者去听，因为在这种情况下，他这样做会得到强化。只有当某人在做有趣的事情时，人们通常才会说“看那个人”。只有在人们谈论到有趣的事情时，他们通常才会说“你听坐在后面的人们在说什么”。

就像我们可以注意一个物体却并不看它，我们也可以看着一个物体却并没有注意到它。我们不必就此得出这样的结论，即我们必须以一种低等的行为来看待事物，这是一种眼睛没有得到正确使用的行为。其标准在于刺激因素是否对行为产生任何影响。当我们“心不在焉”地盯着别人看或者读一页东西时，我们就无法参与到某些行为中去，而这些行为通常就是在这些刺激物的控制下发生的。

125 刺激、反应和强化之间的时序关系

环境的构建如此奇妙，以至于某些事情往往会同时发生。而有机体的建构在于，一旦接触到这样的环境，其行为就会改变。主要有三种情况：（1）某些事件——如成熟水果的颜色和味道——往往同时发生。应答性条件作用对于行为有着相应的作用。（2）有机体的某些活动影响环境的某些变化。操作性条件作用对于行为有着相应的作用。（3）某些事件是某些行为影响环境中某些变化的场景。操作性辨识对行为有着相应的作用。作为这些过程的结果，有机体发现自己处于一个新的环境之中，最终会以一种有效的方式行动。这种结果不能通过遗传机制来实现，因为从一代到另一代的环境无法保持恒定。

事件以一定的时序关系同时发生，这也是正常环境的特征。一种刺激可能会依据一定的间隔先于另一种刺激出现，如闪电先于雷声。只有在一定的时间间隔之后，反应才会产生结果，就像在摄入酒精之后，经过一定时间的延迟才会产生典型的效果。当一个反应在一个辨识性刺激出现后的特定时间内发生时，它可能会获得其结果，就像一个球只有在它到达可触及范围之内和在它离开可触及范围之前，才能被击中一样。

前两个特征并没有带来什么特殊的问题。在应答性条件作用中，刺激物之间的时间间隔效应是很容易表述的。如果我们在给予一个有机体 10 秒钟的中性刺激之后，再给予食物，那么条件作用的过程基本上遵循通常的模式：狗对先前的中性刺激分泌唾液。但最终还是建立了时间上的辨识。当条件刺激出现时，狗不分泌唾液，只有在经过一段时间间隔后才分
126 泌，而这段时间逐渐接近无条件刺激通常出现后的时间间隔。要处理这一结果，我们只需将条件刺激定义为一个给定的事件加上诸多时间单位的流逝。在操作性条件作用过程中，引入反应和强化物之间的时间间隔在此也没什么意义。强化的有效性降低了，但行为并没有发生较大的变化。

然而，当时序属性被添加到辨识性操作行为的三要素相倚关系时，其特殊效果就随之而来了。有时，只有在给定刺激出现后尽可能快地做出反应，该反应才能够被强化。许多人匆忙去接电话的速度是由这种相倚关系造成的。拿起电话来说“你好”，只有在对方迅速做出回应的情况下才会

得到强化。赛跑运动员因同样的原因对发令枪做出同样的反应。在典型的“反应时”实验中，被试被要求在看到灯光或者听到声音时立即将手指从按键上抬起开，该实验要求的结果是这种行为出现得“越快越好”。虽然在反应时实验或赛跑开始时给予被试（或赛跑运动员）的指令是复杂的，但其对行为的影响是由于简单的三要素相倚关系加上一个附加的时间参数。同样的相倚关系也会让鸽子“尽快”行动。鸽子的反应时与人类的反应时大体上差不多。

只有在刺激出现后经过一段特定时间间隔的*延迟*，反应才会被强化。因此，鸽子只有在等待一段时间之后再啄击才会被强化，比如键钮呈现 6 秒钟之后再啄击。许多社交与商业领域的强化都是这一类的——例如，如果回复得太快或者太容易同意一项安排，或者最佳强化只有在“适当考虑”之后才会出现，那么净效果就会降低。在这类相倚关系中，反应的最大概率通常是在所需的时间间隔过去之前不久即达到。

延迟的典型作用有时被认为是“期待”或者“预期”。让我们假设一位经常造访的客人常常是刚登门几分钟就要给孩子一些糖果。我们如何表 127
述这孩子“期待”糖果礼物的行为呢？首先，我们也许会注意到，访客的到来是一种条件刺激，孩子很可能会流口水。如果访客的到来与糖果呈现之间的时间间隔是相当一致的，便有可能产生一种时间上的辨识，直到时间间隔几乎过去时，这种条件反应才会出现。如果访客的某些动作常常发生于呈现糖果之前，那么访客的任何动作都会具有强化作用。因此，孩子将会像该术语已被定义的那样“注意”访客。他会紧紧地盯着访客。如果任何言语刺激与糖果特别相关，他也会倾听访客所说的话，因为倾听会被这类刺激所强化。孩子任何可以使访客拿出糖果的行为都更有可能一直被强化，并将更加强大。例如，孩子可能通过“炫耀”使自己引人关注。出于同样的原因，他可能会提到以前的礼物，从而给访客一个“暗示”（第十五章）。

孩子的许多行为都是情绪化的。如果“预期的”刺激是厌恶性的，这一点就更容易被观察到。在第十一章我们将会看到，在该实例中的这种情绪状态被称为“焦虑”。当预期的刺激受到正强化时，孩子的行为会有一个总体上的变化——更加兴奋和更具响应性。这些在某种程度上是“喜悦”或“高兴”的增强。（我们将在第十章中看到，这些术语必须谨慎使用。）

“预期”还有另外一个要素。赛跑运动员对“各就位，预备……”这句话的反应表现出此处列出的所有影响：（1）条件反射，包括脉搏、呼

吸、出汗等；(2) 与发令员口令相关联的某种特殊控制，我们称之为“密
切注意”；(3) 情绪变化，如果这比赛令人筋疲力尽，那么这种变化更多
的是焦虑，而不是快乐。除此之外，运动员会绷紧肌肉，摆出最有效的姿
128 势来回应“跑!”的信号。这种有时被称为“预备组合”的行为，会被随
之提高的反应速度所强化。行为可能只是部分做出了“跑”的反应，有时
候会出现抢跑，它可能包括任何其他形式的行为，用一个更为成功的起跑
而获得净强化，例如保持静止而不是踮着脚尖前后摇晃。

第八章 129
对环境的控制

环境的重要性

无论我们持有什么样的行为哲学，我们都不可能否认我们周围的世界有多么重要。我们也许不认可它对我们的控制的性质或程度，但有些控制还是显而易见的。行为必须与场合相适应。不能与现实保持良好接触会导致一些常常在精神病性行为中所观察到的问题。即便一个人拒绝这个世界，系统地减少这个世界对于他某种形式的控制，他与这个世界依然有生理上的互动。

然而，许多有关人类行为的理论都无视或者忽略了环境的作用。有机体与周围世界的联系完全被忽视了，充其量也就是被随意地描述。例如在临床心理学领域，几乎是历来如此。临床医生经常把人、地方和事物作为“事实”来解释患者的行为，却不进一步说明他们的行为。这种做法对于某些交流目的来说也许是适当的，但是在某种情况下它必定会失败。临床心理学出现的一些问题表明，这种情况几乎总会发生。某个案的发病史可
以让我们了解到，例如在某一天，患者看到一个熟人正横穿街道向他走 130
来，这个事件可以被认为对于解释患者的行为具有重要意义。但是，报告“X看到Y横穿街道”并没有为我们解答许多可能相关的问题。例如，导致X说“这是Y”的视觉模式的重要属性是什么？X对这一事件的报告是由具有这些性质的清晰的视觉刺激决定的吗？换句话说，他真的是Y呢，还是X仅仅“认为它是Y”？就后者而言，这一错误又看似多么合理？在对X的影响中，有多少是由于Y作为一个人的外貌，又有多少是由于Y横穿街道的行为？在过去的哪些情况下，类似的刺激会影响X？对于那些横穿街道的人，无论他们是不是Y，会产生什么样的条件作用？X的反应在多大程度上是由这样一种条件引起的，我们可以将之描述为X“担心Y

在躲避他”？之前关于横穿街道的人的条件作用是否真的涉及与 Y 相似的 Z，如果真是这样的话，我们是否可以说 Y 是 Z 的“象征”？

这类问题常在以后的案例讨论中涉及，但如果早期对有机体与环境之间相互作用的分析足够充分，这些问题就不会出现。经过改进的分析意味着，在任何特定的情况下不一定要获得更多的信息，而是要了解刺激的一般作用方式。这种随意的解释忽略了许多要点。

对刺激物的分析

要研究当下环境中极其重要的自变量，我们可以从物理描述开始。我们所看到、听到、触摸到、嗅到和品尝到的世界的结构是什么？我们不应该根据这些事件对有机体的影响来预判它们。对它们的描述要用通常的术语，如描述光和声的物理学术语、描述物质气味或滋味的化学术语等。当然，我们只对那些影响行为的条件或事件感兴趣。无线电和电视的电磁辐射对没有佩
131 戴这些装备的有机体不产生影响，除非是在非常高的能量水平上。我们不能说“因为辐射不产生刺激，所以辐射不是刺激”。我们只是忽略它，就如同我们在力学研究中发现我们所用设备的颜色并不起作用而将其忽略一样。

对有机体产生刺激的各种事件只有在一定范围内才会有效。我们能听声音，但听到的只是某些特定的音高和响度。我们能看到光，但看到的只是某些特定的强度和波长。刺激的限度，以及能够引发行为可察觉变化的最小刺激差异，都已经被广泛地研究过。正常人对可见辐射的反应不同于盲人或色盲患者，对音调的反应不同于聋人或半聋人，对气味的反应也不同于嗅觉缺乏者。正常个体之间的微小差异也同样重要。这类研究常常强调与环境发生交互作用的那个器官的功能，如眼睛、耳朵以及舌头上的味蕾等，但实际上整个有机体都有可能参与其中。看似简单的感觉反应也往往取决于条件作用、动机和情绪等领域的各种变量。

有关刺激的几个重要问题与刺激的物理特性及其有效范围并无多大关系。例如，在解决这些问题时，接收刺激的器官是眼睛还是耳朵并不重要，我们可以使用不会引起极限问题的刺激值。在讨论刺激的诱发、辨识和强化功能时，并不总是需要具体说明刺激的性质，在第九章我们将会看到，刺激在情绪领域的另一种功能也是如此。甚至还有一些更为一般的过程可以被研究，这些过程不仅不考虑有机体周围能量交换的特定形式，也不具体说明这些刺激究竟是诱发性的、辨识性的、强化性的，还是情绪性的。在接下来的讨论中，辨识性刺激将得到强调，但每个过程在其他功能中大概也可以得到证实。

诱导 132

当我们使用某种刺激来控制行为时，我们经常发现某些其他刺激也同样有效。如果训练鸽子建立起啄食实验箱墙壁上一个红点的条件反射，一个橙色甚至黄色的圆点也同样会引发这个反应，尽管频率不同。红色的特性固然重要，但也不完全如此。不同形状、不同大小的圆点，或不同颜色背景下的圆点，都可能是有效的。为了评估强化所引发的变化的充分程度，我们需要调查大量刺激所产生的影响。我们将这种影响向其他刺激的扩散称为泛化或诱导。该过程表明，一个离散的刺激与一个离散的操作性行为一样，都是随意概念。一种反应的“相同元素”在刺激的值或特性上有对应之处，它们各自就都是有效的。如果我们强化鸽子对一个一平方英寸[①]的圆形红点做出反应，同样大小和形状的黄点也同样有效，这是因为大小和形状是它们的共同特性；同样面积的正方形红点也同样有效，因为面积和颜色是其共同特性；半平方英寸面积的圆形红点也是有效的，因为形状和颜色是其共同特性。

当刺激物的某种单一特性与新特性相结合时，譬如当一个新认识的人因为很像一个我们不喜欢的人而令我们感到不舒服时，刺激物单一特性的影响就会显示出来。这种非常细微的相似特性足以唤起情绪上的反应。精神分析学派认为，早期建立的情绪条件作用会影响到后来的个体适应，该观点是基于这样一个过程，由于某熟人具有与自己父亲或母亲细微相似的特性，那么该特性就可以单独起作用。精神分析学派的“象征性”也是建立在同样过程之上的：一件抽象的雕塑作品由于与人体相似而引发了人们的情绪反应，这证明了与其相似的特性所起的作用。正如弗洛伊德所指出的，这种相似性无论是否被个体意识到，可能都会产生影响。

在文学作品中，隐喻的设定便是这一过程的例证。修辞分析的重点通 133
常都是相反的，将主动控制赋予有机体，而不是赋予刺激物。据此而言，是说话人把对某种事态的描述转移到另一种相似的事态上。而此处我们应该说，隐喻唤起的反应是由某种刺激引发的，该刺激具有能够引发恰当反应的那种刺激的一些特征。因此，当罗密欧把朱丽叶比作太阳时，我们不必认为他是在从事一种创造性想象活动；我们只需要假定朱丽叶对他的影响有点类似太阳对他的影响，有些特征是相同的，因此言语反应“太阳”就会得到加强。（对隐喻的阐述必须与对其成分的解释区别开来。第一步

① 1英寸约合2.54厘米。——译者注

是解释这个隐喻性术语的出现。这常常可以通过指明当前刺激的特征来实现，而针对言语反应的常规刺激也具有这种特征。）

我们通过检测不同的影响值来核查刺激的每一个维度的重要性。在建立对红色光点的强烈反应倾向之后，我们可以检测改变为橙红色、橙色、橙黄色和黄色之后的反应速率。这类实验产生了一个泛化或是诱导的变化梯度。在消退期间，对红色光点的反应是最快的。对橘红色的反应较慢，而对黄色的反应最慢。对于像鸽子这样的实验动物来说，两个点如果颜色不同（例如红色与绿色），即使它们在形状、位置、光照度方面有共同的特征（均为视觉刺激而非听觉刺激），也可能完全没有反应。因此对鸽子来说，颜色显然是一个重要特征。与此同时，那些色盲的生物就不会表现出这种变化梯度；如果在亮度、纹理等方面的差异被消除，反应速率将不会随着颜色的改变而改变。在对刺激的其他性质进行系统探索时，也会产生类似的变化梯度。这个程序使我们能够回答这样一个问题：对于有机体来说，给定的颜色变化是否与给定的大小变化同等重要，乃至颜色作为视
134 觉刺激的一种属性是否像音调对于听觉刺激一样重要。然而，并非所有刺激的维度都是以这种方式保持连续不断的。

辨识

诱导（或泛化）并不是有机体的活动；它只是一个术语，该术语描述了这样一个事实，即由一个刺激所获得的控制力被其他具有同样属性的刺激所共享，或者换句话说，这种控制力是由刺激的所有属性分别享有的。一种独特的属性组合构成了我们所说的某种刺激，但是这个表述并不能够非常准确地展现环境所施加的控制。第七章所描述的区分也不是有机体的一种行动方式。当我们建立红色与橙色光点之间的辨识时，我们只需锐化一个自然变化梯度。通过持续不断地强化红色光点，与此同时消退橙色光点，对红色特征的控制不断地被增强，而对橙色特征的控制则不断地被减弱。在这样的实验中，刺激的其他属性（如大小、形状和位置）也都受到了强化和消退。那些在工作中与颜料、染料或其他有色材料打交道的人会受到相倚关系的影响，这种相倚关系意味着，颜色的细微差别会造成行为结果的巨大差异。我们会说，他们对颜色变得“非常有辨识力”。但他们的行为表明，那不过是条件作用建立和消退过程。

抽象

行为可以被置于单一属性的控制之下，在不受刺激的其他所有属性控

制时，也可以被刺激属性的某种特殊组合所控制。这种特殊组合的结果即抽象。其与辨识的关系可以用一个例子来说明。通过强化对圆形红点的反应，同时消退对所有其他颜色的圆点的反应，我们可以使行为完全被红色
圆点所控制。这就是辨识。因为其他颜色的圆点显然不起作用，所以由此 135
看来，这些圆点所具有的其他维度——例如大小、形状和位置等——似乎并不重要。但事实并非如此，因为对另一个不同大小和形状的红色物体做出反应的可能性也不大。换句话说，我们已经将反应置于圆形红点的控制之下，而不仅仅是“红色属性”。为了实现后者，我们必须强化对许多物体的反应，这些物体全都是红色的，但在其他属性上有着很大的不同。最终，有机体只对红色属性做出反应。对“红色”的言语反应就是实例。然而应该记住的是，完全抽象的反应也许永远不会实现。具有必要属性但在其他方面又非同寻常的刺激可能不会引起反应。不具有必要属性的刺激（与具有必要属性的极为常见的例子相似）也可能会产生某种控制作用。

就有机体而言，抽象也不是一种活动形式。它只是通过刺激的属性来缩小控制范围。控制属性不能在单一场合加以证明。换句话说，抽象反应的单个实例无法告诉我们太多有关“所指对象”的信息。只有通过对大量实例的调查，这种控制关系才能被发现。

我们很可能会忽略一个抽象反应所需要的发展过程，而且当我们这样做时，我们在解释行为时就会犯许多错误。当一个孩子被教导说一个红色的球是红色的时，我们会惊讶地发现他把一个绿色的球也说成是红色的。在我们自己的行为中，这种反应很久以前就受到特定颜色的控制，但在孩子的行为中，大小、形状以及可操作性的属性仍然很重要，直到一个辨识性强化程序将它们消除。

除非由一个强化作用建立起必要的相倚关系，否则有机体是不会获得一个抽象反应的。仅根据单一属性而强化其反应，而无视其他诸多属性，这类“天然”的相倚关系是不存在的。必要的相倚关系显然需要其他有机
体作为中介。因此，似乎只有凭借言语行为的发展，抽象才能成为可能。 136
这并不是说，既然如此，就不可能产生抽象的反应；因为，在一群个体中所发生的事件会产生言语环境的雏形，而此言语环境进而又会产生抽象的言语行为，这种可能性是存在的。然而，这种情况完全是基于推测，并不确定。

我们处于一个更好的位置，可以看到抽象是如何发展和变化的。由言语社群所延续的言语行为成功地从自然界分离出越来越多的微妙属性。有时我们可以看到这种情况的发生。有时我们可以对它的发生过程做出貌似

合理的推测。词源学常常能够对此提供有价值的线索。例如，“机会”（chance）一词就来自一个表示骰子或硬币掉落的词。这类事件的一个显著特征是结果的不确定性，这类似于其他非掉落性事件（例如从一副牌中抽出某花色的一张牌）的不确定性。基于这种不确定性，有关掉落这个术语的隐喻转换，就是将这个重要属性辨识出来的第一步。这个术语所指称的对象得到了进一步的提炼——也许是经过几个世纪以来在言语社群中的不断变化，直到被当代数学家所掌握，该术语才被一种极特殊的自然属性所限定，即“机会”这个词的现代指代物。

刺激控制中的一些传统问题

交叉模式诱导。我们有时发现，一种反应会由两种物理属性不相同的刺激所控制。如果每个刺激都已经分别建立了条件反射，则不需要解释；但显然情况并不总是如此。即使缺乏共同的属性，“诱导”似乎也能发生。有时会发现它们之间的直接关联。针与痛都被认为是“尖锐的”。尖锐的针造成尖锐的刺痛可能就与此有关。从“针是尖锐的”到“由针造成的疼痛也是尖锐的”，这之间只有短短的一步。一旦这种言语实践在某社群中建立起
137 来，这种反应通常就会在这两种情况下被分别习得，然后就不再是问题了。

常见的中介行为提供了另一种可能的解释。塞缪尔·巴特勒有一次在看到维特霍恩山（Wetterhorn）时，发现自己正在哼唱亨德尔的咏叹调。“维特霍恩山巨大的山肩似乎在向下滑落，就像‘肩膀’这一歌词顺着音阶的滑奏一样。”此处的听觉反应似乎是针对视觉刺激的，在某种程度上与视觉刺激相似。巴特勒望着大山时，大概并没有听到这段音乐。为了举个例子，我们可以假设，他也没有看到过这段乐句的视觉形式。如果我们假设这两种刺激能够引发相似的行为，我们就可以对结果做出解释。如果巴特勒已经学会了对音调的“升”与“降”做出特定的空间反应（比如演奏乐器），如果他是位业余画家，并学会了通过复制第七章所描述的反应而对视觉模式做出反应，这两种刺激就可以诱发一种常见的行为，即有可能作为反应基础的自我刺激。咏叹调的曲调可能会引发某种反应，这种反应通常会产生刺激，然后引发对“维特霍恩山”的反应。相反，维特霍恩山的外形可能会引发一种反应，而这种反应反过来又会产生刺激，随后通常是模仿着哼唱或产生“亨德尔”的言语反应。在这个特殊的事例中，言语反应“肩膀”提供了一个有关中介行为的明晰的例证。山肩增强了言语反应的“肩膀”，它是咏叹调的听觉模式的一部分。这种推测并不能证明什么，但它的确为从一个感觉域到另一个感觉域的诱导问题提供了一种可

能的解决方案。一个适当的解决方案需要对各种附属过程进行实验分析，刺激控制可以通过这些附属过程得到扩展。

对关系的反应。如果有机体被强化选择一个5英寸的圆盘，而不是一个3英寸的圆盘，此时若将7英寸圆盘与5英寸圆盘配对一同呈现，它可能会选择那个7英寸的圆盘。这一事实经常被人们用来批评刺激原理。如果5英寸的圆盘是控制刺激的话，为什么它在面对新的组合时不起作用？ 138
实际上，有机体经过条件作用可以选择两个物体中较大的一个，也可以选择一个特定的尺寸，而无论与其配对的物体尺寸有多大。类似的条件作用在个体成长的初始阶段就开始建立了，而在做测试时，占主导地位的行为将取决于这一成长史。这里所讨论的关系在大多数环境中都十分重要。当有机体在空间中活动时，强化通常是取决于相对大小，而不是绝对大小。

就自然科学而言，如果这种关系可以用物理术语来描述，那么基于“关系”的刺激诱导就没有什么困难。如果情况并非如此，我们就必须寻找其他的可能性，例如前面所讨论的中介行为。即便是像鸽子这样相对简单的有机体，也有可能根据相对大小、相对强度、相对位置等对各种新刺激做出恰当的反应。它们也可以通过条件化而忽略任何属性，并根据其他一些属性来转换反应。这些相关的属性均符合物理学的规范。

被“解读”的刺激。刺激控制的另一个问题吸引了远超它应有的大量关注，因为形而上学致力于推测外部世界的“真正存在”是什么。当有机体对“好像”有其他属性的刺激做出反应时会发生什么？这种行为似乎表明，“感知的”世界——有机体所体验的世界——与现实世界是不同的。但这种区别实际上是反应之间的区别，是两个有机体的反应之间的区别，或者是一个有机体在单一状态中不同刺激模式下的反应之间的区别。因此，我可能“认为”我的外套是在餐厅的衣帽架上找到的，但我在检查口袋里的东西时，我发现我错了。我可能“认为”天空中的物体是一架飞机，但过了一会儿才发现它是一只翱翔的鸟。我可能“认为”某个物体是方形的，但当我改变位置时，发现它不是。我可能“认为”一个光点是从一个位置移动到另一个位置的，但我通过对产生该光点的电路板的检查，
确信它只是从一个位置消失，又在另一个位置出现。我们没有理由认为第 139
一种反应是“感知”，而第二种反应是与现实世界的一种接触方式。它们是在不同时间对同一个刺激源做出的不同反应。

通常，物体能够产生许多不同种类的刺激，这些刺激以某种形式相互关联。对某些刺激形式做出的反应比对其他刺激形式做出的反应更有可能是“正确的”，因为它们更有可能导致有效的行为。这些模式当然很受欢

迎，但若认为它们能引领我们更接近“真实”世界的话，在此显然并不合适。正如我们在第七章中所看到的，空间中物体的视觉和触觉属性使我们能够发展出一个有效的反应集，引导我们成功地接近和触及物体。举个具体的例子来说，方形物体产生的视觉刺激，从另一个角度看，或者被置于测量标尺旁时，通常会伴随着其他的视觉刺激，在操纵该物体时，还要借助一定的触觉刺激。现在，我们可以构建一个物体，从一个给定的角度来看，它提供了一个正方形物体的刺激特征，尽管它在操纵、测量或从其他角度观看时提供了非常不一样的刺激。一旦我们对这样一个物体做出了明显不一致的反应，我们在对任何一组视觉刺激说它是“方形”时也许就不那么自信了，但我们没有理由说我们最初的视觉反应所反映的并不是该物体“原本的样子”。我们生活在同一个世界——物理世界。有机体是这个世界的一部分，它们会以多种方式对这个世界做出反应。反应可能是一致的，也可能不一致，但对这两种情况做出解释通常都没有什么困难。

另举一个例子，假设我们观察到在远处的森林边缘有一团模糊的薄雾。该刺激对于我们做出的两大类言语反应“雾”和“烟”中的任何一种都是合适的。而恰当的非言语反应则非常不同：在一种情况下，我们仅仅是将此信息传递给他人；而在另一种情况下，我们就赶紧报警了。在我们没有“弄清哪种情况为真”之前，我们可能什么都不会做。我们在采取进
140 一步行动之前对刺激进行“解读”。但是“解读”就像我们在第七章所讨论的注意一样；我们不需要找到一种与其等同的特定的行为模式。当我们倾向于针对冒烟做出适当的行为反应时，我们就会把刺激“解读”为烟。当出现不同反应集的概率增大时，我们就把它“解读”为雾。只有当特定的行为发生时，我们才能说刺激已经以某种特定的方式被“解读”了，但我们依然可以意味深长地说到这两种概率。一个给定的刺激可能同时产生两种不同的效果，如果它们彼此相容，则可以同时出现，若不相容，两种不同的效果便会呈现出快速交替的状况。在该问题通过厘清刺激或以其他方式解决之前，犹疑不决的复杂状态可能会一直存在。（当我们做决定时会发生什么，这个问题将在第十六章讨论。）

由刺激所施加的功能性控制使我们能够区分感觉和某些其他活动，如“看见”“感知”或“认识”这类术语。“感觉”可以被理解为仅仅是对刺激的接收。“看见”是受刺激所控制的“解读”行为。“看见”这个术语描述了行为和刺激之间的一种特殊关系。它不同于“感觉”，就如同反应不同于受到刺激。我们对世界的“感知”（我们对世界的“认识”）是我们相对于这个世界的行为。

第九章 141
剥夺与餍足

正如我们所看到的，有机体的部分行为是受环境控制的，这一发现导致了对刺激观念的不当扩展。研究者们开始推断那些无法被观察到的刺激，并将各种内部条件全都纳入一个“总刺激情境”之中。刺激的原理被这种扩展削弱了，甚至时常被弃之不用，取而代之的是其他一些性质并不怎么明确的表达。如果像我们曾经做过的那样，将各种刺激的功能加以区分，刺激的使用价值就可以在适当的范围内得以恢复。我们现在必须注意的是，环境的某些影响根本没有被有效地归类为刺激。例如，当我们剥夺某个有机体的食物时，我们可能会刺激它，但这只是主效应的附带作用。

剥夺

我们在第三章中看到，在严重缺水的情况下，饮水的概率便会大幅升高，而在过度饱饮的情况下，此概率则会大幅降低。我们可以合理地假设，此概率总是介于这两个极端之间，如果剥夺的情况发生改变，它只会趋向于其中一个极端。概率变化的生物学意义是显而易见的。水分通过排
泄和蒸发而不断地流失，因此必须吸收等量的水来弥补这种损失。一般情 142
况下，有机体间歇性地饮水，以保持相当稳定的，大概也是最佳的状态。当这种更替被扰乱时（当有机体被剥夺了饮水的机会时），显然十分重要的是，一有机会就更有可能饮水。从进化的角度来看，这“解释”了为什么剥夺饮水会强化所有与饮水有关的条件反射行为与无条件反射行为。我们以类似的方式解释为什么有机体在无法摆脱二氧化碳吸入的情况下呼吸会变得更快和更深，为什么新生儿的进食反射会在喂食后随时间的流逝而变得更加强大，为什么宠物狗在临近吃饭时间会在厨房里自己进食的位置徘徊。

概率增加的适应特性有时可用另一种方式来表达。剥夺据说会打乱某

些平衡，而被强化的行为则有利于恢复这种平衡。生理学家对生命系统保持或恢复平衡的趋向特别感兴趣，沃尔特·坎农称之为体内平衡。平衡的概念与函数分析是相容的，但两者不应混淆。对平衡的研究使我们有可能预测一个自变量的变化所导致的行为改变的方向，但它并不会告诉我们更多的东西。平衡很难定义，更难以观察与测量。有一个更为明确的程序展示了剥夺如何影响相关行为的发生概率，而这可能无须提及平衡的问题。

并非所有的剥夺或餍足都与物质的显而易见的交换有关。如果一个人因天气恶劣而被困于室内，他可能会被“剥夺锻炼身体”的机会；因此，当天气放晴时，他可能会特别地活跃起来。这里所说的剥夺仅仅是阻止行为的发生，而行为的发生本身就具有餍足的作用。性餍足似乎仅仅是性行为活动的结果，它也被认为是性高潮的特殊结果。每一种餍足的模式都必须根据有机体的相关经济性来处理，而它的生物学意义也必须据此加以相
143 应的解释。如我们在第三章中所见，具有类似剥夺与餍足作用的某些其他类型的操作，很容易被归入“动机”这一共同标题之下。

一种特定的剥夺行为通常会同时提高多种行为的强度。当新生婴儿吃不到奶时，反射式吮吸的力量就会增强，头部对脸颊和嘴部附近的触觉刺激做出的反应动作会变得更具活力（借助于转动头部，更容易接触到母亲的乳房）。最终，许多其他形式的行为就被添加到该行为群中。同样，若一个成年人长时间不喝水，一大批操作性行为就会得到增强。他不仅在面对一杯水时更有可能一饮而尽，他还会从事许多其他导致饮水的活动——去厨房，操作饮水机，索要一杯水，等等。

需要与内驱力

从传统意义上说，有机体喝水是因为*需要*水，散步是因为*需要*运动，呼吸更快更深是因为*想要*空气，狼吞虎咽是由于饥饿的刺激。需要、想要和饥饿，都是第三章所讨论的内在原因的极佳例子。据说它们有不同的维度。需要和想要可能被认为是精神或心理方面的，而饥饿更容易被看作是生理方面的。但是在没有观察到任何具有这些维度的东西时，这些术语可以自由使用。有时，内部操作是从影响行为强度的操作中推论出来的，例如当我们说某人好几天没喝东西了，所以他“一定渴了”，很可能会喝水。与此同时，人们有时也会从行为本身做出推论——比如当我们看到一个人喝了大量的水，然后就会毫不犹豫地断言他非常口渴。在第一种情况下，我们从一个先前存在的自变量推断出内部事件，并预测随之而产生的因变

量。在第二种情况下，我们从随之而产生的事件中推断出内部事件，并将其归因于之前的被剥夺经历。既然内部事件是推断出来的，它就绝不是对 144
行为的解释，也不会给功能性的解释增添任何东西。

“需要”和“想要”在日常对话中是很方便的术语，许多学习行为科学的学生都有兴趣将类似假设的中介状态当作正统的科学概念。需要或想要可以被简单地重新定义为一种由于剥夺而产生的条件，并以一种特殊的反应概率为特征。由于很难置放那些徘徊在这些古老术语周围的幽灵，所以使用一个内涵较少的术语是有一定优势的。有时也会用到“内驱力”。它不必被看作是精神的还是生理的。该术语只是一种方便的表述方式，它适用于描述剥夺与餍足的作用，也适用于描述那些或多或少以相同方式改变行为发生概率的其他操作的影响。它之所以方便，是因为它能使我们同时处理许多情况。有许多方法可以改变有机体进食的概率；同时，一种剥夺可以强化多种行为。饥饿作为内驱力的概念将这些不同的关系统一在了一个术语里。

内驱力这一概念的简便性只是表面上的。需要与想要也是如此。任何概念都不能消除数据上实际的多样性。内驱力是我们用来说明一种强度状态的言语设置，但它并不能回答实验性问题。我们不能通过直接改变有机体的饥饿、口渴或性欲状态来控制其行为。为了间接地改变这些状态，我们必须处理剥夺与餍足的相关变量，必须面对这些操作的所有复杂性。

内驱力不是刺激。人们普遍认为，剥夺是通过创造刺激来影响有机体的。饥饿痛就是一个经典事例。当某有机体长时间没有进食时，空胃的收缩会以一种特有的方式刺激它。这种刺激通常被认为是饥饿驱力。但这种刺激与进食概率的相关并不密切。饥饿痛只是这一概率连续变异范围的一小部分的特征。我们吃饭时通常并没有达到因食物剥夺而产生饥饿痛的程度，在吃了最初的几口从而止住了任何饥饿感之后，还会继续吃很长时 145
间。在其他内驱力中寻找类似刺激的尝试被证明是徒劳的，有时甚至是可笑的。喉咙干燥并不是连续变异的，在整个被剥夺的过程中都有饮水的倾向。在性剥夺下的条件下任何类似刺激都与性行为的发生概率不相关。如上所述，内驱力在任何情况下都不可能成为刺激。

内驱力不是一种生理状态。某些内部条件可能是任何特定程度的剥夺所造成的。完全独立地认识这些内部条件可能会使我们在预测行为时无须考虑曾经的剥夺经历；但是，我们不太可能对某一特定有机体有这样的了解，而这种了解在预测行为时会用得到；我们更不可能为了控制行为而直接创造出这样一个合适的状态。迄今为止，我们可以从剥夺的经历中推断出这种状态，或者通过创造这样一种剥夺经历来引发这种状态，但仅凭这些并不足以令我们放弃考虑那段经历的作用。即便它可以被直接观察到，它可能依然起不到控制的作用。我们已经看到，在实验室研究中，有机体的体重经常被用来作为食物剥夺的指标。为了维持一定的内驱力水平，当食物充足时，有机体就会将其体重保持在一定的比例。这种重量是很容易被观察到的，而且作为剥夺经历的一个相当直接的结果，它通常可以作为这一剥夺经历的一个替代品。但由于我们只是通过改变剥夺经历来改变有机体的体重，所以在实际控制中不能用它来代替。无论如何，我们不能断言有机体的体重是饥饿的内驱力。

内驱力不是一种精神状态。一个类似的论点也适用于那些常被等同于内驱力的心理或精神状态。在这里，单独证据得出的概率更令人怀疑。当人们被剥夺食物、氧气等物质时，他们是什么“感觉”，这个问题将在第十七章中讨论。由于剥夺会影响行为，无论是否“感觉到”什么，这种感觉并不是预测的可靠基础。为了控制而直接操纵精神状态似乎更值得怀疑。

146 **内驱力不仅仅是一种强度状态。**人们有时会把强烈的“嚼口香糖的内驱力”归因于当事人，不是因为他有过被剥夺嚼口香糖的经历，而仅仅是因为他有嚼口香糖的欲望。也许可以发现一些相关的剥夺改变了嚼口香糖的倾向，但在使用这个术语时并没有提及这种操作。还存在一种可能性，即行为的强度取决于动机领域之外其他种类的变量。还有一些术语通常只是报告行为的异常强度，如“欲望”（“他有去欧洲的强烈欲望”）、“期望”（“他期望他的父亲死了”）和“情结”（“他有性情结”），这些术语并无其他作用。反应的概率可能是由许多不同种类的变量决定的，其中剥夺起着次要的作用。例如，赌徒的强大“内驱力”、赌博“情结”，或赌博“欲望”，也许根本不是源于剥夺的条件，因为一个精心设计的可变比例强化程式就可以在一个较低的剥夺水平上引发一个高反应概率。

内驱力的实际应用

一些通过剥夺与餍足而对行为施加实际控制的实例表明，适用于干预状态的那些概念是多么容易被避免。

剥夺在现实中的应用有：限制儿童的水摄入量，使其更有可能喝牛奶；延迟上菜，诱导顾客有滋有味地吃了一顿适量的餐食；将囚犯“单独监禁”（例如由于前述实例中“锻炼的需要”而剥夺其“说话的权利”），使其更有可能与审讯者交谈；减少粮食配给，让人们更有可能与控制食物供应的当局合作；让小孩子一次只得到一个玩具，使其对玩具保持长期的兴趣。在提供咸味餐前点心的派对上，当客人们被引诱喝更多的鸡尾酒，或者使用某些性激素或催情药来增强性行为时，具有相似效果的操作就这样被应用于实际生活之中。从理论或实践的角度来看，要实现这其中的一些条件，广泛的精心设计的控制显然是必要的。有时也可以运用偶然出现 147
的条件。例如，港口的妓院以及其他娱乐行业就是从水手在海上所遭受的剥夺中获利的。战争时期的物资短缺常导致大规模的剥夺，而这些剥夺就经常会被利用来实现理论目的和商业目的。

餍足在现实中的应用有：套餐式餐厅在上餐前会先提供大量的优质面包，以便于减少后上套餐的量，还不被顾客所抱怨（但如果顾客需要按照菜单零点的话，这样做对餐厅来说显然就不划算了）；餐厅提供大量精致的餐前开胃小菜来掩饰后续正餐食物的不足；有人建议将卖淫合法化，其理由是卖淫业可以降低社会上一些人不当性行为的发生率，这些人如果得不到满足，就有可能会侵犯无辜妇女；让人们排队领取面包，以减少因口粮不足而引发的暴力冲突；诊所通过对患者给予关注、认可甚至是关爱，以减少其攻击性或其他不良行为。当某种药物被用于减少性行为的发生率时，一种与餍足相类似的效果就会产生。

所有这些事例都可以参照“内驱力”来加以描述。我们可以说，吃咸味开胃小菜可以使客人口渴，而他的口渴又驱使他饮酒。无论从理论还是实践的角度来说，把我们自己限定在这样一个事实上要简单得多：消费咸味开胃小菜会导致饮酒。

这些操作不能与操作性条件作用相混淆，操作性条件作用是通过一种不同的剥夺对行为施加控制的。某政府为提高出生率而推出了一个用奖金鼓励生育的计划，这并不是用提高剥夺水平来控制生育。用金钱来强化生育行为，可以使生育行为被置于更大范围的剥夺控制之下。生育行为可以通过剥夺个体的金钱或用金钱可以买到的任何东西来增强，比如严厉的课税。直接或间接使用金钱可以买到的任何东西来满足个体，便有可能抵消这一作用。某个雇主就可以做到这一点，他对此做出的回应是增加工资以 148
保持其员工家庭的人口不增长。只要提供这样的奖金，救济或失业保险的增加就可能会影响到出生率。与此同时，性剥夺的程度并没有发生改变。

有关内驱力的几个问题

一共有多少种内驱力？母性驱力比性驱力和饥饿更强大吗？像饥饿这样的内驱力会因为餍足而部分减少性欲这样的内驱力吗？所有的内驱力都

可以归结为性驱力吗？这类问题如果以剥夺和餍足的术语重新表述，就更容易回答了。

有多少种内驱力？这个问题有两种解释。当我们从被剥夺的经历中推断内驱力时，我们也许会问：一个有机体有多少种可以被剥夺的方式？我们只能通过实验探索来回答这个问题——通过干扰有机体与环境之间的交换并观察其结果。当我们减少有机体吸入空气中某些惰性气体的比例时，我们观察到其行为并没有变化。在这种情况下，我们不谈有机体对这些气体的“需要”，或是任何试图获取这些气体的“内驱力”。在该解释中，我们并没有把我们所做过的事情列为剥夺实例。该气体有没有生物学价值，这一事实无关紧要。我们可能剥夺了一个有机体的某种必要的食物，但依然观察不到它的行为有任何变化，即使它有可能生病甚至死亡。生理学家所说的是对营养的“需要”，但这里所定义的剥夺则要对行为产生影响。当然，我们的探索会发现许多重要的事例，每一个事例都可能令我们谈论到一种内驱力。

当我们仅仅因为行为发生概率的变异而论及内驱力时，我们还需要另一种解释。一个不好好吃饭的孩子被认为患有厌食症——缺乏饥饿感。如果他间歇性地吃东西，那是因为他的饥饿无法预测——他有时饿，有时不饿。在这里，我们使用内驱力的概念，不涉及摄食的经历，而仅仅是对无法解释的概率变化做出（不合逻辑的）解释。（根据惯例，如果概率不发
149 生变化，我们就不假设内驱力的存在。在受到刺激时，眼泪的反射式分泌不会时刻发生变化，而这种变化无法用其他方式加以解释，所以我们不说是内驱力清除眼睛里的外来物质。）因此，我们的问题是：有多少种行为在强度上是各不相同的？据此，我们可以区分出饮食、饮水、性行为等领域，并对这其中的每一个领域再做进一步的详细划分。如果吃两种食物的概率总是同时变化，我们假设是同一种饥饿；但如果在某些时候，某有机体更有可能吃盐，而不是吃糖，而在另一些时候，则有可能吃糖而不是吃盐，这就有必要把“盐饥饿”与“糖饥饿”区分开来谈论。可以假定，与这些变化相伴随的是餍足与剥夺这两种不同的操作，虽然我们不用“饥饿”一词来描述它们。

条件反应的内驱力是什么？餍足与剥夺显然和操作性强化有关。对饥饿的有机体来说，食物既具有强化作用，也具有餍足作用。如同我们将在第十四章所见，尽管有时很难区分这两种作用，但这种区分却很有必要。在强化过程中，食物的呈现时机视反应而定；如果能够避免这种相倚关系，我们不必持续强化就可以给予餍足。我们也可以在没有充分餍足的情

况下或者至少在餍足发生之前给予强化。但这两个过程之间存在着必然联系：如果机体没有被适当地剥夺，操作性强化的效果将不会被观察到。强化的最终结果不是简单地强化行为，而是在特定的剥夺状态下强化行为。因此，强化是将行为置于适当剥夺的控制之下。在我们用食物强化鸽子建立伸展脖颈的条件反射后，控制伸展脖颈的变量就是食物剥夺。伸展脖颈的反应只是加入了那个随该操作而变化的反应群。我们不能用简单的方式来描述强化的作用。

通过用不同的剥夺程度来建立和消除某种反应，就有可能看到剥夺的
详细作用。如果我们在一组处于同一剥夺水平的有机体中强化一种反应，150
并在不同剥夺水平的子群体中消除它，我们会发现消退曲线的数量是剥夺的函数。有机体越是饥饿，在消退过程中就会产生越多的反应。与此同时，如果我们在不同的剥夺水平上建立条件反射，并在同一水平上将其消除，我们会非常惊讶地发现，两条消退曲线包含的反应数量大致相同。剥夺的影响是在消退期间感受到的，而不是在条件作用建立期间。

被条件强化物强化后的行为会随着一级强化物的剥夺而变化。去餐馆的行为是由一系列的反应组成的，先前的反应（例如沿着某条街走）会因辨识性刺激的出现而被强化，而辨识性刺激又控制了随后的反应（餐馆出现，然后我们进入）。整个序列最终是被食物所强化，而这种概率会随着食物的剥夺而变化。我们通过让某人感到饥饿来增加他去餐馆就餐的机会，甚或是走在某特定街道上的机会。我们并不说在该序列的早期反应中有某些特殊的内驱力，因为没有与之相类似的剥夺操作。诸如“需要”“想要”等传统术语都认可这些附属的步骤。例如，我们可能会说一个人首先想要叫一辆出租车，然后他想要让司机把他送到 56 号街，然后他想要找一家特别的餐厅，然后他想要开门，然后他想要一张餐桌、一份菜单，还有一份烤牛肉。但是，由于这里并没有与该行为相适应的餍足与剥夺过程，所以除了最后一项，我们没有理由设定相应的内驱力。一个人之所以不需要出租车是因为他已经很久没有乘坐出租车了。如果需要使用出租车的行为是强烈的，只要就近有出租车，该行为就会发生。出租车的出现强化了任何导致它发生的行为。它也是一个启动事件，它使随后的反应成为可能，从而结束先前的行为。然而，若是认为出租车的出现是对叫车
行为的餍足，这只会混淆问题。这种关系在实际生活中的应用揭示了其本 151
质。如果出于某种原因，我们想诱导一个人叫出租车，我们会增强他需要出租车的任何行为；我们不会剥夺他对出租车的使用。如果他已经因为其他行为的介入而叫到了一辆出租车，他就不会再叫车了。

泛化的强化物以更尖锐的形式将这个问题凸显出来。它们之所以重要，正是因为它们在一些被剥夺的情况下依然有效，其中一些泛化强化物可能出现于任何时候。某特定剥夺的缺乏使我们更愿意假设一种针对即时泛化强化物的独立内驱力。虽然我们可能愿意放弃“乘出租车之内驱力”的概念，但我们可能依旧会强调关注、赞许、喜爱、支配或金钱的内驱力。为了证明每种内驱力与被强化行为之间的关联，我们应该表明有可能运用一定数量的关注、赞许等对有机体施加剥夺与餍足，但我们还应该确保在与泛化强化物相关联的任何主要区域都没有餍足或剥夺的发生。例如，我们应该提供大量的情感而同时又不提供任何与之相关的一级强化物，以此来减少“对情感的需要”。只有这样我们才能找到自发性内驱力的证据。尽管当一级强化尚未到来时，泛化强化物可能会起到强化作用——守财奴紧盯着自己的黄金的行为便是例证——但是我们没有理由假设有这样一种对应的内驱力。守财奴更为显著的特点之一是，他实际上并不会因金钱而感到餍足。金钱的强化作用极为强大，所以他的大多数强大的行为是出自这个原因，但是一个单独的内驱力意味着一个单独的剥夺或餍足操作，而我们在守财奴的行为中几乎找不到这方面的证据。还有其他一些类型的守财奴，他们擅长的是关注、喜爱、赞许或支配。尽管我们可以证明它们即使在不存在一级强化的情况下，也能够被这些泛化的强化物强烈地强化，但我们也不谈论单独的内驱力，因为没有剥夺或餍足的适当操作。

不能把适合于条件强化物的内驱力与尼古丁、酒精、吗啡之类的药物
152 相关联的获得性内驱力相混淆。这类药物所产生的效果会强化个体吸食该药物的行为。此类药物可能会使人摆脱焦虑、恐惧或负罪感这些厌恶性状态（第十一章），抑或可能产生一些具有正强化作用的状态。如果反复使用导致生理变化，进而增强由药物所降低的厌恶性状态，那么其强化作用可能会变得越来越强大。这种“成瘾”是一种获得性内驱力，其剥夺和餍足的过程是显而易见的。使之上瘾是一种强有力的控制技术。一种药物要反复地摄入，直到强化的力量变得强大。然后，它被用来强化某种我们期望的行为——例如战俘回答问题的行为。然后再停药，该行为发生的概率就会大大提高。

在第五章里我们看到，一个事件即便没有降低剥夺水平，也依旧可以是一个正强化物。有一个与此相关的观点：通过剥夺而增强的行为不需要减少这种剥夺。弗洛伊德的升华过程就提出了这个问题。通过对刺激或反应的诱导，一种增强反应的操作同时也会增强其他具有相似性质的反应，或是在相似场合下做出相同反应的反应。剥夺就是此类操作的一个实例。

因此，一对无子女的夫妇可能会把宠物狗当作孩子来对待，从而“升华”他们作为父母的行为。画家利用绘画与人体模特“升华”了性行为。如果我们相信行为的发生总是“有充分的理由”（也就是说，因为一些可信的生物学优势），那么，许多这类的例子看来都十分令人费解。但是，通过诱导而增强的反应很可能对剥夺没有作用，即使被它借用力量的反应的确有这样的作用。在许多升华的实例中，行为本身就是自动获得餍足的。

内驱力是相互关联的吗？在另一个领域，处理餍足与剥夺的过程相比处理任何内驱力都更具优势。一直以来人们都在致力于将所有的动机缩减
为一个一级内驱力。例如，弗洛伊德就强调是性。该观点认为，某特定活 153
动“在本质上是性欲的”，这也许可以用两种方式来加以解释，它取决于我们是强调因变量还是自变量。如果说，艺术和音乐活动“表达了性的冲动”，那就可能意味着该领域的独特行为在形态上与性行为相类似。雕塑家塑造人像的行为在某种程度上就像对待人体的行为一样；音乐行为的某些时间特征与性行为的时间模式相类似。这是简单的诱导，是根据相似性从一个刺激到另一个刺激，从一个反应到另一个反应。但通常很难确认这两种情境或两种行为的相似程度是否足以支持这样的解释。我们常常不得不根据相似点对行为的影响来推断其重要性。与此同时，该问题可以用这样一种形式来表述：一种行为被认为在本质上与性有关的概率是否会随着对性的剥夺或餍足而改变？如果是这样，即使它在形态上与明显的性行为并不相似，也依然可以被视为性行为。

另一种观点认为，人类的基本驱力是“支配性”。这个泛化的强化物当然非常重要。更为具体的生物性强化物只有在先前行为已经有效地“支配”了生物或者社会环境后通常才会被接受，达到这个程度，我们就可以把所有的行为都置于支配的标题之下。然而我们已经看到，当强化物泛化时，并不需要相应的内驱力。支配有可能具有强化作用，因而作为一种控制变量也是非常重要的。一个人可能会“为了支配”而支配，就像守财奴为了聚财而聚财一样。但很显然，并没有独立的剥夺与餍足是与支配驱力相关联的。剥夺一个人的支配地位意味着对环境进行设置，在这样的环境中，他既不能够支配物理性质，也不能够支配社会关系，但在该环境下，他很有可能会遭受其他种类的剥夺，其行为的任何一般增强，都可以归因于这些剥夺。相反，当我们通过“让他为所欲为”来改变一个人的行为
时，我们似乎就是在使他的“支配需要”获得餍足，但我们也几乎肯定改 154
变了一些基本的剥夺或是在第十一章中所描述的一些厌恶性条件。许多特定餍足或剥夺所产生的令人惊讶的泛化效果使得支配内驱力的普遍性受到

质疑。一个在生活中各个方面都占据支配地位的男人，可能会因为一段成功的婚姻，或者在更短的时间内，一顿令人满意的大餐，而经历巨大的变化。

试图将人类的所有动机都归结为赞许、喜爱等单一需要的做法，也会受到同样的批评。

哪一种内驱力最为强大？母性驱力比性驱力更强大吗？性驱力比饥饿驱力更强大吗？我们可能会通过在不同剥夺的控制下（通过以不同的方式强化）随机选择一些反应来回答这类问题，然后观察每种剥夺的极值下的最大频率。一只极度饥饿的雄鼠按照给定的强化程式接受食物强化后所做出反应的速率，与该雄鼠在极度的性剥夺条件下按照同样的强化程式以接近一只雌鼠的方式接受强化后所做出反应的速率会有什么不同？但是，除非情境是自然发生的，并且在该情境下剥夺影响的相对程度很重要，否则这种对剥夺的比较没有什么意义。通过剥夺有机体的食物和性接触，我们可以观察当两种适当刺激同时出现时，看哪种行为会出现。然而，这些条件并不容易产生餍足。许多被重度剥夺饮水的有机体无法吃干燥的食物，因此当我们限制其饮水时，我们就制造了一种类似于对食物感到餍足的效果。同样，当有机体长时间被严重剥夺食物时，其性行为也会减弱。

时间变量

有时仅仅是行为的释放就会令人感到餍足，因此我们只要阻止行为的释放，就足以对有机体实施“剥夺”。正如我们所看到的，“锻炼的需要”就展示了这种模式：被限制于狭窄空间的有机体首次被解除限制时，其活
155 跃程度会远超平时。而作为一种餍足模式，接下来行为的活跃程度就会降低。当某种行为在任何时候都有可能发生时，它就会表现出周期性。如果一只大鼠被关在一个小笼子里，并且可以随时接触一个跑步轮，那么它在轮子上的行为就可以被看作测量其活动程度的一个合理指标。大鼠通常会相当有规律地在活动期和非活动期之间转换。当与环境相互交换不受限制时，也会出现类似的周期性，比如在具有无限机会的条件下的吃、喝或者性行为。当周期得以确定时，我们可以将时间作为自变量，以此来预测行为。

睡眠与觉醒是一种相当极端的周期性变化。在睡眠期间，有机体的大部分活动达到了一个极低的点。然而这并不是变化的全部。我们可以很自然地将睡眠看作行为的一种特殊形式，它在大多数有机体的生命中周期性地并且相当有规律地发生。通常情况下，该周期与昼夜周期同步，这是一种明显的优势。我们通过阻止一个有机体的行为来剥夺它的睡眠——例

如，我们将其置于一个缓慢转动的平台上，使它必须不停地移动身体方能避免跌落进水槽。这种剥夺会导致睡眠倾向的增强。正如我们通过确保孩子在两餐之间不吃东西来诱导他在用餐时间好好吃饭，我们也可以通过确保他在白天不睡觉来诱导他晚上按时入睡。在某种程度上，我们也用睡眠来使有机体的需求获得餍足。当我们让孩子早早上床睡觉，为漫长而疲惫的一天做准备时，我们就是这么做的。在不受限制的条件下，睡眠与觉醒的周期性允许我们将时间作为预测行为的变量。

在某些较慢的周期性变化中，时间似乎是主要的实验变量。月经周期的行为就是一个例子。这也许可以通过使用激素或者其他方式加以改变，而我们预测某种反应的主要机会在于研究这种循环变化。强度不能像干预活动或睡眠那样通过干预周期而改变，因为周期不是自动剥夺和餍足的结果。时间作为一个变量是不能做实验操纵的。

许多行为变化，尤其是低等生物的本能行为，都遵循一个年度的周 156
期。例如，迁徙模式与每年的季节相当吻合。某些随时间变化的条件可能比时间本身更为重要。也就是说，我们可以通过改变季节——使有机体所处环境具有一年中不同时期的温度或者白昼时长特征——来干预正常的周期性。如果行为对非季节性条件做出反应，那么仅时间流逝就不可能成为主要变量。在正常情况下，一年中的时间可能是一个重要的信息。

当行为的变化持续较长时间时，我们就可以将有机体的年龄作为自变量。一种反应可能会在某个特定年龄出现，随后又会消失。因年龄因素而产生的概率增加，通常称为成熟。我们通过发现这些发展程式来实现某种程度的预测。各种形式的所谓本能行为，尤其是除人类以外的物种，通常都出现在特定的年龄段，而年龄可能是我们唯一有用的变量。这些变化通常不具有周期性，因此必须根据从其他生物那里获得的信息进行预测。个体差异有可能很大；我们无法通过确定某群体初始发生性行为的平均年龄来准确预测某个体何时会发生某种类型的性行为。因此，这类实际问题通常不能指望依靠成熟程式来解决。当某个体儿童达到某成熟标准时，某些教学程序是最有效的，但在为儿童群体做教育规划时，生理年龄在确定其成熟水平方面可能没有什么价值。相关行为存在或者不存在，也许必须通过对每个儿童的直接观察来确定。

个体与物种

在生命中的任何特定时刻，个体都以特定的概率状态表现出特定的行为。在此背景下，我们研究了所选定的操作对象，并探讨了自变量的影

响。这些变量对于解释该研究所选行为的存在鲜有帮助；它们仅仅影响该
157 行为的发生概率。它的存在是理所当然的。然而，当我们考察不同的个体时，我们发现他们在反应集上，在特定反应的发生频率上，以及在行为对强化、剥夺和其他操作做出反应的程度上，都存在着一定差异。在不同物种之间，这种差异可能非常之大。人们用“本能”这个概念来解释它们。体现出某物种之特征的行为被归因于（不确定位置或属性的）一种本能，这种本能被认为是该物种所有成员都拥有的。这是解释性虚构的一个直白的实例。像“内驱力”这样的术语，如果被定义为“一种以某物种特有的方式做出反应的倾向”，也许可以获得令人尊敬的科学地位，但如此定义是不能用来作为一种解释的。如果筑巢本能只是指观察到的某种鸟类造巢的倾向，这并不能解释鸟类为什么要筑巢。

物种成员以某种方式行事的倾向并不比解剖学和内部生理学某些特征所表现出的倾向更为显著。行为是有机体的一部分，就如同其解剖学特征一样。物种地位本身是一个变量，在评估任何一种行为的发生概率时都要将其考虑进去。由于我们不能改变一个有机体的所属物种，这个变量对于扩大我们的控制范围来说并不重要，但是有关物种地位的信息使我们能够预测其特有的行为，从而更成功地使用其他控制技术。

物种内部个体差异的问题也必须用同样的方法来解决。例如，如果我们对性行为感兴趣，我们不能利用一个物种的概率特征，除非我们知道我们的研究对象在种群中的位置。个体的才能或能力水平是与物种地位本身相同的一种数据。我们通过调查物种特定行为方式的发生率来得出物种地位，并以此作为相关变量；我们通过对特征倾向进行类似的调查，得出个体在物种中的位置。个体差异问题将在第十三章中再次讨论。

158

小结

我们可以通过列出我们必须回答的问题来总结本章所探讨的自变量的种类，以说明某种反应的发生概率。

1. 所讨论的行为是个体所属物种的特征吗?

2. 如果是，该个体目前的年龄是否在可观察到该行为的范围之内?

3. 如果个体之间的行为差异很大，那么我们所研究的个体的相对位置是什么?

4. 如果行为表现出任何长期的周期性变化，那么该个体在这个周期中的当前位置是什么? 如果可以证明周期与某些外部条件的变化——例如平均温度——相对应，那么这个变量就可以导出更为明确的预测，还有可

能被用于控制方面。

5. 如果这种行为在较小的范围内呈现出周期性变化——例如每日的变化——我们应该在什么时间预测或控制这种反应？例如，如果我们研究的是夜行动物，假如昼夜循环是我们实验条件的一部分，那么我们就必须保持时刻记录。

6. 个体的睡眠史是什么情况？如果睡眠没有受到干扰，那么该周期的当前点是什么？如果有机体的睡眠被剥夺或者餍足，这是如何做到的？

7. 有机体有什么剥夺与餍足经历？如果我们感兴趣的行为是条件化的，那么与强化相关联的剥夺是什么？这种剥夺的近期过程是怎样的？在研究以食物为特征的强化行为时，我们必须有进食过程的记录或者一些当前的测量（例如体重），它会随着进食过程的变化而变化。我们还必须知道，在有机体最近的发展过程中，是否有任何变量——例如药物的使用——具有类似于剥夺或者餍足的作用。

还有其他一些变量，行为可能是其函数。这其中并没有包括强化，我 159
们还需要考虑情绪、厌恶刺激以及惩罚等领域的其他变量。因此，总而言之，这份清单有可能长得令人沮丧。然而，在实际应用中，许多条件都很容易设置。在常规的实验室研究中，建立一套程序并不困难，该程序对于大多数或全部而言，始终都能保证相当大程度的稳定性。我们可以一次只研究很少的变量。有效的变量就很容易被分离出来。

160

第十章 情绪

什么是情绪?

“情绪”是我们通常将行为归因于虚构性原因的极好例子。我们因“恐惧”而逃跑，因“愤怒”而攻击；我们因“暴怒”而身体失能，因“悲伤”而心境低落。这些原因反过来又被归因于我们曾经历过的事件或当前的环境——归因于那些使我们害怕或者愤怒，抑或是令我们生气或者悲伤的事情。行为、情绪和先前的外部事件构成了我们熟悉的因果链上的三个环节。中间环节可以被认为是精神的或生理的。在精神方面，有人认为外部环境使个体感受到情绪，而这种感受导致他采取适当的行动。然而，由美国心理学家威廉·詹姆斯和丹麦医生卡尔·兰格创立的著名的詹姆斯-兰格理论断言，人们并没有感受到内在的情绪原因，其所感受到只是情绪行为本身的某些部分。詹姆斯以经典的形式表述了这一论断，他说：“我们因哭泣而感到难过，因攻击而感到愤怒，因颤抖而感到害怕，而不是因为我们感到难过、愤怒或恐惧而哭泣、攻击或颤抖，情况便是如
161 此。”该理论着重研究我们在情绪中“感受到”的生理变化，并在一定程度上确认了心理与生理之间的连接。最明显的变化就如同行外人所说的，他“感受到了一种情绪”，这就是平滑肌与腺体的反应，例如脸红、面色苍白、哭泣、出汗、流口水、人类皮肤上小肌肉群的收缩从而产生鸡皮疙瘩，以及动物竖起毛发。其中许多是以“测谎仪”的形式为人所熟知，测谎仪检测的不是不诚实，而是个体表现出先前曾受到惩罚的行为时所引发的情绪反应。

尽管开展了广泛的研究，但还是不能证明每种情绪都是由腺体和平滑肌的特定反应模式来区分的。尽管这类反应有一些典型的模式，但情绪之间的差异往往并不大，也不遵循通常的区分标准。这种反应也不是对一般

情绪的诊断，因为它们也会在其他情况下发生，例如在剧烈运动之后或处于寒风之中。

由面部肌肉和姿势肌肉所支配的某些反应通常被看作是在“表达”情绪。大笑、咆哮、低吼、龇牙以及与分泌眼泪相伴随的肌肉反应都是例证。低等生物在这方面通常具有更为广泛的表现。情绪表达可以被操作性行为模仿，就像在剧院里一样，并且经常会被社会环境修改以符合文化规范。从某种程度上说，一种特定的文化有它自己笑的方式，也有它自己的痛苦的哭喊，等等。将一套特定的表达性反应认定为某些情绪的特征从来都是行不通的，而且在任何情况下，这样的反应都不能被称为情绪。

科学家在探究“情绪”究竟发生了什么时，却发现自己处于一种特别不利的地位。行外人识别情绪并将其分类不仅很容易，而且相当一致；而科学家专注于腺体、平滑肌的反应以及具有表达性的行为，却至今都不能保证自己能否区分甚至像愤怒和恐惧这样相对粗糙的情绪。行外人所用的一些识别手段似乎被忽视了。他们不会说一个人生气仅仅是因为小血管扩 162
张使他脸红，或者是因为他的脉搏跳动加速，或者是因为某些肌肉使他的下巴和嘴唇处于让人想起未开化的动物嘶吼的位置。所有这一切都有可能在“不带情绪”的情况下发生，行外人常会认为一个人可以在对这些反应一无所知的情况下生气——例如，当他说，写信的人在他写这封信的时候一定是生气了。当他和他的同伴相伴穿过黑暗的街道时，他知道她感到害怕，尽管他没有看到她脸色苍白，也不知道她的消化液分泌被抑制，也不知道她的脉搏跳动加快。在其他环境下，这一切都有可能发生，而他却根本不认为她是害怕。

情绪倾向

当那个走在街上的男人说某人害怕、生气或恋爱时，他通常是在说某人以某些方式行动的倾向。“愤怒的”男人表现出更大的概率去实施击打、侮辱或其他伤害行动，而援助、赞同、安慰或做爱的概率则更低。“恋爱中”的男人表现出援助、赞同、陪伴和爱抚的倾向会增加，而以任何方式伤害他人的倾向则会降低。处于“恐惧中”的男人倾向于减少或避免接触特定的刺激，如逃跑、躲藏或捂住眼睛和耳朵；与此同时，他也不太可能趋近这些刺激或进入不熟悉的区域。这些都是有用的事实，类似于行外人的分类模式在科学分析中也有一席之地。

各种所谓情绪的名称，其实是依据影响行为发生概率的各种环境对行为进行分类的结果。最安全的做法是保持形容词的形式。正如饥饿的有机体可以毫不费力地获得解释，虽然“饥饿”是另一回事，但通过将行为描述为恐惧的、深情的、胆怯的等，我们就不会被引导去寻找所谓情绪这种东西。“恋爱中的”“恐惧中的”和“愤怒中的”这些常见的习语，都表明是将情绪定义为一种概念化状态，在该状态下，某种特殊的反应都是个体
163 成长过程中环境的某种函数。在不经意的话语中，在许多科研计划中，我们常常愿意用各种变量来指称当下的强度，这种强度是各种变量的一个函数。但如此定义，作为情绪，就像内驱力一样，是不能与生理或心理条件等同的。

情绪中共同变化的反应

我们不能保证行外人的词汇在科学研究中会被原封不动地保留下来。然而，在接下来的讨论中，从随意的话语中提取的术语将被用来指代熟悉的观察结果，并提出某些基本问题。

有些情绪，例如喜悦和悲伤，会涉及有机体的整个反应集。当我们说一种情绪是激动还是沮丧时，我们就会意识到这一点。有些情绪涉及整个反应集，但其方式更为具体。当有机体在害怕或愤怒时，可能没有什么行为会保持不变，但是与环境的具体特征（恐惧或愤怒的“对象”）相关的反应会尤其受影响。一些比较温和的情绪，例如尴尬、同情和愉悦，可能会局限在一个反应集的更为狭小的若干分支中。

在某种情绪中，其反应共同起变化，部分原因是有一个共同的结果。在愤怒中变得强烈的反应会对人或物体造成损害。当一个有机体与其他有机体竞争或与无生命的世界斗争时，这个过程通常具有生物学的意义。因此，定义愤怒的反应如何分组则在一定程度上取决于条件作用。造成伤害的行为在愤怒中受到强化，并随后被控制愤怒的那些条件所控制。正如食物对饥饿的有机体有强化作用一样，对另一个人造成的损害也会对一个愤怒的人产生强化作用。就像一个饥饿的人在收到食物时会大声喊“好!”，一个愤怒的人在他的对手以任何方式遭受损害时也会大声喊“好!”。

一些与某种情绪有关的行为显然是无条件的，然而在这种情况下，这
164 种分组必须用进化的结果来解释。例如有些物种，在条件作用发生之前，撕咬、击打和抓扯行为似乎在愤怒时得到增强。这些反应会引发痛苦的哭喊以及其他被伤害的迹象，这些迹象又会强化其他反应，并将其归入“愤怒行为”一类。比如说，一个愤怒的孩子攻击、用牙咬或者殴打另一个孩子（所有这些都没有先前的条件作用），如果另一个孩子哭泣或者逃跑，那么这些相同的后果可能会强化这个愤怒儿童的其他行为，例如戏弄另一

个孩子，抢走他的玩具，毁坏他的手工作品，或者辱骂他，这些几乎不可能是天生的。成年人拥有一整套充分成熟的能够给他人造成伤害的言语反应集，这些明显条件化的反应在“愤怒”时都十分强烈，它们与无条件行为作为相同变量的一个函数而共同变化。

情绪的操作

正如我们发现其他任何变量一样，我们通过寻找变量来发现情绪状态是一个函数。许多事例都是我们所熟悉的。突发的巨大噪声常常会引发“恐惧”。持续的生理限制或者对行为的其他妨碍可能会引发“愤怒”。未能获得习惯了的强化是限制的一种特殊情况，这种限制会引发一种叫作“挫败感”的愤怒。经常受到惩罚的行为可能会以一种被称为“胆怯”或“尴尬”的形式释放出来。然而，我们决不能对这些日常的术语抱有太多期望。它们产生于强调典型事例的环境，从来没有在需要精确定义的条件下得到过检验。即使是像愤怒这样鲜明的情绪，也不能够被还原为某种单一的反应类型，或者被归因于一套单一的操作。一种情况下产生的愤怒可能与另一种情况下产生的愤怒并不相同。另外，虽然打断一个业已形成的反应序列通常会产生一种情绪效应，但一个人因为钢笔丢失而无法写一封信，或者因为门的另一侧被锁而无法打开，或者因为对方耳聋或不能讲同一种语言而无法与之交谈，其所产生的影响可能在许多方面都会因境况的不同而不同。将它们归类为“令人沮丧的条件”，并将所有行为变化描述 165
为“暴怒”，这是一种误导性的简化。对复合情绪的识别表明，通常的分类所做的区分并不总是与事实相符。要区分微妙的情绪就更加困难了。

例如，行外人所谓的孤独，似乎是一种轻度的挫败感，是由于被社会环境正强化而建立的反应序列被打断而引起的。孤独者没有人可以交谈。无论他转向哪里，其强大的行为都无法产生作用。孤独是由于没有一个人以爱的形式为其提供强化，正如患相思病的人所展现的，其影响可能极为重大。一个和蔼可亲的人长时间置身于陌生人之中，其孤独感具有不同的特点。一个迷失在人群中的孩子仍会以不同的方式感受痛苦：所有之前因父母的出现而被强化的行为现在都失败了；他四处张望，却看不到他们；他呼喊并哭泣，他们却没有回答。根据环境的不同，其结果可能接近于恐惧、愤怒或悲伤。目前，似乎还没有一个适用于所有这些事例的总体分类。

我们注意到，动机领域与情绪领域非常接近。它们其实可能是重叠的。任何极端的剥夺都可能是一种情绪的操作。饥饿的人几乎必然会感到沮丧和害怕。思乡之情既是一种内驱力，也是一种情绪。如果我们使一个人脱离他所处的典型环境，他的大部分社会行为就不能够被释放出来，因此会变得越来越有可能表现出这类行为：他会在任何可能的时候回到他原来的环境中，而且一旦他这样做了，就会变得特别“合群”。其行为的其他部分会变得强大，因为它们在普遍的剥夺下被自动强化了；他会向任何愿意听他讲话的人讲述他过去的环境、老朋友以及他以往所做的工作。这些全是被剥夺的结果。但思乡也是一种情绪状态，在这种状态下，其他形式的行为普遍减弱——只有一种“抑郁”，可能相当严重。我们不能将其归类为剥夺的结果，因为受到影响的行为并没有受到具体的限制。这类区
166 分可能看起来有些勉强，但当我们有兴趣理解或者改变这些条件时，这样做是值得的。

总体情绪

我们把情绪定义为（如果我们愿意这样做）一个或多个反应中的一种特定的强弱状态，这种反应是由一类操作所引发的。我们可以在各不相同的情绪之间做出尽可能多的区分，尽管这种努力通常会在无数现实可能的区分中被消耗殆尽。对于我们可能感兴趣的任何给定操作的效果，我们都可以运用某些方法和实践来进行评测，而对于其关系的陈述似乎没有任何重要意义。伴随这些强度状态的反射反应不能被完全忽视。它们可能无助于我们改善这些区分，但它们为特定情绪环境的最终效果添加了独具特色的细节。例如我们描述这样一个事实，对某雇员所做工作的批评“使他发疯了”，我们可以如此报告：（1）他脸红了，他的手掌心出汗了，如果有证据的话，还可知他停止了对午餐的消化；（2）他的脸上呈现出一种典型的愤怒“表情”；（3）他摔门，踢猫，对同事说话唐突，打架，饶有兴致地观看街头斗殴或拳击比赛。第（3）条中的操作性行为似乎是通过一个共同的结果而结合在一起，即某人或某物被损害。“总体情绪”（如果说这有多么重要的话）是因批评其工作而对其行为所产生的总体影响。

所谓的恐惧症为此提供了极端的实例。恐惧症通常是根据引发情绪状态的环境而命名的，例如：在幽闭恐惧症中，行为上发生剧烈变化可能是将有机体限制在一个狭小空间的结果；在广场恐惧症中，让有机体置身于一个广阔的开放空间也会产生类似效果。许多恐惧症是由更具体的环境引发的，例如，一个行为正常的人可能表现出对死鸟的过度恐惧。我们应该
167 如何描述后一种“情绪”呢？我们或许可以证明，意外看到一只死鸟会引起相当强烈的反射反应——脸色发白、出汗、脉搏变化等，还有脸部和身

体肌肉组织所做出的各种表情。如果这就是恐惧症的表现，我们就可以将其完整地表述为一组由看到死鸟而引发的条件反射，但应该还有其他重要的作用。逃跑的行为会非常强劲。其中一些在有机体的早期发展阶段可能是无条件反射或条件反射，如转身或逃跑。也有一些显然是后来才具有的，例如叫人将那死鸟拿开。其余的反应都会发生泛化的改变。如果我们的研究对象此时正在吃晚餐，我们会观察到他停止进食或进食速度减慢了。如果他在从事其他工作，我们会观察到一种可以被表述为“失去兴趣”的变化。我们看到，他更有可能在突发的噪声中跳起来，并在进入新环境时谨慎地环顾四周。他不大可能以自然的语速和人交谈、发笑或者与人开玩笑等。他会倾向于“看到”一只死鸟，而不是被丢在地上的一顶旧帽子，因为这种刺激在某种程度上很像一只死鸟，他就可能会回到前面描述的所有情绪状态。在该刺激被移除后，这些变化可能还会持续相当长一段时间。对这种恐惧症的完整描述需要诉诸所有这些反应，而这显然需要对该个体的整个反应集进行描述。

情绪不是原因

只要我们还把情绪问题设想为一种内在状态，我们就不可能提出一种实际有用的技术。如果有人说一个人的某些行为特征是由沮丧或焦虑造成的，这对解决实际问题并无帮助；我们还需要知道沮丧或焦虑是如何产生的，以及如何改变。最后，我们发现我们要处理两件事——情绪行为和行为所对应的可操作条件，而行为是其函数——这两件事构成了情绪研究的适当主题。

在某些情况下，可以确定出三个不同的阶段。长期的情绪状况有时会 168
导致某些形式的疾病。例如，一个做生意失败的人可能会长期遭受一系列不良状况的影响，从而引发一种慢性的沮丧或焦虑状态。部分情绪可能是消化道的反射反应，因此可能会导致那位男子罹患生理疾病，例如肠胃溃疡。在这里，将疾病归因于“情绪”是合理的，因为我们将情绪定义为一种行为模式。如果受伤是由鲁莽行为造成的，我们可以以同样的方式将头骨破裂归因于情绪。但这与认为情绪行为是由情绪引起的观点是截然不同的。一个人不会因为焦虑或者担忧而忽视他的生意。这样的陈述充其量不过是对某种特殊的忽视进行分类的一种方式。唯一有效的原因是引发忽视行为的外部条件，忽视行为作为焦虑或者担忧这一情绪模式的一部分，可以被证明是一个函数。类似的忽视也可能是因为一段专注的爱情，而不是“由于不同的情绪”，它只是一系列不同环境影响的结果。

为了纠正这两种情况下的忽视行为，我们必须要抑制造成这一结果的外部环境。

在情绪中观察到的行为不能与假设的“状态”情绪相混淆，就像不能将吃与饥饿相混淆一样。一个发怒的人，就像一个饥饿的人一样，会表现出行动的趋势，但我们仍然可以探讨他会付诸行动的概率。正如我们从一个人被剥夺的经历中推断出他可能是饥饿的——即使他不能吃东西——我们也通过证明他在类似境况下通常都以愤怒的方式行事，推断出他此时可能是愤怒的。正如我们从一个人对食物的全神贯注中推断出他饿了一样，我们也推断出他生气是因为一些相对不重要的反应，而这些反应在那种情绪中是共同变化的。在这两种情况下，我们的研究对象都不需要释放出他所倾向的重要的终极行为。

169 行外人对情绪和情绪倾向做了进一步的区分。他们把后者形容为短期状态下的一种心境（“他心情愉快”），以及长期存在时的一种性情（“他性情吝啬”）。心境与性情代表了一种二阶概率，即某特定环境会提高一个特定反应的概率。

情绪的实际应用

情绪行为以及产生情绪行为的条件最容易在实际应用中被检验。有时，我们希望能够引起通常发生在情绪中的反射。正如我们所看到的，作为“随意行为”，反射无法根据要求做出。当诗人感叹道“哦，为阿多尼斯哭泣吧！”① 时，这其实并不真的指望读者会按照他的要求做出反应。根据这一原理，没有任何人际关系允许一个人唤起另一个人的情绪行为。唯一的可能是使用一种诱发性刺激，可以是条件刺激，也可以是无条件刺激。正如我们已经注意到的，“催人泪下”是意在用文字诱导眼泪分泌的一种写作手法。还有一些口语表达是为了引人发笑。以这种方式使用条件刺激来引发情绪反应，对专业艺人来说具有非常重要的现实意义。

当我们希望消除这类反应时，我们会采取与条件反射相适应的程序。当我们把同伴的注意力从一件有趣的事情上转移开，从而控制他在严肃场合发笑的倾向时，我们仅仅是消除了导致他笑的刺激。当我们踢他的小腿即达到同样效果时，我们只是为一种不相容的反应提供了一个刺激。某些诱发或消除情绪反应的药物也有实际用途。例如在军队中，一种能够减轻焦虑或恐惧反应的药物在战争条件下显然有着巨大的价值。

① 取自英国诗人雪莱的诗《阿多尼斯》，为悼念济慈之死而作。——译者注

改变情绪倾向通常也是可取的。教练在“鼓舞士气的讲话”中，可
能会利用这样一个事实：如果让球员们愤怒了，他们面对他们的对手时
就会更加凶悍。训练有素的审讯官可以使用同样的程序引导证人做出言
语反应，否则他们的回答将会有所保留。有关战争暴行的故事、对当下或 170
过去被伤害经历的提示等，这些方式都可以激发出士兵与平民的攻击行
为。由于涉及个人的经历，所以有效的操作不能在理论分析中寻找，而是
要在每一个案例发生时对其进行研究；然而，清楚地了解正在做的事情可
能会使这种做法更加有效。

一个特别重要的情绪倾向是指个体对某个具体的人、群体或事态的偏爱。很难界定“良好”行为的具体后果，但却常常可以发现一种相当具体的影响。某政客可能会安排政治集会、亲吻婴儿、发表有利于自己的自传细节等，这些都只是为了增强选民的一个非常具体的反应——在选票上他名字的对应处做个标记。作家或剧作家通过描绘人物的行为来获得读者对这些人物的良好反应，在其描绘的情境中或是增强该行为，或是抵制与其相反的不良行为，这种方式提高了他的书或剧作被人们“喜欢”的机会；但书中的行为也许不过是为了书籍或门票的销量，或者是好评报道的传播而已。这里的部分效果是强化，但我们也可以区分出一种操作，它必须被归为情绪操作。对产品的“信誉”感兴趣的广告商采用了同样的程序，但具体要解决的行为是购买产品。

171

第十一章 厌恶，回避，焦虑

厌恶行为

这类刺激通常被称作是不愉快的、令人烦恼的，或者更专业地说，是令人厌恶的，它们并不是由特定的生理特征来区分的。非常强烈的刺激通常都是令人厌恶的，而有些微弱的刺激也同样令人厌恶。许多厌恶刺激会损害机体组织或者威胁个体的健康，但也并不总是如此。疼痛的刺激通常是令人厌恶的，其实也不一定，比如抗刺激剂便是一个证明。在条件化过程中获得厌恶性力量的刺激尤其不会具有可识别的物理属性。当某种刺激被去除时便产生强化作用，这种刺激便是众所周知的厌恶刺激。在第五章中，这种刺激被称为负强化物。我们是根据反应的强度来定义正强化物与负强化物。至于一个正强化物被撤回或者一个负强化物呈现时会发生什么，我们将在下一章讨论。

厌恶刺激被撤除之前的行为叫作逃避。我们用手指堵住耳朵、远离噪
172 声源、关闭门窗、切断噪声源等，来减弱令人厌恶的噪声。同样，我们通过闭眼、扭头或关灯来躲避强光。我们不能说这些反应在“摆脱”了噪声、光线等情况下受到了正强化，因为从一种情境到另一种情境的改变是有效的，这是在强化之前就普遍存在的一种状态的减轻。

在实验室，当大鼠按压杠杆时我们就降低光照强度，以此来训练大鼠建立按压杠杆的条件反射。这里，光照水平是关键。微弱的光线也许不起作用，而非常强烈的光线则有可能会引发大鼠成长早期所习得的厌恶行为，如闭上眼睛或用身体的其他部分遮盖头部。通过实验箱地板发出的响亮噪声或轻微的震动不太可能唤起先前所建立的厌恶行为，但这些刺激的使用会由于其他因素而变得复杂。厌恶刺激会引起反射，并产生情绪倾向，这往往会干扰操作性行为而使其得到增强。因此，负强化的效果很难

被单独观察。

无论是在实验室还是在现实的行为控制中，厌恶刺激都经常被使用，因为其结果是立竿见影的。当我们呈现一个厌恶刺激时，任何先前因撤销刺激而被条件化的行为都会立即出现，并且立即提供了对其他行为产生条件作用的可能性。因此，厌恶刺激的呈现类似于剥夺的突然增加（第九章）；但是，由于剥夺与餍足在许多方面与厌恶刺激的产生或消除不同，最好将这两种操作分开考虑。我们根据我们自己的定义来研究厌恶行为：通过呈现厌恶刺激，我们创造出了用撤销刺激来强化某种反应的可能性。当条件作用已经发生时，厌恶刺激提供了一种直接的控制模式。

饥饿痛可能是造成剥夺与厌恶刺激相混淆的一个原因。由于饥饿是最为常见的内驱力，我们倾向于以它作为我们所有内驱力的模型。但我们也看到了，疼痛通常并不能代表内驱力，即使在饥饿的情况下，它们也需要 173
一个单独的公式。如果一个人为了减轻饥饿痛而吃东西，这种行为就是厌恶性的。在负强化发生之前很难确定饥饿痛是否会导致进食，因为饥饿痛得以产生的那些条件也会提高进食的概率，无论这种饥饿痛是否存在。然而，将饥饿痛的产生与进食可能性的提高区分开来是有可能的。当类似于饥饿痛的刺激产生于其他来源时——例如炎症——即便没有剥夺，对进食的厌恶也会发生。与此同时，当我们饮水、咀嚼不消化的物质或服用某些药物来减轻饥饿痛时，我们释放出的行为不一定会随食物剥夺而改变。同样，尽管一个人可能会从事某些性活动，因为它们减少了在其他性关注上浪费的时间，但这并不意味着这种结果或任何其他厌恶性后果的减少一定会影响被剥夺或餍足后性行为的正常变化。

我们没有将正强化物定义为令人愉快或者令人满意的，同样，在定义负强化物时，我们是根据其在撤销时的强化力量，并不能断言刺激是不愉快或厌恶性的。要证明厌恶刺激的强化力量是来自不愉快，就如同要证明正强化物的强化力量来自愉快同样困难。第五章提出的有关论点，会在对负强化实例的讨论中逐级重复。从生物学的意义上也有一种类似的解释。不难看出，因撤销某些条件而受到强化的有机体在自然选择中应该具有优势。

条件性厌恶刺激。刺激替代物的公式适用于负强化的函数。伴随或先于既有负强化的中性事件具有了负强化作用。因此，我们会躲避一个令人讨厌或具有攻击性的人，即使他此刻并不令人讨厌或者表现出攻击性。第四章提到的所谓戒烟戒酒之法，就是按照这个公式来的。通过将烟草或酒 174
精的味道与恶心的条件配对，将适用于恶心的厌恶行为（也许还包括呕吐）转移到烟草或酒精上。

厌恶刺激的实际应用

我们以不同的方式来运用负强化。正如我们所看到的，撤销一个厌恶刺激以强化一个期望的操作性行为，这为我们提供了一种直接的控制模式。某男孩把另一个男孩按在地上，直到受害者喊“叔叔”。一只手臂被扭住直到手中的枪掉在了地上。一匹马被鞭打，直到它按照要求的速度行进。我们以同样的方式使用条件化的厌恶刺激——例如，我们通过使某人感到“羞耻”而促使其行动。不敢从高台跳水的男孩被嘲笑为胆小鬼；他只有跳入水中才能摆脱这种条件化的言语刺激。他的同伴提供的这种刺激可提高他跳水的概率。使人“胆大”的做法也是如此。（在下一章我们将会看到相反的情况，即通过给行为冠以耻辱的标记来防止其发生。耻辱的行为是指可能会令人感到羞愧至极的行为。逃避令人厌恶的羞耻感是通过不从事这种行为来实现的，或者更为显而易见的是，借助明显的不兼容行为来实现。）

当我们训练行为以使未来的厌恶刺激产生作用时，我们就扩大了技术的有效性。我们可以计划在以后的场合呈现这些刺激，或者我们只是为它们的可能发生做准备而已。在第五部分我们将会看到，条件作用是在伦理领域、宗教领域和政府实践中运用厌恶性控制的一个重要阶段。

我们也将厌恶刺激条件化，以此实施负强化。一种可能在以后某个场合出现的中性刺激是通过与厌恶刺激伴随呈现而变得具有厌恶性的。然后逃避行为就会被自动强化。例如，性病的传播在某种程度上受到了教育项目的控制，这些项目为今后针对妓女或“露水性伴侣”的厌恶行为提供了强化。对这些人的文字描述或这些人的照片是与有关性病的厌恶性信息相
175 伴呈现的。其结果是一看到妓女就会产生强烈的情绪反应，从教育项目的角度来看，这种反应或许是有效的，因为它与性行为不相容：个人可能会因为过于害怕而不敢与其接触。就这种程度而言，这种作用是情绪性的，而非厌恶性的。然而，该项目的另一个目的就是保证对厌恶行为的强化。当这个人移开目光、转过身去或者远离妓女时，他的这种行为会因条件性厌恶刺激的减弱而被强化。

运用厌恶性条件作用的一个重要实例是将某种行为标记为错误行为或者罪行。只要能够减少这些在行为早期阶段产生的刺激，任何行为都会被负强化。两种刺激单独配对呈现也许就足以转移厌恶性力量，而条件强化物可能在一级无条件强化物从环境中消失很长一段时间后仍持续起作用。

在第二十四章我们将会看到，心理治疗遇到的许多问题都源于这种作用的强度和持续时间。

根据定义，正强化物的撤销与负强化物的呈现具有同等的作用。剥夺特权与建立厌恶性环境并没有太大区别。我们偶尔会为了现实目的而移除一个正强化物。更确切地说，被移除的是一个条件化的正强化物，即辨识性刺激，或者换句话说，是成功行动的机会。这里有几个细微的区别，它们对于有关行为的理论来说可能比实际控制更为重要。假设我们剥夺了一个人在完成某项任务之前可以离开军营的权利，并且假设在过去的情况下，在完成了类似任务之后，该特权就得以恢复。是因为我们制造了一种被剥夺的状态，在这种状态下，由于特权的回归而被强化的行为将变得强烈，还是我们制造了一种厌恶性的状态，使个体只有通过完成必须完成的任务才能摆脱这种状态？当然，我们有可能是两者都做了。从实际应用来说，这种区分似乎并不重要，但是某些附带结果却是取决于两者各自所起作用的程度。

回避 176

逃离一种厌恶性状态显然与回避该状态不同，因为被回避的厌恶性状态不会直接影响有机体。尽管回避表明行为可能会受到没有发生的事件的影响，但我们可以用条件性负强化的概念来解释这种影响，并且不违反任何基本的科学原则。在回避过程中，条件性厌恶刺激与无条件厌恶刺激被明显的时间间隔所分离。这种所需的时间关系在自然界中是经常遇到的。一个快速接近的物体会先于疼痛的接触，导火线的噼啪声先于爆竹的爆炸，牙医钻牙的声音先于牙齿受到疼痛的刺激。两种刺激之间的间隔可能是完全固定的，也可能变化很大。在任何情况下，个体都会实施这样的行为，或者阻止第二个刺激的发生，或者降低第二个刺激的强度。他躲开了那个快速接近的物体，他用手指塞住耳朵以减弱爆炸声的影响，他猛地把头从钻头下移开。这是为什么？

当刺激以这种顺序出现时，第一个刺激就成为条件性负强化物，从此之后任何削弱它的行为都会通过操作性条件作用而得到增强。当我们避开牙齿的疼痛刺激时，我们只是逃离了牙钻的声音。回避行为似乎是“指向”未来的事件，这通常可以用操作性行为来解释：影响逃避反应发生概率的一直都是既往条件性负强化物的出现以及被减弱的实例。当行为被触发时，未来事件并没有发生，如果行为的确是继续增强的话，这一事实将产生一个令人困惑的问题。但如果回避行为出现的场合足够频繁，条件性厌恶的情况就会逐渐减弱。这种行为不再被强化，最终也就不会释放出来。当这种情况发生时，一级负强化物就会被接受。一个单一的实例可能就足以恢复先前刺激的强化力量。因此，当一个快速接近的物体产生某些
177 视觉刺激之后便是造成伤害时，任何将这些刺激转化为较为无害形式的行为都会得到增强。避让、躲闪和设防都是很好的实例。凭借这些反应，个体成功地避免了伤害，但他只有在逃避条件性厌恶刺激时才能受到强化，我们将这种刺激称为伤害的“威胁”。如果伤害总是能够避免，威胁就会减弱，行为所受到的强化也会越来越弱。结果，一个反应没有做出，因而受到了一次伤害，该视觉模式就又恢复为负强化物。与此相似，如果由于吃某种食物而产生的刺激总是先于严重的过敏性头痛，那么该食物就可能会变成厌恶性的。因此，不吃该食物，头痛就不会发生，而负强化物最初建立的条件作用就会消退。最终，这种食物不再令人厌恶。当再次吃到它时，头痛又发作了，负强化物的条件作用又建立起来，又一个循环开始了。“头痛的消失”只有在条件性厌恶刺激进一步消退时才对行为产生影响。

“威胁”的实际作用大家都很熟悉。劫匪通过制造一种先于身体伤害的状态来威胁受害者，而受害者则通过展示他钱包里没钱来降低这种威胁。逃跑也是极有可能的，但只有与钱包有关的行为更适合当下的处置方案。威胁不仅仅针对胆量或者羞耻感，因为条件性负强化物与无条件负强化物之间有特殊的时间关系。如果你不采取行动，什么也不会发生；厌恶性状态只会继续。

在正强化物被厌恶性地撤回之前，任何持续出现的刺激都可能起条件性负强化物的作用。当我们采取行动减少下述任何迹象时，如一个娱乐节目即将结束，或者竞争性事务中的任何优势将会减少，或者我们将会失去重要他人的情感、爱或者服务，我们就避免了一种厌恶性状态。因减少这
178 些威胁而受到强化的行为，与因娱乐节目、竞争优势、爱、情感或者服务而受到正强化的行为不尽相同。

焦虑

一个典型地先于强烈的负强化物之前产生的刺激具有深远的影响。它唤起了因减少类似威胁而受到强化的行为，也引发强烈的情绪反应。被歹徒打劫的受害者不仅展示了他的钱包，表现出逃跑的高概率，他还经历了剧烈的情绪反应，这是所有导致逃避行为的刺激的特征。一个严重晕船的人会倾向于逃避在计划旅行、踏上登船跳板等过程中发生的条件性厌恶刺

激——例如，他可能会取消旅行或者转身冲下船去。他还会表现出由行进中的船这一原始刺激转化而来的强烈的条件反射。其中一些可能是简单的胃部反应，我们不应该称之为情绪反应。其他的可能是常见的恐惧。操作性行为也将明显改变。这个人可能看起来“忧心忡忡”，但也可能只是意味着他通常无事可做。他可能会发现自己无法参与正常的谈话或者处理最简单的实际事务。他可能说话简略，没有表现出他通常的兴趣。这些都是情绪对概率的影响，这些影响本可以是在第十章中加以探讨的。然而，只有当一种刺激典型地先于厌恶刺激一段足够长的时间间隔时，它们才会发生，这种间隔要足够长，以使得行为的变化可以被观察到。其所导致的这种状态通常被称为焦虑。

几乎每一种强烈的厌恶刺激之前都有一种可能产生焦虑的特征性刺激。这类相倚关系被设置在对行为的实际控制中，通常与惩罚相关联。尽管逃避在生物学上的优势显而易见，但焦虑的情绪模式似乎没有任何用处。它会干扰个体的正常行为，甚至会扰乱逃避行为，而逃避行为本是应对环境的有效手段。因此，我们将在第二十四章中看到，焦虑是心理治疗 179
中的一个重要问题。在控制技术的设计中，必须永远牢记于心的是，焦虑的产生极有可能是一种不幸的副产品。

由于条件作用有可能是一对刺激造成的，一个单一的厌恶事件也许会在附带刺激的控制下引发焦虑状态。例如，一个亲密朋友的突然去世，有时会带来一种持续的抑郁，这种抑郁可以用言语表述为“有事情要发生了”以及“末日来临之感”等。这是一个十分棘手的个案。当我们说到死亡是突然发生或者毫无预兆地发生时，我们的意思是说事先并没有与之特别相关的刺激。因此，这些受到条件作用的刺激是日常生活中的普通元素。虽然其他形式的逃避可能会通过诱导得到增强，但却不太可能有适合这些刺激的成功的逃避形式。条件性情绪反射以及条件性情绪倾向几乎可以不断地被激活。在“预期”死亡的情况下——例如某人久病之后死亡——事件可能同样是厌恶性的，但焦虑是被在它之前的特定刺激所条件化的。除非这些刺激又恢复了——例如通过另一个朋友的疾病——否则焦虑不太可能再次出现。

尽管焦虑的情绪部分可能与导致回避行为的条件性厌恶作用有所区别，但情绪也有可能是厌恶性的。逃避反应可以在某种程度上被解释为对焦虑的情绪部分的逃避。因此，我们回避去牙科诊所，不仅因为它先于疼痛刺激，因而是一个负强化物，还因为在这种刺激之前，它会引发一种复杂的情绪状态，这种状态也是厌恶性的。其总体影响可能极为强大。避战行为是一个在军事上具有重大意义的问题。装病、当逃兵或“神经崩溃”的发生概率可能会非常高。作战人员欲做充分准备，则需要清楚地了解在
180 战斗中更具厌恶性的刺激之前的刺激有什么影响。他可能不仅在躲避战斗，而且还在躲避自己的焦虑反应。

焦虑与预期

当一个刺激先于一个有着明显间隔的正强化时，焦虑的对应物就会出现。如果邮箱里的信件内含有坏消息，那么之后收到的类似信件在打开之前，就会引发刚才所描述的那种焦虑。但是信件里也会有好消息——或许是一张支票，抑或是一份好工作的邀请。此处的回避行为被坏消息——转身离开邮箱，将未开封的信件放下，未打开信件就将其丢弃，等等——所增强，这与寻找邮箱、匆忙打开信件等行为的概率的增加是相似的。对未拆封信件的情绪反应，在一种情况下适合于坏消息，在另一种情况下则适合于好消息。我们可以观察到兴高采烈或喜悦的反应，而不是我们通常观察到的悲痛、哀伤或恐惧反应。情绪倾向也有着同样的两极对立：在一种情况下活动水平普遍低落，与另一种情况下活动的普遍增强相匹配。我们的研究对象不再沉默和矜持，而是与每个人交谈，以夸张的方式做出反应，走路更快，也似乎更轻松，等等。这在小孩子的行为中尤为明显，例如在假日或节日前夕。

在一个“好”事情经常发生的世界里，产生于正强化之前的刺激的作用可能是长期的。因为它并不令人厌烦，因此在诊所里是看不到的。焦虑，一种发生在一个“不好的”事情频繁出现的世界里的慢性疾病，对个体和社会都会产生不利影响。

焦虑不是原因

焦虑作为情绪的一种特殊情况，在解释时应一如既往地谨慎。当我们谈到焦虑的影响时，这意味着这种状态本身是一个原因，但我们所关心的是，该术语仅仅是对行为的分类。它表明这是一组由某种特殊环境所引发
181 的情绪倾向。旨在减少“焦虑影响”的任何治疗尝试都必须针对这些环境进行操作，而不是针对任何中介状态进行操作。无论是理论分析，还是对行为的实际控制，中间项都没有功能性意义。

第十二章 182
惩罚

一项有问题的技术

惩罚是现代生活中最为常见的控制手段。这种模式很常见：如果一个男人不听你的，就把他打倒在地；如果一个孩子调皮捣蛋，就打他屁股；如果一个国家的人民行为不端，就炸了他们。法律和警察系统是建立在罚款、鞭挞、监禁和苦役等惩罚的基础之上的。宗教控制是通过忏悔和被逐出教会的威胁以及被送入地狱之火来实施的。教育并没有完全放弃体罚。在日常的个人接触中，我们通过谴责、冷落、反对或驱逐来实施控制。简而言之，我们在多大程度上将惩罚作为一种控制技术，这似乎只受限于我们获得必要权力的程度。这样做的所有目的都是以某种方式降低行为倾向。强化是为了建立这些倾向，而惩罚则是为了摧毁它们。

人们经常分析这种技术，并不断提出许多我们所熟悉的问题。惩罚必须是要严格地视被惩罚的行为而定吗？个体必须知道他为什么而受惩罚吗？什么形式的惩罚及其在什么条件下最为有效？这种担忧可能是由于意
识到这种技术会不幸产生副作用。从长远来看，惩罚不同于强化，对被惩 183
罚的有机体以及惩罚的实施者双方来说都有不利影响。惩罚所需要的厌恶刺激会引发情绪，这包括逃避或反击的倾向，以及导致失能的各种焦虑。几千年来人们一直在问，这种方法是否还可以改进，或者其他的做法是否会更好。

惩罚有效吗？

最近，人们还怀疑惩罚实际上并没有起到应有的作用。减少行为倾向的直接效果足够清楚，但这可能会产生误导。强度的下降也许不是永久性的。桑代克理论的变化可能导致惩罚理论的一项明确修订过时了。桑代克

对他的猫在一个迷笼里的行为的首个构想依据的是两个过程：一是对奖励行为的铭刻，或者叫操作性条件作用的建立，二是与之相反的起惩罚作用的铭刻撤销过程。桑代克后来用人类被试所做的实验需要改变这种模式。他所运用的奖励与惩罚是“正确”与“错误”这样相对温和的言语条件强化物。桑代克发现，尽管“正确”增强了之前的行为，“错误”却并没有减弱它。惩罚的相对微不足道的性质可能是一种优势，因为可以避免严厉惩罚的附带影响，还可以在不受其他进程干扰的情况下观察到削弱作用的缺失。

即时惩罚与长期惩罚的差别在动物实验中有清楚的展示。在消退过程中，有机体释放出一定数量的反应，这些反应可以被合理地预测。正如我们所看到的，反应率一开始很高，然后下降，直到不再有显著的反应发生。累积消退曲线是表示强化净效应的一种方式，我们可以将这种效应描述为不经进一步强化而做出一定数量反应的倾向。如果我们此时惩罚在消
184 退过程中产生的前几个反应，惩罚理论会让我们预期消退曲线的其余部分将包含更少的反应。如果我们可以选择一种惩罚，它减去的反应数与被某种强化所增加的反应数相同，那么 50 个被强化的反应加上 25 个被惩罚的反应将会留下一条具有 25 个被强化反应特征的消退曲线。然而，当进行类似的实验时我们发现，虽然在消退曲线开始时的惩罚性反应降低了瞬时反应速率，但当惩罚停止时，反应速率再次上升，最终所有反应都出现了。惩罚的作用是对行为的暂时抑制，而不是减少反应的总数。即使在长时间的严厉惩罚下，当惩罚停止时，反应率也会上升；尽管在这些情况下，并不容易表明所有最初有效的反应最终都会出现，但人们发现，经过一定时间之后，反应率并不比没有受到惩罚的情况低。

惩罚并不能永久地减少反应倾向，这一事实符合弗洛伊德的发现，即被压抑的愿望依然存在。正如我们稍后将看到的，弗洛伊德的观察与当下的分析是一致的。

惩罚的作用

如果惩罚不是奖励的反义词，如果它不能在强化的作用下减去反应，它会做什么？这个问题我们可以通过对逃避以及回避和焦虑的分析来回答。该回答不仅提供了惩罚作用的清晰画面，也为其不幸的副作用提供了解释。该分析有些琐细，但它对于正确地使用技术以及为了矫正一些惩罚后果所需的治疗却是必要的。

我们必须在不预设任何作用的前提下首先给惩罚下定义。这看起来似乎很难。在定义具有强化作用的刺激时，我们可以借助于行为强度上的作

用来避免对其物理特征做出详细描述。如果对惩罚结果的定义没有其物理 185
特征做参照，如果没有类似的效果作为试金石，那我们的方向在哪里？答案如下：我们首先将一个正强化物定义为任何刺激物，只要它的呈现加强了相倚关系的行为。我们将负强化物（某种厌恶刺激）定义为任何一种刺激物，只要它的撤销可以增强行为。两者都是强化物，字面上的意思都是强化或者增强某种反应。在这一点上科学定义与民间用法是一致的，它们都是“奖励”。在解决惩罚问题时，我们只需要问：撤销一个正强化物或呈现一个负强化物会有什么效果？前者的事例是从小孩子手中拿走糖果，后者的事例是打小孩子的屁股。我们在提出这些问题时没有使用任何新的术语，因此也不需要定义任何术语。然而，就我们能够对一个民间术语给出科学定义而言，这两种可能性似乎构成了惩罚的领域。我们不预设任何效果；我们只是提出了一个问题，要通过合适的实验来回答。这两种结果的物理特性是在行为被增强的情况下确定的。条件强化物，包括泛化的强化物，都符合同样的定义：我们通过反对、拿走钱来对其实施惩罚，比如法律上的罚款等。

虽然惩罚是一项强有力的社会控制技术，但它并不一定要由另一个人来执行。那个被烧伤的孩子是因触摸火焰而受到惩罚。饮食不当而被消化不良所惩罚。这种相倚关系并不一定代表一种既定的函数关系，就如同火焰与烧伤或者某些食物与消化不良之间的关系。一次，在中西部的一个城市里，一名推销员走近一所房子，按响了门铃，房子的后部爆炸了。这只是一个意外的、非常罕见的相倚关系：煤气泄漏进了厨房，电门铃发出的火花引发了爆炸。当推销员按响别人的门铃时，他随后的行为所受到的影响仍然处于这个范围之内。

惩罚的第一个作用 186

在惩罚中所用的厌恶刺激的第一个作用受限于当下的情境。在以后的场合中不需要有任何行为的改变。当我们严厉地掐拧孩子以制止他在教堂里咯咯发笑时，这种掐拧所引发的反应与笑是不相容的，而且有足够的力量去压制他的笑。虽然我们的行为可能会引起其他后果，但我们可以从惩罚刺激引起的反应中挑选出与之相互冲突的作用。当我们用威胁的手势阻止孩子时，条件刺激也会产生同样的效果。这需要更早的条件作用，而当前的作用仅在于引发不相容的行为——例如对恐惧的适当反应。该模式可以扩展至包括情绪倾向在内的其他方面。因此，我们可以通过激怒一个人来阻止他逃跑。激怒他的厌恶刺激可以是无条件的（例如踩他的脚趾），也可以是条件化的（例如叫他胆小鬼）。我们可以用震耳欲聋的突发噪声或恐怖故事来惊吓某人，以阻止他吃饭。

厌恶刺激不必视标准惩罚序列中的行为而定。然而，当这个序列被遵循时，其效果仍然会产生，并且必须作为惩罚的结果之一而加以考虑。在终止不良行为方面，它与惩罚的其他效果相类似；但由于是暂时的，它不太可能作为实施惩罚控制的典型而被接受。

惩罚的第二个作用

惩罚通常被认为具有某种持久的效果。即便不再实施进一步的惩罚，也还是希望将来能够观察到行为的改变。一个持久的作用，通常也不被认为有典型性，其与刚刚讨论的作用相类似。当一个因为嬉笑而被家长掐的孩子在以后的场合又开始嬉笑时，他自己的行为可能会提供条件刺激，就
187 像妈妈的威胁手势一样，引发相反的情绪反应。我们已经看到了相似的情况，即成年人在饮用酒精饮料后使用药物引起恶心或其他厌恶感的情况。结果导致此后的饮酒产生条件性厌恶刺激，引起了与进一步饮酒不相容的反应。作为对性行为实施严厉惩罚的结果，这种行为在早期阶段产生了条件刺激，引起情绪反应，并干扰性行为的完成。该项技术有一个难题，那就是对性行为的惩罚可能会干扰社会认可环境下的类似行为——例如婚姻。一般来说，作为惩罚的第二个作用，一直受到惩罚的行为会成为条件刺激的来源，这些条件刺激会引发不相容的行为。

其中一些行为涉及腺体和平滑肌。比方说，一个孩子总是因为说谎而受到惩罚。这种行为并不容易确认，因为言语反应本身不一定是谎言，但只有考虑到它是在什么环境下说出的，才能确定它是不是谎言。然而，这些环境开始产生一种非常显著的影响，以至于整个情境都以一种独特的方式刺激着这个孩子。我们将会在第十七章中探讨这个问题，一个人通常是能够分辨出对方是不是在说谎。当他说谎时，他所回应的刺激是条件化的，会引发适用于惩罚的反应：他的手掌心可能会出汗，他的脉搏可能会加快，等等。当他后来在接受测谎时一旦说谎，这些条件反应就会被记录下来。

强烈的情绪倾向也会在行为刚开始受到严厉惩罚时被再度唤起。这些就是我们所说的内疚感、羞耻感或罪恶感的主要成分。当我们感到内疚时，我们的部分感觉是腺体和平滑肌的条件反应，就像测谎仪所显示的那样，但我们也可能会意识到我们行为的正常概率发生了偏移。这往往是表明他人有罪的最明显特征。鬼鬼祟祟的眼神、躲躲闪闪的举止、内疚的说

话方式，都是受惩罚行为引发的条件刺激所产生的情绪效应。在比人类更低等的动物中也可以观察到类似的效应：狗的内疚行为是一种常见的表 188
现，其行为方式先前曾经受到过惩罚。在实验室里很容易建立这样的个案。如果一只大鼠先前通过食物强化而建立了按压杠杆的条件反射，然后在它按杠杆时给予轻微的电击，它接近和触摸杠杆的行为就会被改变。该序列的早期阶段产生条件性情绪刺激，该刺激改变了先前建立的行为。由于这种惩罚不是直接由另一有机体执行的，所以这种模式与我们所熟悉的宠物狗的内疚行为并不相似。

内疚或羞耻的状态不仅是由先前受惩罚的行为引发的，也是由任何持续不变的外部环境所产生的。一个人在受到惩罚的情况下可能会感到内疚。我们通过引入刺激物来获得对这种作用的控制。例如，如果我们对孩子说“不，不!”，这种言语上的刺激会在以后唤起一种适用于惩罚的情绪状态。当该策略被贯彻始终时，也许只需要简单地说“不，不!”就可以控制孩子的行为，因为该刺激引发了一种情绪状态，这种状态与需要控制的反应相冲突。

尽管适应厌恶刺激的反应的再次唤起并不是惩罚的主要作用，但它的作用方向是相同的。然而在这些个案中，我们并不假设被惩罚的反应会永久性地减弱。它只是被情绪反应暂时抑制了，这种抑制或多或少是有效的。

惩罚的第三个作用

我们现在来看一个更为重要的作用。如果一个给定的反应之后紧跟一个厌恶刺激，伴随该反应的任何刺激，无论是来自行为本身还是来自当时的环境，都将被条件化。我们刚刚借助这个公式对条件性的情绪反射和倾向做出了解释，但同样的过程也导致厌恶刺激作为负强化物而产生条件作用。任何减少这种条件性厌恶刺激的行为都会被强化。在刚刚讨论的例子中，当大鼠趋近杠杆时（它最近的趋近反应均被惩罚），随着与杠杆距离 189
的逐渐缩小以及大鼠自身的趋近行为，强大的条件性厌恶刺激就会被激发。任何可以减少这些刺激的行为——例如转身或逃跑等——都会被强化。从技术角度上我们可以说，这避免了进一步的惩罚。

惩罚最重要的作用，就是建立厌恶性状态，这种状态可以通过“做任何其他事情”的行为来避免。无论是基于实践的要求还是理论的原因，对这种行为做出具体说明都十分重要。如果仅仅说被增强的东西只是它的对立面，这显然是不够的。有时它只是主动保持静止状态，“什么也不做”。

然而，如果不假设个体这样做也是“为了避免麻烦”，那么有时与当前其他变量相适应的行为就不足以解释该行为的概率水平。

惩罚的作用是建立与某种行为对抗并可能将其取代的行为，当我们描述被惩罚的反应时，最为常见的说法是个体抑制行为，但我们不需要借助于任何不具有行为维度的活动。如果说存在任何抑制力量或动因的话，那就是不相容反应。个体通过做出此反应来促进这一过程。（在第十八章我们将发现另一种抑制，它涉及个体对被抑制行为的认识。）被惩罚反应所蕴含的力量并没有改变。

如果惩罚得以不断避免，条件性负强化物的作用就会消退。不相容的行为所受到的强化越来越弱，被惩罚的行为最终就会出现。当惩罚再次发生时，厌恶刺激也再次被条件化，做其他事情的行为则被强化。如果惩罚不再继续，这种行为可能会全面涌现出来。

当一个人因不依照既定的方式做出反应而受到惩罚时，他做其他任何
190 事情都会引发条件性厌恶刺激。只有按照既定的方式行事，他才能免于“罪责”。因此，一个人只要简单地履行自己的职责，就可以避免因“不履行职责”所引发的厌恶刺激。这里没必要涉及道德或伦理问题：一匹拉车的马就是按照同样的公式保持运动的。当马慢下来时，放慢的步速（或鞭子的噼啪声）提供了一种条件性厌恶刺激，马通过加快速度而逃离被鞭打。厌恶性作用必须一次又一次地被鞭子真实抽打方能得到恢复。

由于惩罚在很大程度上是取决于他人的行为，它很可能是断断续续的。总是受到惩罚的行为毕竟不常见。第六章所描述的所有强化程式可供参照。

惩罚的令人担忧的副作用

毫无疑问，严厉的惩罚对减少按某种方式行事的倾向有直接的效果。这一结果无疑是其得到广泛应用的原因。我们“本能地”攻击任何行为举止令我们不快的人——不一定是身体上的攻击，还可能是批评、反对、指责或者嘲笑。不管这种做法是否有一种遗传倾向，这样做的直接影响都是强化作用，这就足以解释其为什么会得以流行。然而，从长远来看，惩罚实际上并不能将行为从反应集里消除，它所获得的短暂成就其实是付出了巨大的代价，即降低群体的整体效率和幸福感。

导致惩罚的反应与避免惩罚的反应之间的冲突就是其副作用之一。这两种反应互不相容，它们可能同时都十分强烈。即使是严厉和持续的惩罚所产生的抑制行为，通常也不比它所抑制的行为更具优势。这种冲突的结

果将在第十四章中讨论。当惩罚只是被间歇式地执行时，冲突就会特别麻烦，就像我们在儿童的事例中看到的那样，他“不知道自己什么时候会受到惩罚，什么时候会逃脱惩罚”。避免惩罚的反应与被惩罚的反应二者快速地交替转换，抑或是两者混杂成为一种失调的形式。对于局促、胆怯或 191
者“抑制性”强的人来说，标准的行为会被分心的反应所打断，比如转身、停下来或者做别的事情。口吃者在更精细的尺度上也表现出类似的效果。

惩罚的另一个副作用更加令人担忧。被惩罚的行为往往很强烈，因此经常会达到某种初始状态。尽管由此产生的刺激成功地阻止了行为的全面发生，但它也引发了恐惧、焦虑以及其他情绪的反射特征。此外，旨在阻碍受惩罚反应的不相容行为有可能类似于产生愤怒或沮丧的外部物理约束。由于导致这些情绪模式的变量是由有机体自身产生的，所以没有合适的逃避行为。这种情况可能是慢性的，并可能导致“心身”疾病，或以其他方式干扰个人在日常生活中的有效行为（第二十四章）。

如果被惩罚的行为是本能反射，例如哭泣，这也许是最麻烦的结果。在这里，通常不可能执行“正好相反”的操作，因为这样的行为不是根据操作性公式建立的条件反射。因此，抑制行为必须经过第二个阶段，就像第六章讨论的“非自主行为”的操作性控制一样。第二十四章将讨论一些实例，其中的心理治疗技术将主要涉及惩罚所带来的不幸的副作用。

惩罚的替代选择

我们可以用其他方式削弱一种操作性行为来避免使用惩罚。例如，明显受情绪性环境影响的行为往往会受到惩罚，但改变环境往往可以更有效地控制该行为。由餍足所带来的变化，也常常具有惩罚所产生的效果。行为常常可以从一个反应集里消除，特别是对年幼的孩子来说，只需要让时间按照发展程式流逝即可。如果这种行为在很大程度上是年龄的一个函 192
数，那么，正如我们所说，孩子长大后就不再这样做了。在这种情况发生之前，忍受这种行为的确不容易，尤其是处于普通家庭的条件下，但令人欣慰的是，让孩子经历一个不被社会接受的阶段，可以避免他以后因惩罚而产生的并发症。

另一种削弱条件性反应的方法就是将它交给时间。遗忘的过程不能与消退相混淆。令人遗憾的是，这一过程通常很慢，而且还需要有避免该行为的场景。

最有效的替代方法也许就是消退。这需要花时间，但比起让反应被遗忘要快得多。该项技术似乎没有什么不良的副作用。例如，当我们建议父母“不要关注”孩子表现出的不良行为时，我们就是在推荐这种方法。如果孩子的行为之所以强烈，仅仅是因为“引起父母关注”而受到了强化，那么当这种后果不再出现时，该行为就会消失。

另一种方法不是撤销对罪过的谴责，而是通过正强化来建立不相容行为的条件反射。当我们通过强化坚忍行为来控制情绪表现的倾向时，我们使用的就是这种方法。这与惩罚情绪行为完全不同，尽管后者也通过减少厌恶刺激而间接地强化了坚忍行为。人们更喜欢直接的正强化，因为它产生的不良副作用看上去更少。

文明人在从惩罚转向其他替代形式的控制方面取得了一些进展。复仇之神与地狱之火已经让位于对天堂以及美好生活的积极影响的强调。在农业与工业领域，公平的薪酬被认为是超越奴隶制的进步。桦木棒[①]自然让位于对受教育者实施强化。甚至在政治领域和政府实践中，惩罚的权力也获得了一种补充，即对符合管理机构利益的行为给予更积极的支持。但我们距离利用其他替代方法还有很长的路要走，而且只要我们关于惩罚的信
193 息以及对惩罚方式的替代选择仍然停留在偶然观察的水平上，我们就不太可能取得任何真正的进展。通过分析研究，人们对惩罚的极端复杂的后果得出了一致性的描述，我们由此可以获得在临床、教育、工业、政治以及其他实践领域设计替代程序所需要的信心与技能。

---

① 桦木棒相当于中国私塾教育中所使用的戒尺。——译者注

第十三章 194
函数与行为相

我们在描述行为时经常使用的是描述行为特点或行为相（aspects）的形容词，而不是表示具体动作的动词。我们会说“他非常友好”，而不是说“他握了握手说，‘你好，你好’”。形容词“热情”是戈登·奥尔波特和亨利·奥德伯特（Henry S. Odbert）编撰的约 4 500 个英文单词中的一个，这些词或多或少都是用来指称人类行为的一些持久特质。如果我们加上一些适用于暂时状态的术语，比如“尴尬”或者“困惑”，这个数字还会翻倍。这些特质名大多是我们在日常事务中使用的非技术性词汇。它们是小说家们必不可少的工具；事实上，文学为语言增添了许多这样的词。通过描述人类在特殊情境下的行为，讲故事的人创造了方便的表达方式供以后使用，比如“狗占马槽”或“但以理的判断”。随着“黏液质”和“抑郁质”等专业术语的发明，或者是近期“抑制性”“内倾性”和“大脑紧张型”等术语的出现，这一列表也得到了扩展。

停留在奥尔波特和奥德伯特列表中的单个字母上，传记作者可能会这样描述一个被试的行为：“他的行为发生了显著的变化。在他曾经无忧无虑的地方，他变得犹豫不决、笨手笨脚。他与生俱来的谦逊被一种持续的傲慢所取代。昔日最乐于助人的人，如今变得粗心大意、铁石心肠。他那 195
敏锐的幽默感也变成了一种做作的表演”。这段话告诉了我们一些重要的事情。例如，如果这段话是对一个老朋友的描述，它有助于我们再次见到他时更为有效地与之交往。但人们可能会惊讶地发现，它实际上并没有描述任何行为。没有一个行为动作被提及。这段话可能是在描述一连串的字母，或许是一个同事或生意上的熟人。与此同时，它可能描述的是一个完全非言语的芭蕾舞场景。它也可能是在描述一个店主、一个工厂领班、一个推销员、一位外交官、一名学生——简而言之，可以是几十种不同类型的人中的任何一个，除了文中提到的那些方面之外，他们的行为没有任何共同点。

在一些现实环境中，知道一个人将以某种特定的方式行事是有用的，尽管我们也许并不确切地知道他将要做什么。例如，能够预测一项提议可能会被“欣然接受”，尽管接受的具体形式还有待观察，但这就很有价值。在某些情况下，与行为相关的其他一切都可能是无关紧要的，而用特质来对其进行描述则非常经济。但是这类术语在函数分析中有价值吗？如果有价值，它们与我们当下所探讨的变量是什么关系？

特质是什么？

一个物种所有成员共同的且不变的行为属性根本不能被称为特质。只是因为每个人与其他人都不相同，或者每个人自身在每时每刻都不相同，所以才产生了特质名称。通过探寻有多少种方法可以预期个体与他人之间的差异以及个体本人在不同时间的差异，我们可以用函数分析来寻找特质的对应物。

变量之间的差异。有些差异是由人们接触到不同的自变量造成的。尽
196 管其对行为造成的影响可能会令我们感到震惊，但这种原初的个体性却存在于有机体之外。“无知”与“博学”、“幼稚”与“老练”、“天真”与“世故”的经验差异主要是指强化经历上的差异。诸如“热情”“感兴趣”和“心灰意冷”这样的术语描述了不同强化程式的效果。由于与惩罚有关的特殊相倚关系，人们分别表现为“拘谨”“羞怯”或者“惧怕”。“有辨识力的”个体辨别出了“无辨识力的”个体未曾辨识出的刺激间的差异。不同的剥夺使我们得以区分“贪食”与“挑剔”、“好色”与“性冷淡”。当我们比较不同的物种时，遗传禀赋的差异太过明显而不易被忽视，但想必单一物种成员之间也会呈现出较少程度的遗传禀赋差异，这也解释了该物种其他的所有差异，例如年龄上的差异（“青年期”“青春期”）。情绪领域几乎没有超越对行为相的描述，行为上或多或少的短暂差异都可以被归因为激发兴奋的不同环境（“惊恐”“愤怒”“尴尬”）。

这类特质只是表达有机体全部特征的一种方法，有些是表明其各部分的相对强度，有些是关于相关变量的一些推论。用来衡量这些特质的“测验”是一些清单，这些清单列出了适用于某些等级的反应，并且评估这些反应出现的相对频率。对态度和意见的调查通常属于这一类，成就测验亦属此类。阿尔弗雷德·金赛关于性行为的报告是对某些类型反应频率的调查，我们可以从中推断出有机体的某些被剥夺状况、性强化经历、健康水平以及遗传禀赋。

进程的差异。第二种行为差异源自行为变化发生的速率不同。例如，
“聪明”的个体通常被认为条件作用的建立与消退更快，并且更快形成辨
识，等等。由此对行为产生的影响并不总是能与“经验”的影响区分开 197
来。当一个人在成就测验中获得高分时，其结果既可以追溯到与某些变量
的接触程度，亦可以是这些变量产生作用的速率，或者两者兼有。例如词
汇测验大概就是既反映了与变量的接触程度，又反映了条件作用的速度。
当我们区分“黏液质”和“多血质”，或“不轻易发怒型”和“好斗型”
时，区别不在于剥夺的程度或情绪状况，而在于行为受环境影响而发生变
化的速度。

第二种特质无法用一个清单来测量。如果我们只是想知道一组给定的条件能否使一个人发怒或者致使他采取任何其他形式的行动，调查他在这些条件下的行为就足够了。然而，如果我们想知道他有多快会变得愤怒，或者他采取行动的警觉程度，我们就需要一个适用于函数进程的测量。第二种差异最终可以用量化形式表示为描述适当过程的方程中某些常数值的差异。一旦这些数值可用，它们就会像热导率、电导率、比重等物理常数表征材料那样用来表征个体。（重要的是，这些物理对象之间的“个体差异”曾经被归因于本质或原理，这些本质或原理与现在普遍使用的特质术语非常相似。）

这些特质可以被归纳为行为的清单，也可以被归纳为反应集某些部分
的相对强度，或者被归纳为行为过程发生的速度，它们都有被认可的科学
维度，它们与函数分析的关系是清楚的。然而，目前那些从事特质研究的
人，几乎总是用一种完全不同的方式来量化他们的数据。智力测验就是一
个典型的例子。当一个人参加这样一个测验时，他会获得一个分数。这是
用数字来表示的，但它是一个不被接受的特质测量，因为它是主观任意
的。这取决于测验的长度、性质，以及测验时所允许占用的时间等。为了
获得一种不那么武断的测量方法，同样的测验是在相同的条件下对许多人
实施的，每个原始分数都被转换成一个标准分数，从而给出个体相对于群 198
体的位置。即使这个标准分数也不是一种特质的量化测量；它只是表明个
体的表现超过了群体中某一百分比的表现。但是就像原始分数一样，该群
体的选择也是任意的。如果我们试图在不同的群体中使用这一方法，问题
就出现了。

当我们探讨只有一个人的总体时，基于总体的测量和基于反应频率的测量之间，差别就明显了。鲁滨逊·克鲁索，在他遇到他后来的仆人“星期五”之前，一定已经表现出某种反应集、某种反应频率以及某种频率变

化率。有时，从他倾向于按一定速率进食的意义上说，他饿了；从他倾向于伤害动物或其他物体的意义上说，他生气了；从他迅速解决日常生活问题的意义上说，他很聪明。作为某种相倚关系的结果，他的行为一定会以某种速率发生改变。他一定能够辨识具有某种复杂性或者细微差别的刺激。他本可以用量化的方法来观察和测量这一切。然而，他却无法测量自己的智商，因为他不可能设计出一种测试，在这种测试中，他的分数可以去除长度、难度水平或时间限制等任意特征。

用总体来测量一种特质，可以用常用于标示矿物硬度的等级来说明。该等级从 1（滑石粉）到 10（钻石）。当我们说石英的硬度为 7 时，我们的意思是它能划伤或切割硬度为 6 或以下的所有矿物，而它又能被硬度为 8、9 或 10 的矿物所切割。如果这个世界只是由石英构成的，数字 7 就没有意义了。就技术目的而言，这样一种等级划分无疑是有用的，但它并不能极大地促进对矿物硬度的研究。物理学家把该等级上的不同位置解释为分子结构的不同。用结构来表示石英的硬度是有意义的，它并不参照其他硬度的矿物。只要我们能够把智力的差异表达为反应集的差异、接触各种
199 变量的差异，或者是变化速率的差异，我们的测量同样可以不依赖于总体。

依据特质的预测

测验只是观察行为的一个便利机会——对我们的因变量进行调查和取样。分数可以用来预测更大的行为体系的某些方面，而该测验就是从这些行为体系中得出的。因此，对机械能力、智力或外倾性的测验可以让我们预测从事某种职业的成功或失败，因为这些特质对于该职业来说十分重要。但这种预测所涉及的因果关系与在函数分析中出现的因果关系并不相同。个体成长经历中的某些变量与当前环境中的某些变量会影响测验情境中的行为，从而也决定了更广泛情境中的行为。这种预测不是从原因到结果，而是从一个结果到另一个结果。这表明，我们使用测验作为预测的基础，却并不知道哪些变量对所获分数或者被预测的行为有影响。这还表明，如果我们无限制地扩展一个测验，添加越来越多的题目，它最终会与被预测的行为相一致。没有一个真正的预测能够幸存下来。我们没有办法扩展一个真正的自变量，使它在函数分析中与因变量相同。

当然，从结果到结果的预测有时是有用的。它使我们可以不必直接观察变量。当变量显然是无法触及的时，这一点尤其重要。例如，某个体是否表现出其同类人所特有的行为模式，或者说他在反应的相对频率上相对

于同类人的其他成员所处的位置，我们如今只能像金赛报告中所做的那样，通过调查来确定，因为我们对自变量没有直接的控制。对这种行为的全面调查很容易理解；一个不全面的调查可以组成一个“测验”，从该测验中或许可以推论出一个全面调查的结果。

我们可能还会发现，调查变量的当前影响是很便利的，尽管这些变量
可以操纵，但它们都存在于久远的个人成长经历中。我们用体重作为食物 200
剥夺史的一个当前指标，以此预测实验动物进食的概率，我们可能会为了同样的目的使用一些附加的“贪食特质”测试。在测验情境下的进食率可以让我们预测在更大的实验情境下的进食率。同样，通过对当前的攻击性倾向列出清单，我们或许可以省去研究那些可能会比较困难的内容，如影响攻击行为的早期环境因素。

然而，当我们求助于这些替代性做法时，函数分析的主要优势就丧失了。描述行为相的做法，其最显著的特征也许就是它无法促进对行为的控制。通过测量一组特质，我们判断一个人是否适合某项任务，但唯一实用的步骤是接受或者拒绝他。对这种特质的测量并没有提出改变他对任务的适应性的方法，因为该测量并不能令我们接触到可供操纵的变量，以引发或者消除它所描述的行为。我们获得的唯一实际好处是，我们可以更好地利用我们已经拥有的相关变量。

我们不是通过对一个特质的测验来预测其表现，我们所感兴趣的是从一个特质预测另一个特质，或者从其他一些变量中预测一个特质。因此，个体人格的所有表现形式通常都被归因于有机体的体质，这种关系大概可以通过一个又一个的特质表现出来。通常，人格是由可以即刻控制的变量决定的。例如，弗洛伊德的“口欲期”“肛欲期”和“性器期”人格指的就是若干特质群，弗洛伊德认为它们产生于个体的早期经历，若干预及时，这种经历是可以改变的，或者至少可以被后来叠加的经历所掩盖。当认定攻击性是挫折的一个函数时，人们为单一特质提出了一个相似的控制关系。然而，当因变量为一种特质时，这种函数分析就存在着一些固有的局限性。

任何合规关系的实用性都取决于在陈述该关系时所引用的术语是否清
晰。我们只能预测和控制我们在规则中所明确划定的范围。我们已经看 201
到，在一些现实环境中，对特质的预测可能是有用的，但一般来说，特质名称并不能令我们对行为有多少了解。然而，它不仅仅是缺乏特异性，这使得特质名称不适用于函数分析。在随后的几章中，我们将探讨某些复杂的过程。连锁反应系统将被追踪到复杂的变量设置，并将建立起个体作为

一个反应系统的可行观念。特质名称并不是指一个可供分析的行为单位。

事实上，个体作为一个行为系统的观念似乎超出了行为相描述的范围，这是由当前临床心理学中的实际问题所提出的一个例证。通过对测验以及其他针对行为相的测量的广泛应用，诊断的目标是要获得个体特征。但是由此产生的信息在治疗中——把个体当作一个动力系统来处理——几乎没有帮助。临床医生必须从人格的“心理描绘”转向“常识”，或者转向一个完全不同的概念体系——比如精神分析，随后我们将会看到，它类似于一种函数分析。目前，人们很少或根本就没有努力去调和这两种处理人类行为的方式，也许是因为对这种调和几乎不抱希望。对行为各方面的测量可能与这样一种信念有关，即科学的工作主要是提供信息，然后这些信息就成为促进人类问题解决的艺术，不仅仅是用于心理诊疗，还有销售、教育、家庭咨询、劳工问题以及外交等领域。但是，这种艺术所假设的特殊智慧，以及为有效利用这些信息所需的对人类行为的特殊洞察力，正是函数分析所提供的。

我们都非常熟悉用特质来描述行为，而特质名称是我们日常词汇中非常广泛的一部分。因此，我们觉得用这种方式描述行为简直就是家常便饭。但是这种熟悉感会产生误导。事实上，我们对某种反应的预测与控制，远远超过了对某种特质的预测与控制。一个反应更容易被定义和识
202 别，它的概率变化也更为敏感。即使我们将一种特质定义为一组反应，也需要证明这个组的统一性或连贯性。是否所有的反应都可以被视为攻击性的证据，例如，反应随着特定的挫折条件而共同变化吗？所有的挫折条件都具有同等作用吗？为了确保特质的统一性，我们必须证明，每一个“表达”该特质的行为都受到每一个具体条件的控制，该条件被确认为该特质的原因——例如，每一种攻击行为都在相同程度上受到每个可被描述为挫折的条件的控制。但这是一个函数分析程序。我们并没有借助于特质术语的汇总来减少这一分析的工作量。

几乎所有的特征都可以被设置为人格的一个维度，但是这种扩大的覆盖范围只有在获得一些超越命名之外的东西时才有价值。为特质建立科学的分类体系需要额外的工作，这项工作就像对离散的反应进行详尽分析一样费力。要使任何一种解释变得全面所需要付出的努力是由研究主题决定的。令人遗憾的是，行为太复杂了。

特质不是原因

特质名称通常都是以形容词开头——“聪明的”“好斗的”“紊乱的”

“愤怒的”“内向的”“贪婪的”等——但几乎不可避免的语言学结果是，从形容词中产生名词。这些名词所指称的事物被认为是这些行为相起作用的原因。我们从“智力行为”开始，先到“表现出智力的行为”，再到“表现出智力作用的行为”。同样，我们从观察某人长时间出神地照镜子开始，这让我们想起那喀索斯（Narcissus）的传说；我们发明了形容词“自恋的”（narcissistic），然后是名词“自恋”（narcissism）；最后我们断言，该名词所指的事物大概就是我们启动该行为的原因。但在这一系列事件中，我们没有接触到任何行为本身之外的事件，也就无法证明因果关系的说法成立。

人们一直在努力将特质作为一种概念性原因来确立其效度，以便把这 203
一问题置于更好的科学结构中。寻找能够“解释”行为的最少量的特质，成了研究的主要方向。由于特质名称来源广泛，并且可以随意增加，它们所指称的行为类型常常会重叠。通过分析两个特质测验中所明确说明的行为类型，或者证明一个测验的结果可以使我们预测到另一个测验的结果，就会发现这种重叠。当发现两种特质几乎相同时，就可以放弃一种特质。如果这种重叠并不完全，我们似乎是在测量这样一种特质，它是两个测验所共有的，但不是任何一个测验所独有的。因此，这种特质与所推论的行为似乎有不同的维度，这一事实激励了那些热衷于寻找这些原因的最小集合的人。

对一组人在一系列测验中的表现做出解释，最少需要多少种特质？这可以通过某些数学程序来确定。根据这样的结果，我们可以说，某个体在一组测验中表现出色，是因为他具有一定数量的某种特质；在另一组测验中表现出色，是因为他具有一定数量的另一种特质。由于这些程序使我们与观察到的数据有了一定距离，所以很容易将最终的特质或因素与生理状态或心理机能加以区分，并提供了在行为测量中曾被推论但却并未发现的额外维度。然而，无论这一数学程序有多长，特质或因素只能来源于对因变量的观察。任何数学运算都无法改变这个限制。一套相当详尽的测试也许能使我们评价特质，并在很多情况下可以预测行为表现，但所预测的仍然是从结果到结果。数学上的改善并没有使这种特质得到控制。我们不能通过操纵特质来改变行为。

204

第十四章 复杂情况分析

“过度简化”

在科学分析中，几乎不可能直接处理复杂的情况。我们始于简单，并一步步构建复杂。在早期，任何一门科学都极易被指责为忽视重要实例。波义耳定律将气体的体积与其压力联系起来，这本是知识上的一个重大进步，但当代的评论者很容易指责它是令人不能容忍的简单化。只需改变温度，就可以证明体积不仅仅是压强的函数。当该定律的新版本明确规定温度时，更精确的测量仍然可以表明不同气体之间存在差异，因此必须在方程中加入一个“气体常数”。这种补缀做法并没有什么错；这是科学知识成长的方式。

在行为科学中，我们是以最简单的方式开始的。我们研究成长史相对简单、环境条件相对简单的有机体。我们以这种方式赢得了开展科学分析
205 所必需的严格程度。我们的数据与现代生物学的数据一样统一和可重复。的确，这种简单在某种程度上说是人为的。我们很少在实验室之外找到类似的东西，尤其是在人类行为领域，而这是我们最感兴趣的领域。因此，那些急于讨论更重大问题的人倾向于反对实验室的“过度简化”的公式。他们采取的反对形式就像波义耳定律的例子一样，为规则设定了明显的例外。如果他们指向的是那些视而不见的事实，这样的批评还是有用的。但通常情况下，例外只是显而易见的；现有的公式只要被适当地加以运用，就能够很好地做出解释。

产生误解的一个常见原因是，人们忽略了当变量若以不同方式组合时会发生什么。虽然函数分析是从相对孤立的关系开始的，但它的一个重要任务就是证明变量是如何相互作用的。本章将对几个重要的实例进行探讨。

单一变量的多重作用

一个特定事件有可能会在同一时间对行为产生一种或多种作用。在第

十二章对惩罚的分析中我们看到，一个基于某种反应的单一厌恶刺激至少有四种作用。(1) 它会引发反射，通常是情绪性的。(2) 它以不同方式改变情绪倾向。(3) 当它与先于或者伴随它的刺激成对呈现时，它在应答性条件作用中充当强化刺激；这些刺激最终唤起 (1) 和 (2) 的反应和反应倾向，任何能使刺激结束的回避行为都会受到强化。(4) 它使得任何逃避行为都可能受到强化，从而也结束了惩罚刺激本身。在这个例子中，一个单一事件可以作为一个诱发性刺激、一个情绪操作、一个应答性条件作用中的强化刺激、一个操作性条件作用中的负强化物。

如果我们不能把它们分离开，那么说一个事件有两个或两个以上的作用是没有意义的。在不同时间感受到起作用，这并不困难。例如，某种强化的力量可能相当强大，以至于产生极大的满足。强化的增强作用有可能 206
会被满足的弱化作用所暂时掩盖。因此，一次单一的、相对较大额的工资支付可能会产生一定程度的满足，以致工人在一段时间内不再工作，但当足够的剥夺再次出现时，工资的强化作用又将显现出来。

对效果律的一种常见反对意见提供了另外一个实例。心理治疗中的“需要—满足”学说是基于这样一个事实：被剥夺所增强的行为会被餍足所削弱。所以餍足成了一种临床治疗程序。例如，由于被人际关注所强化而变得强大的行为，如果个体受到关注，或者说赋予关注强化作用的基本剥夺被减少，该行为就会减弱。同样，因为获得情感而变得强大的行为，也可以通过给予情感或者适当的一级强化物而被削弱。有人认为，这些结果与“效果律”相矛盾，“效果律”似乎预期行为应该得到增强，而不是削弱。但是根据关注和情感所产生的多重作用，这个实例就很容易阐述清楚。一个孩子用与社会不相适应的行为方式吸引关注，即便如此，如果满足先于强化，就有可能会被相当程度的关注所“治愈”。但是，当剥夺再次出现时会发生什么？如果这种“治愈”带来的是患者回来要求更多的关注或情感，那么强化的作用就显而易见了。(这是可以避免的。如果一个具体的“需要—满足”被采用，就应该在患者没有不当行为时为其提供。这将在产生餍足的同时也不强化不良行为。)

针对餍足原则的一种反对意见为我们提供了一组不同的多重作用的例子。假设我们走近一个独自开心玩耍的孩子，给了他一小块糖果。我们可能会观察到突然出现了大量令人反感的行为——讨要更多的糖果，然后大哭，甚至可能会大发脾气。我们借此提高了他对糖果的渴望，尽管我们对餍足的定义意味着已经降低了他对糖果的渴望，至少是有少量的降低。对 207
此的解释是糖果产生了第二种作用。糖果所产生的视觉和味觉是一种辨识性刺激，在这种刺激下，讨要或伸手取糖果的行为通常都是有效的。可能没有任何情况比立即呈现糖果更能强化这种行为。通过给孩子少量的糖果，我们建立了一个共同情境，在糖果被剥夺的控制情境下，强有力的行为通常是有效的，因此也是强大的。我们没有用剥夺来为这个孩子制造任何渴望。在特定的剥夺经历中，乞求糖果的行为在两种刺激的控制下表现出两种强度水平。在我们的实验中，我们从控制低水平的刺激变成了控制高水平的刺激。于是带来了另一个结果。作为一种辨识性刺激物，一小块糖果唤起的行为通常会受到强化，但我们已经明确指出，在本实例中，它不会得到进一步强化。这个孩子不仅是讨要糖果，而且他的讨要失败了。这是“挫折”情绪反应的条件，这时孩子开始大哭，并可能以发脾气结束（第十章）。显然，孩子在看到糖果之前没有这些行为，但并不意味着他没有这种渴望。如果我们用行为强度来定义渴望，而不管是否存在辨识性刺激，我们就必须承认，少量的食物会增强饥饿感。但这种情况对于当下的构想来说并不是例外。

我们可以用多种方法来区分糖果的辨识作用与餍足作用。例如，每次只给孩子一块糖果的生活规则最终会消除孩子讨要更多糖果的行为。因此，导致大哭或发脾气的情况将不会再出现。一块糖果不会产生本例中所描述的那种令人不安的作用，它应该可以证明少量的餍足感。

一个更为重要的相似例证也表明，“内驱力”是多么容易与反应概率相联系，而不是与剥夺的概率相联系。如果一个人的性行为目前还不明
208 显，他可能会被令人兴奋的对话、图片、表演等所激发。由此不能说是他的性驱力得到了增强。虽然性行为得到了增强，但这是因为提供了适合于这种行为的刺激，而不是剥夺。

一种操作可能会有两种作用，它们在同一方向上改变行为的发生概率。例如，当一种反应一直被食物所强化，但现在第一次没有得到强化，因此受之前的强化而产生的概率就会下降，并且会在行为上发生具有挫败感特征的情绪变化。由于后者包括任何被食物强化的行为的减弱，有两个原因会导致在消退过程中，最初的几个反应发生之后将是速率的下降。在一段时间内，很少有反应发生，因而也就不存在不被强化的情况。所以，情绪的影响将不会持续，而且反应的速率还会上升，只有当进一步的反应仍然得不到强化时，它才会再次下降。结果如我们所见，速率的上下摆动使得消退曲线具有波浪形特征。

乍一看来，很难用实验来区分这些作用。然而，我们可以用其他一些关联方式给有机体制造挫折，以证明这种情绪作用。我们还可以利用这样

一个事实，即情绪反应最终会趋于“适应”。通过对一个反应不断重复地进行消退和重建条件作用的操作，尤其是根据间歇强化程式来实施，我们可以获得很少或者完全不受情绪作用干扰的消退曲线。我们还可以利用这样一个事实，即情绪作用涉及有机体的全部行为，而消退在未受强化的反应中仅占很小部分。我们可以记录同一有机体在同一时间做出的两种反应的频率。如果这些反应在很大程度上不使用相同的肌肉组织，那么它们在速率上的变化就可能显示出惊人的独立性。在鸽子的实验中，啄食键盘和踩踏板就可以很好地满足这些条件。一种比较便利的设计是把鸽子用吊带吊起来，一条腿悬空；这样可以对啄食反应和腿的弯曲同时进行各自独立的研究。当这两种反应被条件化后，除了在一个过程中有轻微的延迟外， 209
它们可以同时消退。分别记录的消退曲线在时间上略有偏离，但主要的曲线振荡同时发生。这表明，挫折感的上升和下降是整个有机体的一个单一过程，而消退引起的变化是被每个反应分别决定的。

多重原因

自变量相互作用的另一种方式更为重要。两个或两个以上的操作可以结合在一起产生共同的作用。我们已经讨论了几个实例。一个操作性行为可能会以两种以上的方式受到强化，其结果是它会因两种以上的剥夺而改变。事实上，这是泛化强化物的作用。这种条件化的反应不仅在任何特定的时间都更有可能十分强烈，因为至少有一种剥夺状态会占据优势，但是如果有两种或两种以上的剥夺状态同时占据优势，其释放反应的概率也许会特别高。如果两个或更多的强化直接应用于一个单独的操作性行为上，也会得到类似的结果。俱乐部的商务会议以提供茶点的方式来鼓励参会者时，就是在运用这一原则。虽然对一个会员来说，仅有茶点或者仅仅是一个商务会议，他都有可能不参加，但如果将这两种强化的概率结合起来，他就更有可能参加。

情绪变量常常与动机和条件作用领域的变量相结合。与一些公认的观点相反，情绪与辨识性操作的“智力”行为之间并没有根本的对立。当一种情绪倾向作为一种强化性相倚关系作用于同一方向时，行为通常是最强劲和有效的。当我们说“一个人一心扑在工作上”时，这意味着“心”指的是情绪变量，而“工作”指的是强化的相倚关系。攻击性强或行为特别粗暴的人可能在某些类型的岗位上干得特别好，例如某些类型的警务或军事岗位。 210
一位女演员在剧中的角色需要她扇另一个人耳光，当她因为与剧情无关的原因而生对方气的时候，她这一记耳光的力度就非同寻常了。具有“关爱”倾向的人从事帮助他人的工作可能会特别成功。

这一原则有一个重要的应用，即一个辨识性刺激与另一个辨识性刺激相结合，或者与其他变量相结合。这些作用有各种不同的类型。其中一些通常被称为“暗示”，另一些则被当作“投射技术”使用，还有一些在知觉领域里十分重要。言语行为就是极好的例子。[1] 一个单一的言语反应极有可能是多个变量的函数，因为它可能是几个不同的反应集的一部分。在简单的模仿或应答行为中，反应是由类似形式的言语刺激控制的——言语刺激“房子”唤起言语反应“房子”。当言语刺激的形式不同时（就像在语词联想实验中一样），我们所说的也许是一种互动性言语反应集——“家”的刺激会唤起对“房子”的反应。在阅读中，刺激物是文本，印刷文字的刺激物“房子”引起声音反应“房子”。许多言语行为是由非言语刺激控制的，比如当我们命名或描述物体和物体的属性时，一座真实的房子会引起“房子”的反应。由于一个单一的言语反应通常受到所有这些领域的变量的控制，除了它与情绪和动机条件的关系外，它还很可能是多个变量的函数。

言语行为中多个刺激变量的存在有时被当作“多重意义”来处理。该术语对于我们当下的目的来说太狭窄了，因为我们必须把变量对强度的贡献考虑在内，它们通常并不包含在某个反应的“意义”中，例如对一个印刷单词所做出的应答反应或文本反应。报纸上一篇关于牙医大会的文章报道说，为了提高他们的职业地位，牙科医生们力促通过某些“有牙齿的”
211 (with teeth in them)[2] 法律条款。在这种情况下这样的写法可能会导致其他的反应，比如这是“有适当处罚的法律”或者是“可以被强制执行的法律”。如果讨论的是另一种职业，这些反应也同样可能出现。由于对“牙齿”反应的附加强度，“颇有力度”的反应也会产生；由于多重原因，一个特定的同义词优于等效形式。同样，某作者在其文章中报告有个人一直在中国搜寻大熊猫，当他说到这个人的计划没有“成功”时，由于涉及“熊猫”的这个变量在强度上的贡献率，“成功了”这个词的表达似乎比“解决了”“完成了”或“实现了”这些同义词分量更重。

言语行为的多重决定因素是多重智慧的基础。机智的反应不同于无意识的幽默，意思是说，演讲者能够对多种力量来源做出反应，并以恰当的

---

① 从这个角度对言语行为进行广泛的分析，请参阅斯金纳的《言语行为》一书（*Verbal Behavior*，New York，Appleton-Century-Crofts，Inc.，1957）。

② 在此有执行力度的意思。——译者注

阐述对其给予强调。在这里我们只关心机智元素的多重来源，而并不关心整个笑话。哈佛学院的布里格斯（LeBaron Russell Briggs）院长的故事就是一个例子。院长在一个酷暑难耐的晚宴上发表一个讲话。椅子上刚刚刷过清漆，当院长要起立讲话时，他发现自己的外套被粘在了椅子上。当他将外套拽开时，全场哄堂大笑。当他终于可以开口说话时，他讲道："我本想给你们讲一个完整的、朴实无华（unvarnished）的故事，但环境不可能满足我的期望。"[1] 这个"朴实无华的故事"的多重来源本质上与前面的例子相同，但院长能够构建一个句子，让每个人都清楚地知道反应的多重原因。

所有持续的言语行为都是多重决定的。当一个人开始讲话或者写作时，他创造了一系列的复杂刺激，这些刺激改变了他反应集里其他反应的强度。要抵御这些附加的力量来源是不可能的。例如，我们无法说出一串随机的数字。当我们学习加一、加二、加三或者加五计数时，当我们背诵乘法表时，当我们念电话号码时，各种不同的数字序列会受到强化。因 212
此，当我们大声说出第一个数字时，我们就改变了决定下一个被说出的数字的概率。当一系列具有某种长度的数字被大声说出来后，数字可能被极为有力地加以确定。

以同样的方式，任何持续的言语行为样本依然都会在接下来的反应中形成强烈的倾向。我们的模仿或应答的反应集可以产生韵、节奏、谐音和头韵，这些也许只是一种听着令人不舒服的说唱，或者就像关于智慧的那个相似的例子，可以被精心编制成诗歌。我们记忆的言语材料和日常生活中熟悉的组合词汇建立了互动性言语倾向，为其增加了其他的附加力量。文学艺术家在创作诗歌或者构思令人信服的论点时就是利用了这些。他在读者身上构建了多种倾向，读者会莫名其妙地发现自己与一首诗中的押韵词或是一个论点中的决定性语词产生了呼应。

有时，言语行为实际上会被这种多重决定因素所扭曲。我们也许能够对这些起作用的变量给出一个貌似合理的解释，但用于谈话本身却并不总是有效的。许多年前，一位年轻女士被邀请在一场支持废除禁酒令修正案的晚宴上发言。这是她第一次公开露面，因此她感到非常不安。在她站起来讲话时，有人在她面前放了一个麦克风。这是一个陌生并且有点吓人的设备。她决定听凭观众的摆布，恳请大家谅解她的经验不足。她说的第一

---

① unvarnished 既有未涂油漆的意思，也有未加装饰、朴实无华的意思，是双关语。——译者注

句话是："这是我第一次面对一个地下酒吧。""地下酒吧"一词的意外出现，不仅让演讲者本人感到惊讶，也让欣喜的观众们感到惊讶，这应该是源于以下几个起作用的变量：她的演讲主题在某种程度上就是关于*地下酒吧*（speakeasy）的邪恶，而她又十分在意自己是否有能力*轻松演讲*（speak easily），而麦克风则也可以被看作一个*轻松讲话*（speakeasy）的工具，因为它能让一个人不费力地与许多人交谈。[①] 稍后我们将看到，这种意外反应也可能降低了最初对"麦克风"的不适反应所引发的厌恶刺激。我们大概已经证明了"麦克风"这一刺激会引发一些情绪反射，就像
213 测谎仪的作用一样，这是典型的厌恶刺激。我们并不是说对"麦克风"的反应具有"未表达"的倾向，而是说任何替代它的反应都将因此而变得强烈。由于这种压倒性的强大力量，该反应打断了演讲的进程。尽管受到了扰动，但力量的来源是如此明显，以至于总的反应并非毫无作用，反被认为是一种机智。

当两种或两种以上十分相似的反应形式都得到加强时，一种不同的变形就会产生。作为两个力量来源的结果，可能是其中一个占据优势，或者是产生了一种二者相结合的形式。民间词源（"麻雀草"［sparrow grass］意为"芦笋"［asparagus］）与混合词（"烟"［smoke］与"雾"［fog］混合而成"烟雾"［smog］），或刘易斯·卡罗尔的合成词（"七窍生烟"［frumious］意为"暴怒"［furious］和"冒烟"［fuming］）都是这方面的例子。有些变形足以在社会的言语行为中存活下来，但其他的一些变形（"冲渴"［urving］表示"冲动"［urge］与"渴望"［craving］，或"异亵"［heritage］表示"异端"［heresy］和"亵渎"［sacrilege］）则遭受了过早夭折的悲惨命运。

多重原因的实际应用

辅助变量通常用于控制行为。一个熟悉的例子就是"暗示"，它可以被定义为利用刺激来提高已经假设存在的某个低值的反应概率。言语暗示可以根据辅助刺激的类型来分类。在模仿与应答的例子中，我们通过提供同样形式的刺激来增强反应。我们可以称之为*形式暗示*。当我们用不同形式的非言语刺激或言语刺激来增强一个反应时，暗示就是*主题性的*。可以根据反应是否可以被预先识别来设置交叉分类。如果我们称前者为"提

① 此处 speakeasy 是双关语，意为地下酒吧，既有违法经营的意思，同时也可以根据字面意思理解为轻松演讲。——译者注

示”，后者为“探查”，那么我们就必须考虑形式提示、形式探查、主题提示和主题探查。

*形式提示*是剧院里常见的做法。通过建立一个应答反应，与不完整记忆的行为相结合，在舞台侧面低声提示的一个词增强了演员的言语行为。如果演员完全没有记住这段台词，作为一种应答反应，他就只能重复他从 214
提词者那里听到的内容。既然增强的来源只有一个，那就不是当下意义上的提示。如果提词者提供了全部台词，那就很难确定是多个来源，但如果提词者提供的不是全部内容，显然就是两个变量在起作用。学习材料的相对强度是由需要多少提示来显示的：如果一段台词已经被牢牢记住了，一个非常小的应答贡献就足够了。广播电视智力竞赛节目使用的是一种隐蔽的形式提示。如果参赛者在回答某个问题时遇到困难，主持人给了一个评论，其中包含着一个与答案相近的词，参赛者从中就可以获得帮助。如果答案是“华盛顿”（Washington），隐藏的提示就有可能包含“洗涤”（Washing）一词。

一个具有同样效果的*主题提示*是包含“国父”等词的提法。当逐渐学会“华盛顿是国父”这样的互动性言语行为后，一旦听到“国父”这个词，我们便会越来越多地表现出说出“华盛顿”的倾向。如果“华盛顿”这一反应尚没有形成足够的强度，那么无论是形式提示还是主题提示，都不会起作用。如果参赛者只是被告知答案并说出“华盛顿”，这是应答性行为，没有当前意义上的提示发生。主题提示通常被称为“暗示”。暗示，作为一种提示类型，为使得某给定反应更有可能发生，总是需要使用某种附加变量。

作为对未知形式的言语行为的一种增补，*形式探查*采用的是一种早已为人们所熟悉的程序。我们可能会对它所揭示的行为感兴趣，因为它会使得其他变量也受到关注。年轻气盛、雄心勃勃的迪克·惠廷顿，因在伦敦的失败而心灰意冷，决心离开这座城市，但当他即将离开时，他听到了伦敦圣玛利亚教堂的钟声，似乎在对他说：“回来吧，惠廷顿，当三任伦敦市长吧。”[1] 钟声的刺激与这种反应之间肯定只有含混不清的相似性。没有人会听到钟声发出这样的声音。这句话代表了雄心勃勃的惠廷顿自身行为

① 迪克·惠廷顿（Dick Whittington，约1350—1423），曾连续三次担任伦敦市长，也是英国童话故事中的著名人物。传说他从遥远的乡下来到伦敦讨生活，原以为伦敦遍地黄金，却没想到处处碰壁，以至于生存都难以维持。就在他心灰意冷地准备离开伦敦时，听到了圣玛利亚教堂的钟声，似乎是在召唤自己：“回来吧，惠廷顿，当三任伦敦市长吧！”于是他留了下来，并且通过自己的努力，真的当了三任伦敦市长。他在任期间做了大量的善事，并在去世前将自己所有的7 000英镑都捐给了慈善机构。——译者注

215 的强烈反应，钟声的回声为这种行为的释放提供了所需的增补力量。（惠廷顿听到了大钟发出的声音，这是另一个问题，我们稍后再谈。唯一的讲话者是惠廷顿自己。）这种效果在文学作品中经常出现：一个离家出走的年轻女孩听到火车车轮的咔嗒声，好像是在说："你为什么在这里？你为什么在这里?"水浪边拍打着船舷边发出低语声："他说的是实话。他说的是实话。"

一种被称为"言语随机抽样演示器"的装置，在实验和临床中被用来探测潜在的言语行为，它所使用的是同样的程序。模糊的语音模式，例如留声机轻柔地或在嘈杂的背景下重复"呵咿——嗯——啊——嗯"或"哦哦——呓呓——嗯——嗯"这种近乎听不见的语音。要求被试仔细听每一个重复的模式，直到他听到了"所说的内容"。由重复的听觉刺激所产生的微弱的应答反应与已经有一定强度的口语反应相结合。结果通常是被试信心十足地做出反应。被试可能会对数百种不同的模式做出反应，同时依然确信它们是真实的言语，而且他通常都能正确地识别它们。用这种方法可以收集大量的潜在言语行为样本，而潜在的言语行为与刺激情境关系并不大，因而必然是被试行为中其他变量的产物。这些材料的临床应用是基于这样的假设：这些变量——在强化、动机或情绪领域里——有可能对解释个体的其他行为很重要。

主题探查的一个实例就是所谓的语词联想实验。除了来自互动性言语反应的附加力量之外，它与言语随机抽样演示器相似。念出一个刺激词，或者用文字呈现给被试，要求他报告"他所想到的第一个词"，或者我们此时应该说，大声地说出他行为中出现的第一个言语反应。许多不同的反应都是被互动性言语刺激所增强的。例如，"房子"这个刺激可能会唤起"家""建筑"和"守护者"等。这些在某个特定时间做出的反应，大概是
216 由一个相当有效的额外力量来源决定的。当用这种方式收集言语行为时，就有可能推论出被试的一些言语发展过程，以及对他的兴趣和情绪倾向等产生影响的当前变量。这种材料的临床应用所依据的假设是，这些变量也适合于解释其他行为。主题探查的附加力量并不总是在互动性言语中。我们仅仅通过展示图片、物体或事件，并要求被试谈论它们，就可以增强言语行为。

通过要求被试在一个极小的刺激情境下谈话，我们为所谓的自由联想创造了条件，但这并不一定是当前进程的例证。所获得的言语行为可能极大地受到他成长历程中各种变量的控制，对这些变量的推论可能具有最优价值；但由于没有用到附加的力量来源，所以该实例不能被归类为形式探查或者主题探查。然而，当这种言语生成的部分通过附加刺激改变其他部

分时，大量的自我探查可能仍会继续。

投射与自居

形式探查和主题探查通常被称为“投射测验”，但“投射”一词具有更广泛的意义。弗洛伊德将这个过程描述为一种被压抑的愿望自我解决的方式（第二十四章）。一个类似的机制被称为“自居”。除了对愿望所做的任何分析，我们还可以根据相关变量对行为进行分类；在某些场合，言语或非言语行为与已经具有一定强度的行为相结合。当我们将自己以小说、电影或戏剧中的英雄“自居”时，或“将自己投入一个角色”时，我们只是以同样的方式行事——模仿（第七章）。当我们的模仿行为是如此微小以至于完全私密化时，正如我们将在第十七章中所看到的，一个特殊的问题可能就会产生。这种模仿性附加行为可以是言语的，也可以是非言语的，但言语行为有几个优点。例如，在阅读一本小说时，我们更容易以那个讲话的人物自居，而不是表现出非言语行为的某个人，因为被记录下的 217
话语为言语反应提供了一个直接的强度来源，并且这些反应可以在任何环境中表现出来。人们普遍喜欢小说中的对话似乎就是由于这样一个事实。

由于其他原因，在自居中表现出的行为一定具有某些强度。如果强度足够的话，我们就必须解释，为什么该反应在没有附加变量的情况下就无从表现。通常情况下，这种行为不能在日常生活中表现出来，因为缺乏机会，或者是因为该行为被限制或者惩罚。比如说，一种以某个虚构角色自居的倾向，作为行为强度的证据可能在临床上是有意义的。然而通常情况下，故事只是建立一种趋势；作者迫使人们以某种角色自居，这是显而易见的事实，人们对角色的兴趣随着故事的展开而增长。这种自居可能对读者生活中其他方面的变量操作影响不大。

当行为不受附加刺激的具体控制时，我们所谈及的就是投射而不是自居。一个典型的例子是，情人指责他的爱人冷漠或不忠，是因为他自己变得冷漠或不忠。该情人做出的反应在形式上是模仿了另一个人的行为，但却是由他自己行为中相当不同的变量所控制的。例如，为了一些微不足道的原因而保持沉默会被模仿，并与无聊的姿态相结合；一个普通的评论被回应，并与一个批评的言论相结合。有一种反应有时被称为“老处女神经症”，其模仿的是无辜者的行为与性侵犯反应的结合。事实上，投射者将类似的攻击行为归因于另一个人是一个额外的细节（第十七章）。

以动物甚至是无生命物体自居的可能性，为研究行为的形式属性提供了一个有趣的机会。一个人的行为可以用什么样的方式与云的行为、海浪的行为或者倾倒的大树的行为相似，从而使模仿反应与他行为的其他部分相加？

218 ## 知觉的多重变量

这只是知觉领域一个重要问题的一小步。我们的反应不仅由刺激所决定，还由情绪、动机和强化等领域的附加变量所决定。如果我们正在等一个重要的电话，我们可能会在听到微弱的门铃声时冲向电话机。这是刺激泛化的一个例子，很容易在大鼠或鸽子身上复制。通过增强剥夺，我们扩大了有效刺激的范围，或者换句话说，降低了刺激差异的重要性。当一个坠入爱河的年轻人把在街上路过的陌生人误认为是他心上人时，强烈的动机使更广泛的刺激有效地控制了看到他所爱之人的反应。（我们可能会说门铃“听起来像”电话铃声，情人可能会坚持说街上的女孩“看上去像”他的爱人，就像迪克·惠廷顿听到钟声说话，而不是他自己说话一样。我们随后将会看到这意味着什么。）

具有不相容作用的变量

人不可能用身体的同一个部位以不同的方式同时做出两种反应。当这样两种反应同时都表现强烈时，这种情况通常被称为“冲突”。当不相容的反应是由于不同类型的剥夺时，我们称之为动机冲突；当它们是由于不同的强化性相倚关系时，我们称之为目标冲突；等等。该术语暗示了有机体身体内部某种活跃的争斗，这种争斗显然是发生在一些假设的行为前体之间。该冲突几乎不可能出现在自变量中，因为这些自变量都是物理事件，任何冲突都可以在物理级别上解决。从当下的观点来看，我们必须假设冲突发生在反应之间，任何“争斗”在行为上都将是显而易见的。如果我们想研究冲突，那么，我们只需增强不相容的反应，并观察其结果。

代数和。当不相容的反应在形态上除了正负号以外彼此都相似时，换
219 句话说，当它们彼此完全相反时，其结果可能是“代数和”。简单的实例可以从姿势反射中观察到。一种反射可能要求伸直一条腿，而另一种反射则要求弯曲这条腿。在某些情况下，这两种刺激同时发生，使腿处于两者之间的位置。在整个有机体的辨识性行为中也可能存在类似的对立。一只趋近陌生物体的狗，或者是一名即将投入战斗的士兵，他们都具有截然相反的行为——趋近与退缩。如果不考虑其他变量，最终的移动将是朝向一个方向或者另一个方向，但将会以一个限定的速度进行：谨慎地前进或者缓慢地后退。当然，这些变量的组合可能会产生其他作用：行为可能整合得很差，实施得不够熟练，或者如通常所表现的那样，行为强度很低，很

容易受到外来变量的干扰。

如果由此产生的运动改变了变量的相对强度，行为可能会发生两极之间的摆动。因此，如果诱导狗趋近陌生物体的刺激比控制撤退的刺激更强，狗会慢慢趋近，但如果控制撤退的变量得到了增强，行动方向便可能在某个点上发生逆转。如果退缩反过来削弱了控制退缩的变量，或者增强了控制趋近的变量，第二次逆转就会发生，以此类推。两极摆动的快慢将取决于变量被改变的程度。棋手欲移动某个棋子，其伸向棋子的手可能会在几秒钟内缓慢地摆动，也可能近乎颤抖一样快速，而这取决于比赛形成的压力。

影响代数和的变量不一定是刺激。一个“心不在工作上”的人便很好地诠释了强化性相倚关系与动机、情绪领域的变量之间的对立。他的一些行为是由于强化，或许是一种经济上的强化，使他继续留在他的工作岗位上。与此相反的，是由于不同原因而增强的行为。我们可以从那些心地善良的暴徒身上看到这一点，从那些从事剥削或者伤害他人的职业的理想主义者身上看到这一点，或者从那些应征入伍的和平主义者身上看到这一点。

优势。只有在很少的情况下，不相容反应的形态才允许进行代数求 220
和，因为一般来说，一个反应不能简单地从另一个反应中减去。通常，当两个反应同时强烈时，只能有一个得以表现。一种反应的出现被称作“优势”。与代数和一样，这个术语是从简单反射的研究中借用来的，但其原理也适用于操作性行为。我们注意到了这一原则，作为消退或者惩罚的一种替代方法，我们可以通过创建环境来阻止某种反应的发生，这种环境可以唤起一种占据优势的不相容反应。

这种优势反应仅仅因其得以表现，并不能就此改变弱势反应的力量。然而，它可能会改变控制这个反应的一些变量，然后两种反应之间的摇摆就会随之而来。这个可能性很大，因为优势反应的表现通常会削弱它，例如通过部分餍足来实现。一个简单的例子就是挑选领带。打领带带来的餍足感是显而易见的，直到我们开始“厌烦打领带”，但在较短的时间内一定会产生较小程度的餍足感。在两条领带之间进行选择时，可能会产生二者之间选择上的摇摆，因为打其中一条领带会增加打另一条领带的相对概率。这种摇摆在某些情况下可能会成为病态，如多疑癖（*folie du doute*）。更为重要的例子经常会出现在文学作品中。有一个古老的例子，即被“爱”所增强的行为与由于伦理压力而产生的行为之间的冲突，我们称这种道德压力为“责任”（第二十一章）。适合于任何变量的行为表达都能改变对立行为的相对强度，然后形成暂时的优势。

如果在任何一个方向上只要迈出一小步，概率就会发生显著的变化，这种摆动就会非常快速，就像一个在餐馆点餐时“拿不定主意”的人一样。一个人从一个兴趣领域转到另一个兴趣领域，然后又转回来，在一个领域里可能会停留数年，这个事例就是一个非常缓慢的摇摆。有时，解决不相容行为问题有一个相对可接受的解决方案，这就是主要针对一种反应
221 类型，但将个体的活动与另一种类型的反应交织在一起。当后者相对独立于外部环境时，这一方案尤其可行：在爱与责任之间摇摆不定，在履行责任的同时继续谈论爱。另一种可以替代的反应是在“幻想中”实现的，我们将会在第十七章中看到。

做，还是不做。我们经常感兴趣的是，一种反应是否会在与另一种可替代行为竞争时表现出来，而该行为对我们来说并不重要，我们不必在意它“什么都不做”或者“做些什么”。这种行为（仅仅被定义为与特定的反应不相容）会出现在对惩罚的分析中。任何反应只要干扰被惩罚行为，都会降低条件性厌恶刺激，并因此而受到强化，但我们可能并不在意这种反应是什么。

惩罚会引发多种冲突。例如，一个反应首先受到强化，然后又被惩罚，这就如同面对美味但又难以消化的食物。这两种结果都源于食物的化学特性，它对与舌头的接触产生了正强化，而最终又在胃部造成了厌恶刺激。在未经他人允许而吃他人的食物时，食物的主人或者社会可能会为此设置厌恶性后果。厌恶刺激可能会先于正强化——例如，我们在冰冷的水中游泳是为了获取随之而来的心身振奋的效果——但在这两种情况下，如果游泳的反应没有发生，厌恶刺激就会被避免。除非做出某种反应，否则厌恶刺激也有可能会紧随其后。当一个人采取措施准备应对一场猛烈的暴风雨时，他的行为减少了厌恶性后果所造成的强大威胁，根据第十一章的说法，或者可以说“避免”了暴风雨的恶果；但如果这种行为自身便带有其厌恶性后果，冲突就会产生。

如果此处不提及不相容的行为，阐明这些情况还是很诱人的。我们感兴趣的是，不好消化的食物是否被吃掉了，游泳者是否跳入了水中，那个人是否为暴风雨做好了准备，而不是可以做些什么。这可能会导致我们谈及一种消极的倾向，即专注于会被取代的行为。一个变量可以提高做出某
222 种反应的概率，而另一个变量则似乎可以降低该概率。但无论从理论还是实践的目的来看，重要的是要记住我们总是在处理正概率。正如我们所看到的，惩罚并不会产生一种反应的负概率，而是产生引发不相容行为的正概率。另一个很容易让人想到的负概率的例子是“弗洛伊德式遗忘”。通常所表述的例子都涉及惩罚。让我们假设，一个厌恶性的预约（例如与牙

科医生的预约）被忘记了。观察到的事实是，守约的行为并没有在适当的情况下出现。有关弗洛伊德式遗忘的理论断言，这种预约的厌恶性后果是适宜的。由于早期在牙科医生的治疗椅上所经历的疼痛刺激，任何朝着履约方向迈出的一步都会产生条件性厌恶刺激。依照第十二章的分析，任何通过取代这种反应来减少厌恶刺激的行为都会自动地受到强化。因此，两种相互排斥的行为都很强大，问题在于哪个占据优势。但是，我们对于具体说明不相容反应并不感兴趣。因此我们可能会假设，遗忘意味着遵守约定的概率已经达到零，或者已经通过零而达到了负值。但是我们不需要处理所谓“不守约定”的行为。在概率匹配中，一种反应输给了另一种反应。如果取消了预约，在没有“遗忘”的情况下达到同样的效果，那么取代该行为的行动就可以被明确说明，优势原则就会显而易见。遗忘通常被归因于一种“压抑”履约行为的内在机制，但唯一的压抑因素是不相容反应。

正如一个额外的力量来源可能会从一组反应中选择一个反应一样——否则所有反应会同样强大——一种“负向选择”也可能产生于与该组反应中某个反应不相容的行为的力量。在前面描述的例子中，“地下酒吧”的意外反应所起的作用，可以被部分解释为它取代了“麦克风”这一厌恶反应。当我们只关心某个单一反应是否会产生时，不相容行为可能依然是未 223
确定的。弗洛伊德所强调的这一基本过程早已被人们所认识。在《巴彻斯特大教堂》中，安东尼·特罗洛普这样描述他的英雄阿拉宾（Arabin）先生的行为：

> 但他永远不会像现在爱埃莉诺（Eleanor）那样爱内罗尼（Neroni）夫人！于是，他没有跳入河中，而是把一些石头投进了小河里，他坐在小河边上，就像你在夏日里会遇到的一位忧伤的绅士一样。

我们不能将自杀解释为一个简单的反应。例如，我们无法测量它的发生频率。没有人会因为同样的行为曾在过去产生过类似的后果而跳进小河结束自己的生命。但把物体投入水中的普通行为则是另一回事。它有一个可以确认的结果：那个物体消失了。这种行为很容易泛化，把一顶旧帽子扔进小河后，又用同样的方法丢掉了一双鞋子。自己跳入小河也许仅仅是用毁灭其他事物的行为来毁灭自己的一个夸张的例子，这不是不可能的。幸运的是，我们不需要选定这个问题来阐述当下的观点。特罗洛普和弗洛伊德都认为，阿拉宾先生往小河里投石头，在某种程度上就是把自己也投了进去。环境提供了一种“把东西投进河里”的强烈倾向，但一些厌恶性后果也依附在这类反应之中。阿拉宾先生自己没有跳入小河里（或者，以较低程度的厌恶性结果，把他的手表或钱包扔到河里去）；他把石头投入了河中。这种反应在被增强的反应群里可能只占很小一部分，但至少它没有厌恶性后果，因此得以表达出来。（同样的厌恶性后果产生了类似潜在自杀的摇摆，正如哈姆雷特所表现的那样。）

在这些不相容行为的例子中，我们考虑到了没有任何干预时的结果。显然，环境的突然变化可能产生不同的结果，而且我们马上就会看到，个体自身也会发生这种变化。在分析他是如何做到这一点之前，有必要考虑另一种设置变量的方式。

224

链接

一个反应可能会产生或者改变控制另一个反应的一些变量。其结果是形成了一个“链接”。它也许很少或者是完全没有组织的。当我们外出散步，在乡间漫游，或者在博物馆或商店里漫无目的地闲逛时，我们行为的一个片段会产生影响另一个片段的条件。我们看向一边，受到一个物体的刺激，它使我们朝着它的方向移动。在这一移动过程中，我们接收到了厌恶刺激，于是我们匆忙后退。这就产生了一种餍足或者疲劳的状态，在这种状态下，一旦摆脱了厌恶刺激，我们就坐下来休息。诸如此类。链接不一定是空间运动的结果。例如，当我们在一个随意的交谈中或者在自由联想中“说出我们的想法”时，我们是在做口头上的漫游。

有些链接具有功能上的统一性。这些环节的发生顺序或多或少是一样的，整个链接都受到一个单一结果的影响。我们经常把一条链接当作一个单一的“反应”来处理。例如，当一只猫扑向一只老鼠时，就像生理学家马格努斯（Rudolf Magnus）首先指出的那样，这种复杂的行为就是一个盘根错节的姿势反射网络。我们经常强调四肢的启动（跳跃或不跳跃），忽略了它先于反应几个阶段的事实，而反应实际上是通过与老鼠的接触而被强化的。当我们选择穿过街道前往某特定地点，或背诵一首诗，或演奏一段音乐时，以简单序列组织起来的长链就会展现出来。我们曾讨论过与条件强化有关的其他例子。有组织的链接不一定局限于刺激的产生，因为其他类型的变量也可能会被行为所改变。通过喝一杯水，我们改变了一个重要的剥夺状态，这种状态通常具有使继续喝水的概率降低的作用，这又可能导致被喝水行为所抑制的行为得以释放出来。一种特殊的链接表现为改变其他行为强度的行为，并因此而受到强化。这种行为几乎可以说是将人类有机体与其他所有的有机体区分开来。在第三部分，我们将探讨它所引发的一些更为重要的问题。

第三部分

作为整体的个体

第十五章 227
“自我控制”

行为的自我决定

在函数分析中隐含着控制的概念。当我们发现一个可以控制的自变量时，我们就找到了一种方法来控制作为它的函数的行为。这一事实对于理论来说十分重要。通过一个变量对另一个变量的影响来证明一个函数关系的有效性是实验科学的核心。这种做法使我们在检验变量的重要性时不必使用许多麻烦的统计技术。

实际影响还可能更大。通过分析这些可以操纵行为的技术，可以看出，这种技术是随着科学的发展而出现的，它凸显了当前能够施加的强大的控制程度。控制人类行为所引发的问题显然不能再靠拒绝承认控制的可能性来回避了。本书后面的章节将更加详细地探讨这些实际意义。例如在第四部分，在对通常被称为社会行为的分析中，我们将看到一个有机体如何利用基本的行为程序来控制另一个有机体。当个体受到群体协调一致的 228
控制时，其结果尤其令人印象深刻。我们的基本过程对于伦理团体用以控制其每个成员行为的规程具有重要的影响。更为有效的控制是由政府、宗教、心理治疗、经济和教育等明确界定的机构实施的；关于这种控制的某些关键问题将在第五部分讨论。在第六部分，我们将对控制人类事务的一般问题进行总结。

然而，首先我们必须考虑个人可以控制自己行为的可能性。到目前为止，对于行动中的有机体所做出的描绘，一种常见的反对意见大致如下。在强调外部变量的控制作用时，我们使有机体本身处在一种特别无助的地位。其行为似乎只是一个“反应集”——一种行动词汇表，每一项行动都会随着环境的变化而或多或少地发生改变。的确，变量可以被设置成复杂的模式；但这一事实并不能显著地改变这种描绘，因为重点强调的仍然是行为，而不是行为者。然而，在相当大的程度上，行为者似乎的确是在塑造自己的命运。他经常能够对影响他的各种变量做些什么。艺术家和科学家的创作行为、作家的自我探索行为、苦行僧的自律行为，通常都是对行为的某种程度的“自我决定”的认可。更为谦逊的自我决定论版本尤其为人们所熟知。个人在可供选择的行动方案中做出“选择”，在脱离相关环境的情况下“深入思考”问题，并通过“自我控制”来维护自己的健康或社会地位。

当然，任何对人类行为的全面解释都必须包含这类陈述中所提到的事实。但我们可以在不放弃我们的计划的情况下做到这一点。当一个人能够控制自己，选择行动路线，想出解决问题的办法，或努力提高自我认识时，他就是在行动。他通过操纵变量来精确地控制自己，就像他控制别人的行为一样，而行为是这些变量的一个函数。他做这些事情时所表现出的
229 行为是一个恰当的分析对象，但最终它必须用个体自身之外的变量来解释。

第三部分的目的是分析个体行为如何改变这些变量（其行为的其他部分是这些变量的函数），根据所涉及的过程来区分由此产生的不同情况，并像解释任何其他类型的行为一样来解释实现控制的行为。本章关注的是涉及自我控制的过程，这一术语接近其传统意义，而第十六章则关注传统上被描述为创造性思维的行为。这两套技术是不同的，因为在自我控制中，个体可以识别出需要控制的行为，而在创造性思维中他做不到。个体在以这种方式操纵自己的行为时所使用的变量并不总是为他人所理解，这导致了极大的误解。例如，人们常常得出这样的结论：自律和思维发生在一个非物质的内在世界里，而这两种活动都不能被完全恰当地描述为行为。我们可以通过探讨自我控制与思维的实例来简化这种分析，这两种活动需要个体操纵外部变量来实现，但我们还需要讨论自有事件在行为科学中的地位，从而完成这一描述（第十七章）。一个纯粹的自有事件在行为研究或任何科学研究中都没有立足之地；但是，至少就目前而言，那些只有个体自己才能接触到的事件，常常是被作为与一系列公共事件链接的一个环节而发生的，因此必须加以考虑。在自我控制和创造性思维中，个体在很大程度上致力于操纵自己的行为，情况很可能是这样的。

当我们说一个人控制他自己时，我们必须指明是谁在控制谁。当我们说他认识自己时，我们还必须区分动词的主语和宾语。显然，自我是多重的，因此不能与生物有机体相等同。但如果是这样的话，那它们是什么？它们在行为科学中的维度是什么？自我在多大程度上是一个完整的人格或

有机体？一个自我如何能对另一个人采取行动？我们将在第十八章中看到，自我控制与思维的反应的连锁系统使我们能够满意地回答这类问题。230
然而，当最重要的数据触手可及时，我们可以更加方便地这样做了。与此同时，“自我”一词将会以一种不那么严格的方式得到使用。

“自我控制”

当一种反应产生了相互冲突的结果时，即当它同时导致了正负两种强化时，个体通常会控制自己的部分行为。例如，喝了酒精饮料之后，往往随之而来的是一种异常自信的状态，使其在社交上更成功，忘记了责任、焦虑和其他麻烦。因为这是一种正强化，它增加了在未来场合饮酒的可能性。但这也会带来其他后果——“宿醉”带来的身体疾病，以及过度自信或不负责任的行为可能招致的灾难性后果——这些后果会产生负强化作用，当这些后果与行为产生相倚关系时，就代表了一种惩罚形式。如果惩罚只是强化的反面，两者结合可能会产生一种中度的饮酒倾向，但我们所看到事实并非如此。当类似的场合出现时，饮酒的倾向会相同或者增加；但饮酒的场合以及饮酒的早期阶段会产生条件性厌恶刺激和情绪反应，我们称之为羞愧或内疚。情绪反应可能会产生一些可以削弱行为的威慑作用，比如“破坏其心境”。然而，一个更为重要的作用是，任何削弱饮酒行为的行为都会自动地被厌恶刺激的减少所强化。我们曾经讨论过仅仅“做其他事情”的行为，它因为取代了应受惩罚的行为而被强化，但也存在其他的可能性。有机体可以通过改变其作为函数的变量来降低受惩罚反应的发生率。任何成功做到这一点的行为都会自动受到强化。我们将这种行为称为自我控制。

积极结果与消极结果会引发两种反应，它们以一种特殊的方式相互关 231
联：一种反应（控制性反应）通过影响变量的方式改变另一种反应（被控制反应）的发生概率。控制性反应可以操纵任何变量，而被控制反应则是这些变量的函数；因此，自我控制有许多不同的形式。一般来说，使用同样的技术控制他人的行为，是有可能找到相似之处的。关于这一点，有一个相当详尽的调查将证实自我控制的过程，同时也有助于总结在接下来的章节中所要强调的控制类型。

控制技术

身体约束与物质辅助。我们通常通过对身体的约束来控制行为。我们用门锁、栅栏和监狱限制了人们的活动空间。我们用约束衣、封口布和手臂固定支架来限制他们身体某些部分的运动。个体也以同样的方式来控制自己的行为。他用手捂住嘴，不让自己笑或者咳嗽，或者强忍着不让自己做出被视为最后一刻“失言”的言语反应。一位儿童心理学家曾经建议，如果母亲不想对孩子唠叨，就应该用胶带封住自己的嘴。个体可能会把他的手塞进自己的口袋以防止坐立不安，或者啃咬指甲，或者捏住自己的鼻子以防止在水下呼吸。为了控制自己的犯罪或精神病性行为，他可能会出现在监禁机构的门口。他也可能会砍下自己的右手以防止它冒犯自己。

在上述的每一个例子中，我们都确定了一个控制性反应，它对被控制反应施加某种程度的身体约束。为了解释控制行为的存在与强度，我们指明了当反应受到控制时所出现的具有强化作用的环境。用手捂住嘴的动作受到强化，在类似的情况下就会再次发生，因为它减少了因咳嗽或者不慎失言而产生的厌恶刺激。根据第十二章的说法，具有控制作用的反应避免
232 了受控反应的负强化后果。一次糟糕的分手所带来的厌恶性后果是由社会环境造成的，而在水下呼吸的厌恶性后果则不需要他人的介入。

另一种通过身体约束而实施的控制形式很简单，就是离开可能会发生被控制行为的情境。家长把有攻击性的孩子从其他孩子身边带走以避免麻烦，成年人也用同样的方法控制自己。他无法控制自己的愤怒，那就干脆走开。这也许不能控制整个情绪模式，但它的确抑制了那些可能产生严重后果的特征。

自杀是自我控制的另一种形式。很明显，一个人不选择自杀，是因为他曾经用这种方式摆脱过一种厌恶性情境。正如我们已经看到的，对自杀这种行为方式并不能使用反应频率的概念。如果它发生了，行为的构成部分必须被单独增强。除非这发生在频率是一种可用数据的情况下，否则我们不能刻意地说一个人“可能或者不可能自杀”——这个人也不能这样说自己（第十七章）。有些自杀的例子（但绝不是所有的）遵循的模式是砍掉自己的右手，以防止对自己动手；被敌人抓获的军事人员有可能用这种方法来防止自己泄露国家机密。

这种控制模式的一种变式，可以这么说，是去除该情境，而不是去除该个体。政府通过征收重税来阻止通货膨胀的支出——取消作为购物条件的货币或者信贷。某人通过建立一个信托基金来控制其挥霍无度的继承人的行为。非男女同校的学校试图通过让异性之间无法接触来控制某些类型的性行为。个体可以使用同样的技术来控制自己。他可能会把大部分零用钱留在家里以避免将其花掉，或者他可能会把硬币投进一个很难取出的储蓄罐。他可以将自己的钱委托他人代管。赫伯特·乔治·威尔斯笔下的波

利（Polly）先生在一次徒步旅行中使用了类似的程式来分配他的资金。除了一张一英镑的钞票外，他把所有的钱都提前邮寄到他所要走的路线附近的村子里。到达了村子，他就会去邮局将钱取出，从中抽出一英镑的钞 233
票，然后将剩余的钱再次寄往下一个落脚点。

另一种与此相反的方法是，通过提供物质辅助，我们提高了可取行为方式发生的概率。我们促进人类行为，使其更为便捷，或者使用各种设备、工具和机器，扩展并放大其结果。当自我控制的问题是产生一个特定反应时，我们利用方便的设备以及随时可以获取的资金等，以同样的方式来改变我们自己的行为。

改变刺激。如果说上述技术是通过身体约束或物质辅助而实施的，那么它们就不是基于行为过程。然而，还有一些相关的过程可以从刺激的角度进行更为精确的分析。除了可以使一种反应成为可能或不可能，我们还可以创造或者消除产生该反应的机会。为此，我们要么操纵诱导性刺激，要么操纵辨识性刺激。当制药商把容易引发恶心的药物包裹在无味的胶囊中（或是用“糖衣药丸”）以降低其反胃的概率时，他只不过是在消除一个引起不良反应的刺激。同样的程序也适用于控制自己的反应。我们快速吞下一种药，然后用一杯水“驱赶”它，以减少类似的刺激。

当我们避开引发厌恶性行为的刺激时，我们也就消除了辨识性刺激。我们可能会强行将视线从墙纸图案上移开，因为它会唤起人们绘制几何图形的强迫性行为。我们可能会关上门或拉上窗帘来消除分散注意力的刺激，或者闭上眼睛，或者用手指堵住耳朵来达到同样的效果。我们可以把一盒糖果放在看不见的地方，以避免吃得过多。这种自我控制被描述为“回避诱惑”，特别是当这些厌恶性后果已经被社会所设定时。其原则是：“撒旦，到我后面去！”

我们呈现刺激也是因为它们能引发反应，或者使我们自己的行为更有可能发生。我们使用催吐剂（一种物质，能够产生引发呕吐的刺激）来摆脱有毒或难以消化的食物。当我们佩戴眼镜或者助听器时，我们是在促进刺激。当我们在手指上系一根线绳或在记事簿上做一个记录，作为在适当 234
时间采取行动的时机时，我们设定了一个辨识性刺激，以鼓励我们在以后时间所要发生的行为。有时我们呈现刺激，是因为该刺激所引发的行为可以取代需要控制的行为——令我们自己“分心”，就像我们使别人从产生不良行为的情境中分心一样。当我们用镜子来获得良好的仪态或掌握一种有难度的舞步时，或者研究记录我们自己行为的影片来提高我们在某项体育运动上的技能时，或者听我们自己演讲的录音来改善发音或者演讲风格时，我们放大了由自己行为所引发的刺激。

条件作用与消退提供了改变刺激效果的其他一些方式。我们通过将一个刺激与其他刺激配对，来设定它未来对我们产生的影响；当条件刺激没有伴随强化时，我们将自己置身于条件刺激之下，从而使反射消退。如果我们因为一段不幸的经历而在特定的环境下脸红、流汗或者表现出其他情绪反应，我们可能会在更有利的条件下置身于这些环境中，以便使消退发生。

剥夺与餍足。一个身无分文的人可能会通过不吃午饭来充分利用晚宴的邀请，从而造成一种他可以吃很多东西的高度剥夺状态。相反，他也可能会在晚宴前吃一顿简单的午餐来部分地满足自己，以使他摄食行为的强度不那么明显。一位客人在去参加鸡尾酒会之前喝大量的水来为见一位勤勉的主人做准备，他把自我满足作为一种控制手段。

另一种用法就不那么明显了。D. H. 劳伦斯在《恋爱中的女人》中描述了一种自我控制的做法：

> 一位伟大的医生……曾告诉我如何改掉自己的一个坏习惯：当你不愿意做的时候就应该强迫自己去做——就让自己去做——然后这个习惯就会消失。……例如，如果你咬指甲，那么当你不想咬的时候，就去咬它们，让自己去咬。你会发现这个习惯被打破了。

235 如果我们把“故意”啃咬指甲，或者咬一片赛璐珞胶片或类似材料的行为视为自动餍足，那么这种做法就属于当前的类别。这种做法显然超出了通常所说的“坏习惯”。例如，如果我们因为散步这一矛盾倾向而无法在办公桌前工作，快步走就可能会解决这个问题（通过餍足）。

这种做法的变式是通过致力于某种类似的行为方式来使某种行为方式产生餍足。在控制性行为方面，人们经常推荐剧烈运动，其假设是，运动与性行为有足够的共同之处，从而产生一种转移性餍足。（据推测，这种作用是由形态重叠造成的，而不是纯粹的疲惫。）类似的重叠可以解释为一种转移性餍足。饿着肚子离开餐桌曾被推荐为养成良好工作习惯的一种方式。大概出于同样的原因，素食者可能特别警觉和高效，因为从某种意义上说，他总是处在饥饿状态。在性领域的自我剥夺被认为在相距甚远的相关领域会产生极有价值的结果——例如激励文学或艺术方面的成就。也许这方面的证据并不充分；如果这种作用没有产生，我们就更不用解释了。

操纵情绪条件。为了达到控制的目的，我们诱发自己的情绪变化。有时这仅仅意味着呈现或者移除刺激。例如，我们通过离开现场而造成“场景的改变”，以此来减少或消除有害的情绪反应——移除那些刺激，由于这些场景与这些刺激发生了关联，这些刺激已经获得了唤起情绪反应的力量。我们有时会运用适当的刺激引发不相容的反应来阻止情绪行为，比如在一个庄重严肃的场合，我们咬着舌头忍住不笑。

我们还控制着那些必须与情绪反应区分开来的情绪倾向（第十章）。在电视节目中，主持人在直播前会先让观众笑起来——或许是讲一些在直播中不被允许的笑话。同样的程序也适用于自我控制。在赴一个无聊的或 236
令人厌烦的约会之前，我们让自己有个“好心情”，以提高我们行为方式符合社会要求的概率。在要求老板加薪之前，我们通过预演曾经遭受的不公平经历，为自己鼓足勇气。在回复一封有侮辱性内容的信件之前，我们会将其重读一遍，以激发一种情绪行为，使回信更容易写，也更具杀伤力。我们也会引发强烈的情绪状态，在这种状态下不太容易或者说不可能产生不良行为。有个例子很恰当，但在生活中有个不雅的描绘：“把某人吓得屁滚尿流”。从字面上看它指的是这样一种方法，即通过恢复伴随惩罚的刺激，来控制受到强烈惩罚的行为。我们用同样的技术来抑制自己的行为，比如通过回顾过去受过的惩罚，或者通过重复谚语来警示犯罪的代价。

我们通过延迟行动来降低情绪反应的程度——例如，在将愤怒付诸行动之前“数到十”。在第十章中我们就曾做过描述，当我们循序渐进地接触令人不安的刺激时，我们通过适应的过程获得了同样的效果。我们可以学会无所畏惧地把玩蛇，从接触最不具威胁性的死蛇或被麻醉的蛇开始，然后逐渐转向更加鲜活也更为可怕的蛇。

厌恶刺激的使用。当我们设置闹钟时，我们就是在设置一种强烈的厌恶刺激，只有唤醒自己才能够摆脱它。把时钟放在房间的另一边，我们可以确定逃避的行为会充分唤醒我们。我们以适当的方式将刺激配对，来使自身的厌恶反应条件化——例如，使用上文所述的“治疗”烟酒习惯的方法。我们还通过创造言语刺激来控制自己，由于过去的厌恶性后果与他人的厌恶性后果相匹配，所以这些言语刺激能够影响我们。一个简单的命令就是一个厌恶刺激（一个威胁），它明确规定了将要做出的逃避行动。令人惊讶的是，在寒冷的早晨起床时，只是重复“起床”的命令，就会引发行动。言语回应比起床动作更容易，而且很容易被优先选择，但由言语社群建立起来的具有强化作用的相倚关系可能更占优势。从某种意义上说， 237
个体“服从自己”。对这种技术的持续使用可能导致更为精细地区分自己发出的命令与他人发出的命令，这可能会对结果产生干扰。

当我们下定了决心，我们便准备好了将会控制我们未来行为的厌恶刺激。这在本质上是对我们自身行为的一种预测。当某个预测没有实现时，我们当着那些提供厌恶刺激的人的面，设定可能会增强所决定行为的结果。只有按照预期的方式行事，才能避免由于违背我们的决定所产生的厌恶性后果。正如稍后将会看到的，导致我们保持决心的厌恶刺激最终可能会由我们自己的行为自动提供。即使其他人不在场，我们的决心也依然起作用。

药物。我们使用药物来刺激自我控制中其他变量的作用。通过使用麻醉剂、镇痛剂和催眠剂，我们减少疼痛或者干扰性刺激，否则这些都无法轻易改变。人们有时会使用开胃食品和催情药，因为他们相信，他们可以分别在饥饿和性方面复制剥夺的效果。其他药物也会产生相反的作用。酒精可以或多或少地抵消“内疚感”产生的条件性厌恶刺激。典型的欣快行为模式是由吗啡和相关药物产生的，也有一小部分是由咖啡因和尼古丁产生的。

操作性条件作用。操作性强化在自我控制中的地位尚不清楚。从某种意义上说，所有的强化都是自我实施的，因为一个反应可以被看作是“产生”其强化，但“强化一个人自己的行为”则不止于此。它也不仅仅是简单地创造环境，在这种环境下，特定类型的行为会受到特别的强化——例如，与只强化“好”行为的朋友保持交往。这只是一个简单的反应链，其中早期的成员（与特定的朋友联系）是强大的，因为它会导致后续成员（“良好”行为）的强化。

操作性行为的自我强化假定个体有能力获得强化，但在某特定反应未
238 表现出来之前是不会受到强化的。假如一个人在完成一项特定工作之前拒绝与所有人交往，这种情况可能就会出现。这类事情无疑会发生，但这是操作性强化吗？当然，它与另一个人建立行为的条件作用过程大致相同。但必须记住，个体有可能在任何时候放下手头的工作而获得强化。我们必须解释他没有这样做的原因。除非是在一项工作刚刚完成的时候，否则这种放纵的行为已经受到了惩罚（比如说，反对）。除非是在这种时候，否则放纵行为会因此产生强烈的厌恶刺激。个体完成工作是为了让自己放松，免于内疚（第十七章）。最终的问题是，该结果是否对之前的行为有增强作用。这个人将来更有可能做类似的工作吗？如果他不做，也不足为奇，尽管我们必须承认，他设定了一系列的事件，在这些事件中，某些行为之后将是一个具有强化作用的事件。

一个类似的问题出现了，即一个人是否可以使自己的行为消退？仅仅表现出某种未被强化的反应，这并不是自我控制，也不是仅仅将个体带入某些情境的行为，在这些情境中特定的行为模式得不到强化。自我消退似乎意味着控制性反应必须设定后果的缺失；个体必须介入其中，以打破反应与强化之间的关联。例如，当一台电视机出了故障时，扳动开关的反应

消退似乎就是这种情况。但这里的消退作用是微不足道的；其主要的作用是消除刺激源。

惩罚。自我惩罚也有同样的问题。个体可能会对自己实施厌恶刺激，就如同自我鞭挞一样。但惩罚不仅仅是厌恶刺激；这是一种与特定反应相倚的厌恶刺激。个体能够设定这种相倚关系吗？只是表现出会被惩罚的行为，或者寻求某特定行为会被惩罚的环境，这并不是自我惩罚。当一个人最近表现出某种行为并以此伤害了自己时，他似乎是在惩罚自己。这种行 239
为被认为展现了一种“惩罚的需要”。但我们可以用另一种方式来加以解释，即如果对自己施加厌恶刺激，个体便可以逃避更具厌恶性的内疚状态（第十二章）。

在使用厌恶性自我刺激方面还有其他一些变式。一个关心减肥的人可能会把腰带扣拉到一个特定的孔眼，即便有着强烈的厌恶性效果也让它保持在那里。这可能会直接增强在暴饮暴食行为中产生的条件性厌恶刺激和无条件厌恶刺激，还有可能为节制饮食提供自动强化。但我们千万不要忽视这样一个事实：一个非常简单的反应——松开腰带——就会带来对同一厌恶刺激的逃避。如果这种行为并未发生，那是因为随之而来的是由社会或者医生所设定的更加令人厌恶的后果——内疚感，或对疾病甚至死亡的恐惧。厌恶性自我刺激的终极问题是，这种做法是否证明了由他人设定的相同刺激也会产生同样的作用。

“做其他事情”。有一种自我控制技术是基于优势原则，它在控制他人方面是无与伦比的。个体可以通过积极从事其他事情来避免自己从事导致惩罚的行为。一个简单的例子是，用保持静止这样的强烈反应来避免退缩。保持静止并不仅仅是“不退缩”。这种反应如果表现得足够强力，就会胜过退缩的反应。这近似于其他人在产生不相容行为时行使的控制权。但是，当另一个人只能通过设定外部变量来做到这一点时，可以说，这个人似乎只是通过实施它便可以产生这种行为。一个为大家所熟悉的例子是，为了回避特定的话题而谈论其他事情。躲避由某个话题产生的厌恶刺激，这似乎与取代它的言语行为的强度有关（第二十四章）。

在情绪领域，一种更为具体的“做其他事情”的做法可能特别有效。
根据被增强行为的方向，情绪倾向于成对呈现——恐惧和愤怒，爱和恨。 240
我们可以通过使一个人愤怒来改变他的恐惧行为。他的行为不只是简单地做其他事情；从某种意义上说，他是在做相反的事情。其结果不是优势决定，而是代数和。当我们通过练习对应的情绪来改变情绪倾向时，这种效果在自我控制中得到了例证——通过练习愤怒或冷漠来减弱恐惧的行为模式，或通过“爱我们的敌人”来避免仇恨造成的损害。

控制的终极来源

仅仅对自我控制技术进行调查并不能解释为什么个体要实施这些技术。当我们开始实施自我控制时，这个缺点就凸显出来了。告诉一个酒鬼，他可以扔掉他所有的存酒以阻止自己饮酒，这是很容易做到的；但主要的问题是如何让他做到这一点。我们通过设置特殊的具有强化作用的相倚关系使这种控制行为更有可能发生。通过惩罚饮酒行为——也许仅仅是“不赞成”——我们设置了控制饮酒行为的自动强化，因为这样的行为可以减少条件性厌恶刺激。有些附加的后果是自然造成的，但一般来说，它们是由社群设定的。这的确是伦理训练的主旨所在（第二十一章）。因此，大部分自我控制行为似乎是受社会的影响。如果真是这样的话，那么最终的控制权并不在个体手中。一个人可以花大量的时间设计他自己的生活——他可以选择令他小心翼翼地生活的环境，他也可以在一个广泛的范围内操纵他的日常环境。这类活动似乎是一个高度自我决定的例证。但它也是一种行为，我们用环境以及个人成长史中的其他变量来解释它。正是这些变量提供了最终的控制。

当然，在这个问题上该观点与传统处理方法相冲突，传统的处理方法尤其可能将自我控制作为操作个人责任的一个重要实例。但是，诉诸外部
241 变量的分析使得内在原始动因与决定性动因的假设都失去了存在的价值。这样的分析在科学上有诸多好处，但实际应用中的好处可能更为重要。当一个人控制自己时会发生什么，这种传统观念作为一种教育手段从来就没有成功过。告诉一个人要运用他的“意志力”或“自控力”，这不是什么有用的建议。这样的规劝也许使自我控制的可能性稍微大一些，但这是利用控制失败的附加厌恶性后果做到的，它并不能帮助任何人理解真实的过程。对控制行为的另一种分析应该使教授相关技术就像教授任何其他技术一样容易。它还应该对这些程序加以改进，社会通过这些程序可以维护自我控制行为的力量。

随着行为科学更加清晰地揭示了行为作为这些变量的函数，这些可能性应该大大增加。切记，根据个人责任所表达的公式构成了我们目前许多控制技术的基础，不能突然放弃。设置一个平稳的过渡本身就是一个大问题。但现在已经到了需要对责任概念进行全面修订的地步，不仅是行为的理论分析方面，还有其实践结果方面。我们将在第五和第六部分讨论这一点。

第十六章 242
思维

决策行为

在自我控制中，可选择的行动路线是可以预先指定的，问题在施加控制之前就解决了。控制技术可以被有效地设计出来以实现特定的事态。然而，也有一些操纵自己行为的例子，其结果是无法预测的。例如，在决定遵循两种行动路线中的哪一种时，某种“自我决定”就会被牵扯进来。这种任务不是为了落实被选中的行动方案，而是为了做出一个决策。个体有时通过操纵一些变量来实现这一点，而他的行为就是这些变量的一个函数。这些技术比自我控制更受限制，因为结果无法预先确定。

在做决策时，就像自我控制一样，被操纵的变量往往是有机体内部的自有事件。因此，这就提出了一个特殊的问题，我们将在第十七章重新讨论这个问题。这里有足够多我们所熟悉的例子，例子中的变量是每个人都可以理解的。无论这些变量是公众性质的还是自有性质的，其过程看起来都一样。“做决策”也类似于自我控制，因为有些技术与用于控制他人行 243
为的方式基本相同。当我们说服某人按既定方式行事时，情况就不是这样了，因为我们的变量只支持一种选择，不涉及任何决策。然而，当我们试图在不对任何行动抉择抱有偏见的情况下帮助某人“下决心”时，我们使用的技术正是这个人在做决策时可能会用到的技术。

虽然在做决策时要使用动机领域和条件作用领域的变量，但这些变量并不那么明确，而且其效果也经常会延迟。为了获得最直接的结果，我们借助于对刺激的操纵。如果所有相关的行动在我们做出抉择之前就已经显示出某些力量，那么我们的技术就包括寻找额外力量的来源，当被应用于他人行为的时候，这种额外力量的来源将被归类为激励或者探究（第十四章）。例如，在决定是去山区度假还是去海滨度假时，我们会仔细阅读旅游杂志和度假手册，找出我们的朋友要去哪里以及每个地方的天气预报，等等。如果我们不够幸运的话，这种材料可能只是在两种行动路线之间维持平衡，但更有可能是其中一种占据了优势。“做决策”，作为此处要使用的术语，不是对被选定行为的执行，而是导致这样做的初步行为。

如果采取了一些相对不可更改的步骤，决策过程可能在行动被执行之前就结束了——例如，我们可能会通过预付定金来做出与度假有关的决定。一个常见的结局就是直接宣布我们的决定。通过告知大家我们要去海边，可以确保如果我们对未来行为的预测没有实现，就会产生厌恶性后果。新变量可以防止任何冲突的恢复，从而阻止了任何进一步的行为或决定。当这些技术开始被应用于一个单一结果时——当我们扔掉介绍海滨的手册并继续做功课以增强去山区的行为时——决策也就结束了。于是，我
244 们的行为就好像是有人告诉我们去山里度假是为了健康一样，我们只是在积累能够执行这一命令的材料（或许是在与厌恶性变量竞争，这些变量会增强我们待在家里或去其他地方的行为）。

决策行为的起源与维持

个体在做决策时操纵相关变量，因为这样的行为会产生特定的具有强化作用的结果。其中之一就是避免优柔寡断。相互冲突的选择会导致在未完成的反应形式之间摇摆，这会因为占用个体大量的时间而引发强烈的厌恶感。任何能够结束这种冲突的行为都会受到正强化。被我们称为“审慎考虑”的做法还会产生其他结果。只要我们在做决策的过程中仔细地审视某个情境，我们兴许就能够提高使反应最终达到最大程度强化的概率。从长远来看，这样做的净收益足以维持这种审视该情境的行为的强度。

用避免优柔寡断或者用深思熟虑反应的净收益来解释决策行为的起源与维持，似乎都远远不够。这些肯定都是有缺陷的强化物，因为它们可能会被延迟很长时间，而且它们与反应的联系也可能是模糊不清的。然而，我们很容易容许这些缺陷，因为决策行为通常也是有缺陷的。这种情况从来都不出现在比人类更低等的生物有机体甚或许多人的行为中。一旦出现，它通常都是社会应用特殊强化的结果。虽然个体可能会偶然发现各种不同的决策方法，但他更有可能被教授相关的技术。我们通过提供附加的、在某种程度上不相关的或者虚假的强化，教会孩子“停下来思考”和“考虑所有的后果”（第二十六章）。甚至这些可能并不成功。孩子可能仍然觉得很难“下决心”，也许偶尔还会经历多疑癖的病理状态，或者是布

里丹毛驴困境[①]的某种版本。

回忆行为 245

在做决策时，即使结果无法预见，也可以预先确定可供选择的行动路线。是否存在这样的情况，即个体操纵可以影响某种反应的变量，而直到该反应表现出来之后他方能识别？乍一看，这似乎不仅荒谬，而且几乎不可能。尽管如此，人们还是这样做了——而且做得颇为广泛。让我们做这样一个假设，我们需要在很短的时间内介绍一个人，但却忘记了他的名字。由于这种反应无法预先确定，所以通常的自我决定技术似乎并不适用。事实上，除非我们有什么线索，否则我们什么也做不了。但是，不能识别一种反应并不意味着我们不能对它做出其他表述，或者操纵与其相关的条件。例如，我们可能会说，这名字我们曾经知道，在介绍某个特定的人时我们会正确地说出这个名字，我们也许马上就会正确地认出这个名字，或者这是一个我们在特定场合相遇并且一起讨论过某个特别话题的人的名字。有了这些附加的说明，为了增强该反应而对自己施加影响则是有可能的。现有的技术应该归类为自我探查（第十四章）。（自我提示可以假设我们能够识别这种反应。）

这些技术是我们所熟悉的。当我们回顾与某个人的对话时，当我们描述我们被介绍给他的情况时，或者当我们回顾主题分类时（这是一个德国名字，爱尔兰名字，还是一个不寻常的名字？），我们在就使用主题探查。当我们尝试各种压力模式时，我们就在使用形式探查（嗒——哒——嗒——哒哒）或者以言语总结的方式重复地背诵字母表。我们甚至可以设置一种厌恶性状态，我们只有说出该名字方能逃避这种状态。这在对正式介绍进行预演时就可以做到——“我想让您认识一下……先生”——或者开始做实际的介绍，当达到就要说出名字的适当程度时，依靠即将出现的强大压力，也可以达到这一目的。如果由于这些程序的任何一个结果，这
个名字“突然出现在我们的脑海中”，那么一种反应就得到了增强，而这 246
种反应是不能被预先确定的。

问题与解决

在回忆一个名字时，我们假定反应有一定的强度，而其他信息可以作

① 布里丹毛驴困境是指法国哲学家布里丹养的一头毛驴因在两捆稻草之间无法选择先吃哪一捆而最终被饿死的故事。该故事有多个不同的版本。——译者注

为补充刺激的一个来源。这些是更为广泛且一般也更为复杂的活动的基本特征，通常被称为“问题解决”“思维”或者“推理”。因此，对名字回忆的分析为人类行为的一个更为重要的领域做了序言。

通常用来讨论问题解决的语言与行外人使用的词汇差别不大。在人类行为的其他领域里发展起来的严格的概念与方法，通常在这个领域形成时就被放弃了。给出一个问题的例子很容易，但要严格地定义这个术语却很困难。这对于没有处于剥夺或者厌恶刺激状态的有机体来说，似乎没有什么问题，但却涉及更多的东西。饥饿的有机体狼吞虎咽地进食也许是在处理一个问题，但这只是在一个微不足道的意义上。在真实的“问题情境”中，有机体没有立即可用的行为来减少剥夺或者提供逃避厌恶刺激的手段。这个条件可以被更为概括地表达。如果我们能够证明某种反应存在于无法释放的强度之中，我们便不需要确定剥夺或厌恶性条件。要确定反应的形式与方向可能需要辨识性刺激（高尔夫球手在找到果岭之前不可能向果岭击球）；也可以说，反应可能需要外部支持或者必不可少的设备（高尔夫球手在找到球之前也无法向果岭击球）。我们可以通过多种方式来证明这种反应的强度，但通常只要场景合适，它就会立即表现出来。

如果要打开抽屉的行为十分强烈，而且个体没有钥匙或其他打开抽屉的方法，那么这个上锁的抽屉就是一个问题。行为的强度是根据先前打开
247 抽屉时的一些反应推论而来的，或者是从抽屉一旦打开而立即出现的行为表现上推论而来的。一辆汽车因熄火而趴窝，如果没有即时可用的成功将其启动的行为，如果之前成功启动的行为很强，或者如果我们有其他证据表明与启动汽车相关的行为很强，我们就可以说，这辆熄火的汽车是一个问题。面对一套环环相扣的金属环，如果将金属环拆分开的行为很强，而且没有有效的反应可以使之成为可能，那么这套金属连环就是一个问题。如果我们强烈地倾向于弄清凶手的名字——以表明一个名字与故事中所有的陈述高度符合——但同时又无法做到，那么凶杀谜案就呈现了一个问题。如果我们说不清我们需要多少卷壁纸，那么为一个房间买壁纸就是一个问题；如果我们已经测量了房间，但却没有把我们的测量结果转换成壁纸的数量，那么这就是另一种类型的问题。数学领域充满了问题，但数学家的动机却常常是难以说清的。写出一个总能得到一个质数的公式，或者证明一个给定的公式从来都不能产生一个质数，能够对上述行为的强度产生影响的剥夺与厌恶刺激从来都是不清楚的。

在任何情况下，问题的解决方案都只是一个反应，它可以改变情境，以便产生强烈的反应。找到开抽屉锁的钥匙，往车里加油，用某种方式扭

转开金属环，提出一个符合凶杀谜案中所有陈述的名字，写出一个总能得到质数的公式，从这个意义上说，这些都是解决。一旦解决方案出现，问题就消失了，因为基本条件已经消除了。（同样的问题不太可能再次发生，因为这种情境将不再是新颖的。此后，作为一种解决方案的反应将会出现，因为它在类似的情况下获得了强化。）

然而，仅仅产生了一个解决方案并不能解决问题。我们在此所关注的是“找到解决方案”的过程。问题解决可以被定义为任何行为，这些行为通过对变量的操纵，使解决方案更有可能出现。该定义似乎包含了最常被描述为问题解决的活动，它允许对程序或者技术进行相当严格的分析。我们可以用这样的方式解决他人的问题，但我们将把讨论限制在个体对自己 248
问题的解决上。

解决方案的出现并不能保证已经解决了问题。一个偶然的环境变化通常也会带来相似的结果——钥匙可能被找到了，或者汽车引擎突然有了启动反应。我们已经提到过的一个更为微妙的例子，就是笛卡尔对生命有机体行为的解释。这一问题源于一种强烈的倾向，即对生命体的操作提出解释性的评论。我们必须假定这种行为的强度，尽管至今我们还不能对它做出解释。这种解释是一种隐喻，一种基于某些喷泉雕像的反应，这些雕像被塑造得就像活的有机体一样，仅仅通过刺激诱导而被延伸到了活的有机体本身。我们不必假设此时正在发生的，是笛卡尔正在积极地解决这个问题。有关喷泉雕像的信息的获得可能完全是偶然的。因此，我们不需要将笛卡尔行为的任何特定部分视为问题解决。这只是“偶然发现了一个解决方案”。

同样的原因，所谓的试误式学习并不是问题解决。解决一个问题所需要的剥夺状态或厌恶刺激意味着许多高概率的反应。其中一些可能会得以表现出来，因为这种情境与它们曾被强化的其他情境相似。其中的一个有可能会成为该问题的解决方案，它将通过设置必要条件来解决该问题。但这并不需要特殊处理。另一种可能被观察到的行为是随机探索。当问题出现时，有机体只是活跃而已。在这里，解决方案可能会偶然出现。

就寻找解决方案的意义而言，当有机体“学习如何尝试”时，问题解决的一个实例就与试误式学习相关联了。由于先前的成功，或许是根据问题的某些特征，它会产生大量的反应。假设我们向某个人发起挑战，识别从列表中选出的单词。我们的挑战提供了厌恶刺激，而我们对所选单词的 249
陈述为其提供了一个辨识性刺激，提高了一组相应反应的出现概率。这个人唯一可以做的就是说出该列表上的单词，直到他凑巧碰到了有效的反应。然而，他可能发现了理顺自己行为的方法，得以避免重复、遗漏等。

如果我们用描述性分类来强化他，他就可能会迅速趋近解决方案。然后，他可能会在字母表中寻找该单词的首字母（“这是一个以……开头的单词吗?”），然后寻找第二个字母，以此类推。一个形式提示很快就会产生，这将增强具有合理成功机会的反应。他还可以根据主题或者语法类别猜测——动物或者蔬菜，名词或者动词，等等。当有利的分类一旦受到强化，解决的方案可能会非常巧妙。但是，尽管某人学会了使用这种技术，尽管该过程的方向明显，但这种行为几乎还是一种试误式的操作。我们可以根据个体当前的情况和过去的经历来解释每一个尝试的出现。有一种最低限度的“自我决定”。

一种激发反应产生的方法可以被证明是一种解决方案，那就是操纵刺激。一个简单的例子就是对问题情境的调查。这通常是随机探索行为的作用，因此被宽泛地归类为试误式学习。但其作用不是产生一个被证明是某种解决方案的反应，而是偶然发现可以控制这种反应的刺激。改进或者放大可用刺激特别有成效；当我们仔细地审视问题，当我们获得了所有的事实，或者当我们用最清晰的术语陈述问题并以此强调相关的刺激时，我们就增加了解决问题的机会。接下来的步骤是设定或者重新设定刺激。例如，在拼字游戏中，问题是用各种字母组合单词；解决方案就是简单地拼出一个被认可的单词。重新排列可用的字母是有帮助的，因为有些排列可能类似于个人词汇储备中的单词部分，因此可以作为形式提示。有经验的
250 拼字游戏玩家知道有效地将字母分组，特别是运用某些子组，使他能够建构可以带来效益的更大的组。他学习把“q”和“u”放在一起，并尝试“sl”“sp”“th”等各种组合，以此类推。

逻辑推论是设定刺激的一种方法。逻辑学家拥有一个言语集，该言语集中的某些结论很可能是基于某些前提的陈述而得出的，但某个特定的问题不一定会按照所要求的顺序出现。解决这一问题需要将材料以三段论的形式进行排列。如果解决方案完全是通过应用一个公式得到的（亚里士多德三段论），这种设定不仅促进了一种反应，而且实际上决定了这一反应，这一过程并不是此处所定义的问题解决过程。但在不太死板的情况下，这种设定主要是为了激励一种有其他力量来源的反应的出现。以同样的方式，数学家被训练进行移项、因式分解、约分等，直到一个表达式以一种可以提供解的形式出现。这其中大部分可能是相对机械的，但在真正的问题解决过程中，这些程序被用来激励有其他力量来源的新反应的出现。

科学知识的进步常常是整理刺激的结果。林奈的物种分类是一种数据整理，它使得达尔文解决了物种起源问题。门捷列夫的元素表是对化学数据

的一种整理，这种整理必然先于现代原子理论。整理有关信息现在已明显成为解决任何问题的一个步骤，将问题分组解决，将解决问题的不同职能委派给不同的人，这已成为惯例。“事实研究者”是科研与工业领域里一种为人们所熟知的有组织地解决问题的人物。

问题解决的另一种技术主要包括自我探查。也许是为了这一目的，对
初步的解决方案要进行系统的回顾。还有一些做法也不能忽视，即便它们
不是直接针对具体的解决方案，因而通常不被包括在问题解决的过程中。
一个非常普遍的例子就是某种类型的自我探查，它必须以言语随机抽样演 251
示器的方式重复使用。当然，重复有助于提高具体技术的效果，比如当我
们反复调查相关材料或者反复重申一个问题时。但是，对于给定的解决方
案没有可供参考的形式探查，似乎在有些人身上得到了例证，他们在噪声
或者其他明显分散注意力的环境中能够“更好地思考”。噪声背景的特征
似乎就像言语随机抽样演示器的语音模式一样，可以为解决方案提供助
力。以墨渍、“涂鸦”或水晶球的模糊刺激形式呈现的视觉材料可以提供
一些解决方案。

擅长“如何思考”的人经常能够操纵自己的剥夺程度。他可能知道如何引发与问题相关的兴趣。他可以通过设定令人满足的睡眠或休息计划来产生足够的能量水平。他可以设定厌恶程式，将其行为保持在一个高效的节奏上。为了达到同样的效果，他可能会遵循一套严格的惯例。消除与解决方案相冲突的反应也可以促进问题的解决。当然，这样做所使用的技术并不依赖一个特定的解决方案。例如，在回忆一个名字时，一个错误的名字似乎会阻碍对正确名字的回忆。这里可以识别出要控制的反应，即侵入性反应，并且可以使用第十五章所描述的任何用于减弱行为的手段。

解决一个问题的“困难”在于构成解决方案的各种反应是否可用。我
们并不一定需要增加太多的强度。当眼下的问题与之前的问题非常相似
时，这种情况就会出现：金属环谜题与一个先前被解决的谜题很相像，凶
杀谜案使用的是标准情节，某个科学问题与另一个领域的某个问题相类
似。随着与先前实例的相似度的增加，以及与之伴随的适当反应的可用性
的增加，当这种相似性达到一个点时，便完全不必再谈论问题解决了。在
另一个极端，就当前的情境而言，可能很少或者根本就没有什么东西能够
增强适当的反应，在这种情况下，个体必须勤奋努力地操纵各种变量，而
他的行为就是这些变量的函数。如果根本没有行为可用，无论用改变变量 252
的方式做什么，就他而言，这个问题都是无法解决的。

“有一个想法”

解决问题的结果就是解决方案以某种反应的形式出现。这些反应改变了情境，以至于问题消失了。初始行为与出现解决方案之间的关系就是操纵变量与产生某种反应之间的关系。只有分析了行为中的函数关系，才能清楚地理解这一点；与此同时，虚构的过程也层出不穷。被称为思考与推理的“思维过程”便是突出的实例。函数分析消除了围绕在这些术语上的许多谜团。例如，我们不需要问“解决方案从何而来”。解决方案就是一种反应，这种反应以某种力量存在于解决问题的那名个体的反应集里。在他的行为中出现的反应并不比其他任何有机体的行为中出现的任何反应更令人惊讶。若问这种反应居于何处，那么除非它召唤出的力量强大到足以冲到显要之处，否则这个问题毫无意义，或者就是浪费时间。我们也可以很容易地呈现思考者借此获得思想的活动——至少迄今为止这种行为是外显的。如果它不是外显的，特殊的问题无疑就会产生，但这些问题对于思维分析来说并不奇怪。

曾经有许多例子都描述过这样的情节：某数学家在对一个问题进行了长时间的研究后，无奈放弃了这个问题，只是在后来的日子里，解决方案突然“出现在了他的脑海里”。人们很乐于这样假设，他一直在“无意识地”研究这个问题，他的解决方案是在成功地操纵变量之后立即显现的。但是变量会在一段时间内自动发生变化。干扰解决方案的变量可能会变弱，而支持性变量可能会出现。因此，我们不需要假设任何的问题解决都发生在放弃了对问题的显性操作之后。突现的解决方案让个体本人感到惊讶，这样的事实并没有改变这个结论。我们将在第十八章中看到，真正的问题解决可能
253 发生在个体自身无法观察到的情况下，但许多“无意识思考”的实例都可以被简单地解释为随着时间的推移，变量的变化导致了解决方案的产生。

从产生一个反应的意义上说，一个人“突然有了一个想法”，这不仅仅发生在问题解决的过程中。例如，在隐喻中我们已经看到，一个刺激会引发一个反应，该刺激与最初控制的刺激只是在某些不起眼的特性上相同。一再发生的不幸事件与海浪不断冲击岩石海岸的现象之间，有人突然从中“看到了相似之处”，在某种意义上说，对其中一个事件的恰当反应，现在却用在了另外一个事件上。无论有无外部助力，这都有可能发生。当我们讲话或者写作时，隐喻可能会“送上门来”，或者当别人做出转换反应时，我们可能会从中“看出道理”。从更广泛的意义上说，我们“从一本书中获得了新想法”，也可以说是我们获得了针对某种情境的许多反应，

而这些反应在阅读之前是没有的。从这个意义上说，这本书让我们面对某一情境时得以“厘清思路”。

当未被明确界定的问题出现时，我们经常会操纵周围世界的材料以产生“新想法”。一个 6 岁的孩子，正在玩一个羽毛球和一个白色的橡胶球，她把橡胶球放在了羽毛球的羽毛上。这“给了她一个想法”。她开始舔那个白色的球，就好像这两件东西构成了一个冰激凌蛋筒，她马上就把球说成是冰激凌。这种“思维行为”并没有什么神秘之处。羽毛球和白色球与冰激凌蛋筒在几何形状上的相似性能够引发适合于冰激凌蛋筒的操控性与言语反应。这个问题没有什么特别的意义；对自然的随意操纵仅仅产生了一种新奇的模式，这种模式通过刺激诱导，以 6 岁儿童特有的某种力量唤起了一种反应。

画家也可以用差不多的方式来操纵素材以产生想法。的确，他可能会在调色板或画布上混合或者放置颜色来解决一个特定的问题——例如，如何画出一个相似的东西。训练有素的画家已经解决了一些辅助问题，并拥有一个类似于在第七章中讨论的技能集，其生成的模式类似于要复制的对象的属性。该对象中有可能存在某些新特征，它们会需要我们在此称为问 254
题解决的初始行为。然而，一种媒介的艺术探索可以在没有任何明确问题的情况下进行。当任务被分配给机械设备来完成时，这种行为最为明显。画家可以根据任意的公式，如“动态对称”或“涂鸦”，生成新颖的几何设计。同样，作家可以在老套的情境中操纵老套的人物来构思新颖的情节，正如作曲家可以通过改变机械设备上的设置，或操纵谱纸上的符号，或让他的猫在键盘上走动而产生新的旋律或节奏。所有这些都是可以做到的，不是用来解决一个具体的问题，而是扩大了艺术产品的宝库。这个一般问题只是提出新的事物。

想法的原创性

我们看到，自我控制最终取决于产生控制行为的环境变量，因此，它来自有机体外部。在思想领域也有一个相同的问题。思想从来都是原创的吗？

我们不把明显是模仿或是受明确的言语刺激控制的反应称为原创反应，就像是遵循口头指示或书面指示那样。当一个反应是某些既定操作变量的程序所产生的结果时，尽管它以前从未出现过，我们也并不完全倾向于称之为原创反应——就像常规的数学运算或三段论公式的使用一样。当一种操纵模式以前从未被应用于特定的实例时，其结果在某种意义上说就是新的。例如，个体学会数数是明确的教育强化的结果，但是他认为他的数数可能是原创的。观察到一个立方体有六个面曾经一定是个原创的想法。

我们将“原创”一词保留给那些由对变量的操纵而产生的思想，这些
思想不遵循严格的公式，并且有其他的力量来源。在解决问题时，一个给
255 定的程序可能从来没有被以完全相同的方式使用过，或者与相同的材料相关
联，它本身不会导致结论。一些额外的力量是由来自类似情境的刺激诱导提供的。然而，这种诱导也是特定的个人经历和明确定义的行为过程的结果。因此，我们可以承认新思想的出现，从广义上说，在同样情况下他们做出了前所未有的反应，但不意味着那些“拥有”这些思想的人有任何原创成分。

人类现在对世界的控制比其祖先做的要好得多，这表明在发现与发明方面的进步，其中似乎有很强的原创成分。但是我们也可以这样表达这个事实，即现在人类对环境有了更好的控制。有强化作用的相倚关系会塑造个体的行为，而新颖的相倚关系会产生新颖的行为方式。在这里，任何地方都可以找到原创的起源。随着时间的流逝，人们以越来越有效的方式对周围世界越来越微妙的特征做出反应。社会环境的发展使得行为的积累成为可能，社会环境迫使现代人对差异做出反应，而这种差异只是在其祖先传承下来的行为中非常缓慢地得到控制（第十九章和第二十八章）。由群体所建立的教育机构提供了环境相倚关系的作用，从一个个体传递到另一个个体，使得个体有可能在大范围内获得有效的行为。

我们无法严格地说明科学史上重要思想起源的原因，因为许多相关的事实早已无从得知。然而，通过对某个特定想法的产生方式提出合理的解释，原创性的问题就可以得到解决。对科学史的研究使这一任务比以前看起来更加可行，因为它倾向于将任何一个人的贡献最小化。哈维发现，血液是从右心室通过肺部流到左心室，而不是通过膈膜，当我们得知此前曾
有人提出过有些血液是流经此通道的，这解释起来就很容易了。当我们了
256 解了蒸汽机的早期形式（詹姆斯·瓦特的贡献便是以此为基础）之后，瓦
特发明蒸汽机就显得不那么神奇了。

在自然科学的框架内，创造性思维的构想可能会冒犯那些自认为能够控制自己周围世界并以此为荣的人（第二十九章），但这种构想可能具有补偿性的优势。只要原创性被认为是自发性的或者是不合规则的行为，那么教一个人具有原创性，或者以任何重要的方式影响他的思维过程，似乎都是毫无希望的任务。目前的分析应该引起教育实践的改进。如果我们对思维的解释在本质上是正确的，那么就没有理由说我们不能教一个人如何思考。我们也没有理由不极大地改进思维方法，以充分利用有机体的思维潜力——无论是个体还是有组织的群体，甚至是高度复杂的机械装置。

第十七章 257
自然科学中的自有事件

一个人皮肤中的世界

当我们说行为是环境的函数时，“环境”一词大概是指宇宙中任何能够影响有机体的事件。但宇宙的一部分被包裹在有机体的皮肤之中。因此，一些自变量可能以某种独特的方式与行为相关联。例如，个体对一颗有炎症的牙齿的反应不同于其他人对那颗牙齿的反应，因为其他人无法与它建立同样的接触。由于同样的原因，发生在情绪激动或被剥夺状态下的事件通常都具有独特的可理解性；从这个意义上说，我们的欢乐、悲伤、爱和恨都尤其属于我们自己的。换句话说，相对于每个人来说，宇宙都有一小部分是自有的。

因此，我们不必假定发生在有机体皮肤内的事件具有特殊的性质。据我们所知，自有事件可以通过其有限的可及性来区分，但不能通过任何特
殊的结构或性质来区分。我们没有理由认为，发炎的牙齿的刺激作用与热 258
火炉的刺激作用有本质上的不同。然而，这种热火炉能够以大致相同的方式影响到不止一个人。在研究行为时，我们可能不得不把来自牙齿的刺激作为一种推论而不是作为直接观察到的事实来处理。但是，如果某些以行为作为其函数的自变量不能被直接观察，那么函数分析会变成什么呢？这样的变量该如何处理？

这些问题可能并不是所有的读者都感兴趣。这是一个古老的问题，引起哲学家以及其他一些人的关注已经超过了两千年。这个问题从来没有得到令人满意的解决，也许现在受过教育的行外人倾向于回避它，这相当于简单的消退。幸运的是，这个问题对于人类行为的实际控制来说无关紧要。那些对实用的东西更感兴趣的读者，以及那些此刻更愿意跳到后面章节去读的读者，可以毫不费力地去这样做。然而，这个问题其实很重要，

有时候还必须要面对。现代科学试图提出一种有秩序的、完整的自然观。科学界一些最杰出的人物一直都在研究与宇宙结构有关的科学的广泛含义。其所产生的图景几乎总是二元的。有位科学家谦虚地承认，他所描述的只是宇宙的一半，而他听从的是另一个世界——一个心灵或意识的世界，这个世界需要另一种探究模式。这种观点并非不可避免，但它是从科学中产生的文化遗产的一部分。这显然阻碍了对自然的统一解释。行为科学最为重要的成就之一，或许就是在提出另一种观点方面所能做出的贡献。如果不能对这一贡献至少做一个简要的回顾，有关科学对理解人类行为的影响的讨论就是不完整的。

对自有事件的言语反应

“红色”的言语反应被群体确立为一种辨识性操作行为，当看到红色
259 刺激而做出该反应时，群体就会强化这一反应，而其他的反应则不予强化。如果群体与个体都能看到红色刺激，这就很容易做到。如果个体或者群体有一方是色盲，这一点就无法做到。后一种情况类似于基于自有事件的一种言语反应，根据定义，双方不可能共同看见红色刺激。群体如何适当地施加强化或者不予强化，以便在适当刺激的控制下带来“我的牙疼”这样的反应？建立“我的牙断了”这样的反应是很容易的，因为个体与群体都有机会接触到“断了”的刺激，但群体没有类似的机会接触到最终控制“疼痛”的刺激。然而，这种言语行为显然是建立起来的。

群体也许可以借助对自有事件的公共伴随。例如，可以通过施加强化或者不予强化来建立对牙齿疼痛的言语反应，这种言语反应的建立或者是根据牙齿的特殊情况，这几乎肯定会伴随着自有事件，或者是根据剧烈的间接反应，比如捂着下巴或者大声喊叫。因此，我们教孩子说“这痒”（皮肤瘙痒）或者“那痒”（咯吱痒），因为我们观察的要么是伴随这种自有刺激的公共事件（“不同的发痒的事情”），要么是一些识别性的反应，比如抓挠皮肤或者扭动身体。这种规避个人隐私的方法并不是万无一失的，因为公共事件与自有事件不一定是完全相关的。

还有另一种可能性。从公共事件中获得的言语反应可以基于其共同属性而迁移到自有事件上。人们常常指出，许多主观术语至少在起源上是隐喻性的。例如，情绪语言几乎完全是隐喻性的；其术语是从对公共事件的描述中借用来的，在公共事件中，个体与具有强化作用的群体都能接触到相同的刺激。在此，群体依然不能保证言语集的准确性，因为反应可能会基于不相关的属性而从公共事件迁移到自有事件上。

保证言语报告可靠性的技术不能用于自有描述。内省心理学一旦离开 260
对可控刺激的反应的研究，就会遇到这种困难。例如，心理学家可以操纵一个光点的颜色、亮度或饱和度，以便给他的研究对象建立一个有关这些属性的敏感的言语集。这样的实验情境根本不会产生自有性问题。但是，建立一个可供比较的言语集来区分不同的“情绪状态”，是一项非常不同的任务。除非心理学家能够像操纵一片亮光的属性一样操纵情绪状态下报告的事件，否则他必须借助于不完美的公共伴随。

行外人也发现缺乏可靠的主观词汇是不方便的。每个人都不相信描述自有事件的言语反应。变量的作用往往会削弱对这种描述的刺激控制，而具有强化作用的群体通常无力阻止由此产生的扭曲。以头痛为由逃避一项不愉快任务的人是无法被成功挑战的，即使这个自有事件的存在并不可信。其说法在被纠正后，某学生仍坚持说这就是他“想说的”，但我们无法相信这种自有事件的存在，对于这种学生，没有有效的答案。

个体本身也会遭受这种限制。环境，无论是公共的还是自有的，在有机体被迫做出区分之前似乎一直都是混杂不清的。任何突然被要求对颜色进行精细辨识的人，通常都会认为他现在“看见”了之前没“看见”的颜色。除非有这样做的理由，否则很难相信我们不应该区分三原色，但我们在历史上很早就习惯于这样做，以至于我们的经验可能不是一个可靠的指南。关于有机体在黑暗中长大的实验往往证实了这样一种观点，即辨识性行为是由强迫辨识的相倚关系决定的。如今，自我观察也是辨识性相倚关系的产物，如果群体不能强迫一种辨识，它可能永远都不会出现。奇怪的是，正是群体在教个体“认识自己”。

当然，一些涉及内在刺激的相倚关系并不一定要由一个具有强化作用 261
的群体来设定。在投球时，我们运用自己的动作所产生的刺激来把握一个反应序列的时机。在这里，具有强化作用的相倚关系是由投球的机械与几何要求决定的，因为不涉及具有强化作用的群体，行为个体的可及性问题就不会出现。但是，正如我们在第八章所看到的，“知识”尤其与产生于社会强化的言语行为关系密切。显然，没有这种强化，概念与抽象行为是不可能发生的。这种由辨识性言语行为所代表的自我认识——当我们谈论自己的行为时所“表达”的认识——受到言语群体所设定的相倚关系的严格限制。就个体而言，造成公众不信任的缺陷导致了纯粹的*无知*。在这方面，个体似乎没有什么办法改善运用自身言语集的能力。这是特别不幸的事情，因为他可能会有许多理由使自己的报告失真（第十八章）。

自有刺激的变量

人们习惯上将内部刺激区分为两种。内感刺激主要产生于消化系统、呼吸系统和循环系统。胃部充盈或者发炎，胃因饥饿而收缩，胆结石使胆管扩张，小血管收缩或松弛导致皮肤泛红或变苍白，心脏剧烈跳动，这些都能产生内感刺激。这些都是最重要的刺激，人们对其做出的反应便是“感受到一种情绪”。与在同时，本体感受刺激是由身体在空间中的位置与运动决定的，也是由身体各部位相对于其他部位的位置与运动产生的。我们通常通过与产生于周围环境的外感刺激相结合而对这类刺激做出反应，
262 而且我们并不总是能够正确地识别刺激的来源。因此，当我们用手触摸一个物体的表面，并判断它是黏糊糊的、粘手的或是湿滑的时，尽管我们似乎把这个物体的表面当作一个公共事件来谈论，但我们的反应似乎在某种程度上是由于我们的手在移动时遇到的阻力。然而，这里的重点不是刺激源，而是群体的可及性程度。

有一个重要的言语集可以描述一个人自己的行为。它产生于某个群体，该群体坚持对诸如此类的问题一定要作答：“你说什么?”“你在干什么?”“你为什么要这么做?”虽然这些问题通常都是些实际问题，但其理论意义同样重要。由于个体可能经常将自己的行为视为一个公共事件，公私之间的区分并不总是出现。如果一个人说，“我三点钟回家”，有很多方法可以检验这一点，并强化其行为，以确保未来的准确性。但是，个体从自己的行为中得到的刺激，有一部分不同于社会所能接触到的刺激。

对于尚未执行的行为的描述似乎只依赖于自有事件。例如，一个人说，“我正要在三点钟回家”，但他并没有走。这里的控制刺激不仅是自有的，而且似乎没有公共的伴随。诸如“我非常想回家”或“我将在半小时后回家”这样的反应也描述了似乎只有说话者才能触及的事态。言语群体如何建立这种反应?

一种可能的解释是，当个体公开表现出某些行为时，这些术语是作为言语集的一部分而建立起来的。公开表现之外产生的自有刺激，则获得必要程度的控制。后来，当这些自有刺激单独出现时，个体可能会对它们做出反应。“我正要回家”就相当于说“我观察到自己身上发生的事件，这些事件发生在我回家之前，或者将伴随我回家”。这些事件是什么，这样
263 一个解释并没有说明。类似的表述既可以描述行为的瞬间概率，也可以描述行为的特定形式。

另一种可能性是，当一个人似乎在描述未表现出的行为时，他实际上

是在描述变量的一个历史，这将使一个独立的观察者如果可以获得关于变量的知识，便能够以同样的方式描述该行为。“你为什么这么做?”这个问题对于群体来说通常很重要，群体建立了一个基于外部事件的反应集，而行为是一个函数，同时该反应集的建立也是基于函数关系本身。我们通常会说，一个特定的刺激情境、一种特殊的强化性相倚关系、一种剥夺条件，或是一些情绪环境，都会影响我们的行为：“我经常顺道去拜访X先生，因为他家的饮料很棒。”“我打了那个熊孩子的屁股，因为他太烦人了。”“我通常乘坐早班火车，因为不那么拥挤。”以此类推。同样的数据也有可能被用来预测我们自己未来的行为。“我可能会在明年夏天出国”这一表述，也许是由于那些完全是公共性质的变量，使其等同于“目前的情况使我极有可能出国”这一表述。这不是对即将做出的行为的描述，而是对该行为作为函数的条件的描述。当然，个体本身在观察自己的历史（行为或成长过程）方面常常会具有优势。

当个体描述未表现出的行为时，他可能会对一种重要的刺激做出反应，这种刺激与其他形式的自有刺激完全不同。它源于这样一个事实，即行为可能真的发生了，但动作幅度如此之小，以至于其他人无法观察到它——至少不借助仪器设备是观察不到的。通常的表述是说这种行为是“隐性的”。有时人们会说，简化形式仅仅是显性形式的开始——自有事件是初始的或不成熟的行为。由于类似的自我刺激，已建立的关于显性实例的言语集可能会扩展至隐性行为。有机体正在产生同样有效的刺激，尽管规模要小得多。

隐性的或初始的行为很容易被误用。如果说“我正要回家”这句话是 264
对刺激的一种反应，而这种刺激又是由真正要回家的一种隐性的或者初始的反应所引发的，那么这种要回家的反应是如何被隐性地表现出来的呢?在这种情况下，诸多其他解释中有一种可能成为首选。然而，言语行为可以发生在隐性的层面，因为其表达不需要借助特定的物理环境。此外，它可能在隐性的层面上也仍然有效，因为说话者本人也是倾听者，他的言语行为可能会产生自有性质的结果。隐性形式即便其强度已经减少到对环境没有明显影响的程度，它也会继续被强化。大多数人会观察自己的私下交谈。一个典型报告的第一句就是“我对自己说……”，控制该反应的刺激“我说”（除了在程度上）与部分控制该反应的刺激“我对他说”都是相似的。

对自身辨识性行为的反应

当一个人说“天空中有一道彩虹”或“时钟敲了十二下”时，我们可以根据一个刺激情境以及某些典型的条件作用程序对他的行为做出合理的解释，而群体正是用这些条件作用程序建立起了言语反应。但如果他说“我看见天空中有一道彩虹”或“我听到钟敲了十二下”，就必须要考虑另外一些术语。它们的重要性显而易见。当一个人对只有他独自接触的事件做出言语反应时，群体通常会从中受益。他这样做，拓宽了听他讲话的人的环境。但同样重要的是，他要报告自己做出反应的条件。在这样做的过程中，可以说，他揭示了“他的信息来源”。“我看见天空中有一道彩虹”的反应与“他们说天空中有一道彩虹”的反应在重要性的顺序上是不同的。该群体对说话人行为性质感兴趣的其他原因，可以从这些熟悉的问题
265 中得到提示：“你看见窗户那边的那个人了吗?”“你能听到我说话吗?”“你闻到烟味了吗?”

当群体用条件作用训练个体说出“我看见……”“我听到……”“我闻到……”等时，它必须有一些*辨识性*行为的证据。在某些情况下，它可能依赖于对明显刺激的不可避免的反应——“你看，终究是下雨了。”有时，它可能依赖于感受器的定位：当我们确信儿童的眼睛是朝向狗时，我们告诉他，他在看一只狗，或者当我们将儿童的手指放在布上时，我们告诉他，他正在感受一块布的质地。但是，我们不能总是有把握地用证据表明，一个刺激仅仅是被接收了。对于微弱的嗅觉、味觉、视觉或听觉刺激，我们没有类似的证据，而这些感受器并不需要特别定向。例如，群体如何教个体正确地报告他看到一块布的*颜色*，或在一个完整的管弦乐队中听到*双簧管*的演奏？在这里，必须要有明确的证据表明正在做出辨识性反应。“你看见灌木丛里的那只鸟了吗?”“是的。”“是什么样的鸟?”只有提供正确的附带信息，群体才会恰当地强化“是的”的反应。

因此，描述个体辨识性行为的言语集似乎是建立在正在发生辨识性反应的外部证据上，而不是基于呈现或者接收到的刺激。当个体开始描述自身的辨识性行为时，至少在一开始，他大概就是根据类似证据而这样做的。他一边观察自己，一边做出一些识别性反应。与群体使用的公共事件相关的自有事件也是辨识性行为的结果，而不是简单的刺激。因此，“我看见了一道彩虹”的反应并不等于是“有一道彩虹”的反应。如果二者是等同的话，那么一个单一的辨识性刺激（彩虹）就可以解释这两种形式，但“我看见了一道彩虹”是对看到彩虹的反应的描述。当彩虹真正呈现时，这种区别可能只是一瞬间的事。

但彩虹并不总是出现的。也许行为分析中最为困难的问题，是在缺乏习
266 惯性刺激时，借由以“我看见……”“我听到……”等开头的反应而被提出

来的。在这里，用一个准确的反应公式来描述一个人自己的辨识性行为是至关重要的。我们可以通过考察一个人“看见东西”的环境来解决这个问题。也许在这种环境下，他会说“我看见了什么东西。”（“我听到……”“我尝过……”等类似的情况无须明确讨论。）当有适当的刺激出现时，则不会有什么特别的问题。我们也准备了一些实例，在这些例子中，刺激不是习惯性刺激，但与习惯性刺激相似，足以控制该反应。抽象的过程也提供了一些实例，在这些例子中没有完整的刺激，但对此我们还是可以给出充分的说明。当不存在与通常刺激相似的刺激时，以“我看见……”开头的反应必须用条件作用来解释。与应答性条件作用和操作性条件作用之间的区别相对应的，有两种主要的可能性。

条件视觉

一个人可能会看见或听到“不以条件反射模式出现的刺激”：他可能会看见 X，不仅当 X 出现时，而且当任何经常伴随着 X 的刺激出现时亦是如此。开饭铃声不仅使我们流口水，还让我们看见了食物。在巴甫洛夫的公式中，我们只是简单地用“看见食物”来代替“分泌唾液”。最初，这两种反应都是被食物引发的，但经过一个条件作用过程，它们最终都会对铃声做出反应。如果一个人报告说晚餐铃声让他看见了食物（他更有可能说这铃声“让他想起了食物”），我们可以认为他现在报告的反应与有食物呈现时所引发的反应是相似的。这只是一个不幸的传统，该传统显然要归咎于希腊人，它导致我们去询问他在这样一种情况下看到了什么。当他报告说铃声使他流口水时，我们并不觉得有必要问他在垂涎什么。一种刺激的功能被另一种不同的刺激所承担，这种刺激可能会控制看见食物以及分泌唾液的行为。

条件刺激在引发看见某物的反应时所产生的作用，有助于解释对虽然 267
存在但又与“所见之物”不一致的刺激所产生的反应的特点。条件视觉可以结合对无条件刺激的反应。我们更容易看见熟悉的物体，而不是不熟悉的物体；在某一特定场合实际出现的刺激可能同时作为条件刺激和无条件刺激都有效。在匆匆瞥见一只鸟时，如果它是一只我们所熟悉的鸟，我们就可以清楚地看见它；如果它不为我们所熟悉，我们就只能模糊地看见它。零散的刺激可以唤起条件视觉，条件视觉则与直接刺激引发的无条件视觉相结合。当人们一边倾听海浪声音、一边阅读有关大海的诗词时，对大海声音的诗意描述效果尤其好，因为言语和非言语的刺激结合起来会产生特别强烈的反应。在一副扑克牌中，红桃或方片的形状与红色相关联。

人们在玩扑克时，一个人如果一眼瞥见红色，就很可能将其看作红桃或方块，而不是黑桃或梅花。言语刺激“红桃”很可能会唤起人们看见红色，也会让人们看见心形。实验表明，如果让一个熟悉扑克牌的人简单地看一眼用黑色墨水印制的“红桃”，那颗“红桃”有时就会被看作是红色的，或者是红色与黑色的混合，也可能被认为是紫色的。如果卡片在视野中停留较长时间，当前的刺激就会完全掩盖看见红色的条件反应，但适当时间的短暂接触会导致条件反应与无条件反应的融合。

更为概括地说，条件视觉解释了为什么一个人倾向于根据自己先前的经历来看待世界。人们对世界的某些属性如此普遍地做出反应，以至于人们提出了“知觉法则”专门用来描述这种被条件化的行为。例如，我们通常看到完整的圆、正方形以及其他图形。一个有缺项或者含义不明确的不完整图形，有可能会唤起一个条件反应，即将其看作一个完整图形。例如，在很短的时间内呈现一个有着一小段缺口的圆环，它就有可能被看作一个完整的圆环。对于一个在日常生活中需要与不完整圆环打交道的个体
268 来说，他就不太可能将其看作是完整的——例如，那些制造某些类型的活塞环的人就会有这种情况。一些所谓的联觉也是条件视觉与无条件视觉融合的例子。在一个常见的例子中，数字也被看作是有色彩的。一个儿童第一次学习认识数字，其使用的书本里数字的几何形状与颜色系统地搭配，就会发生这种事情。数字的几何形状会引发看到相应颜色的条件反应。口语刺激 7 会引起两种条件反应：看见 7 的形状，并看见与该形状相联系的颜色。

所有这些条件都可以被设定在一个连续的统一体中，在这些条件下，一个成熟的个体将会展现出他看见什么东西的反应。就该连续体的一个极端而言，瞬时刺激是最佳的。例如，如果这个人正在倾听暴风雨中的海浪声，此时声音是主控的。然而，“听海”并不是一个完全无条件的反应，因为它依赖于先前的经验。如果我们把这个人送到离海越来越远的地方，以此来减少瞬时刺激，我们就提高了条件刺激的作用。只是由于某种特有的经历，人们才会将微弱的不相干的呼啸声听成“像大海一样的声音”。任何与海浪声相似的声音都可能会产生这种效果——例如，街道上车辆的嘈杂声。如果我们现在开始引入一种明显不同形式的条件刺激——例如非听觉刺激——我们也许能够展示出两种不同效果的融合。如果我们让被试观察一幅惊涛拍岸的画面，当下与巨浪声相似的听觉刺激将使得看见与听见海浪的总体反应更加强烈。在我们这个连续体的另一个极端是纯粹的条件反射——在一个安静的房间观察一幅画有大海的油画，同时听着与之相

对应的声音。如果这种效果发生了，那一定是由于条件作用，因为听到的是听觉刺激，而呈现的是视觉刺激。

当然，个体所展现出的条件视觉、条件听觉等，在程度上存在很大的差异。弗朗西斯·高尔顿在19世纪首次研究了这种人类行为形式。他的一些被试显示出一种特殊的能力，能够看见他所描述的事物，而另一些人 269
则发现这几乎是不可能的。有些被试只是在某些领域表现出特殊的能力。有时这是感觉器官的先天缺陷造成的，如色盲或音盲。其他的个体差异可以追溯到这些个体的成长史。有一种差异取决于必要的条件作用的程度。在一个视觉刺激极其重要的世界里，人们会期待能够建立许多这样的条件反应。不难发现，作曲家特别有可能“听见不存在的音乐”，而画家特别有可能“看见不存在的形式”，以此类推。当然，一个人可能因为这类特殊能力而成为画家或音乐家，但个人成长史上的明显差异几乎肯定是相关的。另一种差异取决于个体是否能够对他的条件化辨识性反应做出反应，而这又取决于群体是否强迫他们做出言语反应。一个培育内省的人的群体可能会有更多这类数据来对此做出说明，不是因为有更多的自有视觉的发生，而是因为更多的自有视觉通过自我描述进入了公共领域。在一个很少坚持这种行为的群体中，问题可能根本不会出现。

当某个体报告说他看见了一个实际上就在他面前的物体时，我们可以区分他对这个物体的反应和他对自己反应的反应。该个体自己也能够做这样的区分。当他报告说他看见了一道彩虹时，彩虹是一个变量，他的行为首先是该变量的一个函数，通常情况下他可能会说有一道彩虹或是没有彩虹。当该刺激与通常的刺激只有部分相似时，被试可能会报告说它“令他想起了”彩虹。当“看到的刺激”实际上并不存在，但被试却无法报告这个事实时，我们说他正处在幻觉状态。他看见了一些东西，并且报告说他看见了一些东西，单从这些事件他就可以断言有一些东西是存在的。当此时的情境得到进一步澄清后，他可能会修改其报告，得出结论说，他“只是认为”他看见了彩虹。与此同时，他也许会拒绝对当下与他的条件反应不相容的情境做出反应，他可能会坚持认为他所看见的是“真实存在” 270
的。在某些领域，对一种相应刺激是否真实存在进行附带检验并不容易。在这种情况下，我们就不大可能坚持这种区分。由于我们通常不确定嘴里是否真有苦味物质，所以我们不太可能认为“我的嘴尝起来很苦”的反应是一种幻觉。

条件视觉的现实重要性。自有事件并非完全没有实际意义。产生条件视觉的刺激往往具有强化作用，因为它们就是这样做的，它们扩大了在人类行为控制中可用的强化刺激的范围。正如画家、作家和作曲家所了解的那样，产生特殊效果的条件刺激是一项重要的实践任务。如果有可能用“自然之美”来强化一个人，那么通常也就有可能用条件刺激来强化他，这些刺激可以唤起人们看见自然之美的反应。产生这种条件视觉的是“文字图像”的功能。通过将条件视觉与无条件视觉相融合，画家让观众以另一种方式观察同一件事物。怀旧音乐如果“唤起”了一段更加快乐的时光，它就是有效的，这种回归也会起到强化的作用。这一过程在艺术领域的应用程度在不同时期会有所不同，但其作用一直是相当可观的。然而，它不能被视为与现实主义或自然主义等同，因为与纯粹的设计效果相适应的反应在很大程度上也依赖于经验。稍后我们将返回到条件视觉、条件听觉等其他实际应用的内容。在评价一种特定文化的影响时，重要的是要注意这类条件反应建立的程度，以及与之相关的自我认识的辨识性反应建立的程度。

操作性视觉

有许多方法可以证明“看见 X”这一辨识性操作行为的作用很强。有一种证据是前驱行为的强度，该行为使得看见 X 成为可能。也许仅仅是注
271 视 X 的行为，个体可能会利用每一个机会或者长时间地致力于此。另一种前驱行为是寻找 X——导致以过去看见 X 的方式四处查看。假设一个人发现了有四片叶子的三叶草，我们便给予其强有力的强化。“看见有四片叶子的三叶草”的力量强度在许多方面都是显而易见的。这个人会比以前更倾向于关注四叶片三叶草。他会去那些他曾经发现过四叶片三叶草的地方去查找。与四叶片三叶草相类似的刺激会引发一种即时反应。在稍微模糊的环境下，他会错误地伸手去拿三叶片三叶草。如果我们的强化足够有效，他甚至可能在纺织品、壁纸等物品上看见四叶片三叶草的含混图案。当没有类似的视觉刺激时，他也可能“看见有四片叶子的三叶草”——例如，当他闭上眼睛或在一个黑暗的房间里。如果他已经掌握了足够的词汇来描述自己，他可能会报告说四叶草“闪入他的脑海”，或者说他“正在思考”四叶草。

我们经常观察到强烈的行为，却对导致这种行为强度的环境知之甚少。例如，让我们来设想一个喜欢狗的人。这种人的一个特点就是“看见狗”的反应特别强烈。他抓住每一个机会观察狗，并尽其所能地实现这一行为——例如，参观犬舍和爱犬展示会。他布置各种与狗类似的刺激物——在墙上挂狗的图片，在桌子上放狗的雕像，并购买含有狗的图片的书籍。如果他是一个画家、摄影师或雕塑家，他会自己创作类似的图片或

雕像。但狗或者一个适当的复制品的存在并不是必要的。由狗所衍生的条件刺激——拴狗链、喂食设备等——很容易“让他想起狗”。特定的言语刺激——例如关于狗的故事或者对狗的文字描述——会让他“想象自己的狗”，他还可能获得甚至创作出这样的刺激。当他在观看墨迹、云的形状或其他含混图案时从中看见了狗，或者当他把一些模糊不清的物体误认为是狗时，同样的力量也会表现出来。在没有任何可识别的外部信息支撑的
情况下，看见狗的行为也会发生。他“想着狗”，做着与狗有关的白日梦， 272
甚至在晚上也会梦见狗。

不同于应答模式中的条件视觉，这种行为不是由当前刺激引起的，也不依赖于先前的刺激配对。主要的控制变量是操作性强化与剥夺。当我们使一个人饥饿时，我们就增强了他过去被食物强化的真实反应。我们也可以增强能够产生食物画面的绘画反应或言语反应，或者因为他们与食物相伴随，从而产生有效的条件刺激——个体画食物的图片或者谈论他所吃过的美食。与此同时，我们诱导他们去“想食物”，幻想食物，或者做有关食物的梦。同样，性满足被严重剥夺的男人的特点是，他们不仅一有机会就沉湎于性行为，或享用性艺术产品，或实施自我性刺激，他们也会在没有相关刺激的情况下看到性对象或性活动。所有这些活动形式都可以追溯到一个共同变量，这是通过消除剥夺来证明的，于是我们消除了所有的行为形式。

当缺乏相应刺激时，能够做出的辨识性反应就具有了一定优势。它不需要时常令人烦恼的、会引发外部刺激的前驱行为，当这种前驱行为不可能发生时，辨识性反应就会发生——当我们在白日梦中拥有已失去的爱情或得到了一个完全不可能的机会时便是如此。此外，虽然公开的形式有可能受到惩罚，但自有的反应不会受到社会的惩罚。当然，它也存在某些不利因素。这种行为并不能改变剥夺状态。饥饿或被剥夺性需求的人靠幻想不能改变这种情境，无法通过餍足来削弱这种行为的强度。我们经常用减少剥夺来说明强化的有效性，但正如我们在第五章所看到的，这种关系仅仅解释了为什么这种刺激只是当前在特定物种身上具有强化作用。这种强化效果是由自有刺激和公共刺激产生的。对于一个喜欢狗的人来说，仅仅
是看见狗就自然具有了强化作用。饥饿或被剥夺性需求的人会因为相关对 273
象的出现或存在而被强化，也会在没有这些对象时通过看见它们而被强化。这种强化并不依赖于剥夺状态的实际减少。

自有层面上的操作性视觉可能会以其他方式获得强化。自有反应可能会产生辨识性刺激，这些刺激在进一步产生或自有性质或公共性质的行为

时被证明是有用的。例如，在下面的问题中，行为通常是被自有视觉推动的。“想象一个立方体，它的六个表面都被涂成红色。再对其分别做两次水平的切割和两次垂直的切割，将该立方体分成 27 个相等的立方体。有多少个立方体三个面被涂成红色，有多少个立方体两个面被涂成红色，有多少个立方体一面被涂成红色，有多少个立方体没有一个面被涂成红色?”在没有看见任何立方体的情况下也可以解决这个问题，比如对自己说：“一个立方体有八个角。角的定义是立方体三个面的交点。因此将有 8 个三面被涂成红色的立方体……”以此类推。但如果你能看见这 27 个小立方体，并逐一数出它们的数量，那么解决这个问题就容易多了。最简单的方法就是面前有这些真实的立方体，当然，即便草图也能提供有用的帮助；但许多人在没有视觉刺激的情况下，却通过视觉来解决这个问题。

自有性质的问题解决通常包括辨识性反应与操纵性反应的混合。在这个事例中，人们会看着这个大立方体，隐性地切割它，隐性地将其分离成小立方体，看它们的各个面，默数它们不同的面，等等。在心算中，要做乘法、除法、移项等运算，查看每次运算的结果，直到得出一个解。也许，这种隐性行为的大部分形式与对纸笔的显性操纵相类似；其他则是以看见数字、字母、符号等形式表现出来的辨识性行为，这与显性操纵所引起的行为类似。

在对自有视觉的运用程度上存在着巨大的个体差异。很少有人能够比得上高尔顿的一位笔友，他可以将计算尺的相应部分视觉化，并将其设置
274 在相应的位置，然后从中读出答案。与条件视觉一样，这种差异既可以追溯到自有视觉建立程度上的差异，也可以追溯到对引发自我刺激的描述能力上的差异，或是将其用作产生进一步行为的基础能力上的差异。

对于自有事件的种类的偏好也存在着差异。在解决一个国际象棋问题时，根据第十六章的说法，一个人可能会有多种思路。解决方案可能是作为显性的反应而出现，即移动一步棋。它可以以显性的言语形式出现（“马走 b7”），也可以以隐性的形式这样做。它也可能是一种隐性的非言语行为，尽管大家公认很难确定这种反应的维度。我们一般会说，“我对自己说，‘走马’”，但我们没有类似于“我把马走到自己这边”这种形式的习语。解决方案也可能以辨识性反应的形式出现：我们可能会忽然看见该马处在一个新位置上。

即使隐性行为主要是言语性的，其他类型的自有反应也会经常发生。有些作家报告说，他们先听到句子，然后将其记录下来，就像他们记录下另一个人的讲话一样。还有一些人用明显的肌肉形式默念句子。有一些这

样的例子，某作家在睡梦中首次读到一首诗或一个故事，然后便把它抄写下来。诗人主要擅长言语行为，但他有可能是一个“预言家”，他只借助于词语来描述他所看到的，就像描述一个公共事件一样。

当存在某种程度的外部刺激时，类似的差异就会出现。例如，在言语随机抽样演示器实验中，一些被试在倾听微弱的言语模式时，听到留声机在说些什么。其他人则发现他们自己在说些什么，在这种情况下，他们也可能，或者说当然“听到”了自己的言语行为。在非言语投射测验中，通常不存在相似情况。在罗夏测验中，墨迹的作用主要是对视觉辨识性反应进行补充。这里所揭示的是看见 X 的强度，而不是说“X”的强度。言语报告通常是对辨识性视觉反应的反应。

描述自有事件的言语集可能无法区分这些情况。如果我们让某人去想数字七，而他报告说他已经这样做了，他还可能报告了一种辨识性反应，275
在该反应中他看见了 7 的形状，或者是“七”这个词，或者是七个点的空间排列、一条线的七个细分等，不一而足。但同一份报告可能描述了这样一个事实：他对自己说了“七”，或者他隐性地地画了 7 的形状。在这种情况下，该报告可能还包括他听到自己说了“七”，或看到了非言语反应的结果。当一个人“想到数字七”的时候，可能不止有一个活动，甚至所有这些活动都会发生。群体并不坚持对他们进行区分，因为这种区分一般并不重要。通常，这些变量能够增强看见物体时的辨识性反应，同时也就能够增强产生物体的隐性或显性反应。如果听见 X 的反应很强，那么说出 X 的反应也会很强，因为说出 X 是一种可以使听见 X 成为可能的前驱反应。这是显而易见的，但并非不重要。听到自己被称赞，往往也是一种强化。因此，一个简单有利的做法就是夸赞自己。可以这样说，吹嘘行为因听到赞美而被强化。在相同的动机状态下，一个人有可能表现出倾听赞赏的高概率——例如，当一个人被赞扬时，他可能只是仔细地听，或者将无意中听到的恭维话理解为对自己的赞美，或者将中性的评价误解为赞赏。

自有的辨识性反应也可以为其自我控制的效果所强化。除了身体约束，人们在自我控制中能够操纵的所有变量在自有层面上都是可以利用的（第十五章）。个体通过叙述一个情绪性事件或仅仅通过看见或者听见，即可产生情绪反应。通过对惩罚的言语描述或者再次看见或听到这一惩罚，人们便有可能产生一种厌恶性状态。

对问题的传统处理方法

我们用下面的方式来解释言语行为，它描述了看见 X 时的辨识性反

应。这种言语行为不仅是在面对有机体时获得的，实际上也是对X做出辨
276 识性反应时获得的。在X不在场的情况下，作为应答性或操作性条件作用的结果，类似的辨识性反应可能会产生。描述辨识性反应的言语反应不是必然产生的，但它一旦产生，同样的变量就可以被认为是活跃的。我们并没有通过这种处理来改变自有事件难以触及的特性，但我们已经成功地将描述事件的行为置于某种功能控制之下。

当然，这不是解决自有视觉问题的传统方法。人们通常认为，人根本看不到物质世界，我们所看到的不过是一个被称为“经验”的非物质的副本。当生物有机体与现实接触时，曾经历过的副本被称为“感觉”“感觉材料”或“知觉”；当与现实没有接触时，它则被称为“意象”“思想”或“观点”。感觉、意象以及它们的集合体被认为是特殊的精神事件或心理事件，发生在一个特殊的“意识”世界里，在那里它们虽然不占居空间，但却经常可以被看到。我们现在不能肯定地说，为什么首先要做出这样一个麻烦的区分，但这可能是解决某些值得反思的问题的一种尝试。

一个单一事件刺激一个有机体的方式往往有很多。雨是我们隔着窗户看到的，或透过屋顶听到的，或者在我们脸上感觉到的。哪一种形式是雨呢？假设任何一种辨识性反应都能识别一个物理事件，一直以来都是很困难的。因此，如果能够说它识别了一种短暂且又统一的对事件的感觉或知觉，这会是一件很诱人的事情。最终，最清晰明确的形式——通过与皮肤接触的刺激——与现实最紧密地联系在了一起。在一间昏暗的房间里，有一个隐约可见的物体，直到你触摸到它，它才“真实存在”。但这并不是一个完全令人满意的解决方案。从接触中产生的刺激可能与视觉或听觉产生的刺激不完全一致，我们或许并不愿意接受一种形式与现实相一致，从而排除其他形式。然而，仍然有心理学家认为必有一种刺激形式是优先的，因此，他们坚持经验与现实之间的区别。人们会惊奇地发现“事物并
277 非其表面所见的样子”，一个房间从特定角度看是正方形的，经过触觉或视觉的探索，可能会发现它是倾斜的。很明显，一个单一事件可以从许多方面刺激一个有机体，而这取决于有机体的结构以及它接受不同形式能量刺激的能力。今天，我们不太倾向于问事物本身是哪种形式的能量，或者它恰当地说明了什么。

另一个一直以来试图解决的问题是区分物质世界与非物质世界的问题，它来自这样一个事实，即一个物理事件引起的刺激可能会产生一种以上的反应。雨是一种你可以跑着逃避的东西，可以用手接住它来喝，也可以打理好庄稼准备接收雨水灌溉，或者大声喊出“下雨啦”。哪一种反应

是“雨本身”造成的？解决方案是构建一个对雨的被动理解，这应该与实际反应无关。就我们所关心的而言，认识到许多言语和非言语反应可能受到某种特定形式刺激的控制，这个问题就解决了。除了抽象的言语反应这个可能的例外，没有任何行为需要为了“了解雨”而被挑出来。

抽象过程提出了另一个难题，经验的概念可能提供了对该难题的逃避。我们从第八章中看到，通过考察一个做出反应的单一场合，“雨”这一反应的所指及其含义并不能被识别出来。某类刺激的某些特性控制着这种反应，只有通过对许多实例的系统研究才能揭示这些特性。在任何给定的场合下，该反应似乎相对地不受物质世界的急迫需要的影响，它只处理从物质世界中抽象出来的单一维度。抽象过程似乎产生了一个由一般属性构成的世界，而不是由特定事件构成的世界，然而，这一事实导致了不一致的解释。一方面，特定的事件被认为是直接经验，而抽象的过程则被认为是构建了一个从未被直接经历过的物质世界。另一方面，单一事件被看作与现实之间短暂的、未经分析的接触，而对世界的系统认识则被视为经验。

此外，早期自然科学的缺陷一定是造成难以区分这两个世界的另一个
原因。个体如何才能与皮肤接触之外的世界建立联系呢？假设一个人只知 278
道自己的经历，这是一种安慰，这些经历可以被认为存在于自己的身体里。如果一个人从来没有看见过真实的世界，所看到的只是一个想象的复制品，那么就不难解释，在某些情况下，人们所看到的东西在真实世界里根本就不存在。我们只能假定经验是独立于现实的。如果说一个人看到了有关某一事物的感觉，而该事物本身距离遥远，这似乎解决了所看到事物的位置问题。如果说当事物本身不存在时，我们看到了事物的形象，这似乎解决了所见事物存在的问题。但这种解决方案是站不住脚的。人们仍然需要解释远处的物体是如何产生这种感觉的，或者当物体不存在时，形象是如何产生的。现代自然科学通过弥合远距离物体与有机体之间的差距，解决了第一个问题。对行为的研究提出了一些变量，这些变量会导致有机体在现场没有 X 的情况下看到 X，从而解决了第二个问题。

对传统观点的反对。几乎无须指出那些适用于假定的非物质事件在术语上的缺点。即便我们能用自然科学可以接受的维度来定义“感觉”与“意象”，它们也是作为与“内驱力”“习惯”“本能”等相提并论的中介概念出现，并且会受到本书第二部分提出的那些概念的批评。像往常一样，这种虚构的解释在难题面前提供了毫无根据的安慰。由于提出了一种因果事件，这种做法阻碍了对有用变量的探索。与通常的观点相反，个体与发

生在自己身体内的事件之间的特殊联系，并没有为他提供有关其行为原因的“内部信息”。由于他对自己成长经历的偏好，他可能会拥有与他的反应准备、其行为与控制变量的关系以及这些变量的历史等相关的特殊信
279 息。尽管这些信息有时是错误的，正如我们在第十七章看到的那样，甚至可能是不足的，但它在行为科学中有时却是有用的。但自有事件充其量不过是因果链中的一个环节，通常甚至连一个环节都算不上。从某种意义上说，我们的隐性行为可能会发生在显性行为之前，但我们的行动并不是隐性反应或其后果的“表达”。这两种行为是由相同的变量引发的。

最近有一本关于变态行为的书中有这样一句话：“一套解放思想的体系暂时掌控了行为。”“一个反应系统暂时处于优势地位”，这句话很好地描述了这些事实。无论哪种情况，我们都要问“为什么?”。尽管在因果链中，某些可以被恰当地称为想法的东西先于行为，但我们必须回溯到比想法更远的地方去寻找相关的变量。如果某人自己报告说，“我有这个想法已经有一段时间了，但最近才采取行动”，他描述的是先于显性反应的一种隐性反应。因为报告“有个想法”的人很可能是将其想法用显性形式实现的人，我们可能会发现报告一个想法是很有帮助的。但是这样的报告并没有完整地说明问题。正如我们在第十章中看到的，说一个人因为感到愤怒而打了另一个人，仍然无法解释愤怒的感觉。我们一旦确定了相关的变量，就会发现解释愤怒的感觉并不那么重要。同样，经常有人争论说这种条件反射是不充分的，因为它完全不提一种传统上被描述为“思想联想”的联结。有报告说一个人听到晚餐铃声就会分泌唾液，这可能忽略了一个事实：晚餐铃声首先“让他想起晚餐”，然后他就会因为想到了晚餐而分泌唾液。但是并没有证据表明，想到晚餐不仅仅是铃声和条件作用过程的附带效应，就像这种表达在此被定义的那样。无论之前发生了什么，一想到晚餐就会流口水，这是无法证明的，因为一个人在没有晚餐的情况下是不会想到晚餐的。

280 当然，人们仍然可以自由地假设存在一些非物理性质的事件，只有有感受的有机体才能接触到它们，因此它们完全是自有性质的。科学并不总是遵循奥卡姆剃刀原理，因为从长远来看，最简单的解释并不总是最可取的。但是，我们对于描述自有事件的言语行为的分析并不完全是品味或偏好的问题。我们不能逃避这样一种责任，那就是展示个体是如何描述一个自有事件的，或者说，在同样意义上，他是如何知晓的。我们对群体传授主观词汇方式的调查，并没有揭示出任何针对自有性本身建立辨识性反应的手段。根据定义，只有个体才能获得的经验世界，完全没有公共伴随，

永远都不可能成为自我描述的辨识性事件。

其他人提出的解决方案

研究自己的自有世界。曾经有人建议，心理学家可以通过将个体的研究限制于自己的自有领域来避免自有性问题。的确，心理学家有时会成功地把自己作为实验对象，但前提是他们能够像在研究别人的行为时那样精确地操纵外部变量。科学家对自有事件的“观察”是对该事件的反应，甚或是对该事件的反应的反应。为了完成函数分析的程序，他必须掌握关于该事件的独立信息。这意味着他必须以其他方式对此做出反应。出于同样的原因，他不能通过要求其他人描述这些事件，来解决他人行为中的自有事件问题。经常有人提出，客观心理学可以用自有事件的言语报告代替事件本身。但言语报告是机体的一种反应；它是一门科学必须要分析的行为的一部分。这种分析必须包括对该事件的独立处理，而报告则是该事件的一个函数。报告本身只是故事的一半。

感觉生理学。从行为的函数分析中得出的解决方案与目前在自然科学
框架内提出的另外两项方案是不同的。其中一项与神经系统中感受器的生 281
理学研究密切相关，另一项与对感觉与知觉数据的逻辑分析或“操作”分析密切相关。“感觉”“意象”等概念的设计，是为了将环境的模式尽可能地带入有机体，从而弥合知者与被知之间的鸿沟。把世界以表象的形式呈现给有机体的任务完全属于物理学的领域。超出这个范围的，则属于心理生理学的领域。与对意识世界中心理事件的研究相对应的现代研究，旨在考察感受器的作用以及传入神经与中枢神经系统的作用。天空中的彩虹或一些相关的能量模式被带到眼睛的外表面，然后到视网膜，然后到视神经束，最后到大脑的某些部分——这个过程中发生的变形要尽可能地少。这使得有机体直接体验到彩虹的主要特征的说法更加可信。我们甚至很容易假设，在某个阶段（可能是最后一个阶段），大脑中的模式是感觉或意象。但视觉是对刺激的一种反应，而不仅仅是像照相机一样的记录。在把彩虹的模式带进有机体这一过程中，对于理解看见彩虹的行为来说几乎没有任何进展。一个人究竟是看到了真正的彩虹，还是有关彩虹的感觉，抑或是大脑中的某种终端神经模式，这些都无关紧要。在某些情况下，他必须看见，这不仅仅是记录类似的模式。除了感受器和其他器官的作用方式外，感觉生理学还涉及所看见的是什么的问题。这可能是一个产生于习语或修辞的一个虚假问题。如果我们说彩虹（无论是作为客观环境中的事件，还是有机体内部的相应模式）并不是“所看见的东西”，只是最常见的控制

视觉行为的变量，那么当该行为作为其他变量的函数发生时，我们就不太可能为此而感到惊讶。

感觉与意象的操作性定义。另一个针对自有性问题所提出的解决方案282 认为，就公共事件与自有事件而言，后者在科学中没有位置，因为科学需要群体成员的共识。这种观点非但没有回避传统意义上的精神与物质、经验与现实之间的区别，反而鼓励了这种区分。它假设，事实上存在一个主观世界，而这个主观世界是科学无法触及的。基于这一假设，感觉科学的唯一工作就是考察那些可以替代自有事件的公共事件，以便对其进行研究。

目前的分析有一个非常不同的结果。即便只是作为一个推论，它也继续研究自有事件。它不能代替对事件本身做出推论的言语报告。言语报告是对自有事件的反应，也许可以作为有关自有事件信息的来源。对这一做法的有效性进行批判性分析是最重要的。但我们可以避免得出这样一个站不住脚的结论：就科学而言，言语报告或其他一些辨识性反应*就是*感觉。

自有事件公开化。在自然科学的框架内解决这个问题的另一种方法与目前的分析是一致的。公共与自有之间的界限是不固定的。每发现一种令自有事件公开化的技术，这个边界就会改变。通常观察不到的很小的行为可能会被放大。隐性的言语行为可以在言语装置的轻微运动中被检测到。用手语讲话的聋哑人其使用手指表达的行为是隐性的，该动作就可以适当地被放大。没有理由解释不将隐性行为放大，这样就可以使个体自己能够利用额外的信息——例如，在进行创造性思维时便是如此。毕竟，这只是个人在公开思考时所做的事情，比如在纸上草草写下笔记，或者操纵某种艺术媒介。因此，自有性问题最终可能会由技术进步来解决。但是我们依然要面对发生在自有层面上的事件，这些事件在没有仪器放大的情况下对于有机体而言十分重要。即使这些事件有一天可能会为每个人所了解，有机体如何对它们做出反应仍将是一个重要的问题。

第十八章 283
自我

自我控制或自我认识中的“自我”是什么意思？当一个人把手塞进口袋不让自己咬指甲时，是谁在控制谁呢？当他发现突发的情绪一定是由于瞥了某个令人不喜的人一眼时，谁会发现谁的情绪是由谁的视觉反应引起的呢？帮助回忆一个名字的自我与回忆这个名字的自我是同一个吗？当一位思考者梳理出一个想法时，梳理者也是最终那个拥有这个想法的人吗？

自我最常被看作假设的行为原因。只要外部变量不被注意或是被置之不理，它们的功能就会被分配给有机体内部的某种源发性动力。如果我们不能证明是什么在影响个体的行为，我们就只能说是他自己影响自己的行为。物理学的先驱们也曾遵循同样的做法，但现在风已不再是由风神艾俄洛斯吹起，雨也不再是由雨神朱庇特吹落。也许是因为拟人化的观念与行为个体的概念非常接近，所以很难对行为做出类似的解释。这一做法解决了对无解现象的焦虑，并因此得以长期延续下来。

无论自我是什么，它显然都与生理有机体不同。有机体产生行为，而 284
自我启动或指导行为。此外，需要不止一个自我来解释一个有机体的行为。若仅仅是此时与彼时的行为不一致，或许没什么问题，因为一个单一的自我可以不时地支配不同的行为。但当一个自我控制另一个自我或者意识到另一个自我的活动时，似乎就有两个自我在同时以不同的方式行动。

同样的事实通常用“人格”来表达。人格，就像自我一样，被认为影响着行为的特征。例如，违法行为有时就被归因于一种心理变态的人格。人格也可能是多重的。两个或更多的人格可以交替出现或同时出现。它们经常会相互冲突，其中一个可能会意识到另一个在做什么，但也可能意识不到。

多重自我或人格通常被认为是系统地相互联系在一起的。弗洛伊德构想出自我、超我和本我来作为有机体内部可以加以区分的原动力。本我所影响的行为最终受食物、水、性接触以及其他一级生物强化物所强化。这与犹太-基督教神学中自私、好斗的“老亚当”并无不同，它专注于基本的剥夺，却不触及其他部分的类似需求。超我——犹太-基督教神学的“良心”——对控制本我的行为产生影响。超我使用了从群体中获得的自我控制技术。如果这些技术是言语行为，它们就构成了“微弱的良心之声”。超我与本我不可避免地相互对立，弗洛伊德认为它们经常处于激烈的冲突状态。他诉诸第三个原动力——自我，它除了试图使本我和超我之间达成妥协外，还处理了环境的迫切要求。

我们也许会反对任何将自我或人格作为行为的内在决定因素的分析，但是用这些手段所展现的事实却不能被忽视。在弗洛伊德的理论体系中，
285 这三个自我或人格代表了行为在一个社会环境中的重要特征。多重人格彼此之间的系统联系较少，但却具有相似的功能。自我的概念在行为分析中并不是必不可少的，但处理数据的另一种方法是什么？

自我，一个有组织的反应系统

处理任何解释性虚构之物的最好方法，就是检验它所基于的事实。从科学方法的角度来看，这些通常被证明或者暗示是可以接受的变量。在目前情况下，自我似乎只是代表一个*功能统一的反应系统*的一个装置。在处理数据时，我们必须解释这些系统的功能统一性以及它们之间存在的各种关系。

自我的统一性。自我可以是指一种共同的*行为模式*。诸如“学者是会思考的人”或“他是一个比水管工更健谈的人”这样的表述，表明了人格与行为的*形态细分*相一致。在同一皮肤上，我们发现了实干家与梦想家，独处者与热衷社交的人。

与此同时，当一个反应系统围绕一个给定的*辨识性刺激*而组织起来时，人格就会与特定类型的场景绑定在一起。在 A 场景中有效获得强化的行为类型被保持在一起，并与在 B 场景中的有效行为区分开来。因此，一个人在阖家欢乐的场景中表现出的人格可能与在亲密朋友面前的人格大不相同。

无论是什么情境，引起共同强化的反应也可能包括一个功能系统。这里的主要变量是*剥夺*。接近午餐时间提出的休会动议，或许表明“讲话的人饿了”。一个人在饭前和美餐之后的人格可能会非常不同。放荡不羁者与苦行僧有很大的差别，苦行僧从伦理团体中获得了强化，但两者可能同时存在于同一个有机体中。

情绪变量也能塑造人格。在适当的情况下，怯懦的灵魂也会让位于好
斗的人。英雄可能会是隐匿在同一皮肤下的胆小鬼。 286

药物对人格的影响是众所周知的。吗啡成瘾者的欣快感展示了一种特殊的反应集，其强度可被归因于一个明显的变量。酒鬼第二天醒来会更悲伤，更明智。

人们很容易高估一组反应的统一性，而不幸的是拟人化鼓励我们这样做。有关自我的概念或许在展示一个相对连贯的反应系统方面具有早期优势，但它也可能使我们对一致性和功能完整性充满期待，而这些并不存在。使用这一概念的另一种选择，是简单地处理在反应强度中已被证明的协变。

自我之间的关系。有组织的反应系统可以像单一反应那样，以同样的方式和出于同样的原因相互联系（第十四、十五、十六章）。例如，两个反应系统有可能不相容。如果相关变量从未同时出现，那么不相容性就不重要。行为是环境的一个函数，如果这样的环境每时每刻都不能保持一致，那么也就没有理由期待行为的一致性了。周日虔诚地去做礼拜的人，到了周一就可能会变成一个野心勃勃且毫无道德底线的生意人。他拥有两种适应不同环境的反应系统，他的不一致性并不比周日去教堂和周一去工作的环境差异更大。但是控制变量可能同时出现；在布道时，去做礼拜的人可能被要求检视其商业活动，商人亦可能与他的牧师或教会进行商业交易。然后，麻烦可能就会出现。同样，如果一个人与家人和朋友建立的是不同的反应集，那么当他同时与这两个人群相处时，这两种人格就会发生冲突。充斥文学作品的许多关于多重人格的戏剧性争斗也可以用同样的方式来解释。

人格之间更系统的关系来自第十五章和第十六章讨论的控制性关系。例如，就自我控制而言，被控制的反应是围绕着某些即时的一级强化组织
起来的。在某种程度上，旨在获取强化的竞争使得这种行为成为针对他人 287
的厌恶刺激——而且只有在这种程度上——它适用于反社会人格、本我或老亚当。与此同时，由群体产生的控制行为是由特定文化历史中演化而来的一组经过选择的实践所构成的，因为它们对反社会行为具有控制作用。如果这种行为对社会有利——同样也只是在这种程度上——我们就可以称之为一致的良知、社会良心或超我。当我们说一种人格在控制另一种人格时，这两组变量不仅解释了每组反应的具体成分，还解释了我们所描述的它们之间的关系。在做决策、解决问题或创作艺术品的过程中，人格之间其他类型的关系也很明显。

自我之间的一个重要关系就是第十七章的自我认识。被我们称为认知的行为可被归因于一种特殊的差别强化。即便是在尚未成熟的群体中，诸如“你干了什么?”或“你在干什么?”这类问题，也会迫使个体对他自己的显性行为做出反应。从这个意义上说，可能没有什么人是完全不自觉的。在另一个极端，一个高品位并且相对不那么切合实际的社群会产生高度内省或是内倾的个体，他们的自我认识集延伸到他的隐性行为，而这种自我认识集在某些文化中可能几乎不存在。自我认识的广泛发展在某些东方文化中很常见，在西方文化中也不时被强调——例如在法国文学中对自我的崇拜（*culte du moi*）。为了治疗的目的，这种有效的自我认识集有时会在个体身上建立起来。接受精神分析治疗的患者在观察自己的隐性行为方面可以变得非常熟练。

当有机体自身行为的报告（尤其是隐性层面的）有机会受到强化时，促成该报告的人格便成为一个受过特殊相倚关系训练的专家系统。涉及自我认识的自我与它所描述的行为系统是同时起作用的。但有时候，了解一
288 下由其他相倚关系产生的自我之间是否“相互知晓”也很重要。有关多重人格的文献提出了“记忆的连续性”问题。这也是弗洛伊德理论中一个重要的考虑因素，例如：超我在多大程度上能够意识到本我的行为? 将超我设定为控制系统的相倚关系，这涉及可产生本我行为的刺激，但它们并不一定建立起对本我行为知晓的反应。本我知晓超我的可能性甚至更小。如果不对其他自我（selves）引发的行为做出反应，自我（ego）几乎无法处理其他自我（selves）之间的冲突，但这并不意味着自我（ego）在任何其他意义上都拥有知晓这种行为的系统。

自我认识的缺乏

关于自我认识的一个最令人惊异的事实是，它可能是缺失的。有几个实例值得关注。

一个人可能不知道他做了什么。他可能以某种方式表现行事，也许精力充沛，但却无法描述他做了什么。这方面的实例范围很广，从不引人注意的言语口误，到持续的健忘，在失忆的状态下早期行为的大部分内容无法被个体本人所描述。这种无法描述的行为可能是隐性的，这一可能性提出了一个有趣的理论问题，因为这种行为的存在不仅必须要由科学家推断，而且还必须由个体自己推断出来。我们已经看到，数学家常常无法描述出他解决问题的过程。尽管他可以报告其学术研究的准备阶段、他对材料的编排以及许多试探性的解决方案，但他却未必能描述在他突然做出必

要的反应之前可能存在的自我操纵。没有必要总是推论其他行为是否真的发生过，但在某些情况下，这种推论可能是合乎情理的。由于经过验证的显性行为有时不能被个体所报告，我们没有理由去质疑隐性亦存在相似情况的可能性。

一个人可能不知道他在做什么。心不在焉的举止、无意识的怪癖以及 289
机械的习惯性行为都是常见的例子。更为夸张的是自动书写，在这种书写中，在某一时刻发生的行为不能为“有机体的其他部分”所描述。

一个人未必知道他想要做或者将要做什么事。他可能没有意识到其攻击性的倾向、其非同寻常的偏好，或者没有意识到他将大概率地遵循既定的行动方案。

一个人可能没有意识到他的行为是某些变量的函数。例如，在言语随机抽样演示器实验中，一旦被试的环境或成长经历之外的变量很容易被确认并被用来解释其行为时，他经常会认为自己是在重复一个言语刺激（第十四章）。投射测试之所以被用于诊断，正是因为它们揭示了个体本身无法识别的变量。

人们常常对这些现象感到惊讶。一个人怎么会看不见如此显著而又重要的事件呢？但也许我们应该感到惊讶的是，这样的事件竟会被如此频繁地观察到。我们没有理由期待这种辨识性行为，除非它是由适当的强化产生的。自我认识是一个特殊的系统。关键的问题不在于一个人没有报告的行为是否被他实际观察到了，而在于他是否有任何理由去观察它。

在适宜的强化环境普遍存在的情况下，自我认识可能会缺乏。有些实例在未做深入评价的情况下便不予考虑了。例如，由行为提供的刺激可能是微弱的。一个人可能“没有意识到”面部表情，因为与之伴随的自我刺激不足。在一个肌肉反应读取实验中，被试可能没有意识到读取者察觉到的微弱反应，并利用这些反应让被试“告诉”了他隐藏物体的位置。行为与相关变量之间的函数关系尤其可能具有微妙的物理维度。人群中一张足
够清晰的面孔，作为一种刺激，足以引发某种情绪，然而实际情况是，即 290
便如此却还是没有被注意到。这并不意味着刺激低于阈值，因为它们可以通过其他方式得到控制。当我们指出个体行为的某些部分时，一个场景就建立起来了，在这个场景之下，特殊强化被赋予了一种辨识性反应。个体对其行为做出反应这一事实，就是我们最初说他“能够这样做”的意思。

另一个“不知道自己在做什么”的例子可由优势原理来加以解释。在激烈的战斗中，可能没有时间去观察一个人的行为，因为强烈的反应与辨识性反应相冲突。在某些餍足状态和睡眠状态下也可能会缺乏自我认识。

在药物影响下的行为——例如酒精——也可能伴随着最少的自我观察。酒精在减少自我认识行为方面的作用，可能与减少对以内疚或焦虑为特征的条件性厌恶刺激的反应类似。

人们一直认为，一个人无法描述当时无法描述的事实发生之后的行为。这似乎解释了我们为什么无法回忆起婴儿时期的事件，因为婴儿的行为发生在一个自我描述集建立之前，因此控制这样一个自我描述集还为时过早。同样的解释也适用于在激烈的战斗中被忽视的行为。然而，根据条件反射的模式，反应的再度唤起可能为描述提供了基础。无论如何，要描述早期的行为有时是不可能的，这些行为如果可以被描述的话，也许在早期表现出来时就被描述了。这就是为什么虽然缺乏这种描述，却仍然要对此加以考虑的一个重要原因。

压抑。我们已经看到，惩罚使得被惩罚行为产生的刺激成为厌恶性的。任何减少这种刺激的行为随后都会自动获得强化。在这些行为中，作为惩罚的结果，最有可能产生条件性厌恶刺激的是观察被惩罚行为的行
291 为，或观察惩罚发生场景的行为，或是任何实施这种行为的倾向。根据第七章的说法，作为惩罚的结果，我们在从事其他行为时不仅排除了惩罚形式，同时也排除了对惩罚行为的知晓。这可能一开始只是“不愿去想”的行为，因为是这种行为导致了厌恶性后果。然后进入不去想它的阶段，并最终达到一个点，即个体在面对相反的证据时，会以某种方式否认自己的行为。

这种结果通常被称为压抑。正如我们在第十二章和第十四章所看到的，个体可能仅仅是在同样的意义上以参与竞争的形式压抑行为，但我们现在必须扩展这个术语的含义，使其包括对知晓被惩罚行为的压抑。这是一个极为夸张的结果，“压抑”一词有时也仅限于此。然而，相同的表达方式也适用于此。我们借助的不是任何特殊的压抑行为，而是竞争行为，这种行为因为可以避免厌恶刺激而变得极为强大。

人们并不总是知晓被压抑的反应形式，因为惩罚并不总是取决于形式。例如，攻击行为在战争中就不受惩罚。模仿行为只要实际上处于他人类似行为的控制之下，通常就不会受到惩罚。例如，当我们在法庭上由于作证的需要而展示淫秽或亵渎神明的行为时，这对别人来说是案情，但我们的证词也许无法完全摆脱条件性厌恶刺激的结果，如果可能的话，我们可以避免作证；但是在不模仿的情况下，同样的行为所引起的厌恶刺激要比模仿时少得多。在使用言语随机抽样演示器的实验中，只要被试确信自己是在正确地重复唱片上的言语模式，他就会经常做出攻击性的、不合语

法的、淫秽的或亵渎神明的反应。他被告知要重复他所听到的，惩罚并不取决于他在这种情况下的行为方式，特别是当一些令人反感的样本被首次清楚地呈现出来的时候。然而，一旦他被告知在唱片中并没有类似的言语模式，这种类型的反应通常就变得不那么频繁了。可以说，该个体现在必 292
须为攻击、淫秽等行为承担责任。换句话说，他的行为现在是一种形式，并且处于一种控制关系之下，而惩罚则取决于这种关系。在这种情况下，被试通常会拒绝承认早期的刺激与他所报告的那种形式不一致。

压抑控制关系的一种变异有时被称为“合理化”。对函数关系的厌恶性报告可以通过报告一个虚构的关系来压抑。我们不是“拒绝承认”我们行为的原因，而是编造可接受的原因。如果对儿童的主动攻击是出于报复心理的情绪冲动，它通常会受到社会的惩罚；但是，如果该行为是出于这样假定的结果，即为了塑造孩子的行为以符合社会利益，它就不会受到惩罚。我们可以对自己或对他人隐瞒我们攻击行为的情绪原因，辩称是该儿童应该知道他对别人有什么样的影响。我们打他的屁股是“为了他好”。同样，我们也乐于把坏消息告诉我们不喜欢的人，“因为他越早知道越好”。被压抑的不是攻击反应，而是知晓攻击倾向的反应。合理化就是压抑反应，该反应成功地回避了惩罚所产生的条件性厌恶刺激。

象征

在第十四章中我们看到，由一个共同变量增强的一组反应不一定都会产生相同的厌恶性后果，根据求和原理，其所产生的后果厌恶性最低。更概括地说，我们也许会注意到，获得强化的反应的性质不一定与惩罚所依据的性质相一致。因此，可能会出现这样的反应，即在避免惩罚的同时获得强化。例如，一个裸体形象的视觉刺激可能会因为先前与强大的性强化相联系而具有了强化作用。但在许多社会，观看这种形象会受到严厉的惩罚。但在特殊情况下——例如在艺术博物馆——就有可能从事这种活动并 293
逃脱惩罚。画家的行为也可能会表现出类似的妥协。他的画不能是色情的或过于肉欲的，但将尺度保持在一定的限度内以避免惩罚的同时，它还可以成功地因生物学原因而具有强化作用。在幻想中，人们在观看特定物体或模式与避免厌恶刺激之间做出类似的妥协：他在一个特定的区域做白日梦，但所采取的方式不会产生太多罪恶感。

象征，作为弗洛伊德在分析梦境和艺术作品时所使用的术语，是指由于与另一种模式相似而具有强化作用，但又因与其不同而得以逃脱惩罚的任何时间或空间模式。因此，如果一个抽象的雕塑因为相似性而具有强化作用，如果艺术家在没有惩罚的情况下，强调了相似之处，那么它就是人类形态的象征。如果一部音乐作品是由于时间模式的相似性而具有强化作用，如果它被用来替代性行为是因为它足够不同以便逃避惩罚，那么它就象征着性行为。

象征的主要领域是我们入睡时所做的梦。这是一种极难研究的自有事件，因此是许多充满了相互冲突的讨论的主题。根据第十七章的说法，在梦中，个体从事自有的辨识性行动。在这些寻常刺激不存在的情况下，他能够看到、听到、感觉到等等。控制变量有时可以在当前环境或个体的近期经历中被发现。例如，如果一个人已经开了好几个小时的车，他可能会梦见自己在不停开车。然而更为常见的情况是相关变量更难识别。这种尝试通常被叫作梦的解析。弗洛伊德能够证明梦与个体生活中各种变量之间的某些看似合理的关系。目前的分析与他的解析基本一致。个体强烈倾向于从事诸如性接触或对他人造成伤害等可以获得强化的行为。然而，这些
294 种类的行为恰恰是最有可能受到惩罚的。因此，个体不仅不能公开地实施这种行为，他也不能私下里实施这种行为，或者在没有自动产生厌恶性自我刺激的情况下看着自己偷偷地实施这种行为。然而，在象征性的梦、艺术或文学行为中，他可能会行使辨识性行为，这种行为通过相同的变量产生的刺激或反应诱导而获得增强，但不会受到惩罚。人们经常说道或者暗示道，一些有训练有素的从业者从事某种“梦境工作”以产生这个结果，但该结果是由行为属性之间的差异自动产生的，而强化与惩罚则取决于这些行为属性。

第四部分

人在群体中的行为

第十九章 297
社会行为

社会行为可以被定义为两个或两个以上的人彼此之间相互作用的行为，抑或是在一种共同环境下的一致行为。人们常常认为，社会行为与个体行为不同，有些“社会情境”和“社会力量”是无法用自然科学的语言来描述的。据说是由于自然的连续性出现了这种明显的断裂，所以需要一门叫作“社会科学”的特殊学科。当然，关于政府、战争、移民、经济状况、文化习俗等许多事情，如果人们不聚集在一起，不以群体的方式行动，这些永远都不会出现在研究中，但基本数据是否有根本的不同仍然是一个问题。在这里，我们感兴趣的是自然科学的方法，因为我们看到它们在物理学、化学和生物学中所发挥的作用，如今我们已经将其应用于行为领域。这些方法将使我们在群体行为的研究中能走多远呢?

在群体层面上的许多概括根本不需要涉及行为。经济学中有一条古老的定律，叫作格雷欣法则，它指出劣币会将良币驱逐出流通市场。如果我们能就什么是货币（无论是良币还是劣币）以及货币何时流通达成一致意
见，我们不必具体参照个体对货币的使用便可以表述这一普遍原则。在社 298
会学、文化人类学、语言学和历史学中也发现了类似的概括。但“社会法则”必须产生于个体的行为。总有个体是处在行动之中，在非社会情境中他以同样的身体并依据同样的过程行事。如果一个人拥有两张纸币，一张是良币，一张是劣币，他往往是把劣币花出去而保存良币——这种趋势可以用强化性相倚关系来解释，如果很多人都是这样，格雷欣法则所描述的现象就出现了。许多经济学家认为，所有的经济法都需要这样的解释，尽管也有一些人会接受更高层次的描述，因为它本身是有效的。

在这里，我们只关心对个体行为的分析在多大程度上可以有助于理解社会现象，而这些个体行为都在自然科学的有利条件下接受了大量验证。将我们的分析应用于群体现象是测试其适用性的一个很好的方法，如果我

们能够在不使用任何新术语或不假设任何新过程或新原则的情况下解释群体中的人的行为，我们将会以数据的形式展示一种前途无量的简约性。这并不意味着社会科学将不可避免地要从个体行为的角度来阐述他们的概括，因为另一个层次的描述也可能是有效的，很可能更为方便。

社会环境

社会行为之所以产生，是因为一个有机体作为环境的一部分对另一个有机体而言很重要。因此，第一步是对社会环境以及该环境可能具有的任何特殊特征进行分析。

社会强化。许多强化都需要他人的在场。在某些行为中，比如某些形式的性行为和拳击行为，对方只是作为一个对象参与其中。如果不参照另
299 一个有机体，我们就无法描述这种强化。但社会强化通常属于一种个人调解的问题。当母亲喂养孩子时，食物作为一级强化物，并不具有社会性，但母亲呈现食物的行为却是社会性的。这个区别是很微小的——通过比较母乳喂养和奶瓶喂养你就可以看出这一点。言语行为总是涉及社会强化，并从这一事实中衍生出其特征属性。“请给我一杯水”的反应对机械环境没有影响，但在适当的言语环境中，它就有可能导致一级强化。在社会行为领域，特别强调的是通过关注、赞同、喜爱和顺从来实施强化。重要的泛化强化物都是社会性的，因为泛化过程通常需要另一个有机体的中介作用。负强化——尤其是作为一种惩罚形式——通常是由他人以无条件厌恶刺激的方式实施，或者是以反对、蔑视、嘲笑、侮辱等形式实施。

以他人为中介而被强化的行为，在许多方面都与被机械环境所强化的行为有所不同。社会强化随时间的变化而变化，这取决于强化实施主体的状况。因此，根据时机、场合的不同，不同的反应可以取得同样的效果，一种反应也可以取得不同的效果。因此，社会行为比非社会环境中的同类行为更为广泛。它也更为灵活，从某种意义上说，当它的行为无效时，有机体可能更容易从一种反应转换到另一种反应。

由于具有强化作用的有机体经常不能做出适当的反应，强化很可能是间歇性的。其结果将取决于强化程式。偶然的成功可能符合可变间隔强化程式，行为则表现出稳定的中等强度。我们可能会这么说，我们对人的反应不如对无生命环境的反应那么有信心，但我们也不会轻易相信强化机制“出了问题”。被我们称为恶作剧的执着行为是由一种可变比例程式造成的，它产生于这样一个事实，即强化物只有在一个请求被不断重复直到它
300 成为厌恶性的时——它获得了妨害价值时——才会做出反应。

由社会强化系统建立的相倚关系可能会慢慢改变。例如，在那个恶作剧中，未强化反应与被强化反应的平均比例会上升。那个平均用三个请求获取关注的儿童会发现，今后有必要提出五个请求，然后是七个请求，以此类推。这种变化与实施强化者对厌恶刺激的耐受性有关。正强化性质的相倚关系也可能朝着同样的方向缓慢移动。当一个具有强化作用的人变得越来越难以取悦时，强化就取决于更为泛化或者高度分化的行为。从合理的规范开始，逐步增加要求，非常苛刻的相倚关系可能会有效，但如果没有这段经历，这些相倚关系将非常无能为力。其结果往往是一种对人类的束缚。这一过程很容易在动物实验中得到证实，在动物实验中，通过相倚关系的逐渐变化可以建立起极其强烈、持久或复杂的反应，否则这些反应是不可能产生的。计件工资的运用出现了一种特殊情况。随着生产的增加和工资的增加，计件工作的规模可能会改变，从而每个强化单位需要更多的工作。最终的结果可能是，只要工资稍微增加，生产率就会大大提高——这种强化的条件除非采用某种渐进的方法，否则是不会产生效果的。

我们已经注意到社会强化的另一个独特性：强化系统很少独立于被强化的行为。这可以从既纵容但又雄心勃勃的父母身上得到例证，当孩子精力旺盛时，他们不予强化，要么是为了展示孩子的能力，要么是为了最有效地利用现有的强化物，但当孩子开始表现出消退时，他们会强化孩子的早期反应。这是一种结合了比例与间隔的强化。教育强化一般就是这种类型。它们基本上是受比例强化程式支配的，但并非不受行为强化程度的影
响。同计件工资一样，随着工作绩效的提高，对每一次强化的要求可能越 301
来越多，但可能需要采取补救措施。

在无机自然界，适应于被强化行为速率的强化程式并不经常存在。根据行为而改变相倚关系的强化载体必须是敏感而复杂的。但是，以这种方式受到影响的强化系统可能包含有导致不稳定行为的内在缺陷。这也许可以解释为什么具有强化作用的社会性相倚关系比那些在无机自然界里明显类似的相倚关系更经常地导致不良行为。

社会刺激。他人通常是一个重要的刺激来源。由于似乎无法对这类刺激的某些属性做出物理描述，所以人们一直在试图假设，当我们对他们做出反应时，这会涉及一种特殊的直觉或共情过程。例如，微笑的物理维度是什么？在日常生活中，我们可以相当准确和快速地识别微笑，但科学家会发现这是一项十分困难的任务。他必须在被研究的个体中选择一些识别性反应——也许是言语反应，如“那是一个微笑”——然后再考察引发微笑的所有面部表情。这些表达方式可能是物理模式，很容易受到几何分析

的影响，但需要检测的不同模式的数量将非常多。此外，还有这样一些临界实例，其刺激控制是有缺陷的，或者是不断变化的。

对被称为微笑的刺激模式的最终识别，要比在日常生活中识别微笑更加复杂和耗时，但这并不意味着科学观察会忽略行外人也可以使用的一些重要方法。不同之处在于，科学家必须识别与他人行为有关的刺激因素。他不能相信自己的个人反应。在研究一个像“三角形”这样简单而普遍的客观模式时，科学家可以安全地使用自己对这种模式的识别。但像“微笑”这样的模式则是另一回事。像任何其他刺激一样，社会刺激在控制行
302 为方面十分重要，因为它是相倚关系的一部分。我们集合了各种类似表情并称之为“微笑”，这些表情很重要，因为它们是特定行为受到特定强化的缘由。刺激等级的任何统一性都源于这些相倚关系。但这些都是由文化和特定的历史决定的。即使在单一个体的行为中，也可能有多组模式，如果它们都与强化性相倚关系处于相同的关系中，那么它们就都被称为微笑。科学家只有在自己的文化或成长经历与他正在研究的被试相似时，才可以借助于自己的文化或成长历史。即便如此，他也可能会出错，就像行外人的快速而实用的反应也可能出错一样，特别是当他试图在不同的文化中识别微笑时。

这个问题影响深远，因为它适用于许多描述性的术语，如“友好的”和“好斗的”，没有这些术语，许多学习社会行为的学生会感到失落。工作在自己的文化环境中的非科学家可以令人满意地用这种表达来描述他人的行为。由于强化的实施要依据某些行为模式，这些行为模式对他来说就变得十分重要：他就是根据其社会后果来判断行为的友好与不友好。但是他的频频成功并不意味着行为的客观方面是独立于观察者的行为的，就像方形、圆形和三角形这样的几何形状一样。他在观察一个客观事件——某个有机体的行为；这里的身体状态没有问题，问题仅在于分类术语的意义。“友好”或“好斗”的几何特性取决于文化，随着文化的变化而变化，并随着个人在单一文化中的经历而变化。

一些社会刺激也经常被区分开，因为一个非常轻微的物理事件似乎就可能会产生一个非常强大的影响。但这也适用于许多非社会刺激；对于在火灾中受伤的人来说，微弱的烟味可能就是一种强度极大的刺激。社会刺激很重要，因为与之相关的社会强化物很重要。有一个明显微不足道的事
303 件却有着惊人力量的例子，就是“吸引某人目光”的常见经历。在某些情况下，随之而来的行为变化可能相当大，这导致人们相信，一些非物质的“理解”从一个人传递到另一个人。但是，具有强化作用的相倚关系提供

了另一种解释。某人在场或不在的情况下，我们的行为可能会非常不同。我们只是在人群中看到这样一个人，我们可用的系统立即就会改变。此外，如果我们抓住了他的目光，我们就会被一种更具约束性的刺激所控制——他不仅在眼前，他还在看着我们。如果我们从镜子里看到他在看我们，即使没有引起他的注意，也有可能产生同样的效果。在这种特定刺激的控制下，有一种相当狭隘的行为系统：如果我们按照他所严厉谴责的方式行事，那将不仅违背他的意愿，而且是厚颜无耻的行为。同样重要的是，“我们知道他知道我们知道他在看着我们”，诸如此类。（这些陈述中“知道”的含义与第八章和第十六章的分析是一致的。）简而言之，在吸引某人的目光时一种社会刺激突然出现，这很重要，因为强化依赖于它。这种重要性随场合的不同而不同。为了吸引某人的目光，我们可以采取调情的方式，利用有趣的场合，或抓住大家都感到内疚的时刻，诸如此类——在每种情况下都会有适当程度的控制。该事件的重要性体现在我们用“直视某人”的行为来测试其他能够影响诸如诚实、厚颜无耻、尴尬或者内疚这些行为特征的变量。

对于那些重视社会强化的人来说，社会刺激十分重要。推销员、谄媚者、艺人、骗子、争取父母青睐的孩子、社会阶层的“向上攀爬者”、胸怀政治抱负者，所有这些人都可能受到人类行为微妙特性的影响，这些特性与赞成或反对有关，而这些特性却被许多人所忽视。具有重要意义的是，小说家作为描述人类行为的专家，常常会展示出这样一段早期历史，其中社会强化尤为重要。

社会刺激随文化的不同而不同，而最不可能发生变化的社会刺激就是 304
第七章所描述的控制模仿行为的社会刺激。模仿行为的最终结果可能是文化所特有的，但模仿者的行为与被模仿者的行为之间的对应关系是相对独立的。模仿行为并非完全没有风格或惯例，但一个群体的模仿集的特点并不突出。一旦一个相当大的模仿集发展起来，模仿就可能会变得如此熟练、如此容易、如此“本能化”，以至于我们很可能将其归因于一些特殊的人际接触模式，比如共情。这很容易表明，历史或强化是导致这种行为的原因。

社会情节

我们可以通过一次只考虑一个有机体来分析一个社会事件。在诸多变量中需要考虑的是第二个有机体所产生的变量。我们假设第一个有机体是变量的来源，然后再考虑第二个有机体的行为。通过把这些分析放在一起，我们重建了这段情节。如果它包含了解释个体行为所需要的所有变量，那么这种解释就是完整的。例如，捕食者与猎物之间的互动被称为“追踪”。我们可以将自己限定在捕食者的行为上，捕食者的行为是缩小自己与猎物之间的距离，而猎物的行为则是增加该距离。距离的减少对捕食者来说是正强化，对猎物来说则是负强化；而距离的增加对捕食者来说是负强化，对猎物来说是正强化。如果捕食者受到了猎物的刺激，而不是相反，那么捕食者就会尽可能快速地缩短自己与猎物之间的距离。然而，如果猎物受到捕食者的刺激，它的反应则是增加距离。这不必全速逃离，而只需要任何足以保持距离高于临界值的动作。在这种被称为追踪的行为中，捕食者会在不刺激猎物增加距离的情况下，尽可能快地缩短距离。当
305 距离足够短时，捕食者可能会突然展开追捕，而猎物也会全速逃窜。接下来就是一种不同的互动。

在“距离”不像空间运动那么简单的情况下，也可以采用类似的公式。例如在谈话中，一个说话者可能会接近一个话题，而另一个人却很不自在地转移该话题。如果前者以一种避免刺激后者逃避的方式接近这个话题，就可以说前者是在追踪后者。通过分析言语刺激的强化作用与厌恶性质，我们排除了“接近一个话题”中的言语特征。

社会事件的另一个例子是引领与追随。这种情况通常发生在两个或两个以上的个体受到单一外部系统的强化时，这种外部系统需要他们的联合行动——例如，两个人拉一根他们单独任何一人都无法拉动的绳子。其中一个人的行为与另一个人相似，交互作用可能很小。然而，如果时机很重要，那么其中一人将会为另一人引领步伐。前者设定的节奏模式相对独立于后者，而后者则根据前者的设定来调整自己的行为。前者可能会通过放大影响后者的刺激来促进这一点，比如说：“一起来，一、二、三，拉！”带有明显时间模式的附带行为——例如船夫号子——可能会降低引领者的重要性，但不会消除引领者的作用。

当引领与追随这两种行为的差异相当大，并且强化性的相倚关系比较复杂时，那么引领与追随的性质就更加清晰了。这通常需要的是劳动分工。引领者主要受外部变量的控制，而追随者则受引领者的控制。一个简单的例子就是交谊舞。强化的结果——无论是正强化还是负强化——依赖于一种双重相倚关系：(1) 舞者必须在一定的空间内按照一定的方向走出一定顺序的舞步；(2) 一个人的行为必须在时间上与另一个人的行为相一致。这种双重相倚关系是在两个舞者之间分配的。领舞者设定花样并对可用空间做出反应；伴舞者被领舞者的动作所控制，并做出适当的反应以满

足第二种相倚关系。

我们很容易与两个或更多的实验生物建立合作关系，以观察引领者与追随者的出现。在一个演示实验中，两只鸽子被分别放置在由一块玻璃板隔开的相邻的两个笼子里。紧挨着玻璃的是两列垂直排列的按钮，每列有三个按钮，每只鸽子的一侧都有一列。该装置被设置为用食物来强化两只鸽子，但只有当它们同时啄击相对应的按钮时才会获得食物。任何时候都只有一对按钮是有效的。这种情境需要一种相当复杂的合作。鸽子必须探索这三对按钮，以发现哪一对是有效的，它们必须同时啄击每对中的两个按钮。这些相倚关系必须要加以划分。其中一只鸽子——引领者——探索着按钮，以具有某种特征的顺序啄击它们，有时也或多或少地随机啄击。无论它啄击哪个按钮，另一只鸽子——追随者——就会啄击对面相应位置的按钮。追随者的行为几乎完全由引领者的行为所控制，而引领者的行为又由三对按钮之间随机强化的装置所控制。把两个追随者或者两个引领者放在一起只能偶然地解决问题。在一段时间内，引领者的作用可能会从一只鸽子转移到另一只鸽子身上，并且可能出现一种暂时的情况，即两只鸽子都是追随者。这种行为类似于两个人在行走时迎面相遇，由于从右面通行的惯例没有被充分地注意到，两个人在通过之前就会左右来回避让。 306

例如，拿这样的实验与政治领域里引领者和追随者的关系做比较，就有不止一个简单的类比。大多数文化会造就这样一些人，他们的行为主要受特定情境的紧迫事件控制。同样的文化也造就了这样一些人，其行为主要受他人行为的控制。在任何联营企业中，似乎都需要对相倚关系做出某种划分。引领者并不是完全独立于追随者的，然而，他的行为需要他人相应行为的支持，从合作的必要性来看，引领者实际上是被追随者所引领的。

言语情节。关于言语行为有许多例子，其中有个例子是说一个人对另一个人产生了超出自然科学范围的影响。词语被用来“象征”或“表达”思想或意义，然后“传递”给听者。一个替代的公式在这里会占用太多的空间[①]，但是一个简单的例子可以说明这种社会行为是如何被引入自然科学领域的。让我们假设这样一个简单的情节，A 向 B 要一支烟，并且得到了一支。为了解释这种行为的发生与维持，我们必须证明 A 为 B 提供了足够的刺激和强化，反之亦然。A 的“给我一支烟”的反应，在纯机械的环境中是无效的。它受言语群体的条件作用的制约，该群体有时会以特定 307

① 参见前文第 146 页的脚注。

的方式强化它。A很久以前就形成了一种辨识，凭借这种辨识，在没有该群体成员在场的情况下他就不会做出这种反应。他也可能形成了更为微妙的辨识，如果存在“有求必应”的情况，他就更有可能做出反应。而B要么就是在过去强化了这种反应，要么就是与有这种反应的人相似。两者之间首次互换是由B到A的方向：B是一个辨识性刺激，A在B在场的情况下做出言语反应。第二次互换是由A到B的方向：该反应产生的听觉刺激作用于B。如果B已经有意于给A一支烟——例如，B“急于取悦A”或是“爱上了A”——听觉模式就是给烟反应的一种辨识性刺激。B不是不加区分地提供香烟；作为这支烟会被接受的时机，他在等待A的反应。A的接受取决于一种剥夺条件，在这种条件下，接受香烟是一种强化。这也是A做出“给我一支烟”的反应的条件，控制B行为的相倚关系也由此建立起来。第三次互换是A从B那里得到一支烟。这是对A的初始反应的强化与完结。如果仅凭香烟对A的影响这样一个证据就强化了B，我们可以认为B的事情也就到此结束了。但是，如果这些证据是引人注目
308 的，那么这种行为更有可能作为文化的一个稳定内容而得以保留下来。如果A不仅接受了香烟，而且还说了声“谢谢”，那么第四种互换就会发生：听觉刺激是B的条件强化物，而A的反应产生这种强化物只是因为它就是强化物。反过来，B可能会说“不客气”，从而增加A将来说“谢谢”的可能性。

当B回应A的言语反应的行为已经很强时，我们称A的反应为“请求”。如果B的行为需要其他条件，我们就必须对A的反应进行重新分类。如果“给我一根烟”不仅是一个特定反应的场景，而且是一个条件性厌恶刺激，B只能通过服从才能逃脱，那么A的反应就是一个“要求”。在这种情况下，B的行为会因为A的要求所产生的威胁有所减少而得到强化，而A的“谢谢”主要是作为威胁减少的显著标志而起作用。

即便是如此简短的一段情节也出人意料地复杂，但A与B之间的四五次交流都可以用物理术语来具体说明，如果我们要认真对待这样的分析，就不能忽视这一点。整个情节只用了几秒钟的时间，但这并不能免除我们识别和观察其所有特征的责任。

不稳定的互动。虽然这些环环相扣的社会系统中有许多是稳定的，但也有一些呈现出渐进的变化。举个小例子，一群人走进一个不熟悉的房间，房间里有一个牌子，上面写着“请安静”。这种言语刺激通常只有与群体中其他成员的行为相结合时才有效。如果很多人都大声说话，这个标志可能很难起作用，或者完全不起作用。但让我们假设我们的群体是悄无

声息地进入的。过了一会儿，两个最不受指示牌控制的成员开始低声耳语。这稍微改变了其他成员的处境，他们也开始窃窃私语。这改变了那两个最不受标志控制的人的境况，然后他们开始低声说话。最终，谈话可能会变得非常嘈杂。这是一个简单的“自催化”过程，产生于群体成员之间 309
的不断重复地互换。

另一个例子是 18 世纪在帆船上常见的一种做法。水手们为了取乐，会把几个男孩或年轻男子的左手环绕着桅杆绑在上面，而右手则空着。每个男孩都分到一根棍子或一条鞭子，并被告知，只要他感到自己被后面的男孩打了，就去打前面的男孩。游戏是从轻轻地打前面一个男孩一下开始的。然后这个男孩又打了他前面的那个男孩，那个男孩接着又打了他前面的那个男孩，以此类推。尽管所有的击打都应该是轻柔的，这显然符合集体利益，但不可避免的结果是猛烈的鞭笞。这个连锁系统中的不稳定因素很容易识别。我们无法假设每个男孩对别人的击打都与他所遭受到的击打力度相同，因为这很难做出比较。他很可能会低估他击打别人的力度。只要他稍微倾向于击打别人略微重于自己所遭受到的击打，那种最终结果就会产生。此外，反复的击打还可能会产生一种情绪倾向，这种情绪倾向会导致一个人自然而然地加大击打力度。当两个人由随意交谈进而演变成一场恶语相向的争吵时，类似的不稳定也会出现。说话的人很可能低估了某句话的攻击性效果，而重复的作用又会产生进一步的攻击性。当这种谈话涉及政府间交换外交照会时，这一原则尤其危险。

社会情节的支持性变量

尽管在一个社会系统中行为相互关联的两个或多个个体之间的交换必须得到完整的解释，但某些变量可能依然是不确定的。例如，我们经常仅仅观察到一个人倾向于以某种方式对另一个人采取行动。母亲照顾她的孩子就是一个我们所熟悉的恰当的例子。根据定义，社会情绪仅仅是作为行为倾向被观察到的，它可能是以正强化或者负强化的方式对他人产生作用。像“喜欢”和“友谊”这样的术语是指实施正强化的倾向，而爱情可 310
以被分析为两个人相互强化对方的共同倾向，这种强化可能是性欲的，也可能不是。

有时相互交换可以解释这种行为，其依据是强化。每个个体都可以通过强化他人而为此提供一些东西，这种关系一旦建立，这种相互交换就可以自我维系。我们可以在母亲与孩子的例子中发现相互的强化。它们可能证明了被特定的社会刺激所强化的倾向，而不是以特定方式行事的倾向。

除此之外，群体可能会操纵一些特殊的变量，从而产生一种行为倾向，这种倾向会导致对他人的强化。群体可能会因为个体说真话、帮助别人、回报帮助而对其进行强化，反过来也会强化那些因同样原因而实施强化的人。黄金法则是对行为的概括性陈述，因此得到了群体的支持。没有这样的传统做法，许多社会行为的重要连锁系统就无法维持。这是解释一个群体特有的文化实践是否成功的重要一环（第二十八章）。

在某种程度上，群体的先前强化决定了个体的行为对连锁系统的适宜性，系统本身并不是完全自我维系的。当一个人没有受到文化的充分控制，而是通过利用该系统获得暂时的个人利益时，这种不稳定性就表现出来了。他撒谎、拒绝回报、失信，这种对该系统的利用最终会导致系统的恶化。寓言里的男孩哭喊着："狼来了！"因为群体已经确立了某些社会行为模式，他发现邻居们由此产生的行为很有趣。咄咄逼人的走家串户的推销员迫使某位家庭主妇保持良好的举止，并以同样的方式吸引她的注意。在每一种情况下，系统最终都会崩溃：邻居不再对"狼来了！"做出反应，主妇砰的一声关上了门。

在一个社会情节中，两个个体的行为可能是相关的，这主要不是通过
311 他们之间的互换，而是通过共同的外部变量。竞争就是一个典型的例子。当一个人的行为只能在另一个人得不到强化时方能获得强化时，两个人就进入了竞争。这里所定义的社会行为并不一定牵涉其中。在兔子逃跑之前抓住它和在别人抓住它之前抓住它并没有什么不同。在后一种情况下，如果一个人攻击另一个人，社会互换可能会作为副产品发生。在合作中，两个或多个个体的强化取决于他们二人或所有人的行为，这显然不是竞争的对立面，因为它似乎需要一个连锁系统。

作为行为单位的群体

人们通常把家庭、宗族、国家、种族以及其他群体当作个体来谈论。为了支持这一做法，人们发明了"群体心智""群居本能"和"民族性格"等概念。行为总是由个体决定的。大群体提出的问题是解释为什么许多个体会一起行动。为什么一个男孩要加入帮派？为什么一个男人会加入一个俱乐部或者加入实施私刑的暴民行列？我们可以通过考察这个群体所产生的各种变量来回答这类问题，这些变量鼓励人们的加入与顺从。我们不能简单地说，如果"这样做符合他们的共同利益"，两个人就会一起合作。我们必须指出影响他们每个人行为的特定变量。从实践的角度来看，就像前面所描述的鸽子实验中建立合作行为的例子一样，对相关变量的分析也

是必要的。控制合作方行为的特定的相倚关系必须要小心维护。

通过对模仿的分析，在解释参加群体方面取得了一些进展。一般来说，按照别人的行为方式行事很可能具有强化作用。驻足观看已经吸引了人群的商店橱窗比驻足观看没有吸引人群的商店橱窗更有可能被强化。使用别人已经使用过的词，而不是陌生的术语，更有可能获得正强化，或者避免厌恶性后果。这种情况会成千倍地产生并维持一种强大的倾向，即像 312
其他人一样行事。

在这一原则的基础上，我们还必须加上一个也许更为重要的原则。如果说行为总是由个体决定的，那么群体则具有更为强大的影响。通过加入一个群体，个体增加了他获得强化的力量。拉绳子的人会因为绳子的运动而被强化，而不考虑其他人可能需要同时拉的事实。男子穿着全套的军服，在队列中威武地沿着街道行进，并被人群的欢呼所强化，尽管如果他独自行进，这些欢呼是不会发生的。当滥用私刑的暴民中有一位胆小者面对因恐惧而浑身蠕动的受害者大声喊叫时——不理会这样一个事实，即还有一百多人也会且一定会对着受害者喊叫——该胆小者就会受到强化。群体产生的强化后果很容易超过成员单独行动所能产生的后果的总和。总强化效果会大大增加。

群体内部的互换以及群体对环境的增强作用可以在自然科学的框架内进行研究。有人主张，社会单位、武装力量以及法律需要一种根本不同的科学方法，在接受这一主张之前，还需要对它们做进一步的探索。

313 # 第二十章 个人控制

让我们从一个参与者的角度来看一个社会情节。我们已经看到A可能会产生影响B的行为的重要变量。B的变化可能不会对A产生回报效应。例如，B可能会看商店的橱窗，因为他看到A这样做了，尽管A可能不会受到B的行为的影响。然而，通常情况下，就像已经分析过的许多例子一样，由B的行为而产生的变化会对A产生影响。现在要考虑的重要情形是，这种作用是一种强化。A的行为方式改变了B的行为，因为B的行为给A带来了后果。我们通俗地讲，A是故意地控制B。这并不意味着A一定能够识别其行为的原因或结果。当婴儿为引起母亲的关注而哭泣时，他就会产生一种厌恶刺激，而当母亲关注他时，他就会撤销这种刺激。结果，母亲的关注行为受到了强化。婴儿和母亲可能都不了解其中的过程，但我们仍然可以说，婴儿已经学会了如何在这方面控制他的母亲。我们现在要研究的就是这种不对称的社会关系。我们的任务就是评估一个人控制另一个人的各种方式。

314 ## 对变量的控制

操控影响着另一个体的那些条件，是通过在第五部分所讨论的各种组织机构授权给有控制力的个体的。控制者与被控制者的关系可以被描述为管理者与被管理者、牧师与领受圣餐者、治疗师与患者、雇主与雇员、教师与学生等诸如此类的关系。但几乎每个人都控制着一些相关的变量，只有这样一个角色，他可能会利用它来为自己谋利。这就是我们所说的个人控制。其种类和程度取决于管理者的个人禀赋与技能。强壮者使用的变量源自他的力量。富人借助于金钱。漂亮女孩运用的是一级性强化或条件化的性强化。懦弱者成为马屁精。泼妇则通过厌恶刺激来实施控制。

与组织机构的做法相比，个人控制仍然是薄弱的。一个人只是以一名个体的身份，欲改变那些以非常重要的方式影响他人的变量，这是很难做到的，而非常富有的男人、持枪的歹徒，或者是极为漂亮的女人则是例外。但他可能在某种程度上弥补了这个短处，因为他在处理被控制者的特质时处于一个特别有利的位置。组织机构操纵着人群中常见的变量，但个体可以询问一个特定的被控制者是否对某种刺激敏感，他是否会对某种强化做出反应，他此时是否表现出某种被剥夺状态，等等。如果这一行动成功的话，进一步的控制就会建立起来。推销员的首要任务是使他的顾客处在可接受的范围内——让家庭主妇守在门口或让顾客留在店里。如果他对实现这一点拥有足够的控制，他就可以安全地展开其他路径了。咨询师，
无论他只是一个朋友还是一个专业的治疗师，都面临着类似的问题。他的 315
首要任务是确保前来咨询的人能够继续倾听，并还会再次寻求进一步的咨询。如果这些可以做到，那么其他的控制通道也可能会被打开。

与被控制对象保持联系的初步阶段在演艺生涯中最为常见，而在作家、画家或音乐家那里则不太明显。这类人利用他们相对较差的控制资源，几乎完全是为了提高被控制者返回来获取更多信息的概率。其主要方法就是强化。事实上，我们可能会说，创造具有强化作用的事件是艺人、作家、画家或音乐家的工作。在创作过程中，正如我们在第十六章中所看到的，媒介可能会被操纵以显示自我强化的属性，但艺术作品的“普遍性”是由其他也能发现其强化作用的人数来衡量的。如果艺术家没有更多的资讯，那么这就是他的个人控制程度。然而，一旦其受众的注意力、兴趣或赞助得到保证，宣传者就会向更为具体的任务推进。

控制技术

控制行为的可用技术已经在第十五章中自我控制的有关部分得到了探讨，但是在控制他人的应用中有几个特点需要评论。对那些拥有必要力量的人来说，身体力量是最直接有效的技术。在最直接的个人形式中，摔跤运动员通过纯粹的身体约束来抑制对手的行为。最极端的约束形式是死亡：个体的行为因为被杀害而受到阻止。而不那么极端的形式包括使用手铐、约束衣、监狱、集中营等。这些都会令人联想到暴力控制，通常是出于极端自私的目的，但即便是高度文明的社会也会使用身体约束来控制孩子、罪犯和危险的疯子。

使用武力作为一种控制手段有着明显的缺陷。这通常需要控制者持续 316
地保持注意。它几乎只与预防行为有关，因此对于提高行动的概率没有什么价值。它会引发强烈的反击情绪倾向。它不能适用于所有形式的行为；

手铐能部分抑制男人的愤怒，但不能全部抑制。它对自有层面的行为没有效果，正如我们所说的，人们无法禁锢一个人的思想。

由于所有这些原因，通过身体约束实施的控制其概率并不像乍看上去的那样理想。当然，对那些缺乏必要权力的人来，这些也永远无法使用。从长远来看，使用武力通常会让位于使用真正行为过程的其他技术。在这种情况下，控制者不需要拥有直接强制或者约束行为的权力，但可以通过改变环境来间接地对其施加影响。

操纵刺激。大多数通过操纵刺激来实施自我控制的技术，可以直接沿用到他人的行为上。当我们用催吐剂引发呕吐时，我们用无条件刺激或条件刺激来诱发反射反应；当我们在商店里以一种让顾客更有可能购买商品的方式展示商品时，我们会为行为设定具有辨识性的场合。我们利用刺激来唤起不相容反应，以此来消除行为。当工厂里的女工结束了一天的工作而匆匆穿过走廊容易发生危险时，经理沿着走廊放置镜子，以唤起她们调整着装和涂抹化妆品的反应。这种行为被证明是与匆忙不相容的。当我们“很好地解释了情况”之后，我们使用补充性刺激来诱导行为，就如同推销员向潜在买家保证他将会从此次购买中获得享受或利益，或者我们向他承诺一个令人愉快的结果，以此来鼓励他在特定的场合加入我们。一种特别有效的刺激方式唤起了第七章和第十九章中讨论的模仿集：某商人将酒作为一种控制手段，通过自己点一杯酒来诱导他的潜在客户再喝一杯。模
317 仿集是推介广告的基础。人们展示自己使用不同的产品，从事不同的活动，其作用是增强观看者的同类行为。整个言语行为领域都例证了刺激在个人控制中的运用。由于听者在特定言语群体中的生活经历，说话者产生的听觉模式是有效的。

作为控制技术的强化。如果个体拥有金钱或物品，他可以将其用作工资、贿赂或酬金的形式来实现强化的目的。如果他有能力帮某人一个忙，他就可以据此实施强化。他也可以将自己的体力劳动提供给雇主以换取工资，或者提供给朋友以换取某种特定的行为。性刺激是一种常见的强化形式，被广泛用于个人控制。

在实践中，许多这类强化物都是以更为直接的条件强化物为先导的。金钱本身就是一个条件强化物，但当可兑换成现金的支票开出后，一级强化的地位就可能被进一步向后推。契约和口头承诺是可用于个人控制的其他条件强化形式。小的例子还包括赞扬与感谢。然而，这些被推后的强化很可能并不可靠。表扬可能为奉承所取代，支票也许不会兑现，承诺背后可能是欺诈。但是，这个相互关联的社会体系要恶化到不再有强化作用的

程度，可能还需要一段时间。

厌恶刺激。负强化被用于个人控制，例如控制儿童令人厌烦的哭泣以及成年人讨人嫌的行为。控制是根据被增强的反应，通过撤销这些厌恶刺激来实现的。宽恕和赦免同样具有强化作用。用拳头不停地击打另一个男孩直到他喊“叔叔!”的欺凌者、使用三级逼供手段的警察，以及发动战争直到敌人投降的国家，都是使用厌恶刺激的例证。以同样方式运用的条件性厌恶刺激的典型事例还有使用“激将法”或者以其他方式令人感到羞耻而采取行动。

惩罚。能够呈现正强化或撤销负强化的个体通常也能够呈现负强化或 318
者撤销正强化，因此能够实施惩罚。不要把惩罚与身体约束或使用厌恶刺激相混淆。由于控制力的性质，这三种控制方式通常对同一个体来说都是可行的，但把一个人关进监狱是为了阻止他按照某种方式行事，或者诱使他按照某种方式行事以便能够被释放，这与限制他的行动以减少他在未来以某种方式行事的倾向是不一样的。在对精神病患者的控制中，限制行动是一种约束而不是惩罚；反之，某些形式的惩罚充其量只是暂时的约束。惩罚作为一种控制手段，具有身体约束的所有缺点，此外，也具有第十二章所指出的所有弱点。还有，它产生的情绪倾向可能对控制者和被控制者双方都是不利的，甚至是危险的，正如我们将在第二十四章讨论心理治疗时所看到的。

惩罚以去除正强化物为手段，包括条件性的或无条件的，具体说就是切断一切依赖，“没有一分钱”，拒绝提供食物或住所，施加经济制裁，拒绝惯常的性接触。另一个重要的例子是不提供习惯化的社会刺激，比如冷落某个熟人，或“让一个小学生保持静默”。此类惩罚中较轻的形式有社会忽视和不予关注。这些就它们自身的作用来说都不是惩罚，只是依据行为而定的。

以呈现厌恶刺激为形式的惩罚更为常见。身体伤害的例子有打孩子屁股，袭击一位成年人，攻击一个国家。条件性厌恶刺激中有许多是言语性的，表现为反对和批评、诅咒和辱骂、嘲笑，以及传递坏消息。这些能否算惩罚仍然是要视行为而定。我们已经看到，它们能否永久性地降低任何行为倾向是值得怀疑的。它们都会引发特别混乱的情绪倾向，进而需要进 319
一步的补救控制。

对强化性相倚关系的强调。在不控制问题事件的情况下，使用基于强化与惩罚的技术是可行的。只要简单地澄清行为与其后果之间的关系，就可以取得相当大的成效。体育、工艺或艺术活动的教练可能会直接强化他试图建立的行为，但他也可能只是强调某种特定形式的行为与结果之间的相倚关系——“当你这样握画笔时，注意你画的效果”“这样击键，看是不是更容易”“如果你这样挥球杆，你就无法切球”等等。控制者可以利用具有强化作用的事件，而这些事件在他尚未通过建立相倚关系而加以干预的时候就发生了，这样做更有可能改变被控制者的行为。惩罚性的后果会用这样一些表述来加以强调：“现在，看看你都做了什么”“这是在浪费你的钱”或者“你要为这一切负责”。其他强调强化性相倚关系的技术包括设定不同的强化程式（“弹奏这段曲子，直到你能准确无误地弹下来”）和差别强化程序（“当你能越过这个高度的横杆时，就再把它抬高一英寸”）。

剥夺与餍足。如果我们用糖果做强化物来控制孩子的行为，最好确保孩子在其他时间也能收到小糖果。剥夺也可以用来控制被泛化强化物所强化的行为。为了唤起已经被金钱强化的行为，一个步骤就是对该个体实施剥夺，以这种方式增强其只有用金钱才能实施的行为。例如，通过鼓励某人过一种把金钱作为一项重要需求的生活方式，从而使其更容易受贿。餍足是一种常见的控制技术，它在消除不良行为方面特别有效。当孩子想要吃的东西都得到了，他也就不会为了讨要糖果而无理取闹了。一个人还可以通过屈服而使挑衅者获得餍足——“他打了你的脸，再将另一侧脸颊伸给他”。

320 **情绪。**我们有时对控制情绪的反射反应很感兴趣，比如让某人笑、脸红或者哭泣。我们可能对建立情绪倾向更感兴趣。我们已经注意到一个重要的例子，在这个例子中，某个人“青睐于”一个特定的人或一组环境。建立士气通常与产生这种倾向有关。这种效果通常来自可强化行为的相同事件。例如，小费作为一种控制模式而起作用，不仅是通过强化，而且还通过引发“良好的态度”。更具体的倾向也会在适当的刺激下产生——比如商店里播放圣诞音乐，鼓励人们“对男士表达善意”并购买礼物。其他改变情绪倾向的技术被认为包括“逗开心”“哄骗”“高谈阔论”“诱惑”“煽动”“消除恐惧”和“消解愤怒”。在每种情况下，都需要分析与特定情绪倾向有关的实际变量。

药物的使用。最常用于个人控制的药物是酒精。就像某些情绪操作一样，它经常被用来促进个体对自己有利的行为倾向。它似乎也能直接起到减轻焦虑或降低警觉的作用，并可能被用于这样的场合——例如，在完成一笔商业交易或与某人谈论机密事项时。它也被用作正强化物。作为一种能使人上瘾的药物，它使一种特殊形式的剥夺成为可能，在被剥夺状态下，由于酒精的强化作用，人们的某些行为可能会变得如此强烈，以至于会为了一杯酒而“做任何事情”。正如我们所看到的，人们有可能为了同样的目的而将吗啡和可卡因等药物用于其他强有力的剥夺。另有一些药物被用于对精神病性行为的控制，并与政府或警察的职能有关——例如，所谓的吐真剂。

对个人控制的反对

研究人类行为的学者往往会回避有关控制的问题，他们甚至认为曾经
蓄意实施过这种控制是令人不齿的。有关控制的实际应用后来为马基雅 321
维利和切斯特菲尔德勋爵所整理编纂。心理学家、社会学家和人类学家通常更青睐那些将控制最小化或者反对实施控制的行为理论，我们将会看到，政府的方案中提出的变革通常都是强调其将自由最大化所产生的效果。所有这些似乎是源于这样一个事实，即控制对于被控制者来说通常都是厌恶性的。以运用强力为基础的技术，特别是惩罚或以惩罚相威胁的手段，从定义上说都是厌恶性的，通常情况下，当控制者的最终利益与被控制者的利益相对立时，那些借助于其他程序的技术也会遭到反对。

而对被控制者所产生的一个影响就是诱导他实施反控制。他可能会表现出愤怒或沮丧的情绪反应，这也包括伤害或者对于控制者来说属于厌恶性的操作性行为。这种行为可能因类似的厌恶性后果的减少而受到强化。强化的重要性体现为我们更有可能以这种方式对社会控制做出反应，而不是对非社会控制做出反应。由于人行道旁的一棵大树枝被风刮断，迫使我们不得不离开人行道，我们大概不会表现出强烈的情绪反应，但是，如果这条人行道是被一群游手好闲的人所堵塞，迫使我们不得不离开人行道，攻击行为——言语的或非言语的——就有可能被引发。这种攻击行为可能缓解了类似的社会条件，但对树枝却几乎没有影响。对社会性约束做出情绪反应并不一定比对非社会性约束更为“自然”。

由于被控制会产生厌恶性后果，所以对他人实施控制的人很可能会被所有人所反制。“其他人”作为一个群体时所产生的力量将在第二十一章中讨论。这种反控制的一部分被分配给特定的宗教或政府机构，它们拥有操纵重要变量的权力。对控制的反抗很可能会被引向最令人反感的形式——使用武力和明显的利用、不当影响，或严重的误导——但由于其对
控制者所造成的后果，它可能会延伸到任何“故意”施加的控制。在反控 322
制中使用的最主要技术的结果是，从事控制的个体会自动产生条件化的厌

恶性自我刺激——他会对施加控制的行为感到内疚。然后，他会因为做些其他的事情而自动地被强化，如放弃任何控制的尝试，以及宣称自己反对一般的个人控制。

群体和某些机构所采取的反控制措施，可以解释我们在坦率地讨论个人控制问题以及客观地处理事实方面犹豫不决的原因。但这并不能够为这种态度或者做法开脱。这只是一个涉及普遍原则的特例，即个人自由的问题绝不能干扰对人类行为的科学分析。正如我们所看到的，科学意味着预测，只要相关变量是可控的，科学就意味着控制。如果因为一些无关的原因，我们拒绝承认我们的研究主题是可以控制的，我们就不能指望从这样的实践中获益，即把科学方法应用于人类行为。这一普遍原则的优势可以从这一点上做出很好的说明：那些最关心限制个人控制的人，将会因为对所采用的技术有了清晰的认识而获益最大。

第二十一章 群体控制 323

当两个或两个以上的人操纵对某个体行为有共同影响的变量时，该个体会受到更为强大的控制。如果两个或更多的人以同样的方式控制他，这种情况就会发生。当一个群体的成员为有限的资源而形成竞争时，这个条件通常就满足了。根据第十九章的说法，当一个人的正强化是另一个人的负强化时，一个社会系统就建立起来了。“战利品”一词，是征服者的强化因其对被征服者产生的厌恶性作用而得名。从别人那里拿走玩具的孩子因此受到了强化，但失去玩具对另一个孩子来说就是厌恶性的。成功的求婚者不可避免地让其他求婚者反感。

由于个体可以用这种方式影响群体中的所有其他成员，他们的反控制便可以协同发挥作用。所有其他成员就变成了我们所描述的控制群体。如果一个群体的成员以同样的方式受到某个体的影响，那么该群体就会以整体的形式行动。它不需要高度的组织化，但通常会发展成为某种组织。控制措施从引导个体参与群体行动所产生的凝聚力（第十九章）以及他们代 324
代相传的传递方式中获得了一定的统一性。

任何一群在一起生活了足够长的时间的人在控制个体时所使用的主要技术如下。个体的行为被区分为“好”或“坏”，或者是“对”或“错”，并相应地受到强化或者惩罚。我们不需要为这些充满争议的术语下一个明确的定义。个体的行为通常被称为好或者对，是因为它会强化群体中的其他成员；而被称为坏或者错，是因为它是厌恶性的。群体的实际做法可能与这些定义并不完全一致。最初的分类可能是偶然的：一个引人注目的行为只是偶然地与强化或厌恶事件相关，然后就被相应地区分为好或者坏。我们的定义从字面上看适用于这种迷信做法的起源，但不适合当前的任何作用。一种对行为的分类可能在时过境迁后很长一段时间内仍会继续有效：虽然通过某些条件的改变，行为不再具有强化作用或者厌恶性作用，但它常常仍然继续被标记为好或者坏。

由于群体结构存在的问题，这种分类也可能存在缺陷。所有成员的参与程度不一样。由于一种行为可能会对不同的成员产生不同的影响，其中一些人可能会将该行为划分为好，而另一些人则会将其划分为坏；因此，群体中的各个子群体可能会在各自控制的方向上相互冲突。例如，使用体力控制他人对于他人来说通常都是厌恶性的，因此被称为坏，但对于那些用类似行为控制第三方的人来说，也许就会被归类为好，无论在群体内部还是群体外部，都是如此。具有即时强化作用的行为有可能产生长期的厌恶效应。诱惑或施加“不当影响”的行为往往是通过正强化而起效，但最终结果可能会导致受害者和其他人将其归类为坏。

群体作为一个整体，很少对行为的好与坏做正式的分类。我们是从对控制措施的观察中推论出这种分类的。然而，当这些术语本身被用于强化
325 时，一种非正式的整理编纂就产生了。也许最常见的泛化强化物就是言语刺激“好”“对”“坏”和“错”。这些泛化强化物与无条件强化物以及其他条件强化物被一起使用，如赞扬、感谢、爱抚、小费、恩惠、打击、责备、谴责和批评，以此来塑造个体的行为。

实际的控制措施是显而易见的。好的行为被强化，坏的行为被惩罚。坏行为招致的条件性厌恶刺激，作为惩罚的结果，与一种常被称作“羞耻”的情绪模式有关。当一个人“为自己感到羞愧”时，他会对此做出反应。他的部分感觉是腺体和平滑肌的反应，可以被所谓的测谎仪记录下来（第十章）。这种仪器与测谎的相关性是基于说谎经常会受到惩罚这一事实。羞愧反应的另一部分是正常性格的明显改变——该社会违法者以一种谦逊的举止行事。任何或者所有这些情绪状态都可能是直接或间接地令人厌恶的，在这种情况下，它们与其他条件性厌恶刺激结合在一起，为那些能够取代或者降低被惩罚反应概率的行为提供强化。这种行为的最好例子就是自我控制。群体也会直接强化自我控制的做法。

群体为什么要实施控制？

在解释群体控制的任何实例时，我们必须要说明，控制者的行为是如何在一个社会系统中与被控制者的行为相互关联的。我们还必须表明，这两者都是用详细的变量做出的充分解释。在一个给定的实例中，A 的好行为可能会被 B 给予正强化，因为它会使 B 产生一种为 A“做好事”的情绪倾向。这种解释不很令人满意，因为它只是借助于做好事的长期倾向。但显而易见的是，仅凭观察就能看出，支持他人的行为会被适当的情感环境

所改变，而他人的好行为就是一个很好的例子。当孩子的行为特别好或做得对时，母亲会用一种突如其来的爱来强化孩子。326

另一种可能性是，群体恰当地强化好行为，只是因为在未来出现类似行为的概率会因此而提高。小费可作为日后提供类似服务的保证；这与感激之情无关，感激是一种喜欢他人的情绪倾向。群体还教每个成员感谢或者赞扬那些表现良好的人，即便成员自己没有受到直接影响，也要这样做。英雄主义受到许多人的赞扬，而在这种情况下，这些赞扬的人并没有受到正强化。教育实践通过确保群体恰当的强化行为以引发个体的好行为。

然而不幸的是，导致群体成员惩罚坏行为的情绪倾向更为明显。任何伤害他人、剥夺他人财产或干涉他人行为的人都会引发强烈的反击倾向。这种陈述只是由于观察到在某些情况下个体采取攻击行动的倾向会增强，但在情绪领域之外还有一些变量会朝着同一方向施加影响。如果 A 的攻击性通过 B 的反击而被暂时减弱（当然，我们已经看到，长期效果是不同的），B 就会被强化。因此，B 惩罚 A 的行为可能只是由于操作性强化。人们有时会认为，反击的情绪倾向是基本变量——我们总是“在愤怒中打孩子”，任何认为这种行为“理智”的解释都只是一种合理化机制（第十八章）。但这种做法也可能出现在没有情绪变量的情况下；人们可以仅仅用对不良行为的惩罚来降低其再次发生的概率。教育机构也鼓励使用惩罚来控制坏行为，他们引发了一种施加控制的倾向，即便个体自己此刻并没有参与。该机构可以通过情绪变量发挥作用——例如，通过对不诚实、盗窃或谋杀产生的怨恨或愤慨，或者是借助后果而实施操作性强化。

群体控制的作用 327

群体所行使的控制至少对个体有暂时的不利作用。一个人如果因将其财产和服务都给予了别人而受到正强化，他就会发现自己被彻底地掠夺了。群体所引发的行为，虽然获得了给予好行为的正强化，但也给个体造成了强烈的厌恶性条件。在为群体所强化的好行为的形式中，有自我控制的各种做法，这些做法可能导致广泛强化的行为被削弱。当坏行为受到惩罚时，个体受到的伤害就更加明显了。惩罚本身是厌恶性的，对个体有利而损害他人利益的行为至少会暂时受到抑制。惩罚也是影响自我控制行为的主要变量，正如我们刚才所看到的，自我控制行为也减少了一级强化。

简而言之，群体的控制作用与个体被一级强化物强烈强化的行为相冲突。自私行为受约束，利他行为被鼓励。但是个体也从这些做法中获益，因为他是控制群体的一部分，而在该群体中，每个个体都互相关联。他可能会受到控制，但他在控制他人行为时也会采取类似的做法。这样一个系统可能会达到一种“稳定状态”，在这种状态中，个体的优势与劣势会达到某种平衡。在这种状态下，对个体自私行为的合理控制，与他作为控制他人同类自私行为的群体中的一员所获得的利益相匹配。

当然，群体的力量是巨大的。即便是政治上的暴君、专横的父亲、街头帮派中的恶霸，或任何其他特别强大的个体，通常最终都会屈服于整个群体。才华平平的人可能会完全被群体所淹没。在第二十四章讨论心理治疗时，我们将考虑过度控制的一些后果。幸运的是，群体很少能有效地将其优势发挥到极限，它的全部力量可能永远都不会被感受到。行为的
328 “好”“坏”“对”或“错”的分类很少是明确的。而且这些也不是总能得到群体中所有成员的支持。然而，群体中某些有组织的分支可以更好地利用它们的权力，这一点我们将在第五部分的内容中看到。

群体控制的正当性

伦理学领域中某些熟悉的问题可能会引起读者的注意。我们所说的*好*是什么意思？我们如何鼓励人们去实践*美好生活*？诸如此类。我们的叙述并没有按照人们通常提出的那种精神来回答这类问题。在自然科学的框架内，当人们以群体的方式共同生活时，某些类型的行为就会被观察到——这些行为是针对个体的控制，并为群体中其他成员的利益而运作。我们将一系列特定的做法定义为“好”与“坏”，或者“对”与“错”。我们根据行为的基本过程，通过指出这些行为对个体以及群体成员所产生的影响来解释这些做法。

伦理学通常关注控制行为的*正当性*，而不仅仅是描述它们。为什么某个特定的行为要被归类为好或者坏？对这个问题的回答，有时可以断言“好”与“坏”应由超自然的权威来回答。尽管行为科学可以帮助设计教育实践，该实践根据一个给定的权威来鼓励人们向善，阻止人们向恶，但它几乎无法判断这样一个定义的有效性。当我们发现，一种分类所导致的结果对那些能够体现权威话语的个体有正强化作用时，另一种解释便是可行的。这样的解释不必质疑该分类最终的并且可能有益的效果。

为了避免诉诸权威，人们曾试图为定义寻找其他依据。有人认为，某种特定形式的个体行为，或者是产生这种行为的控制措施，如果能够被证明其作用是为了“最多数人的最大利益”，能够增加“人类福祉的总和”，
329 能够维持群体的“均衡”等，就值得推荐。然而，最初的问题仍然存在，

因为我们仍然需要证明这些标准的合理性。为什么我们要选择最大的利益、人类幸福的总和或均衡作为定义的基础？行为科学也许能够明确指出哪些行为会带来幸福，哪些不会带来幸福，但问题在于它是否能够决定那些从幸福角度来看是正当的做法一定会产生结果，这些结果对支持这种理由的人们具有强化作用。主要受影响的是他们的幸福。但这也与分类的最终效果无关。

“最多数人的最大利益”这样一个标准代表了一种基于极大值和极小值原则的解释，这种原则在自然科学中经常被证明是有用的。然而，在行为领域，什么被最大化或最小化的定义并不令人满意——正如我们对于从“最大利益”等术语引发的大量讨论中所怀疑的那样。即使这些术语可以被定义，将控制措施描述为最大化或最小化这样一些实体的做法与根据相关变量进行分析是非常不同的。如果能够把物理维度分配给最大化的东西，那么就表明这两者是相容的，这不是不可能的，但在传统的伦理学研究中还没有这样做。函数分析程序为此提供了一个操作方案，该方案可以避免这些实体的定义问题。

显然，任何群体都具有的一个重要特征是，它对每个成员行使控制的程度。我们将在第六部分回到人类行为科学是否为确定这种控制的最适宜程度提供任何基础的问题。该问题完全独立于对实际控制做法的分析。

第五部分

控制机构

第二十二章 333
政府与法律

控制机构

群体主要是通过其强化或惩罚的权力来对每个成员进行伦理控制。这种力量来自纯粹的数量和每个成员生活中其他人的重要性。通常情况下，群体的组织并不完善，其实践活动也不是持续性的。然而，在群体内部，某些控制机构操纵着特定的变量集。这些机构通常比整个群体有更好的组织性，而且其运作也往往更为成功。

本部分所探讨的机构来自政府、宗教、心理治疗、经济学和教育等领域。当然，这些领域十分广泛，我们无法面面俱到地在此给予讨论。幸运的是，就我们当前的目的而言，我们不需要对特定的宗教、政府、经济制度等历史以及用于比较的事实做详尽的叙述。我们只关心在这些领域中遇到的行为个体的观念。神学通常对人与宇宙的关系有许多论述。政府的理论则经常将人描述为政治动物或法律上的责任代理人。心理治疗尤其富含
人类行为的各种“系统”，而“经济人”在经济理论中占有突出地位。在 334
教育领域已经发展出一种特殊的心理学。

这些关于人类行为的理论，即使在其适当的领域内，也很少令人满意，而且可能会提出更为广泛的反对意见。每种观念都基于一组特定的事实，并且主要是用来单独解释这些事实。产生于某个领域的观念很少被应用到另一个领域，而且从来也没有被有效地加以应用。政治学家对人的看法对心理治疗师来说毫无价值，而教育心理学探讨的个体与经济人没有家族上的相似性。人类有机体不太可能以这种方式被划分开来。我们可以通过同时考虑所有的历史事实和可比较事实，得出一种可被应用于任何领域的行为模式。然而，也有一种更为简单的方法。我们关于人类行为的观念不需要从它最终必须解释的复杂事实中推断出来。例如，我们不需要通过

研究政府提供的事实来发现政治动物的特征。如果政治动物是人本身，我们可以在别处研究他，而且研究的条件往往更好。行为的函数分析为我们提供了一个基本的观念，我们可以据此依次研究这些领域中的每一个具体领域。我们感兴趣的可能主要是检验这样的分析，以发现它是否在每种情况下都能对个体的行为做出合理的解释，但如果我们能够得到这样的解释，那么它就可能比传统的方法具有相当大的优势。我们对每一事例的分析，不仅要有对个人在最佳观察条件下的科学研究的支持，而且还要适用于所有领域。这样，我们就有可能探讨对处于整体文化中的个体的影响，在整体文化中，我们所有的控制机构和社会环境的所有其他特征同时协同运作，并产生单一的影响。

在讨论控制机构时，我们特别关注那些影响人类行为的变量如何为某些类型的权力所操纵，以及由于拥有这种权力而可以使用的控制手段。那
335 些尚未认识到的可能性也许与历史已经提供的实例中的那些做法一样重要。一个控制机构，连同被它控制的个体，组成了第十九章意义上的社会系统，我们的任务是解释所有参与者的行为。我们必须确定构成机构的个体，并解释为什么他们有权力操纵机构所使用的变量。我们还必须分析对被控制对象的一般影响，并说明该影响如何导致一种回报强化，这可以解释机构得以持续存在的原因。在此过程中，先前的所有分析都需要做。控制变量的分类、基本过程的研究、复杂变量设定的分析，以及社会系统中两个或两个以上个体的相互作用，都是不可或缺的。

政府机构

也许，在控制人类行为方面最为明显的一种机构就是政府。传统的政治学研究涉及现实政府的历史与性质，这些政府具有不同的政府结构，并且有着为证明政府实践正当性而提出的不同的理论和原则。这里，我们将主要关注政府实施控制的行为过程。我们必须考察被统治者由此所产生的行为以及这种行为所造成的影响，这可以解释为什么机构可以实施持续的控制。

从狭义的角度讲，政府就是运用权力实施惩罚。尽管这个定义有时被认为是穷尽的，但政府机构还经常借助于其他种类的控制。惩罚权的来源决定了更严格意义上的机构组成。强壮或聪明的人是一种个人政府，其权力来自他的力量或技能。他可能会获得一些追随者，这些追随者对群体实施实际控制，但反过来，这些追随者又会被他使用的个人力量或技能所控制。黑帮组织经常会展示出这种类型的政府结构。在现代国家的有组织的

政府中，惩罚的具体任务被分配给了特殊的群体——警察和军队。他们的
权力通常是纯粹的物理力量，并通过特殊的装备被加以放大，但政府机构 336
的最终权力可能具有不同的性质。例如，警察和军人可能是在接受适当教育后才被招募的，他们可能会被经济措施所控制，或者他们可能会在宗教压力下采取行动。

出于“被统治者许可”（consent of the governed）而获得的权力也决定了有关机构的组成。说权力被“委托”并不能描述其真实过程。对这种政府的充分分析，应包括研究个体在成为该机构成员并保持其成员身份时所使用的技术。这大致属于实用政治的领域。个体必须诱使群体将政府权力分配给他，而且一旦上台，他必须保持与这个来源的联系。个体所使用的技术将与政治机器或政党所使用的技术相类似。从长远来看，一个获得被统治者许可的政府的权力源于政府控制与伦理控制之间的功能一致性（第二十一章）。如果通过经济手段控制警察或军队，群体就会通过税收提供必要的资金。群体成员可以自愿或被征召到警局或军队服役。由于宗教控制往往得到同一来源的支持（第二十三章），不难发现宗教和政府机构的组成有相当多的重叠。然而，一旦某个有特定成员的机构掌权，它可能会使用权力来实施惩罚——而不是凭借其功能与伦理团体功能的一致性——以确保自己的支持。并不是每个人都仅仅是因为群体压力而纳税。然而，我们在这里不关心政府中的各种终极权力，也不关心维持机构结构或使其顺利运作的内部控制。对被统治者的影响是争论的焦点。

政府的控制技术

如果说群体出于伦理强化的目的将行为区分为“对”或者“错”，政
府机构则采用了“合法”与“非法”之间的划分。这些术语的定义大致与 337
机构的权力来源有关。对一个绝对统治者来说，如果某行为对机构产生了厌恶性后果，那么该行为就是非法的。由于政府的权力源自群体，其定义接近于“对”与“错”的定义。然而，由于政府机构主要是通过惩罚的权力来运作的，它把重点放在了“错”上。政府行使其权力来“维持和平”——约束那些对群体其他成员的财产及个人构成威胁的行为。一个只拥有惩罚权力的政府，只有以解除惩罚威胁为条件，才能增强其合法行为。有时的确会这样做，但更常见的方法是简单地惩罚非法行为。

政府的惩罚包括去除正强化物——例如，剥夺个人财产，罚款，罚税，或通过监禁或者驱逐等剥夺其与社会的联系。其他常见的惩罚包括提供负强化物——例如，使其遭受如鞭挞之类的身体伤害，以伤害或死亡相

威胁，判处其劳役，将其脚戴足枷示众遭人嘲讽，也有一些厌恶刺激是以轻微的方式实施的，如要求其亲自去警局报案，而主要的惩罚就是在报案过程中所耗费的时间和精力。在实践中，这些惩罚是根据特定的行为来制定的，意在降低这种行为再次发生的概率。正如我们所看到的，直接削弱强化的相反效果是不大可能的。相反，其所产生的是条件性厌恶刺激，其效果类似于群体控制中的“羞耻感”。当这种效果来自政府的惩罚时，常用的术语是“罪恶感”。该过程为与非法行为不相容的反应提供了自动强化。作为政府控制的净效应，非法行为产生了厌恶刺激，该刺激使个体“感到内疚”，并为合法行为提供了自动的正强化。

338 一种强调惩罚的控制技术通常是建立服从行为。这通常是个人控制的一个特征——例如在父母与孩子的关系中。当学生被教导要服从教师时，它被看作教育领域辅助技术的副产品。这是政府控制所产生的主要产品。从最广泛的意义上说，如果被控制的个体之行为与机构的控制行为一致，被控制的个体就会服从于机构的命令，但有一种特殊的服从形式，即特定的反应受言语命令的控制。命令作为言语刺激具有双重作用。它指定要执行的行为，并产生一种厌恶性状态，只有这种行为才能躲避厌恶性状态。当然，这种命令是军事训练中的一个常见特征。一组被挑选出来的反应被置于适当的言语刺激的控制之下，这些刺激可被用来计时或者协调群体成员的行为。平民在遵守交通信号或交警命令时，也会表现出类似的反应。但对政府的服从不仅仅是一个精选的反应集。由政府指挥的任何行为——实际上是由能够行使政府控制的“权威人士”实施——最终都是在个体的言语经历范围内进行的。群体实施的这种控制，达到了祈使语气在日常谈话中占上风的程度。通过建立服从行为，控制机构为未来的情况做好了准备，否则它无法预见这些情况，因而一个明确的反应集也无法提前准备。当新的情况出现，而个体又不具有要对此做出的反应时，他就只能按照他被告知的方式去做。

法律

政府机构发展的一个重要方面是将其控制措施法典化。无论是过去还是现在，法律或法理学的研究通常都与特定政府的法典和惯例有关。它也涉及某些问题，这些问题都与对行为的函数分析有一些关系。什么是法
339 律？法律在政府控制中起什么作用？特别是，它对被控制者的行为以及政府机构成员的行为有什么影响？

法律通常具有两个重要特点。首先，它明确规定了行为。这种行为通

常不是从形态上来描述，而是根据其对他人的影响来描述——这种影响是政府控制的对象。例如，当我们被告知某人“作伪证”时，我们不会被告知他实际上说了什么。“抢劫”和“袭击”并不涉及具体的反应形式。只有对他人来说属于厌恶性的行为属性才会被提及——例如，作伪证是言语反应与某些真实情况之间缺乏常规上的对应关系，抢劫是正强化物的去除，袭击是身体伤害的厌恶性特征。其次，法律规定或暗示一种后果，通常是惩罚。因此，法律是对由政府机构维护的一种强化性相倚关系的陈述。在相倚关系作为法律成文之前，它可能作为一种控制手段而普遍存在，或者，它可能代表一种随着法律的通过而生效的新做法。因此，法律既是对过去做法的描述，也是对未来类似做法的保证。法律是一种行为规则，因为它规定了某些行为的后果，而这些后果反过来又“判定”了行为。

法律对被控制者的作用。为了证明个体是如何真正遵守法规的，我们应该分析他如何学会不说谎、不偷窃、不攻击他人等。政府机构可以将其控制措施编纂成法典，并维持由此提出的相倚关系，但它很少试图以任何其他方式使法典产生作用。个体所受到的直接影响仅是普遍存在的相倚关系的一小部分。在声称“对法律的无知不是借口”时，政府机构把对个体现实的条件作用留给了其他人。父母和朋友建立了次要的相倚关系，使行为保持在法律范围内，而政府的职能也可能得到伦理团体、宗教以及教育机构以适当的技术提供的积极支持。

政府机构往往通过声称法律具有教育作用来掩盖其对这一重要控制步
骤的忽视。据说，个体会因目睹他人的惩罚而受到影响。但是，惩罚对于 340
那些没有亲身受到惩罚的人的威慑作用既不简单，也不是不可避免的。这个问题并不是政府的相倚关系所特有的。一个男孩看到一个同伴从树上掉下来，然后可能会看到同伴的行为具有强烈的厌恶刺激的特征。经过至少两个阶段的应答性条件作用，男孩自己随后的任何爬树动作都会产生条件性厌恶刺激，从而减少对竞争行为的强化。尽管影响的程度不同，但其过程是一样的，就像男孩自己摔倒受伤一样。同样的厌恶刺激（来自树和树上的男孩），解释了为什么男孩会阻止其他开始爬树的人，为什么他会说爬树是“错的”或者“坏的”。同样，一个观察到非法行为以及由此而招致惩罚的人，可能会采取行动来阻止自己的这种行为，并阻止其他人以同样的方式行事。在这一过程中，他支持政府的控制。但很少有人能既目睹另一个人的行为，又目睹其所受到的惩罚。法律中所表达的相倚关系的作用通常是通过复杂的言语过程来调节的，这个问题在此无法进行充分的分析。法律本身是一种言语工具，它促进了这些中间过程，这对于政府实践的法典化最有帮助。一种支持言语行为的法规弥合了惩罚实例与他人行为之间的鸿沟。然而，这仅仅是对这种行为过程的初步认可，政府通常就是使用这种过程实施控制的。

法律对控制机构的影响。一个大群体的政府需要一个精心设计的组织，这种组织的做法可以通过法典化而变得更加一致和有效。法律规范如何影响政府代理人，是法理学的主要课题。行为过程是复杂的，尽管可能并不新颖。为了维持或“实施”政府控制的相倚关系，一个机构必须确定某个体的行为是非法的，并且必须对法典做出解释以决定惩罚。然后，它
341 必须执行这一惩罚。这些工作通常在该机构的特殊分支中得以划分。当个体“不受制于人而受制于法”时，其所获得的好处通常是显而易见的，而伟大的法律编纂者在文明史上常占据着荣耀的地位。然而，法典化并不能改变政府实践的性质，也不能弥补政府实践的所有缺陷。

传统的解释

直到最近，人们还习惯于接受一种政府模式以及体现这种模式的法律，这种模式源于不容置疑的权威，并且是永久固定的。在中世纪的神法中，“合法”与“非法”被认为是由绝对法令所规定的不可更改的分类。由于缺乏关于其他政府和法律实践的历史与可比较的事实，这种观点得到了增强，而且可能在某种程度上受到法律编纂本身的鼓励。但不可避免的结果是，任何对人类行为的分析都必须做自我调整，以适应一套特殊的既定做法。人们必须接受行为，而不是按照规定的那样去做。如果两者之间有任何不一致之处，则服从当时盛行的法令。

令人惊讶的是，现代观点接受了这样一个事实，即政府和法律取决于特定文化或时代的环境。它承认这样一个事实：有一部英国法律，一部法国法律，一部中国法律，一部 16 世纪的法律，一部 20 世纪的法律，等等。现代立法者和现代法学家更倾向于从它们对个体和国家的影响的角度来解释政府实践与司法实践。由于这一变化，对人类行为的观察不再受专制判断的约束，科学研究也没有义务证明一套特定措施的正当性。然而，关于人类行为的法律观念和科学观念之间仍然存在着巨大的差异。

在产生现代英美法律的传统中，人被视为“负责任的”生物，他们生来就具有或很快就获得了一种“对与错的认识”。他要为自己的行为“负
342 责”，如果他违反了法律，他受到惩罚就被认为是公正的。对惩罚的解释因政府的权力来源不同而各不相同。当权力来自统治者的力量，或被认为是神赋予的，或者是其他绝对来源时，犯罪就被视为对国家的犯罪。对罪

犯的惩罚“维护”了国家的利益。这种解释似乎是对统治者情绪倾向的合理化，他们对那些“扰乱和平”或以其他方式威胁到他们权力的人采取攻击行动。当权力（至少是部分权力）来自被统治者时，据说国家会为了那些直接受到侵害的人的利益而采取行动。那么其职能就在于“公平对等”，刑罚学的问题就在于使刑罚与罪行相匹配。当罪犯受到的厌恶刺激与群体中受害者受到的伤害程度完全一致时，正义便得到了伸张：以眼还眼，以牙还牙。这种解释似乎也与实施报复的情绪倾向有关。

另一种对惩罚的解释是借助于建设性的行为过程：据说，一个人受到惩罚是为了让他在未来不太可能出现不良行为，同时也会让其他人不敢再有类似的不良表现。这种影响可能与被冒犯的统治者或受侵害的公民的情绪倾向无关。与此同时，把人看作懂得是非、负责任的自由行为人的观念也是不恰当的。目前，刑罚学由于理论矛盾所遇到的困难是显而易见的。现在人们普遍认为，仅仅将惩罚作为降低行为发生概率的一种手段是无效的。为了更好地理解这一过程，需要改变我们的实践，但面对传统的人性观，这是难以做到的，因为传统的人性观预设了另一种结果。然而，我们可以用一种与涉及惩罚的行为过程相一致的方式重申政府与法律的做法。

正如我们在第七章中所看到的，操作性行为与“意志”（volition）密切相关。为达到“预期目的”而采取的“有意行为”属于操作性行为。以传统方式对它进行描述是令人失望的，因为它强调的是未来事件，不具有当代作用。有必要赋予个体一种“对后果的认识”或某种“期望”，以弥 343
合过去与未来之间的差距。但我们总是在纠结于之前的强化史与惩罚史。政府与法律的实践显然是为了构建或补充这样的历史，我们可以用这样的术语来描述完全处于政府控制之下的个体。“寻求目标行为”的“原因”或“理由”仅仅是行为作为其函数的一些变量。“慎思”和“欲望”是另一回事。惩罚史也是另一回事。说一个人对某一行为“负有责任”，只是说他通常会因此而受到惩罚。

对谋杀罪判处死刑的问题是有必要改变解释的一个例子。毫无疑问，死刑是降低反应概率的有效方法，但如果死刑只是将某个危险的个体从社会中清除出去的一种方法，那么它只比终身监禁有经济上的优势，终身监禁可能因其他原因而受到青睐。对杀人犯的处决能否对其他人构成震慑，大概可以用现有的技术来确定。人们经常指出，当扒手被公开绞死时，聚集在一起观看绞刑的人群反倒很容易成为扒手的目标，尽管很难想象在什么情况下死刑会起到更为有效的震慑作用。任何有关死刑的决定似乎都是切实可行的，这涉及权衡对于社会的利弊。但是，如果决定取消死刑，那些认为惩罚是一种报应形式的人可能会反对，他们可能会争辩说，为了“对等”或“正义最大化”，必须杀死杀人者。

类似的冲突也出现在其他形式的惩罚中。监禁究竟是一种厌恶刺激的形式，还是对个体进行再教育的机会？在一段特定的监禁期间之前实施的做法是以前者为先决条件的，因为再教育所需的时间不一定与犯罪的性质或规模密切相关。任何试图采取以后者为前提的做法，都可能会遭到那些
344 认为惩罚是一种报复形式的人的反对。

同样的转型阶段在其他关于责任的讨论话题中也很突出。在当前的实践中，被判定为精神失常的谋杀犯不应被判处死刑；其被监禁只是为了防范进一步的犯罪行为。传统观点认为，既然他没有“责任”，那么杀死他就不是“公正的”。但从可控性的角度来看，同样的做法可能会得到更为合理的辩护。我们不能阻止疯子或纠正他们的行为，因为他们明显已经失控了。身体约束是唯一可行的方法，并可能正是因为这个原因才被采用的。较少程度的“不负责任”，经分析证明只是较少程度的“不可控”。如果有充分的证据证明，一个人由于多次受到法律惩罚而仍无法改变其行为，他将被永久监禁。我们一般不认为这是报应；监禁是必需的，因为其他的政府手段都失败了。有时更为合适的做法是心理治疗，而非法律惩罚。

即使是正常或法律上心智健全的公民的责任也被认为有一定的限度。这还是政府控制有效性的问题。违法行为有时不会受到惩罚，或惩处力度较轻，因为是“激情犯罪”，或被“无法抗拒的冲动”所驱使，或是“情有可原”。在传统观点看来，个体不必为他在这些情境下的行为负责。就目前而言，我们可以简单地说，政府控制的某些技术在与强烈的情绪变量或动机变量竞争时是无效的。除了监禁以外，试图对这些变量所导致的行为实施政府控制是毫无意义的。当这种情况不太可能经常发生时，该个体就会被允许继续逍遥法外。与此同时，因果报应哲学仍然要求正义必须得到伸张。

345 其他类型的政府控制

我们目前的政府哲学与法律哲学的不一致不仅仅是传统的问题造成的。惩罚作为一种控制手段的终极弱点早已为人所知。令人遗憾的是，替代技术需要一种不同的政府权力以及对人类行为更好的理解。从强制技术（强迫个体按照他人的利益行事）到“好”比“坏”更为重要这样的手段，群体伦理控制上的进展非常缓慢。我们将看到，宗教机构只是缓慢地从强

调地狱的惩罚以及嫉妒之神的愤怒，转向天堂的积极诱导，或者当下美好生活的满足。由于政府机构特别致力于使用惩罚手段，向其他形式的控制方式的转变特别缓慢。

然而，现代政府有权力使用其他技术，并将它们广泛推广。如果财富是积累的——例如通过税收——那么经济控制就是可行的（第二十五章）。这样，公民就会被诱导去做合法的事，而不是被阻止去做非法的事。虽然理论上可以通过惩罚来控制农业生产，如将某些农作物的种植定为非法，但拥有经济权力的政府可以通过补贴这样的正强化来达到同样的效果。对法律行为的教育控制是另一种方法。从理论上说，完全有可能通过强制手段让士兵参战（通过制造一些困境，让士兵必须参加战斗，否则就会受到比上战场更为严厉的惩罚），而现代政府很可能通过教育手段引发一种参战的倾向。应答性条件作用、动机和情绪领域的变量被设定以提高战斗倾向。这些做法最终会产生比强迫更为有效的行为。不幸的是，政府领域的教育技术最明显的表现就是宣传，这种宣传是操纵变量以达到一种隐藏或 346
者伪装的效果，这种方式通常会让许多人反感。但即便是结果一目了然的时候，教育也仍可能是有效的。

类似的替代技术也可被用于防止非法行为，但其过程更为复杂，而且尚未得到很好的探索。这种探索已经从轻微犯罪开始了。驾驶员通常会被一个熟悉的过程引导以遵守交通信号。例如，一定比例的闯红灯者会受到惩罚。另一种已被成功尝试过的方法是表扬或强化遵守交通标志的司机。这显然不是一项适合所有驾驶员的技术，但它对许多人有着显著的作用，否则许多人可能只是部分地受到交通信号的控制。从长远来看，教育项目可以使人们了解鲁莽驾驶与其后果（伤害或死亡）之间的相倚关系，这应该比逮捕和罚款项目更有成效。

当政府机构转向不以惩罚为基础的辅助技术时，人作为“承担责任的代理人”的概念就被废弃了。这进一步证明，这一概念仅仅是为了将使用惩罚作为控制手段合理化而已。

政府机构的反控制

根据第十九章的说法，政府与被统治者构成了一种社会系统。此前提出的问题涉及参与者双方之间的相互交换。政府操纵变量，这些变量改变被统治者的行为，并根据政府实施这些操纵的权力做出界定。被统治者行为的变化又为政府提供了一种反向强化，这就解释了它的持续功能。一个给定的制度可以简单到一个强者从群体中弱势成员那里夺取财产，也可以复杂到一个现代政府推行一项教育计划，以产生它所需要的技术劳动力。

347 同样根据第十九章的说法，这种制度在本质上是不稳定的，机构的权力随着每一次交换而增加。事实上，随着控制越来越有成效，权力的增加便会加速。在其他条件相同的情况下，政府在统治的过程中会变得更加强大。当强者强迫他人为了他自身利益而参与控制时，他的总权力便增加了。当政府使用武力获取财富时，它也可以行使经济控制。

然而，这个过程不可能无限制地进行下去。出现于系统自身的一个限制就是耗尽被统治者的资源。对一个民族的专制剥削导致最终失败就是一个例证。我们将在第二十四章中看到，过度的控制也会引发被控制者的逃避、反抗或被动抵抗行为。其他限制可能来自系统之外其他欲取而代之的机构的竞争。

控制手段的法典化通常具有稳定制度的效果。例如，在说明行为与惩罚之间的相倚关系时，法律对政府机构施加了限制。除非法律被改变，否则政府与被统治者的社会系统不会明显恶化。一种更明确的反控制是由宪法来体现的，根据宪法，一个出于被统治者许可而获得权力的政府被限制在特定的区域内行使该权力。宪法可以规定政府机构的组成，其接受权力的渠道，以及制定、解释和实施法律的程序。根据这些规范，制度可以通过非对称性交换避免恶化。

一个在战争中被彻底打败的国家，至少在一段时间内可以由征服者统治。没有宪法规定相关权力的种类或限制，没有任何东西可以防止针对整个人口的大规模屠杀，历史上此类的事例有许多。但是，即使政府权力不是来自被统治者的许可，人们现在也认识到，政府不是通过对人民的过度
348 剥削而获得增强的。大规模屠杀显然不是利用被征服国家人力资源的有效方法。这种做法也会导致其他面临类似命运的国家采取极端的反制措施，并使政府在控制本国公民方面陷入严重麻烦。我们将在第二十四章讨论过度控制的其他不良后果。

政府实践的正当性

传统上，人们根据政府在促进几项原则方面的作用来对其进行评价。我们已经看到，正义，作为其中的一项，适用于政府作为惩罚权威的狭义定义。公正实施惩罚，以及政府成功平衡厌恶性后果，这就是人们所说的“正义最大化”。然而，我们对这样一个政府的实际支持也许并不是因为任何这样的原则，而是因为与其他政府相比，一个公正的政府更有可能强化支持它的行为。

另一个普遍借助的原则是自由。管理最少的政府被认为是最好的政府。然而，由一个好的政府所带来的最大限度的自由，并不是行为科学所讨论的自由。在一个靠正强化控制的政府的统治下，公民虽然同样受到控制，但却感到自由。远离政府的自由就是远离厌恶性后果的自由。我们选择一种将自由最大化的政府形式，原因很简单：厌恶性事件就是令人厌恶的。一个最少使用其惩罚权力的政府最有可能强化我们支持它的行为。

当下流行的另一个原则是安全。安全与厌恶性的政府控制是相对立
的，这种对立产生了与自由相同的问题。免于剥夺的安全亦是如此，这意
味着免于那些不是由管理机构专门设置的厌恶性事件的安全——免于饥
饿、寒冷或一般意义上的艰苦，特别是疾病或者老无所依。政府通过设置
一种环境来提高安全感，在这种环境下，许多常见的厌恶性后果不会发 349
生，积极的后果很容易实现，极端的剥夺状态可以避免。这样的政府自然
会强化支持它的行为。

统治者的“权利”是一种古老的手段，是用来解释统治者的统治权力的。“人权”，如正义、自由和安全，是用来解释被统治者实施反制的手段。一个人拥有他的权利，这意味着政府机构控制他的权力受到限制。当他反抗控制时，他与其他公民一起主张这些权利。“人权”是代表政府实践的某些成效的方式，这些成效一般具有正强化作用，因此我们称之为好。以这种方式为政府“辩护”，只是间接地指出了政府在强化支持性群体的行为方面的作用。

人们通常认为，正义、自由、安全等是指某些更为遥远的后果，而这些后果是用来评价某种政府形式的依据。我们将在第六部分再回到这一点，从中我们将看到需要一项附加的原则来解释为什么选择这些原则作为评价的基础。

350 # 第二十三章 宗教

我们没有理由对这一事实感到不安，即一个有效的政府“维持和平”的基本做法就是例证，而恶霸或歹徒利用自己的权力实施惩罚的情况则远没有那么令人钦佩。导致我们赞成或反对任何做法的，不是控制技术，而是对群体的最终影响。用于宗教控制的基本技术在各种可能的用途之间也存在类似的差异。宗教在现代生活中的地位，如果不考虑宗教领域之外为完全不同的目的而适当使用的某些程序，就无法被清楚地理解。

“迷信”和“魔法”这类术语通常都是厌恶性的，因为与它们联系在一起的常常是满足私欲的剥削，或者无效或缺乏条理的行为。然而，迷信与非迷信反应之间并没有绝对的区别。在应答性条件作用中，我们看到单一配对的刺激可以导致条件反射。一个中性的刺激仅仅是碰巧伴随着一个可怕的事件，随后便可能唤起一个情绪反应，并且即使只是重复呈现中性
351 刺激，这种作用仍可能会持续很长一段时间。在操作性行为中，一个单一的反应实例在一个具有强化作用的事件发生之后可能会被增强，即使相同的结果再也不会发生，效果也仍可能会持续很长一段时间。言语行为尤其有可能表现出这种“魔力”，因为反应与强化之间缺乏机械联系。孩子获得一套复杂的言语集，便可以产生某种效果。通过诱导过程，他也表现出了言语反应，但这种反应无法超出偶尔的“意外”效果。在成功地让人们停下来之后，他可能会对着滚向远处的球大喊一声“停”！虽然我们可以证明他的反应对球没有影响，但这是行为过程的本质，反应仍然获得增强。正如我们已经看到的，当个体对单一的相倚关系变得更加敏感时，迷信行为的倾向必然会增加。在个体生活中只能观察到一次的相倚关系与总会观察到的相倚关系之间，存在着一种连续的统一体，我们无法在任何一个点上将它们明确地区分为“迷信”和“事实”。

当罕见的或偶然的相倚关系被用来控制他人的行为时，宗教控制的原

型就出现了。例如，我们可能会因为一件不幸的事件而“责备”某人，这实际上并不是他的行为造成的，尽管从时间关系上可以断言是一种相倚。“如果你不磨磨蹭蹭，我们早就出发了，那场事故也就不会发生了。”我们责怪他是为了改变他未来的行为——让他今后不太可能磨蹭，我们通过某些言语过程将一件不相关的事件转化为有效的惩罚结果来达到这一目的。我们使用事件作为惩罚，即使我们实际上并没有设置相倚关系。这离声称有能力设置此类相倚关系仅有一步之遥。这就是巫术的根本原则。除非受控者按照命令行事，否则控制者会给受控者带来厄运。这样做的威胁可能与施加类似的身体惩罚一样强大。

我们也使用一种具有正强化作用的偶然结果来影响他人的行为。“你 352
瞧，如果你没有听我的劝告，你就会错过这个惊喜了。”这离声称能够形成未来的正强化——能够“带来好运”——也只有一步之遥。这种断言可能被用来诱导他人提供支持和支付金钱等。因此，要出售一种定位地下水的假装置，只需要证实这样一种说法，即通过使用该装置，挖井人将会因找到水而受到强化。当好运护身符形成正强化的力量能够说服购买者时，它就具有了经济价值。

也许这些自私的做法与那些有组织的宗教机构的做法相距甚远，但同样的技术似乎可以作为例证。这种控制在最狭隘的意义上定义了一种宗教作用，它来自一种声称与超自然的联系，通过这种联系设定或者改变某种相倚关系，包括在不久的将来是好运还是厄运，是永生的祝福还是对来世的诅咒。这样一个控制机构由那些能够确定他们有权力实施超自然干预的人所组成。该机构也可能由一个人组成，比如部落的巫医，他通过演示魔法来证明自己有能力带来好运或厄运，或者是一个组织良好的教堂，其持有文件证明，可通过对强化性相倚关系的设置来实施干预，该权力是超自然权威赋予的。我们在此关注的不是该机构的实际结构，也不是使其成为有效工具的内部控制技术，而是该机构通过哪些做法来控制该群体的成员。

宗教的控制技术

其主要技术是对群体控制和政府控制的扩展。行为被做这样的分类，不是简单的“好”与“坏”、“合法”与“非法”，而是“道德”与“不道德”、“善”与“恶”。据此，它得到强化或惩罚。对天堂与地狱的传统描
述集中体现了正强化与负强化。这些特征因文化差异而有所不同，但值得 353
怀疑的是，是否还有任何众所周知的正强化物或负强化物尚没有被使用。

对于以森林和田野为食物来源的原始人来说，天堂是一个快乐的狩猎场。对于一个主要关心下一顿饭之来源的贫困者来说，它是永不断顿的炸鱼。对于不快乐的人来说，它是痛苦和悲伤的解脱，或者是与离别的朋友和亲人的重逢。与此同时，地狱是厌恶刺激的集合，它经常靠想象被加以描绘。例如，在但丁的《地狱篇》中，我们发现大多数的负强化物具有社会环境和非社会环境的特征。只是没有心理学实验室里的电击。

天堂与地狱中所描述的强化物远比那些支持伦理团体的“好”与“坏”或者政府控制的“合法”与“非法”的强化物更为强大，但这种优势在某种程度上被这样一个事实所抵消，即它们在个体的一生中并不真正起作用。宗教机构所获得的力量，取决于某些言语强化如何被有效地条件化——尤其是天堂的承诺和地狱的威胁。宗教教育通过将各种条件强化物与无条件强化物配对以促成这种力量，而这些强化物本质上是可以为伦理群体和政府机构所用的。宗教机构与领受圣餐者之间的关系，或上帝与人之间的关系，往往会因为被表述为这样一种人们熟悉的世俗关系而变得更加有效，如父亲与儿子之间的关系、国王与臣民之间的关系，或军事指挥官与其部下之间的关系——具有强化作用的主要相倚关系与伦理控制和政府控制中使用的相倚关系并没有太大区别。

在实际做法中，对远离天堂的威胁或对下地狱的威胁取决于恶的行为，而善的行为带来天堂的承诺或从地狱的威胁中获得解脱。后者是一种尤其强有力的技术。机构以这样一种方式惩罚罪恶行为，它会自动引发一种厌恶性状态，个体将其描述为一种“罪恶感”。机构通过赎罪或赦免，
354 提供从该厌恶性状态中逃脱的途径，因此能够为虔诚的行为提供强有力的强化。

当然，在宗教控制中也会遇到其他方法。在能够控制其他变量时，机构便可以使用其他程序。它可以通过经济控制获得财富并最终将其用于操作（第二十五章）。它可以通过培训和支持教师实现教育控制（第二十六章）。它还可以运用自己范围之外的伦理的或政府的方法。当它的控制措施与整个群体的控制措施相一致时，这种情况尤其可能发生。简而言之，在第十五章的自我控制和在第二十章的个人控制下所描述的所有技术，对于拥有必要权力的机构都是可用的。

宗教机构使用身体约束的实例就是实际的监禁。当引发或为罪恶行为创造条件的刺激被削弱或移除时，当引发或作为美德行为产生契机的刺激被指明时，相关的环境条件就被操纵了。粗茶淡饭、不具诱惑性的服装、有限的个人接触，以及修道院或“平静生活”的其他特征都遵循着这种模

式。宗教机构可能会支持对电影、戏剧和书籍的审查，执行规范衣着端庄的法律，禁止出售酒精饮料，等等，因为这些措施减少了犯罪行为的场合。餍足与剥夺也是被操纵的。圣保禄为婚姻辩护，认为它是一种减少放荡行为的措施，而一段时间的禁食和大量的锻炼也可以达到同样的效果。影响有机体生理机能的仪式技术是常见的，例如印度教的做法。一些宗教鼓励以替代行为的形式来减少性欲或其他倾向；这一做法是在第九章所讨论的转移性餍足的基础上进行的。由于情绪通常是宗教控制的重要手段，应答性条件作用十分重要。宗教艺术、音乐和露天历史剧通过描绘殉道者
的痛苦、被诅咒者的痛苦、家庭的温柔情感等来激发情绪反应。这些反应 355
被转移到刺激上，包括言语的或非言语的，随后被机构用于控制目的。有些宗教机构还会使用毒品，要么是为了引起适当的情绪或动机状态，要么是为了产生似乎是支撑超自然联系的效果。

其他种类的宗教机构。许多宗教机构并没有声称自己能够干预强化的设置。这些机构可能会接受超自然强化事件（例如天堂与地狱）的存在，但可能只是规定一种行动程序，这种程序是视情况而定的。是上天堂还是下地狱，据说仅取决于个人的行为。宗教机构控制领取圣餐者，不是通过操纵强化性相倚关系，而是通过使某些真实的或声称的相倚关系更为有效。它的技术类似于咨询师（第二十四章）或教师（第二十六章）的技术。这样一个机构是由那些明确了解这种生活方式的要求以及那些为了控制目的而行使这种要求的人组成的。

也有一些宗教机构无论如何也不借助超自然事件。它们所使用的技术与那些伦理团体的使用的技术几乎没有什么区别。机构只是在鼓励好行为和劝阻坏行为方面加强伦理控制。在论证“好”或“坏”行为与自然结果之间的某种相倚关系方面，它扮演着咨询师或者教师的角色。由此，一种能够“给自己带来回报”的生活方式得以确立。这第三类机构的成员通常没有明确的界定。

被宗教机构控制的行为

受宗教控制的行为取决于宗教机构的类型。对于使用魔法来强化自己的巫师来说，“虔诚”行为只是能够强化他的任何行为之一。与此同时，
发达的宗教机构从群体中获取很大的力量，它可能在很大程度上根据群体 356
的实践要求实施控制。它与伦理控制协同运作，抑制自私的、早期曾被强化的行为，同时增强有利于他人的行为。然而，这种控制通常比群体的控制要严格得多。鉴于当下对群体成员福利构成的某些威胁，因此要操纵伦

理控制中的变量，但宗教机构要根据更为持久的善与恶的行为标准来维持其实际操作。只有当对他人造成暂时的不利时，饮食才会受到伦理强化的约束，而宗教控制可能会建立更为狭隘的限制，将贪吃列为致命的罪恶，将节制欲望列为基本的美德。当性行为主要在某些竞争情况下由群体控制时，宗教机构可能会将鼓励贞操和独身作为一种普遍计划，甚至可能仅容忍以生育为目的的婚姻中的性行为。只有在竞争情境下才会导致群体惩罚的获取或占有行为，在其他地方则被归类为好的行为，而此处无论是何种情况，都会被宗教机构完全压制，它需要一个甘愿贫穷的誓言，或者要求圣餐领受者不要在这个世上储存财富。只受到温和团体谴责的法利赛人的自我夸耀行为在此则被压制，以支持谦虚和端庄的行为。这种极端的宗教控制形式表现在对和平主义哲学自我保护行为的压制上，亦表现在殉教和禁欲行为上。与此同时，有利于他人的行为则得到促进。爱或慈善作为一种关爱他人的倾向而受到鼓励，受领圣餐者被告知他是他兄弟的守护者，必须把他所拥有的送给穷人。

宗教机构通常会建立一个供将来使用的服从反应集，它也可能会建立一个极为强大的自我控制机制，即使在没有宗教机构的情况下仍能确保一定程度的受控行为。后者是注重惩罚的结果之一。由于这种控制往往比群
357 体控制更为强大，宗教良知或超我的声音往往比伦理声音更响亮。有时要采取极端的自我克制措施。个体可能限制自己的饮食，进入斋戒期，从事某些锻炼或采用某些姿势，或者服用某些药物，所有这一切都是因为他以道德或罪恶方式行事的性格由此发生了改变。通过操纵刺激进行自我控制是很常见的。“诱惑”（通常在宗教文献中被拟人化为撒旦）包含了所有导致罪恶行为的刺激。“与魔鬼搏斗”似乎描述的就是第十五章中被控制反应与控制反应之间的冲突。

对机构的解释

控制关系可以将宗教机构维系成为一个有效的单位，但这并不能解释控制的最终形式，也不能解释只有一个成员的机构。为了解释作为一个整体的机构的存在与维持，我们需转向外部变量寻求答案。如果机构通过扩大伦理控制来服务于团体，那么该机构可以用团体给予它的支持来解释。宗教代理人可能由团体支付报酬，他可能倾向于控制，因为团体认为这是“对”的，他也可能是被迫为团体工作，因为其他任何行动都将被作为“错”的而施以惩罚。

对于某些宗教代理人的行为还有另一种可能的解释。当一个人通过伦

理和宗教手段的条件化来“避免诱惑”时——消除容易导致错误或罪恶行为的刺激——他的努力可能是如此之广泛，以至于也会影响到其他人。弗洛伊德称之为“反向作用”。如果个体在这方面的行为类似于宗教控制，他可以直接加入机构。作为一名宗教代理人，他会被自己行为的结果所强化。如果经济控制或强制控制明显不重要，他的热情可能会格外引人注目。由于这一解释的前提是宗教代理人本身从事罪恶行动的概率很高，它通常会遭到抵制。

反控制 358

一个机构总在一定的范围内运作。宗教机构可能会与试图控制同一个人的其他宗教机构或具有不同控制计划的政府机构发生冲突。宗教控制常会遭到经济机构和教育机构的反对，我们将在第二十四章看到，还会受到来自心理治疗领域的反对。

另一个限制来自内部。它是由被控制者所接受控制的程度所决定的。超自然代祷的主张提供了一种强大的技术。宗教机构，就像这里讨论的所有其他机构一样，有时会利用它们的权力为个人或机构谋利——建立组织，聚集财富，惩罚那些不容易被控制的人，等等。这就会不时地产生反控制措施，这些措施限制了机构的影响范围。被宗教控制者可以直接离开机构的控制范围，他可以质疑所声称的相倚关系的真实性，他可以通过建立一个竞争机构来攻击该机构，诸如此类。

宗教控制的正当性

宗教实践的正当性是神学的重要组成部分。有一个值得推荐的特别做法，因为它最大化了一些实体，如救赎或上帝的荣耀。这样的解释大概超出了科学的范围。对技术的分析使我们既能解释控制者的行为，又可以解释被控制者的行为，而无须提出任何终极作用这类的问题。当一种宗教活动不诉诸超自然事件时，它的传统正当理由就与伦理控制的正当理由相类似；一种宗教行为能够得到支持是因为它使虔诚或美德最大化。这些实体在宗教领域的作用，类似于伦理学中的最多数人的最大利益、政府职能中的自由或正义。它们是我们选择或建议特别做法的“原则”。行为科学是否能够为我们解释为什么选择或建议这样一个原则提供任何基础，我们将在第六部分加以探讨。

359

第二十四章 心理治疗

控制的某些副作用

团体、宗教和政府机构，以及父母、雇主、同事等所实施的控制都限制个体自私的、曾被着重强化的行为。控制就是为了这个原因而运行的。然而，某些副作用对控制者并无好处，往往对个体和群体都有害。当控制过度或不一致时，这些问题尤其容易被遇到。

逃避。个体可以直接逃离控制者。隐居者通过身体上的退缩来逃离伦理团体的控制，就像男孩从家里逃跑一样；但是控制对象还可能在没有实际分离的情况下做出“退缩”。逃避宗教控制表现为放弃信仰和脱离教籍，逃离各种形式的政府控制表现为开小差、躲避、放弃公民身份和越狱。

反抗。个体可能会反击实施控制的代理人。他可能会以批评来回应群体的批评；自由主义者会指责这个团体守旧，放荡不羁者则指责它假正
360 经。破坏公共财物是反向攻击的一个更为具体的例子——它针对整个团体或特定的子群体，如故意破坏学校财产。对宗教的反抗可以指向一个特定的机构，如新教改革，也可以指向用于控制的神学体系，如无神论。对政府控制的反抗不仅表现在政治革命上，而且在群体结构允许的情况下，还表现在弹劾或不信任投票上。

消极抵抗。另一个不太容易描述的结果是，行为与控制手段不一致。这通常发生在个体逃避和反抗的努力都被压制之后。这种行为的典型表现是骡子对鞭子的厌恶刺激没有了反应。孩子如果不能避免或反抗父母的控制，就会变得固执。员工如果无法逃脱（辞职）或以破坏公物以及其他暴力行为来反抗，就只能“放慢速度”“静坐”或“罢工”。梭罗的公民不服从（也许最引人注目的是甘地的实践）就是对政府控制的相同反应。

控制机构处理这些副作用的方法通常都是加剧其做法。逃避者被抓

获，被关押在管理更严密的地方。反抗被镇压了，革命者被击毙了。叛教者被逐出教会。骡子被架在火上烤，梭罗被关进监狱。机构可能也会遇到这个问题，通过让个体提前做好准备以控制自己逃避、反抗或罢工的倾向。它将这些行为类型区分为错误的、非法的或有罪的，并施以相应的惩罚。因此，个体的任何逃避、反抗或罢工的倾向都会产生厌恶性自我刺激，而这种自我刺激的减少有可能强化机构所能接受的行为。但从长远来看，这个问题不能用这种方式解决。加剧控制也许只会使困难大大增加。身体约束或死亡可以有效地消除行为，但个体对群体不再有用。管制措施无法控制个体可能计划逃跑或反抗的隐蔽行为。管制措施也控制不了多种情绪反应。如我们所见，旨在对情绪行为产生额外自我控制的技术尤其 361
不足。

控制的副作用使个体丧失能力，或者对个体或他人造成危险，这是心理治疗的专门领域。我们将把它作为一种控制机构来讨论。在心理治疗所处理的各种行为中，我们可以主要在情绪领域区分出某些作用，而在操作性行为领域区分出其他作用。

控制的情绪性副作用

恐惧。导致个体逃避的控制手段也引发了恐惧的情绪模式。腺体和平滑肌的反射反应首先由惩罚中使用的厌恶刺激引起，然后又由同时发生的任何刺激引起。这些反应可能伴随着操作性行为的深刻变化——导致逃避的任何行为强度的增加以及其他形式的普遍减弱。个体对食物、性、实用技术或艺术事业均无兴趣，在极端的情况下，他可能基本上“被恐惧所麻痹”。

当具有这种效果的刺激由惩罚者提供时，个体就会感受到对其父亲、警察、上帝等的过度恐惧。当他们出现在惩罚行为发生的场合时，个体就会害怕这样的场合。因此，如果他因为性行为而受到惩罚，他可能会变得过度害怕任何与性有关的东西；他若是因不洁而受到惩罚，就会过度害怕污秽；以此类推。当刺激是由受惩罚的行为本身产生时，个体就会害怕采取行动，我们说，他害怕的是他自己。无论是对个体还是对任何人来说，要识别引发情绪模式的刺激往往都是困难的。如果这种情况经常反复出现，尤其是在自身产生刺激的情况下，恐惧可能会变成慢性的。

恐惧症代表了对环境的过度恐惧反应，而这些环境并不总是与控制清
楚地联系在一起。但事实上，它们是“不合理的”恐惧——是没有找到与 362
之相称的因果条件的恐惧——表明它们主要是对惩罚的反应，过度控制所

产生的恐惧只是已经被移置了（第十章）。

焦虑。一种与回避或逃避相伴随的常见症状是焦虑。正如我们在第十一章中看到的，对未来事件的恐惧可能会由特定的刺激引起，这些刺激发生在惩罚事件之前，或者是由发生此类事件的一般环境的特征引起的。焦虑的强度有可能不同，从轻微的担心到极度的畏惧。这种情况包括腺体和平滑肌的反应以及操作性行为的显著变化。当我们称之为羞耻、内疚或罪恶感时，我们是在暗示这种情况是由控制措施造成的。

愤怒或者狂暴。伴随反抗的情绪模式包括腺体和平滑肌的反应，以及对操作性行为的显著影响，这包括针对控制代理人表现出攻击行为倾向的增强，以及其他行为的减弱。情绪可能会从控制代理人转移到其他人或一般事物上。温和的例子就是坏脾气，而极端的例子则是施虐狂。乱发脾气似乎是一种没有方向的反抗。

抑郁。与消极抵抗相关的情绪反应有多种。固执的孩子也会生闷气；成人可能会抑郁、怨恨、喜怒无常、无精打采或厌烦，这取决于控制的细节。（无聊的产生并不是因为无事可做，而是因为无法做事——要么是因为情况不利于行动，要么是因为群体或控制机构施加了身体约束或自我限制。）

当然，所有这些情绪模式可能都是由与社会控制无关的厌恶性事件引发的。因此，海上风暴可能引发恐惧和焦虑，一扇打不开的门可能引发沮丧或愤怒，与生闷气类似的是一种与旷日持久的消退相对应的情绪，就像是为了赢得争论或是修理自行车而进行的一场漫长而徒劳无功的奋斗。然
363 而迄今为止，这种激发情绪的状况绝大部分是源于个体受到群体、政府或宗教机构的控制。

影响可能很严重。行为的有效模式被强烈的情绪倾向所扭曲，而在情绪上被增强的操作性行为有可能会产生灾难性后果。与腺体和平滑肌相关联的频繁的或慢性的情绪反应可能会损害个体的健康。消化系统紊乱，包括溃疡和过敏反应都可以追溯到恐惧、焦虑、愤怒或抑郁等慢性反应。这就是所谓的“心身”疾病。这个术语带有不幸的含义，即疾病是精神对身体的影响。正如我们所看到的，有时说情绪状态导致医学上的障碍是正确的，比如腺体或平滑肌的慢性反应产生了结构性变化，比如溃疡，但原因与结果都是躯体的，而不是精神的。此外，因果链中较早的一种联系仍有待查明。造成障碍的情绪状态本身也必须被加以考虑和治疗。躯体原因和躯体结果都是可操纵变量的函数，而这些可操纵变量存在于个体曾经经历的环境之中。一些心身“症状”仅仅是这种先前共同原因的相同结果。例

如，哮喘病的发作不是焦虑的结果，而是焦虑的一部分。

控制对操作性行为的一些影响

通过惩罚进行控制也可能会对操作性行为产生无法预见的影响。当个体发现了避免厌恶性自我刺激的方式，而这种方式最终被证明无效、麻烦，甚至是危险的时，自我控制的过程就失败了。这可能会涉及情绪反应，但我们在此只关心操作性作用。

作为一种逃避方式的药物成瘾。某些药物可以帮助个体暂时逃离条件性厌恶刺激或无条件厌恶刺激以及所伴随的情绪。酒精的作用是显而易见的。因行为受到惩罚并因此感到内疚或羞愧的个体，在饮酒时得到强化， 364
因为自我产生的厌恶刺激因此而受到抑制。一种非常强烈的饮酒倾向可能是由于不断重复的强化，特别是厌恶性状态十分严重的时候。“成瘾”一词通常被用来形容这种情况：药物能使人摆脱被称为戒断症状的厌恶性效果，而戒断症状又是由先前对药物的使用所产生的。酒精可能导致这种上瘾，但吗啡和可卡因这类毒品更能清楚地说明这一点。在这个阶段，成瘾是一个不同的问题，但早期使用毒品通常可以用它对惩罚后果的影响来解释。

精力过于旺盛的行为。个体可能会表现出异常高的反应概率，这种反应不是“现实适应良好”，从这个意义上说这种行为不能用当前的变量来解释。它有时可以通过说明早期的控制经历来解释。例如，如果有效的逃避没有可能，一个高度的厌恶性状态就可能会唤起无效行为，如漫无目标的徘徊或搜索。“神经过敏”便是如此。个体惴惴不安，静不下来，而且其行为无法用当下的结果来做出合理的解释。

有时后果是显而易见的，但我们需要借助早期的历史来说明这些后果为什么会具有强化作用。例如，行为可以通过生成刺激来提供一种逃避的手段，这种刺激唤起的反应与惩罚的情绪副作用不相容。因此，在“寻求兴奋”的过程中，个体将自己置身于刺激之中，从而引发与抑郁或厌烦不相容的反应。我们通过说明“兴奋”取代了过度控制的厌恶性结果，从而解释了为什么它会具有强化作用。有时需要解释的行为可以被证明是“做其他事情”的一种形式。一种似乎没有提供相称的正强化的专注状态，可以解释为它避免了某些其他行动方式的厌恶性后果。一些强迫行为或痴迷行为似乎就具有这种作用。将精力全部投入那些特别不容易发生被惩罚行为的情境，也可以以同样的方式来解释。当过度行为是一种自我控制技术的扩展，其结果导致环境被改变，使它变得不太可能产生被惩罚行为时， 365

这种作用就是弗洛伊德所说的“反向作用”。

被过度约束的行为。在发生事故后或接近事故现场时驾驶汽车变得特别谨慎，这可能就是由用于控制的厌恶性事件所引发的。不断重复的惩罚会使人变得拘谨、害羞或沉默寡言。所谓的“癔症性瘫痪”就是完全的约束。当瘫痪局限于行为形态的某一特定部位时，其病因通常是清楚的。因此，一个因说话而受到过度惩罚的人可能会在“癔症性失语”中完全停止说话。任何控制、厌恶刺激或其他什么，都无法使其产生言语行为。同样，因为打朋友而受到惩罚的人——也许只是通过自我生成的厌恶性后果——可能会发展出手臂瘫痪。这不同于恐惧所造成的瘫痪。这就是吓得不会动与因害怕而不敢动的区别。第一种情况可以由事件所引发，而这种事件与当事人的行为无关，并且通常不局限于行为的形态。第二种情况是先前的行为导致惩罚后果的结果。

有缺陷的刺激控制。当行为受到了严厉的惩罚时，那么无论惩罚是来自控制机构还是物理环境，个体都可能会做出无效或者不准确的辨识性反应。这种刺激虽与那些引发被惩罚行为的刺激类似，却有可能不会引起任何反应。当刺激模式十分复杂时，我们说这个人“拒绝面对事实”。例如，当他没有看到一个非常显而易见的物体时，我们就说他患有“负性幻觉”。癔症性感觉缺失就是对某种刺激模式完全没有了反应。孩子对于唠叨的父母一开始可能是“不关注”，但“做别的事情”的行为可能成功地避免了这种厌恶刺激以及对这种刺激可能产生的厌恶性情绪反应，从而可能发展出完全的“功能性”耳聋。

366 一个更为常见的结果就是有缺陷的辨识。例如，就投射而言，个体对某事务状态做出的反应是不正确的或非典型的，而他的行为通常可以追溯到对控制结果的逃避。有一种“虚张声势的表现”，某情境被描述为没有什么可怕的，因此也就不太可能让人产生那种会受到惩罚的恐惧。在某些幻觉中，受到惩罚的情况被“视为”没有任何威胁。在被害妄想中，对环境的扭曲反应使得个体可以逃避厌恶性自我刺激，这种刺激是因其行为或行为失败而受到惩罚所引发的。

有缺陷的自我认识。个体也可能对其自身行为所引发的刺激做出有缺陷的反应。例如，就一个简单的自夸而言，他就是以一种逃避厌恶刺激的方式来描述自己的行为。他吹嘘自己的成就是为了逃避因不胜任而受到的惩罚，或者吹嘘自己的勇敢是为了逃避因怯懦而受到的惩罚，等等。这种合理化的最好例证就是自大妄想，在这种妄想中，所有的厌恶性自我刺激都可能被有效地掩盖起来。已经证明，完全缺乏自我认识——这是一种局限于自我刺激的幻觉或癔症性感觉缺失——可以被归因于对惩罚后果的回避（第十八章）。

厌恶性自我刺激。一个人可以伤害自己，或者是设法让别人伤害自己。一个人也可能剥夺自己的正强化物，或者设法让别人对自己实施剥夺。其后果可能是也可能不是取决于作为惩罚形式的行为，并且我们已经看到，无论如何，相倚关系的作用都是不明确的。如果能够证明个体因此而避免了更为令人厌恶的后果，那么这种自我刺激就能够得到解释。如果条件性厌恶刺激明显地以相当长的时间间隔先于无条件厌恶刺激，那么长期的条件刺激的总效应可能比短时间的无条件刺激的总效应更具厌恶性。这样，该个体就可以通过“了结这件事”来逃避即将到来的对惩罚的焦虑。陀思妥耶夫斯基的《罪与罚》中的杀人凶手将自己交给了具有惩罚作
用的政府机构。宗教忏悔之所以存在，是因为赎罪相比持续的罪恶感来说 367
不那么令人厌恶。有人认为，尤其是弗洛伊德认为，“偶然事件”有时是一种厌恶性自我刺激，可以缓解内疚或者罪恶感。

要找到一种能够解释厌恶性自我刺激的具体实例的惩罚历史，并不那么容易。一个人为什么要“自虐”地伤害自己或者设法被别人伤害，这可能很难解释。在没有更为明显的解释的情况下，人们可能会认为这种行为减轻了持续的羞耻、内疚或罪恶状态。当许多不同的反应在许多不同的环境下都受到惩罚时，条件性厌恶刺激可能分布于广泛的环境之中，而焦虑的状态可能是慢性的。在这些情况下，厌恶性自我刺激有可能具有正强化作用。对受虐性自我刺激的另一种可能的解释是，应答性条件作用的过程在错误的方向上产生了作用。在惩罚中，厌恶刺激与具有强大的强化作用的结果相配对，比如性行为。预期的结果应该是，性行为会自动产生条件性厌恶刺激——但用于惩罚的厌恶刺激在相同的过程中却有可能变得具有正强化作用。

作为控制机构的心理治疗

对个体自身或他人来说不舒服或危险的行为往往需要“治疗”。过去，这种治疗都是朋友、父母、熟人或控制机构的事情。作为一个“好建议”，应该采取一种能够产生有利结果的行动方案。人们根据谚语、民间传说以及其他形式的世俗智慧开出了一大批随意的治疗方案。

心理治疗是一种专门处理这类问题的机构。它不是一个像政府或宗教那样的有组织的机构，它是一种职业，其成员或多或少都要遵守标准化的
实践要求。心理治疗已经成为许多人生活中一个重要的控制来源，因此这 368

里需要一些解释。

诊断。心理治疗师当然必须对他所治疗的患者有所了解。他必须对患者的成长史、需要治疗的行为以及目前的生活环境有一定的了解。临床心理学非常重视对患者的检查。如何展开晤谈，如何获取生活史，如何从自由联想中分析思路，如何从投射测验或所做的梦中确定反应的概率，以及如何使用这些概率来推断剥夺、强化或情绪刺激的历史，这些都已经被研究过。已经被开发出来的智力测验以及其他特质测验，使治疗师能够预测患者对各种治疗有多适应。

它常常意味着诊断，仅仅作为对患者信息的收集，是行为科学在治疗中能够有所帮助的唯一之处。一旦收集到了关于某个体的所有事实，治疗就留给正确的判断与常识了。这是将科学方法应用于人类行为的一个例子，或者说是一种广泛的误解。收集事实只是科学分析的第一步。证明其函数关系是第二步。当自变量被控制时，这种关系直接导致对因变量的控制。在本例中，控制意味着治疗。一门合格的人类行为科学，其对治疗的贡献或许要大于对诊断的贡献。然而，科学扩展到治疗就遇到了阻力，其可能的原因将在第二十九章加以探讨。

为纠正某种行为状态而必须采取的步骤，就是直接从对该状态的分析开始。当然，能否这样做将取决于治疗师能否控制相关的变量。

369 **治疗。**治疗师作为控制者的初始力量源于这样一个事实，即患者的状况是厌恶性的，因此任何缓解或对缓解的承诺都具有正强化作用。要解释为什么在每个案例中患者要求助于治疗师，这需要对患者的一个相当复杂的经历进行分析，其中有许多是言语性的。帮助患者的保证、使这种保证有效的各种形式的证据、治疗师的声望、其他患者得到改善的报告、患者自己早期得到改善的轻微迹象、治疗师在其他事务上也具有智慧的证据，所有这些都被纳入了这个过程，但需要以一种过于复杂的方式在这里得到分析。此外，治疗师还可以使用那些便于对个人施加控制的变量，这些变量包括他作为某伦理团体成员的身份，或者是他与患者家庭成员的相似性，或者是他与已经以其他方式建立控制的政府或宗教机构的相似性。

然而，总的来说，治疗师的原初动力并不是很强大。由于他要取得的效果需要时间，他的首要任务是确保时间够用。治疗师使用他最初所拥有的任何有限的力量来确保患者将与他保持联系——患者会回来接受进一步的治疗。然而，随着治疗的进展，他的力量也在增加。随着一个有组织的社会系统的发展，治疗师成为一个重要的强化来源。如果他成功地为患者缓解了病情，患者向他求助的行为就会受到强化。治疗师的赞许也可能会变得特别有效。随着他对患者的了解的增加，他可能也会使用正强化物，某种意义上说，这种强化物是他无法控制的，但他会指明特定的行为方式与特定结果之间的相倚关系。例如，他可以证明，各种厌恶性事件实际上是由患者自己的行为引起的。他可以提出有可能获得正强化的行为模式。治疗师一旦获得了必要的控制，他还可以提出影响剥夺或餍足水平的强化程式或日常例行程序，设定导致条件作用或情绪反射消退的刺激的呈现，以消除产生不幸后果的刺激情境，等等。这些强化程式最初是出于治疗师 370
的言语控制而被采用的，它们如果对患者的状况具有强化作用，那么最终也会获得其他的力量来源。

非惩罚性听众。目前最普遍的心理治疗技术来自西格蒙德·弗洛伊德。它在许多不同的行为理论中有许多不同的特征。就我们所关心的问题而言，它可能会做出这样简单的描述：治疗师将自己视为一个没有惩罚作用的听众。他这样做的过程可能需要时间。从患者的角度来看，治疗师最初只是施加过度控制的社会中的又一个成员。而治疗师的任务是将自己置于一个不同的位置。因此，他始终要避免使用惩罚。他不会指出发音、语法或逻辑上的错误。特别是当患者批评或伤害他时，他要避免有任何反攻击的迹象。如果治疗师经常用与惩罚不相容的方式回应——例如，如果他对挑衅性攻击做出明显友好的回应，或者对患者报告的应受惩罚的行为并不在意，只是很随意地说“这很有趣”——那么非惩罚者的角色就会更加明确。

随着治疗师逐渐将自己确立为一个不施惩罚的听众，迄今为止一直被压抑的行为开始出现在患者的反应集中。例如，患者可能会回忆起先前忘记的一件事，而在这件事中他受到过惩罚。第一次感受到的厌恶性控制，以及长期被压抑的早期经验，常常能够提供生动的实例。患者也可能开始描述自己当前应受惩罚的行为倾向——例如攻击性。他可能还会开始以应受惩罚的方式行事：讲话不合语法、不合逻辑，或者使用淫秽或亵渎神明的词语，甚至可能会批评或侮辱治疗师。以前曾受到惩罚的非言语行为也可能开始出现：他可能会变得具有社交攻击性，或者自私地放纵自己。如果这种行为被完全压抑，它最初可能只达到了隐性层次；个体开始表现出“针对自己”的言语或非言语行为——比如在幻想中表达自己可能被惩罚的行为。这种行为后来可能会上升到显性层次。患者也许会开始表现出强 371
烈的情绪：他可能大哭一场，大发脾气，或者“歇斯底里地”犯傻。

如果在面对这种行为时，治疗师成功地保持了他作为非惩罚者的地位，那么减轻惩罚作用的过程就会加快。被惩罚行为出现得越来越多。然而，如果治疗师开始批评或惩罚，或威胁要惩罚，或者如果之前受到惩罚的行为开始被过于迅速地释放出来，这个过程可能会突然停止。为了扭转这一趋势而产生的厌恶性状况有时被称为“阻抗”。

治疗过程还有第二个阶段。之前受到惩罚的行为出现在“不施惩罚的听众面前”，这使得惩罚的某些作用有可能会消退。这就是该疗法的主要作用。由患者自身行为自动产生的刺激变得越来越不具厌恶性，产生情绪反应的可能性也越来越小。患者感觉自己的犯错感少了，内疚感少了，或者罪恶感少了。作为一个直接的结果，他不太可能表现出各种形式的操作性行为，正如我们所看到的，这些行为使其可以逃避自我生成的刺激。

心理治疗与宗教和政府控制

因此，心理治疗的主要技术是扭转因惩罚而产生的行为变化。这种惩罚经常是由宗教或政府机构实施的。因此，心理治疗与宗教和政府控制之间存在着某种对立。当心理治疗师倡导改变已建立的控制技术时，反对意见也会出现。例如，他可能建议修改警方针对年轻罪犯或某些类型的变态人格者的行动。这一反对意见引起了相当广泛的注意。一些宗教机构的代
372 表指责心理治疗师助长不道德倾向，出于类似的原因，政府官员也拒绝心理治疗师提出的改革建议。

尽管在所采用的行为过程上存在着根本的对立，但这三种机构试图确立的行为却并不一定存在任何差异。心理治疗师感兴趣的是纠正某些控制的副作用。尽管他可能会质疑某些技术的有效性，但他大概不会质疑宗教或政府实践旨在确立的行为的必要性。为了避免过度控制的副作用，他可以通过弱化宗教或政府控制所产生的厌恶刺激来恢复个体的一定程度的自私行为；但他会同意，自私行为必须被群体、被在群体内部运作并为群体服务的机构所抑制，他必须让他的患者准备好接受这种控制。

宗教和政府机构可利用的技术非常强大，它们经常被滥用，从而对个体和群体都造成不利的影响。因此，心理治疗或类似的机构往往需要某种程度的反控制。由于治疗师控制下的变量相对较弱，而且他必须在一定的伦理、宗教和法律范围内操作，所以他几乎不可能被视为严重威胁。至于我们最终能否决定宗教或政府控制的“最佳”程度，第六部分将进行讨论。

传统的解释

这些惩罚的副作用表现在个体身上有什么“错”，其实是很容易说明的。一个特定的个人成长史产生了一个行为有害或者危险的有机体。这种行为在何种意义上是有害的或危险的，必须针对每个事例指出其对个体自

己以及对他人的影响方能够明确。治疗师的任务是以某种方式增补个体的成长史，使其行为不再具有这些特征。

然而，这不是传统的观点。心理治疗领域有着丰富的解释性虚构。行 373
为本身并没有能够凭借自身的力量被当作一个主题所接受，只是标示了其他什么地方出了什么问题。据说治疗的任务就是治疗一种内在的疾病，其行为表现仅仅是“症状”。正如宗教机构将救赎或虔诚最大化，政府机构将正义、自由或安全最大化，心理治疗致力于将心理健康或个人适应最大化。这些术语通常是负面的，因为它们的定义是指不健康或不适应的行为，这些行为在健康或适应中是缺失的。通常情况下，需要纠正的症状被称为“神经质”，而需要心理治疗的症状则被认定为神经症。这个术语不再带有它最初的神经系统紊乱的含义，但它仍然是解释性虚构的一个令人遗憾的典型事例。它鼓励治疗师避免确定需要纠正的行为，也不要说明为什么它是有害的或危险的。通过提出多种疾病的单一原因，它表明了一种一致性，而这种一致性在数据中是找不到的。最重要的是，它鼓励了这样一种信念，即心理治疗包括消除精神疾病的某些内在原因，就像外科医生切除发炎的阑尾或癌变的生长物，或将难以消化的食物从体内清除出去一样。我们已经看到了足够多的内在原因用以理解为什么这个学说给了心理治疗这样一个不可能完成的任务。它不是行为的内在原因，而是行为本身——用医学上对疏泄的隐喻来说——它必须“从系统中解脱出来”。

认为某些“被压抑的”行为会引起麻烦，直到有机体能够摆脱它们，这种观点至少与希腊人一样古老。例如，亚里士多德认为，悲剧在净化个人情绪行为方面有着有益的作用。基于同样的类比，有人认为竞技体育使得参赛者和观众双方都能够摆脱自己的攻击性倾向。有人认为，人类婴儿需要有一定量的吮吸行为，但他最终必须摆脱，如果他在正常的哺乳过程中不能耗尽这种行为，他将吮吸自己的手指或其他物体。我们已经知道，
说一个有机体能够以一定的数量释放出某种特定形式的行为是有意义的。 374
例如，这种行为在消退的过程中也在消耗自己。但这并不能说明，一种潜在的倾向在消耗殆尽之前就一定会引起麻烦或对有机体产生任何其他影响。有一些证据表明，婴儿的吮吸行为可以通过哺乳而受到强化，从而使其更容易发生，而不是更不容易发生。竞技体育引发而不是减轻攻击性倾向，这也是一个站得住脚的假设。在任何情况下，在处理反应概率时所考虑的变量只是反应本身和作为对函数产生影响的自变量。我们没有理由把被压抑的行为作为一种病源。

人们假定神经质或失调行为的内在原因是受到严重的生理攻击，有时

试图通过用药、对神经系统进行手术，或使用药物或电击引发剧烈抽搐来施治。这种治疗显然是针对一种假定的潜在状况，而不是针对行为本身或有机体之外的可操纵变量，而有机体的行为是可以被追踪的。即便是“功能性”治疗（这种治疗可以操纵外部变量），也经常被用同样的隐喻来描述。治疗师被认为是在根除麻烦的根源。这一观念与许多人仍然持有的观点比较接近，即神经质行为的出现是因为魔鬼或其他一些侵入性人格暂时“附”体。传统的治疗包括驱除魔鬼——通过创造对魔鬼来说属于适当厌恶性环境而将其驱逐出个体——而一些对多重人格的治疗只是在避免神学的含义上有所不同。现代理论中的小恶魔是焦虑、冲突、被压抑的愿望和被抑制的记忆。就像被压抑的情绪可以被清除一样，冲突可以得到解决，被压抑的愿望和记忆能够得到释放。

这种关于精神疾病和治疗的观点很大程度上要归功于西格蒙德·弗洛伊德。该理论之所以能经受住攻击，很大程度上是因为弗洛伊德在其他方
375 面的贡献。正如他的一个弟子最近所说，他最大的成就是将因果原则应用于人类行为。迄今为止被认为是异想天开的、漫无目的的或偶然的行为方面，弗洛伊德从中追溯到了相关的变量。不幸的是，他选择用一套详尽的解释性虚构来描述他发现的关系。他把自我、超我和本我描述为精神的居住者；或者将心理世界细分为意识区域、共同意识区域和无意识区域。他给这些人格划分了一定的精神能量，这些能量通过一种液压系统从一种人格流向另一种人格。有意思的是，正是弗洛伊德自己为摒弃这些解释性虚构铺平了道路。他坚持认为许多心理事件是不能被直接观察到的，即便是个体自己也无法做到，为此他拓宽了心理虚构的范围。弗洛伊德充分利用了这些可能性，但与此同时，他鼓励对推论过程进行分析，通过这些推论，这些事件才能够被人们所知晓。他甚至没有得出结论说完全可以避免提及这些事件；但这是对证据做进一步研究的自然结果。

弗洛伊德关于精神疾病和治疗的观念与他关于精神生活的观念密切相关。精神分析被认为是深度心理学，它关注的是发现内在的和其他无法观察的冲突、压抑以及行动的源泉。有机体的行为通常被认为是在思想表面之下激烈斗争的一个相对不重要的副产品。一个作为厌恶性结果而被压抑的愿望挣扎着要逃脱。在这样做的过程中，它借助于被弗洛伊德称为“动力学”的某些方法——压抑愿望以逃避惩罚作用的招数。治疗所关注的是发现被压抑的愿望并根除它，或者偶尔更安全地压抑它，这样症状就会消失。

目前对治疗的看法大不相同。弗洛伊德所说的愿望是一种手段，用来代表一个有特定发生概率的反应。任何“压抑”的影响都一定是导致反应

本身或导致压抑行为的变量的影响。我们必须要问的是，为什么一开始会 376
做出反应，反应为什么会受到惩罚，以及当前哪些变量是活跃的。对这些问题的回答应该能够解释神经质行为。在弗洛伊德的理论体系中，行为仅仅是神经症的症状，而在当下的表述中，行为是研究的直接对象。

让我们考虑一种为表达自身愿望而斗争的明显结果。一个能让我们观察到弗洛伊德动力论的例子是兄弟姐妹之间的竞争。让我们假设，两个兄弟为了争夺父母的关爱以及其他必须在他们之间分配的强化物而展开竞争。结果，一个兄弟对另一个表现出攻击行为，因此而受到其兄弟或者父母的惩罚。让我们再假设这种情况会反复地发生。最终，在有可能对兄弟实施攻击的情况下，或是在这种攻击行为的任何早期阶段，都会产生与焦虑或内疚相关的条件性厌恶刺激。从另一个兄弟或实施惩罚的父母的角度来看，这样做是有效的，因为它会导致对攻击行为的自我控制；受到惩罚的兄弟现在更有可能从事与其攻击行为相冲突的活动以及能够替代攻击行为的活动。从这个意义上说，他“压抑”了自己的攻击性。如果这种行为被有效地取代，以至于它很少达到产生焦虑的初始状态，那么这种压抑就是成功的。如果经常产生焦虑，这就是不成功。所谓动力学所描述的其他可能的后果如下所述：

同样的惩罚可能会导致个体*压抑*了对自己攻击性倾向的所有认知（第十七章和第十八章），他不仅不会对自己的兄弟采取攻击行为，甚至“不知道”自己有这样做的倾向。

他可以通过改变外部环境来控制自己，这样就不太容易唤起对自己以及他人的攻击行为。作为*反向作用*的一个例子，他可能会投身于社会工作，加入反种族歧视的运动，或支持奉行兄弟之爱的哲学。我们解释他的行为，表明它有助于抑制他自己的攻击性冲动，从而减少由惩罚引起的条件性厌恶刺激（第十五章）。

他可能确实伤害了他的兄弟，但却以*合理化*的方式为自己的行为找借 377
口。例如，他可能会说管教自己的兄弟是“为了他好”，或者可能会特别积极地告诉他坏消息，“因为他应该知道最糟糕的情况”。这些表述都是以这样一种方式来描述该行为，即惩罚由别人来承担，而条件性厌恶刺激不能在个体自己的行为中产生（第十八章）。

他可以通过从事一种可以宽恕这种行为的职业来*升华*他的攻击行为。例如，他可能加入武装部队或警察行列，或者在屠宰场或拆迁公司找到工作。如果不同形式的击打行为被同一个变量所强化，而这个变量也强化击打其兄弟的行为，这就是反应诱导（第六章）；如果不同的刺激表现出任何与其兄弟相同的特性，都可以唤起击打行为，这就是刺激诱导。

他可能会幻想伤害或杀害他的兄弟。如果这也会产生厌恶刺激的话，他可能会幻想伤害或杀害他人。如果他有写作天赋，他可以写关于兄弟被谋杀的故事，或者如果“兄弟”一词会引发他的焦虑，他还可以写其他谋杀案的故事（第十八章）。

他可能会梦到伤害或杀死他的兄弟，或者，如果这产生了厌恶刺激，他会梦到伤害或杀死象征着他兄弟的某个人，也许是一个动物，在梦的另一部分它呈现出了他兄弟的特征（第十八章）。

他可能会“无缘由”地伤害一位无辜者或无关事物，以移置其攻击行为（第十章）。这件事的发生可能仅仅是因为情绪反应显示了刺激诱导——因为对一名不在场的办公室勤杂工生气，就把气撒在另一名员工身上——或者是因为移置性行为不会受到惩罚，至少惩罚不会那么严厉，所以将对老板的怒气发泄到了办公室勤杂工的身上。

他可能会说出一些在某种意义上伤害其兄弟，但在另一种意义上又不会被谴责的言论，以此表现出攻击性的机智。如果该言论被归因于某一个变量，那么它是有害的，并应受到惩罚，但如果它被归因于另一个变量，则不应受到惩罚。就作为两个变量的函数这个意义上来说，该言论是机智的（第十四章）。

378 他可能会以职业拳击手自居，或者以某个施虐狂电影或故事中伤害或杀死其兄弟的人物自居，在这个意义上，他将高度倾向于模仿他们的言语和非言语行为（第十四章）。他将会被这些故事所强化，并报告这一事实，他会以类似正强化物的情绪反应说，他“喜欢”他们。

他会将一幅两个男人搏斗的画面描述为兄弟相搏，以此来投射自己的攻击性。在这个意义上，他倾向于模仿这样的行为，并假设画面中的人对相同的变量做出反应。

他可能会在一个弗洛伊德式口误中表现出攻击性——例如，他本想说“我从来没有说过我恨我的兄弟”，结果却说成是“我从来没有说过我不恨我的兄弟”（第十四章）。

他可能会忘记与他兄弟或任何与他兄弟相似的人的约定（第十四章）。

他可能通过“惩罚自己”——通过受虐行为，通过强迫自己从事艰巨或危险的工作，或者通过鼓励偶然事件的发生——来逃避对惩罚的焦虑。

他可能会出现某些身体症状，尤其是和其兄弟在一起的时候。这可能是一种典型的竞争行为，他可以从中获益，或者他兄弟的存在可能会引起他腺体和平滑肌的强烈反应，而这种反应具有伤害性作用。

很难证明所有这些表现都是由于对兄弟的攻击行为所招致的早期惩罚。但它们是这种惩罚的合理结果，如果没有发现可供解释这种行为的其他变量，那就要借助于早期的成长历史。（如果该行为与这段历史无关，那么就更不需要用科学分析来解释了。）

这样的表现仅仅是一个有特殊历史的人的反应。它们既不是症状，也不是被压抑的愿望或冲动的偷偷表达。这些动力学理论并不是试图逃避个体或社会限制性审查的攻击性冲动的巧妙计谋，而是针对复杂变量集的解
决方案。治疗不是释放制造麻烦的冲动，而是引入变量来补偿或纠正造成 379
不良行为的历史。被压抑的情绪不是行为失常的原因，而是它的一部分。不能回忆起早期的经历不会产生神经性症状；它本身就是无效行为的一个实例。在治疗中，被压抑的情绪和行为症状很可能会同时消失，或者当失调的行为得到纠正时，被压抑的记忆会被回想起来。但这并不意味着其中一个事件是另一个事件的原因。他们可能都是被治疗所改变的环境的产物。

在强调“神经质”行为本身而不是任何可以解释它的内在条件时，我们可能会被认为犯了“治标不治本”的不可原谅的罪过。这一表达常用于试图去除行为中令人反感的特征而不注意其因果要素——例如，通过发声练习来“治愈”口吃，通过使用肩带来矫正错误的姿势，或者通过在拇指上涂上苦味物质来阻止吮吸拇指。这种治疗似乎忽视了潜藏在表面之下的根本障碍，而这些行为特征只是这些障碍的症状。但是，在争论行为是治疗的主题还是主题的症状时，我们并没有犯同样的错误。借由依据个人成长史来解释不利行为的一个事例，并且把改变或补偿该成长史作为一种治疗手段，我们正在考虑的是，传统理论家最终必须借助这些变量来寻求对其假设的这些内在原因做出解释。

其他治疗技术

需要采取补救行动的行为也可以通过许多其他方式得到纠正。当难题无法追溯到过度使用惩罚或个体成长史上的其他厌恶性环境时，就必须开发不同的治疗技术。例如，有一种相反的情况，即伦理、政府或宗教控制都不够充分。某个体可能没有接触过控制者，他可能已经转换到一种不同
的文化环境，在那里他的早期训练是不充分的，或者他可能不容易被控 380
制。这种治疗将包括提供额外的控制变量。当一个人完全失去控制时，就很难找到有效的治疗方法。这样的人被称为精神病患者。

有时治疗师必须构建一个新的反应集，它将在患者能够自我发现的世界里产生作用。患者反应集里已有的适当行为需要增强，或者需要增加额

外的反应。由于治疗师无法预见患者得以自我发现的所有情况，他还必须建立一个自我控制的反应集，通过这个反应集，能够在情况出现时进行调整。该反应集主要由一些更好的、用以逃避被惩罚所条件厌恶性自我刺激的方法构成。

在治疗师起到了不施惩罚的听众的作用后，就需要这样的结构性技术了。如果正在被纠正的病情是控制环境的副产品，而控制环境已不再存在于患者的生活之中，那么减轻过度控制的影响可能就足够了。但是，如果患者很可能继续受到过度的或方法不当的控制，治疗就必须更具结构性。患者可能被教导要避免在某些情况下他可能会以易受惩罚的方式行事，但这或许还不够。必须要建立一套有效的反应集，特别是在自我控制技术方面。

作为另一个可能的麻烦的来源，该个体可能会，或者可能已经因其不利或危险的行为而受到有力的强化。违反伦理、政府或宗教准则的行为，就其本质而言，往往都具有相当大的强化作用。有时也会产生意外的相倚关系。在萨卡·圭特瑞的电影《骗子的故事》中，一个孩子因为一些微不足道的不当行为而受到惩罚——不许他吃晚饭。但晚餐竟然有毒，而这个孩子成为这个大家庭中唯一的幸存者。这个孩子即将投身于犯罪生活的暗示并不完全是凭空想象出来的。在非典型的情况下，正强化会产生其他形
381 式的无效甚至导致失能的行为。例如，某个特定的人提供的社会强化可能变得非常强大，它可能取决于在这个世界上并不行之有效的行为。因此，当关怀备至的家长对一个生病的孩子提供一种不同寻常的爱抚与关注时，孩子任何强调其疾病的行为都会得到有力的强化。当这个孩子不再生病时，他仍然以同样的方式行事也就不足为奇了。这种行为一开始可能是简单装病，但与诈病者的行为很难区别开来，诈病者声称自己在事故中受伤，以便获得损害赔偿，但是，如果孩子自己无法识别相关变量或正确评估自己行为的可能性，它也许就会转入更为严重的癔症状态。其他类型的社会后果也有类似的作用。对父母生气的孩子，一旦做出任何伤害父母的行为（例如任何惹恼父母的行为），就会受到强化。如果这种情况长期持续下去，一个对儿童在与其他人打交道时极为不利的反应集就可能会被建立起来。对于过度强化所产生的行为，一种明显的补救方法是设置新的相倚关系，这种关系将导致该行为的消退。孩子不会再因为假装生病而被关爱所强化，也不会再因为惹人厌烦而被强烈的情绪反应所强化。

正如一旦政府转向控制技术而不再使用惩罚，传统的责任观念就被抛弃了一样，那种认为治疗是把麻烦的内在原因根除的观念，也不太可能被用来解释这些结构性的技术。然而，有一种大致相同的解释适用于所有的

治疗技术。当治疗师第一次遇到患者时，他会遇到第十六章所说的“问题”。患者通常会表现出一种新的有害或危险的行为模式，也会有一种可以用来理解其行为的新的个人成长史。改变或补充这一成长史所需的特殊治疗流程可能不会立即被清晰地建立起来。然而，治疗师最终可能会“发现哪里出了问题”，并能够提出补救措施；这就是他对问题的解决。现在 382
的治疗经验表明，将这种解决方案推荐给某个体，它可能并不起作用，尽管据我们所知它是正确的。但如果患者自己找到了解决办法，他就更有可能采取有效的行动。治疗师的技术考虑到了这一事实。正如精神分析学家可能会等待被压抑的记忆显现出来一样，非精神分析取向的治疗师也会等待从患者一方产生解决方案。但在这里，我们很容易误解因果关系。“找到解决方案”不是治疗，无论由谁来找。告诉患者哪里出了问题可能不会对相关的自变量产生实质性的改变，因而可能在治愈方面也不会有什么进展。当患者自己看到问题所在时，重要的不是解决方案来自他自身，而是为了发现自己的解决方案，他那与问题相关的行为一定会有很大的改变。根据不利或危险行为的性质，如果个体要识别相关变量，就必须完成实质性的改变。因此，来自患者方面的解决方案代表了很大程度的进步。当陈述解决方案时，治疗师并没有暗含这样的进展。治疗不在于让患者发现解决自身问题的方法，而在于以一种他能够发现问题的方式去改变他。

对心理治疗机构的解释

治疗师开展治疗主要是出于经济原因。治疗是一种职业。治疗师所提供的服务足以强化患者和其他人，让他可以用这些服务换取金钱（第二十五章）。通常，治疗师也会因为他成功地减轻了患者的病情而受到强化。在一种将强化助人行为作为标准伦理实践的文化中，这尤其容易成为事实。对治疗师来说，另一种重要的强化通常是他成功地操纵了人类的行为。他可能会有个人兴趣，例如，证明神经质行为的特定理论或治疗实践 383
的价值。从长远来看，这些对机构的回归效应将决定心理治疗专业的构成及其实践的统一性。

在心理治疗的某些阶段，治疗师可能获得某种程度的控制，这比许多宗教或政府代理人的控制更强大。就像任何控制机构一样，这种控制总是有被滥用的可能性。阻止权力滥用的反控制表现在有组织的心理治疗专业的伦理标准和实践中。滥用的危险，正如我们将在第二十九章中看到的，可能解释了目前心理治疗理论的流行，这些理论归根到底否认人类行为是可以被控制的，或者是故意拒绝接受控制的责任。

384

第二十五章 经济控制

现在我们来讨论在行为的实际控制中使用正强化。这一般包括食物、衣服、住所，以及其他被我们称为“商品”的东西的呈现。词源学的意义重大。就像个体行为对群体有正强化作用一样，商品（goods）在正强化的意义上是“好”的意思（good）。这个词与正强化有相似的词源联系，但它也包括泛化的条件强化物，如货币和信贷，它们是有效的，因为它们可以用来交换商品。

用金钱强化行为

经济控制的一个简单例子是，某个体通过金钱或商品的强化被诱导去做劳务。控制者根据其工作表现支付薪金。然而，在实际操作中，这个过程很少像这样简单。当我们给一个人付小费或为他提供的微笑服务支付报酬，从而提高他在未来提供类似服务的概率时，我们并没有背离操作性强
385 化的实验室研究。行为已经发生，并因其后果而得到增强。当一个男人有稳定的工作时，这也大致如此。他在特定时间的表现主要是由当时普遍存在的强化性相倚关系决定的。然而，当明确的协议达成时，必须分析之前的言语刺激，以解释经济相倚关系的作用。因此，当我们同意为一个人的某项工作支付一定数额的报酬时，我们对报酬的承诺与第二十二章所分析的命令相差不远，只是此时的强化是正的，而不是负的。支付取决于承诺支付的言语刺激，以及行为的形态与某些言语规范之间的对应关系。“如果你修剪草坪，我将付给你两美元”的提议明确了（1）行为（“修剪草坪”）、（2）强化（“两美元”）和（3）相倚关系（“如果”）。对于未来的雇员来说，整句话就是一个场景，如果要使开价生效，它必须与其他场景相似，并且类似的相倚关系在这些场景已经普遍存在。

工资强化程式

固定比例强化程式。除了“按工作”支付报酬之外，行为的经济控制遵循一定的强化程式。当一个人按照完成的工作单元的数量领取报酬时，这个强化程式本质上就是一个固定的比例。这在工业界通常被称为计件工资。同样的原则也适用于委托销售，适用于制造和销售标准产品的工匠，适用于根据书中的故事获得报酬的作家，以及小型私人承包商。一般来说，固定比例是一种非常有效的强化程式。如果比例不是太高，就是说，如果每个单元工资所需要的工作量不是太大，而且如果每一项强化量都很大，个体通常就会以很高的速率工作。实验室里的鸽子和工业领域里的人都是如此。按其他方式领取工资的雇员转到计件工资制的岗位工作后，工作速度通常会有相当大的提高。这种提高在一定程度上是强化频率的提高自动产生的结果，而随着速率的增加，强化的频率遵循一个固定比例程 386
式。如我们所见，其中一些原因是，依照这样一个强化程式实施强化，普遍会表现出很高的反应率。完成给定数量的反应过程也有条件强化物的作用。如果这个进度被加以强调的话，该强化程式会更有效——例如，放置一个引人注目的计数器。

其实，固定比例强化程式可能太过有效了。它不仅会导致高水平的活动，还会导致长时间的工作，这两者都可能是有害的。以砌砖数量来计算报酬的砌砖工人，几年就可能“榨干了自己”。反对在工业领域使用该强化程式的另一个理由是，转换为该程式后工人的报酬会得到增加，通常也似乎能够证明比例的提高。让我们假设一个员工每周生产 100 个项目，每周支付 50 美元，而管理层提出以每 2 个项目支付 1 美元的计件为基础来支付。对员工的影响是产量的迅速增加。让我们假设他能把每周工资增加到 100 美元。就目前的薪金比率而言，似乎有理由将每一美元所需的项目数目增加，例如 3 个。由于计件强化程式仍然有效，生产可能会继续增加。从长远来看，只要周薪稍微增加一点，工作效率就会大大提高。这正是在实验室中，固定比例强化程式产生高应答率的方式。

当比例较高或者强化微不足道时，固定比例强化程式的特点是在每次强化之后都会产生一段不活跃的时期。在非常高的比例下，这些周期可能会大大延长。正如我们所看到的，它们代表着一种“意志力缺失”的状态，类似于完全消退的状态，在这种状态下，尽管剥夺很严重，但个体只是“没有有效的行为”。他发现自己不可能开始他的下一个任务。他可能会说自己心灰意冷了，他无法面对他的工作，诸如此类。固定比例工资的

387 一个典型例子是销售人员按佣金销售。当“生意不好”时，每个强化单元必须要完成的工作量很大，意志力缺失是很常见的。

比例与强化规模之间存在着微妙的关系。每千件产品 10 美元的强化效果是否与每百件产品 1 美分的强化效果一样？如果一个人把一个固定的经济价值置于他的劳动上，应该没有区别，但事实并非如此。只有经过长时间的低比例强化，才能达到高比例。特别是对于未受过教育的劳动力来说，这一比例可能至关重要。因此，雇用农民用独轮车运土的承包商发现，最有效的办法是，每次把一辆满载的独轮手推车送到合适的地点时，支付少量的费用。在工业或其他领域使用计件工资的前提是有相当长的经济控制历史。

固定间隔强化程式。劳动报酬通常是按日、周、月或年支付的。这些看似属于固定间隔强化程式。间隔的大小，就像比例的大小一样，是影响个体的早期相倚关系的粗略函数。日工的工资不仅按日计算，而且常常按日支付。在支付间隔长达一个月之前，需要在较短的时间内实施实质性的强化才会有效。为了详细分析这样一段历史，我们应该考察一些附属的行为，其中一些是由强化程式产生的言语行为，它们在每月的第一天工作与最后一天的强化之间起到了桥梁作用。这种分析必须包括雇主与雇员之间的协议或合同所起的作用。

但无论如何，每隔一段固定时间收到工资与第六章中所述的间歇强化并不相同。在人类行为中，某些突出的刺激通常与支付时间相关，使时间辨识成为可能。当一个刺激被设定在强化之间的时间间隔中以某种方式变化时，鸽子或大鼠在固定间隔强化下的表现发生了惊人的变化。时钟和日历是一种言语装置，旨在为人类被试提供这类刺激。当有这样的刺激时，
388 无论是人类还是低于人类的劳作者都会等待，直到时钟上的读数非常接近行为被强化的时间。如果没有其他因素的影响，每周结束时的工作报酬只会在发薪前产生少量的工作。

因此，有必要用其他控制技术来补充固定间隔程式。主管或“老板”是厌恶刺激的来源，其作用取决于任何低于特定规范的行为，包括最低生产速率。一些可以为主管所用的权力来自他在伦理团体中所处的地位——他会谴责懒惰，或是很差的工作质量，或是令人感到羞耻的什么事情——但就“他无法做比炒掉一个人更糟的事情”而言，他所能采用的主要厌恶刺激就是对解雇的威胁。在这种情况下，工资的作用只是创造一种标准的经济条件，这种条件可能会因被撤销而产生厌恶刺激。老板做出解雇的威胁，或者采取一些有效的措施，因为只要员工行动迟缓，这就是解雇的一

个步骤；而当员工提高速度时，他就消除了这种威胁。最终，员工的行为会产生类似的厌恶刺激；他的工作速度刚好超过让他感到内疚或受到威胁的速度。厌恶性老板的作用是一个很好的例子，它说明了一个普遍原则，即当放弃惩罚而支持正强化时，转向其他形式的厌恶控制的倾向就会出现。为了这一目的，我们总是可以把收回通常的正强化作为威胁。工资的支付相对奴隶制来说是一种明显的进步，但把标准工资作为一种手段，除非雇员以特定的方式工作，否则就可以停发，这并不是太大的进步。

一条以固定速度移动的生产线，使工作速度与厌恶刺激之间的相倚关系更加明确。这种行为的“节奏”绝不是现代成就。船上的奴隶努力划桨以避免被鞭挞，遭受鞭挞是因为他不能与别人协调一致。一排收割者整齐地挥舞着钐镰，步调一致地走着——基本节奏部分由领队决定，但也有一部分是由人与镰刀组队的摆动长度和质量决定的——因为任何偏离都会带来厌恶刺激，即由其他收割者的镰刀所带来的危险。生产线的一个作用是减少来自老板的厌恶刺激的个人属性，但是任何节奏系统都存在一个固有 389
的危险，那就是控制者提高速度的诱惑。

综合强化程式。固定间隔强化程式在工业领域中还得到了各种“激励性薪酬”的补充。这些是固定间隔与固定比例强化程式的组合。强化程式的每个部分都纠正了其他部分的一些缺点。如果比例部分有成效，则就不需要来自主管的厌恶刺激作为补充。与此同时，比例部分可能不足以引发危险的高速率或长时间工作。当一名销售人员的工资部分来自工资，而部分来自佣金时，这种组合被设计用来矫正意志力的缺失，否则只有高比例才会被强化。

可变强化程式。实验室研究表明，可变间隔强化程式与可变比例强化程式在保持绩效方面优于固定强化程式，但这种强化程式不大适用于工资的支付。雇主与雇员之间的合同保证了一个给定的报酬，无论是以时间间隔支付，还是根据完成的工作单元支付，都排除了真正的可变强化程式。然而，这种强化程式适用于金钱支付（例如奖金），这种支付可以不在合同中明确规定，亦可以视任何其他行为方式而定。奖金通常被看作可以使个体更喜爱其工作或雇主的情绪变量，但它也可以起一个强化物的作用。如果它是根据一个固定间隔强化程式给出的，其作用就会大大降低。例如，标准的圣诞奖金最终主要作为工资的一部分发挥作用，而这些工资可能会在解雇员工时以一种厌恶刺激的形式被撤销。一份不可预测的奖金，根据一个可变间隔强化程式给予较小的金额，但每年发放的数额大致相同，会产生相当大的作用。

工作质量的差别强化。工资的高低是根据反映特定工作质量以及技能的特定行为而确定的。一般来说，员工的表现，就像实验动物的表现一样，会非常准确地适应确切的强化性相倚关系。二者都“只做需要做的
390 事”。额外的经济强化可视工作超过最低标准而定。奖金、加薪和晋升，当根据特殊绩效而定时，会从工作质量或专业技能的方向上塑造员工行为的形态（第六章）。

额外的经济因素。现在人们普遍认识到，员工工作很少“只是为了钱”。完全依赖经济控制的雇主忽视了一个事实：普通工人可以从其他方面得到强化。个体工匠不仅制造了一些可以卖钱的东西，他还因为成功地驾驭自己的工作材料，并创作出受到称赞的作品而获得强化。这些额外的强化也许对维持他的工作水平有实质性的影响。在大规模的生产方式下，工人们常常会迷失，他们的成就只能得到经济方面的强化。如果说工匠的动机是“为他的工作感到骄傲”的话，这并不能帮助我们理解这个问题。为了有效地处理员工的行为，我们必须在任何特定的情况下，都能够明确哪些实际情况在起强化作用，以及它们是如何具有强化作用的。

如果生产速率是由一个厌恶性的节奏系统决定的，那么强化工人的效果就不会体现在他的生产速率上。工业领域中的额外经济因素通常对工人的行为有更为直接的影响，影响到他们是高兴地来上班，还是考虑更换工作。更何况除了工作时的生产速率外，“喜欢自己工作”的工人还很少缺勤，而且历来很少跳槽。从上班会受到强化的意义上说，他之所以喜欢他的工作，不仅是因为一种有效的工资制度，还因为他工作的条件，以及他的同事等等。他不喜欢自己的工作也是源于工作所具有的厌恶性。如果他的高水平工作状态是源于持续不断地以解雇相威胁的厌恶刺激，那么整个任务就会成为厌恶性的，当他的经济状况允许时，他就会经常缺勤，或者一有机会便跳槽。与疾病、失业或老年困苦有关的条件性厌恶刺激也有可
391 能产生重要的厌恶性作用。说员工想要“自由”或“安全”，对解决这些问题并没有多大帮助。在设计最优工作条件时，不仅要考虑到生产效率，还要考虑到旷工和劳动力的流失，我们需要对实际具有强化作用和厌恶性的事件做出明确的分析。

劳工的经济价值

工人在经济控制下的那部分行为会产生厌恶刺激——这种厌恶刺激来自工作本身的性质，或者来自这一事实，即它阻止工人从事某些活动，而这些活动可以使工人以其他方式获得强化。这些厌恶性作用大致会被工人

所获得的经济强化所抵消。当工人接受或拒绝提供的工作时，他可能被认为是在对正强化物与负强化物进行比较。雇主也在做类似的比较。由于那些使用经济控制的人必须放弃他们用来强化行为的商品或金钱，根据定义，经济强化对于控制者来说也是厌恶性的。

如果这些冲突的结果大致相等，个体就可能会实施第十四章意义上的决策行动。一个人是应该自己修剪草坪还是花钱请人来帮他做？这在一定程度上取决于修剪草坪的厌恶性，以及为了雇人修剪草坪而放弃金钱的厌恶性。这也将取决于做出决策的行为，在这个行为中，这个人可能会回顾自己修剪草坪的其他可能的后果——锻炼可能对他有好处，或者是那些必须支付的钱可以用来交换其他东西，或者是与修剪草坪相比，让他再去挣同等数量的钱，厌恶性程度会更低，等等。待聘雇员有可能会改变类似的状态，这种状态影响着他接受或拒绝工作的行为。

在这种情况下，如果为了避免修剪草坪的厌恶性后果，雇主提供的金额等于或大于与雇员的厌恶性后果相匹配的金额，这就构成了“交易”。雇主给出的金额也将视放弃金钱所产生的厌恶性后果而定。雇主给出的金
额，就他目前的经济状况来说，这份工作“值”这个价；雇员接受的金 392
额，就他目前的经济状况来说，这份工作也“值”这个价。

因此，劳工或其他个人服务的“经济价值”与正负强化作用的匹配有关。两个任务的强化效果可以直接比较，但金钱提供了一个单一的尺度，这个尺度可以代表许多不同类型的劳动或服务的经济价值。我们已经看到，金钱作为一种泛化的强化物具有某些优势；它的维度相当简单，它可以以非常明确的方式依行为而定，而且它的效果相对不受有机体短暂状况的影响。金钱在体现经济价值方面具有特殊的优势，因为不同的金额可以在单一的尺度上得到比较；一个数量可能等于另一个数量，或者是另一个数量的两倍，以此类推。这种标准尺度在比较强化物时是如此有效，以至于它经常被用来代表某种独立的经济价值，与结果的正或负无关。货币尺度被认为是价值的主要维度。但是，如果不考虑与其他结果的比较，这种尺度就没有意义了。

对雇主来说，劳动的经济价值就是他为换取劳动而放弃的那部分金钱。这取决于该劳动的结果。如果修剪过的草坪具有强化作用，我们会付钱给修剪草坪的人。如果鞋子本身具有强化作用，或者可以用来交换货币或由于其他原因而具有强化作用的物品，我们就会付钱给制作鞋子的人。有时候行为本身就直接具有强化作用，比如在娱乐圈；我们已经看到，艺人正在努力使自己的行为具有正强化作用，从而使其具有经济价值。

对雇员来说，劳动的经济价值就是他为提供该劳动所获得的金额。他对自己的服务进行估值并与那些厌恶性后果相比较，那些厌恶性后果可能是多种多样的。繁重的劳动就是一种直接的厌恶刺激，就像长期被限制在一个给定的任务上而不考虑所需的能量一样。有些任务因特殊原因而令人厌恶。桑代克发现，人们通常愿意为从事各种各样的厌恶性任务——比如让一
393 条蛇盘绕在自己的手臂和头上，吃一条死蚯蚓，或者往乔治·华盛顿的画像上吐痰——给出一个价格。为了某种行为而支付金钱——尽管这种行为本身并不是特别令人厌恶，但却可能招致惩罚——通常被称为贿赂。贿赂在一定程度上提供了一种手段，它能够衡量某种给定惩罚概率的经济价值。

当一个人因为不参与什么而获得报酬时，这种行为就有了“妨害价值”。当一个操心的家长要求他的儿子只要在一定年龄之前不抽烟、不喝酒或不结婚，就会给他零花钱时，儿子放弃一切的行为就有可能对他自己有实质性的强化作用。他放弃这些约定的强化会产生厌恶性结果，而他接受这些的结果却可以“挣到”零花钱。如果被放弃的行为并没有什么实质性的强化作用，但对于付钱要求抑制该行为的人却具有强烈的厌恶性作用，那么这个付出去的钱就被称为敲诈。如果这种行为是言语性的——例如，作证或以其他方式报告应受谴责的行为——它通常被称为“封口费”。有一种类似的控制关系是被黑社会以收“保护费”的名义所剥削——换句话说，这是黑社会同意不损害你个人或财产的回报。根据第十九章的说法，敲诈和收保护费代表着不稳定的社会系统。这种控制受到伦理团体或宗教与政府机构的反对，因为它们认为从事这种交易会产生厌恶性后果。

买与卖

买与卖或是以物易物的交换是如此司空见惯，以至于我们很可能会忽略其中的几个过程。基本的买卖或“交易”是通过报价来表达的：“如果你给我那个，我就给你这个。”在涉及个体劳动的交易中，这种复杂的刺激只有经过广泛的经济性条件作用后才能产生效果。这个过程很容易被观察到，比如一个孩子学会了和他的玩伴交换玩具，或者在街角的商店买一便士的糖果。在这种行为达到一个相对稳定的状态之前，孩子必须受到放弃一个玩具或一便士的厌恶性后果的充分影响，同时又受到获得另一个玩
394 具或糖果的强化后果的影响。当这种条件作用发生时，与类似物品和类似金钱相关的类似行为就会变得相当自动化，这让人很容易忽视其中的复杂关系。买卖是迅速完成还是经过长时间的权衡，这取决于放弃金钱或失去物品的厌恶性属性是否与金钱或物品的正强化属性相匹配。作为“一笔好

生意”，就是所购物品比放弃的金钱有着更高的强化作用，而且交易会完成得很快。在犹豫不决的交易中，正负结果是相对平衡的，这可能就需要经过长时间的考虑。

商品的经济价值。在买卖中使用金钱使我们能够像评价劳动一样在一个简单的一维尺度上评价商品。一件物品对于某个体来说是否“值”，仅仅在于他愿意为换取该物品而放弃的那笔钱的金额，或者说多少钱能够让他愿意放弃那个物品。在交易或销售发生之前，必须达到或超过某些临界值。如果A将物品给B的这种行为所产生的厌恶性后果与B给A的金钱的正强化后果大致相符，A就会把物品给B。如果B将放弃这笔金额所带来的厌恶性后果与获得A的物品后所产生的正强化后果相匹配，B就会把这笔钱给A。

还有一些条件也影响着经济交易。由于一个人用来交换商品的金钱是对商品强化作用的一种衡量，它会随着剥夺的程度而变化。一个人分配给食物的价值取决于他有多么饥饿。由于食物供应不足，他可能会被诱导出高价购买。对于整个人口来说，这反映了这样一个事实：一件物品的通常价格可以通过操纵供应来加以操纵。但是，一个人愿意为食物支付多少钱，也取决于放弃金钱的厌恶性后果，而这又大致取决于他有多少钱。如果“钱不是问题”，他可能会出很高的价钱。因此在整个人口中，一件物品的价格将部分地由货币供应所决定。商品供给和货币供给这两个因素，当然会在传统经济理论中占有突出的地位。然而，它们并不是经济交易的 395
唯一决定因素。

一个重要的考虑因素是获得或放弃物品或金钱行为的强化史。除了特定交易的特殊性质外，买卖行为可以被增强，也可以被削弱。当对购买者的强化结果大大超过放弃某件物品价格的厌恶性结果时，简单的购买行为就被增强了。在廉价商店里，一些物品以低价出售，这样其他并非廉价的物品也同样可以出售。公众的“购买习惯”往往反映出同样的原则。一个人是否愿意购买，在一定程度上也取决于他之前放弃金钱所产生的厌恶性后果。“了解一美元的价值”是舍弃一美元的厌恶性后果的结果。

商品的强化作用以及由此可以获得的价格，是通过许多营销技巧来提高的。商品通过设计、包装等手段变得“有吸引力”。这种性质使得某件物品一旦被潜在的买家看到，就会被该物品的这些特征强化，所以类似物品的先前历史就不那么重要了。

模仿行为与买卖相关。人们购买一件物品可能只是因为其他人在购买打折商品和公众购物狂潮中的物品。推介广告通过描绘商品的其他买家或使用者，为潜在买家建立了模仿模式。对不购买行为的模仿是通货紧缩时期的特征。

正负结果之间的平衡可以通过改变这些结果与行为之间的时间来抵消。即时交货的承诺促进了销售。在没有协议的情况下，邮购公司通过尽可能快地完成订单，与花较长平均送货时间的邮购公司相比，赢得了超越竞争对手的优势，这也会产生同样的效果。严格地说，邮寄订单的行为可能不会因为四天之后才收到货物而得到强化；这种结果的任何强化作用必
396 须通过言语或非言语的干预步骤来促成。但这些干预措施并不需要通过缩短行为与最终结果之间的时间而获得的优势。当购买者被允许赊购时，这就是在操纵另一种时间关系。用分期付款的方式购买时，放弃购买价格所带来的厌恶性后果就被推迟并分散了。这种作用要与赊购的作用区别开来，赊购的作用是允许人们在有钱之前先购买货物。

另一个影响个体付款概率的重要因素，是他因交钱而受到强化的时间安排。有故障的自动售货机或不诚实的卖主偶尔会无法完成以物换钱的交易。在类似的情况下从事交易的概率在某种程度上会由于消退而降低。然而，如果无论交易是否完成，卖主都提供了一个特别划算的交易，这种概率就有可能保持在一个显著值的水平上。一般来说，以物品换取金钱的强化作用越大，在不能完全杜绝这种行为的情况下，强化越是容易失败。经济交换类型的一个例子就是赌博。

一个人赌博可能是为了用钱生钱，比如玩轮盘赌或老虎机；用钱买物，比如下赌注以购买赢得一辆汽车的机会；或者是用物换钱，比如跟顾客玩赢双倍或全输的游戏。控制赌徒的行为的机制非常复杂，这取决于他的强化史。有时，计算出某赌博系统的“机会”是有可能的，如果赌徒知道这些“机会”，就可以决定他是否会下赌注。一个人下一个特定大小的赌注的概率，是依据诸如赌注大小或特定的强化史等因素而变化的，这可以通过实验来研究。然而，在给定的系统下继续投注的倾向主要取决于强化程式。赌博设备通常遵循可变比例强化程式。从赌场的角度来看，这是
397 一个安全的程式，因为长期利润的百分比是固定的。这也是一个引发赌博行为的异常有效的强化程式。赌场会选择一个平均比例，它是两种结果之间的折中。过高的比例会产生较大的平均收益，但会失去赌客。如果比例过低，尽管有现成的客流，但利润就会太少。职业赌徒通过建立有利的强化史来“引导他的受害者”。他从一个较低的平均比例开始，在这个比例下，强化发生得如此频繁，足以使受害者赢钱。然后，根据赌徒打算与特定受害者合作时间的长短，这个平均比例会缓慢或迅速地提升。这正是鸽子或大鼠的行为被置于可变比例强化程式控制之下的做法。当达到一个强

化很少发生的平均比例时，鸽子或大鼠在操作设备上花费的能量要比从食物强化中获得的能量更多，与此同时人类被试在逐渐地赔钱。然而，这三种实验对象都仍在持续不断地玩这个游戏。

赌博装置有效地利用了条件强化物，这种条件强化物是通过将特定刺激与偶尔出现的经济强化物配对而建立起来的。例如，标准的老虎机会在机器前面的窗口中设置以特定方式排列的三张图片，从而强化玩家。该设备非常慷慨地为“三个相同图案”支付奖金（包括累积奖池），最终使得两个相同图案加上任何其他数字都具有强大的强化作用。“差点中头奖”增加了个体玩这台机器的可能性，尽管这种强化物不会让设备所有者付出任何代价。

因此，赌博是一种经济控制系统，在该系统中，个体被诱导支付金钱以换取强化，而强化的价值太小，不足以导致在其他强化程式下的交换。如果一个人不能以 3 000 美元的价格把一辆车卖给另一个人，他仍然可以以 1 美元的价格把车卖给 3 000 个人，前提是其所处的文化环境在其成员“冒此风险”时提供了必要的可变比例强化史。[①] 如果赌场无法说服赌客交付金钱而得不到回报，则可以按可变比例强化程式退还顾客的部分金钱，以达到同样的效果。

总而言之，交易发生的概率是买卖双方在货物和金钱方面被剥夺程度的函数，它要根据买卖双方以往良好交易与不良交易的历史，要根据物品 398
的短暂特性或营销所涉及的情况，要根据他人从事类似交易的行为，要根据管控接收物品或放弃金钱的时间相倚关系，还要根据特定的强化程式的运用历史。所有这些条件都源于对人类行为的分析；它们也是传统经济行为讨论中的常见特征。它们明显影响了经济价值概念的实用性和准确性。无论是商品还是金钱的强化作用，都必须考虑到个体买家或卖家历史上的许多不同特征，以及特定经济交易发生的外部环境，方可做出陈述。

“经济学”

当数以百万计的人从事买卖、借贷、租赁、雇佣和工作时，他们所产生的数据是经济学的传统主题。这些数据包括商品、劳动力和货币的数量和地点，在一定时期内经济交易的数量，以成本、价格、利率和工资表示的某些交易特征，这些都作为时间或其他条件的函数而共同发生变化。

关于商品、货币、价格、工资等的表述，常常是在没有直接提及人类

① 意即如果该社会赌博合法，且以往的赌博环境为参赌者所认可，那么每个参赌人员就都可以用 1 美元的赌注去购买赢得一辆汽车的机会。——译者注

行为的情况下做出的，而且经济学中的许多重要概括似乎都相对独立于个体的行为。然而，在所有关键术语的定义中，至少隐含了对人类行为的提及。除了强化价值外，物品并不是商品。更为明显的是，如果不考虑金钱对人类行为的影响，就无法给金钱下定义。虽然有可能证明由大量人群的经济交易产生的数据之间的有效关系，但也必须考虑个体行为中的某些关
399 键过程。传统的方法是采用从群体中获得的数据来推断参与经济交易的个体的行为。这一过程促使 19 世纪经济学理论界提出“经济人”的假设，他被赋予了解释更大群体的整体事实所需要的行为。这种解释性的虚构在经济学的理论上已不再扮演重要角色了。

当群体层面的概括被证明无效时，通常就需要对个体交易多加一些关注。我们已经注意到许多影响经济价值的特殊情况。在由数百万人生成的数据中，这些特殊条件的影响可能达到平均值或者相互抵消。但是，当一个特定的条件适用于很多人时，它就不能以这种方式得到处理。经济学家经常用这类特殊条件来解释为什么不能从广泛的概括中预测特定结果的原因。例如，虽然货币和商品的供应可能意味着通货膨胀，但一些与货币或商品供应无关的外部条件也可能会使大量买家过度谨慎。如果经济学把所有这些经济之外的变量都考虑进去，它将成为一门完整的人类行为科学。但经济学只关注其中的一小部分变量，而个体的行为只是其中的一个函数。这一有限领域需要被相对独立地研究，是有许多实际原因的。这意味着经济学家总是需要不时地求助于真正的经济人的行为。

经济学理论历来特别倾向于使用最大值和最小值原则。政府机构的自由、正义和安全，宗教机构的救赎和虔诚，心理治疗中的心理健康和适应，在“财富”“利润”“效用”和许多其他概念上都有相似之处，这些概念都被用来评估经济交易。由于货币可以作为泛化强化物的有用维度，经济学理论是鼓励量化的，所以这些实体似乎更适合做函数分析。但实际
400 上，并没有证据表明在预测或控制特定的经济交易方面，它们比其他领域的同类产品更有用。从函数分析中产生的经济行为概念提供了另外一种可能性。当然，本章只讨论了在任何一大群人身上都可以观察到的许多种经济交易中的一小部分，但是，一门好的行为科学应当能够对个体行为做出令人满意的解释，一般来说，这些个体行为影响着经济学的数据。

经济机构

掌握经济控制权的自然是那些拥有必要的金钱与商品的人。经济机构可以由一个人组成，也可以像大型工业、基金会甚至政府那样组织严密。

并不是规模或结构决定了机构的地位，而是经济控制的用途。个体出于个人原因，有可能将其财富用于支持慈善事业、科学活动和艺术事业等。慈善基金会从事财富配置，以支持特定的活动。正如我们所看到的，宗教和政府机构经常为了他们的特殊目的而使用这种辅助技术。

如果有任何这样的特殊经济机构，它一定是由那些拥有财富并以某种方式使用财富以保持或增加这种权力来源的人组成的。正如伦理团体是由于个体行为的厌恶性作用的一致性而维系在一起的一样，那些拥有财富的人可能会共同行动来保护财富，并控制那些威胁其财富的人的行为。在这个程度上，我们可以把广义的经济机构称为“资本”。对这一机构的研究需要考察体现协调一致的经济控制的做法以及支持这些做法的回报效应。

反控制

就像在宗教、政府或心理治疗控制中一样，经济权力可能被用来促进其拥有者的特殊利益。过度的控制会导致对被控制者的行为强行施加了一
种实际限制。作为一个整体，该组织通常谴责过度使用财富，称其为坏的 401
或错的，而将把财富用于慈善的做法划分为好的或对的。宗教和政府机构也采取一些反控制措施。例如，在大多数现代政府中，个体不能通过经济权力合法地控制许多种行为。法律对于卖淫、使用童工、欺诈行为、赌博等都有所限制。特定的经济交易通过关税、罚款、征收利润税和交易税、价格控制、改变货币供应以及政府支出等手段被加以限制，或多或少都已成为可能。所有这些措施都改变了那些拥有劳动力或商品的人和那些拥有金钱的人之间的平衡；因而，它们也改变了某些经济交易发生的频率。其作用通常是减少财富拥有者利用财富控制他人的程度。

402 # 第二十六章 教育

在美国的学校里，如果你用流利的法语向学生索要盐，你会得到一个A成绩。而在法国，你会得到盐。这种差异揭示了教育控制的本质。教育是一种行为的建立，这种行为将在未来的某个时候对个体和他人有利。这种行为最终会以我们已经探讨过的许多方式得到强化；与此同时，教育机构会以建立条件作用为目的而设置强化。其使用的强化物是人为的，就像“演练”“锻炼”和“练习”这样的表达所暗示的那样。

教育强调行为的习得，而不是行为的维持。当宗教、政府和经济控制关注的是使某些类型的行为更有可能发生时，教育强化只是使特殊情况下的特殊形式更有可能发生。在帮助个体为尚未出现的情况做好准备的过程中，辨识性操作行为被置于刺激控制之下，这些刺激有可能在这些未来的情境中发生。最终，不受教育的后果决定了个体是否会继续以同样的方式行事。如果其他后果最终没有到来，那么教育将是毫无意义的，因为被控
403 制者在接受教育时的行为对任何人来说都不是特别重要的。

教育机构及其控制技术

直系亲属承担着教育机构的职能，包括教孩子走路、说话、玩耍、按规定的方式吃饭、自己穿衣服等。它使用家庭可以提供的一级强化物：食物、饮料和温暖，以及诸如关注、认可和情感等条件强化物。家庭有时从事教育是出于显而易见的原因——例如，因为孩子要被转化为有用的成员。父母因孩子的成就而产生的“自豪感”并没有提供一个解释，因为这个词只是描述了这样一个事实，即孩子的成就具有强化作用。这一事实似乎因文化的不同而不同。个体继续从家庭以外的群体成员那里接受多种形式的非正式指导，在这里，群体中可资利用的变量与伦理控制中的变量类似（第二十一章）。某些行为方式被划分为好或对，另一些则被划分为坏

或错，并相应地得到强化。然而，人们并不总是清楚为什么要这样做。像家庭的自豪感一样，伦理控制延伸到教育可能对群体具有特殊的好处，在这种情况下，只能通过对文化实践的分析才能加以解释（第六部分）。

工匠教徒弟是因为这样做可以使他得到一个有用的帮手，而企业教那些为他们工作的人也是出于同样的原因。强化物通常是经济性的。当政府参与军事训练，以提高其武装部队的效能时，其运用的技术通常是基于惩罚或威胁使用惩罚。当宗教机构将教育作为其他技术的补充时，它们也会专门使用它们所能控制的变量。因此，对教育机构的辨别不在于变量的性质，而在于变量的使用方式。使用经济权力诱导学徒工作与诱导他获得有效的行为方式是有区别的，使用惩罚威胁诱导士兵投入战斗与诱导他有效 404
地进行战斗是有区别的，使用宗教机构所特有的权力来强化信徒的虔诚行为与向他们传授教理也是有区别的。

教育机构。一个更明确的教育机构需要被特殊对待。教育是一门职业，其成员从事教育主要是因为经济性的强化。和许多其他职业一样，伦理团体提供的帮助也往往很重要：教学不仅是一种谋生的方式，而且是“一件值得做的事”。在解释某一特定社区中教育机构的存在时，我们必须要解释那些付钱或认可那些教师的人的行为。作为回报，他们得到了什么？公立学校的低年级接管了家庭的教育职能，在一天的部分时间里负责监管孩子，并培养其对家庭和社会有益的行为，亦使家庭免于责难。对年龄较大的儿童实施教育的可比较结果并不总是明确的，这也从实践和理论两个方面都提出了难题。并不是每一种文化都拥有明确的教育机构，而且即便是有，某特定群体对它的支持程度也可能会不时地发生变化。如果那些在经济或其他方面提供最终权力的人没有得到足够的强化，他们就会撤回支持。然而，教育者也很少尝试提高回报收益，或者使这些回报作为强化物而更加有效。

除了即时的回报，我们还必须要注意教育有可能产生的长期影响。就像家庭自豪感或群体成员的教育一样，明确的教育机构可以用第六部分所探讨的群体的另一种作用来解释。

教育强化 405

现有教育机构所使用的强化条件大家都很熟悉，这包括好成绩、升级、美国大学优等生荣誉学会（Phi Beta Kappa）的荣誉称号、文凭、学位和奖章等，这些全部与赞许这一泛化的强化物有关。拼字竞赛是一种大家熟悉的手段，它使得赞许或其他社会强化物明确地作用在学业行为上。

同样的技术也体现在现代知识问答竞赛的节目中，在这里“知识因其本身而受到强化”。当最近接受过教育的人得到一份工作或自动加入某些控制群体时，一定的交换价值就显现出来了。然而，除了奖学金外，教育机构本身通常不掌握任何经济权力。一些强化物可能是以特权的形式存在。学校还可以得到来自学生家庭的支持，家庭可以根据学生的学业成就水平给予一级强化物或条件强化物——例如，对保持某平均水平的学生给予零花钱。在第二次世界大战期间，一些军事教育工作被教育机构所接管，随后一种新的并且相当重要的强化物以军队晋升的方式被提供给了教师。

在教育控制中，惩罚的庄严地位是由桦木棒和藤条，以及对某些形式的惩戒性暴力（例如戏弄）的纵容来代表的。极端形式的体罚如今普遍已被摒弃，但我们也注意到一个普遍的规律：当一种厌恶性后果被摒弃后，另一种后果往往会取而代之。就像根据固定间隔强化程式支付工资最终可能会被用来以解雇相威胁的形式提供厌恶刺激一样，不打屁股的幼儿教师也可能会以厌恶控制的形式威胁收回赞许或者喜爱。

406 通过惩罚实施控制的副作用一直是教育机构的显著特征。惹是生非、骚乱、恶作剧、逃学，都是第二十四章所分析的反击或逃避的形式。更具神经质特点的副作用也十分常见。因此，转向其他控制技术所能获得的好处是显而易见的。但是，一种控制模式在没有其他方式取代它之前是不能放弃的，有证据表明，目前的教育机构缺乏足够的控制。教育者不仅不得不放弃桦木棒；他也不再能够从基于厌恶性控制的家庭做法中借鉴惩戒手段。随着受教育的人越来越多，教育的令人尊敬的强化作用被削弱了；源于教育的特殊优势现在越来越少了。随着社会保障水平的提高，教育的经济作用也变得不那么重要了；相对而言，很少有学生在积累财富或至少在逃避晚年贫困的威胁方面有所“成就”。

因此，教育机构转向了其他的控制方法。教师常常不情愿地使用他在个人控制中可资利用的力量资源，使他自己或者是他的教学变得有趣；换句话说，他成了一名表演者。教科书配有图表，类似于杂志或报刊上对主题的说明，教学辅之以演示和“直观教具”。为了实施由教育机构所控制的行为，特别设置了方便的教学环境：图书馆的设计使人们更容易获取书籍，实验室得到了扩建和改进，在特别有利的地点提供了实地考察和研究的便利设施。不容易适应这些技术的课题通常被减少到最低限度甚或被放弃。

“进步教育”① 一词大致描述了一种协同努力，以便找出替代虚假的教

① 也叫进步主义教育。——译者注

育控制强化的方法。这种最终会支配学生行为的作用将被引入教育情境中。在传统教育的体系下，那个因为能够正确讲法语而获得 A 成绩强化的学生，如果有可能的话，当他喜欢读法文书或者在法语社区与人有效地 407
沟通时，他最终就会被强化。在进步教育中，这些“自然的”或“功能性的”强化会被教育机构尽快地使用。同样，学习自然科学的学生也会因为处理自然问题能力的不断提高而尽快得到强化。通过允许更广泛地选择学习内容，学业行为在早期得到这种非教育性强化的概率就增大了。引入“真正的”作用也许一直是良好教育的特点，但进步教育已经尽可能经常地和尽快地做到这一点。一种普遍的反对意见认为，由于对某些研究领域的过度强调而牺牲了其他领域，而在其他这些领域中，仅仅依靠教育强化来实施学科训练是无法避免的。

明确指出教育机构的条件强化物与日后将遇到的自然相倚关系之间的联系，会使得该强化物的作用变得更加有效。通过让学生明了受教育可以获得的好处，教育本身可能就具有了强化价值。因此，许多教育机构转向把咨询和各种形式的治疗作为辅助技术。

教育控制产生的行为

当教育强化取决于行为的形态或精细的属性时，其结果被称为技能。第六章所讨论的差别化是绘画、音乐、书法、口语、体育和工艺训练领域的特点。非教育强化最终会控制行为，这是技能行为的特殊结果。在教一个人打网球时，会有一些像言语刺激这样的教育强化物，如“好!”或“没错!”，这都是根据正确握拍、正确击球和正确把握时机等喊出来的。由此产生的“良好形态”最终是由球飞行的自然结果来维持的。同样，对绘画技巧的教育强化最终会被本身具有强化作用的绘画作品所取代。操作 408
工具和机器的技术技能首先要得到教师的认可，然后才能成功生产出具有强化作用的产品。

知识。传统上认为被教育最大化的实体就是“知识”。该术语指的是最复杂的人类行为，因此，它很少被明确定义或有效地用于教育实践的评价也就不足为奇了。我们有时用这个术语来表示技能行为的概率。一个人“知晓如何写”的意义在于，他具有用笔和纸书写的行为，这些行为在适当的情况下会表现出来，并会产生某种标记。同样，他知晓如何击打网球、唱歌或画直线。然而，知识通常是指行为和辨识性刺激之间的控制关系。这种反应可能是技能性的，但我们主要关心的是它是否会在适当的场合表现出来。因此，驾驶汽车需要熟练的动作，但知晓如何驾驶汽车就是在适当的时间做出适当的反应。一个人知晓如何修理收音机，在某种意义上说，不是知道如何操作钳子、螺丝刀和烙铁，而是知道如何在适当的地方操作它们。

在教育中获得的知识大多是言语性的。构成适当场景的刺激可以是言语的，也可以是非言语的。一个儿童“知晓字母表”，不是因为他能说出这些字母的名字，而是因为他能按正确的顺序发音。一个字母或一组字母是随后读出字母的场景。他“知晓秘鲁的首都”，是因为当被问及首都是什么时，他会正确回答，或者在讨论秘鲁时，他会对秘鲁的首都做出表述，等等。一个人“知晓他的积分表”的意思是，在适当的情况下，他会背诵它，并在计算过程中做相应的替换，等等。他“知晓自己的历史”，意思是他拥有另一个高度复杂的反应集。在罕见的情况下，部分反应集受
409 到非言语刺激（原始的历史资料）的控制；但历史知识很大程度上是对言语刺激做出反应的言语行为。当一个人与其他拥有类似知识的人接触时，这种反应集便大有用处。在其他种类的知识中，特别是科学知识，很大一部分的辨识性刺激可能是非言语的，而这种反应集的用处主要在于使个体能够在自然环境下有效地行动。我们不需要把这些反应集当作知识的“标志”，而是把它们当作知识本身。知识使个体能够成功地对其周围的世界做出反应，正是因为他具有这样做的行为。

例如，有人认为历史知识仅仅是一种言语集，这并不意味着教育只是死记硬背。学生也开始了解历史的事实。要想充分解释这意味着什么，就需要对言语行为进行详尽的分析，而在这里尚无法给出。[①] 个体认可关于某历史事件的陈述，这表明他可以自己对此做出陈述的概率很高。随着他一遍又一遍地阅读一段描述某时期历史的文章，理解在不断加深，他也越来越有可能做出与文章构成相似的言语反应。但表述一致或理解的高概率可能有许多来源；关于一个特定领域的知识的条理是清晰的，并且在一定程度上被整合得很好，因为这些力量的多个来源通常是一致的。就目前这一点而言，我们只需注意到，要区分“理解”和“倾向于说”的补充力量来源，并不要求我们修改关于知识是一种反应集的观点。理解是一个附带的问题，该问题涉及这样一些变量，而反应集则是这些变量的一个函数。

言语集的重要性还在于，它可能对个体的其他行为同时产生影响。当言语集与行为的变化位于不同的有机体时，其中有这样一个作用是最容易
410 被观察到的。说话者对听者会有许多影响。其中有一种影响可以被很恰当

① 参照前文第 146 页的脚注。

地称为“指令”。说话者产生的言语刺激改变了听者做出言语或非言语反应的概率。例如我们假设，一个人熟悉电器，并且拥有一套躲避反应，这些反应是由电器中带电或“热”的部分控制的。在使用一种新设备时，他获得了（也许除了任何言语指令之外）针对某些特征的恰当的回避行为。如果该个体被指导如何使用这种电器，这一过程自然是厌恶性的，可能没有必要。例如，当他被告知某些终端很热时，他会避开它们，即使他没有受到它们的厌恶刺激。但是被告知的这一过程很是复杂。这个指令包括两种刺激的配对——当说话者说到“这个终端”并指向电气设备的一部分时所产生的复杂的言语刺激，以及“热”的言语刺激。这些刺激的同时出现具有类似于应答性条件作用的效果；被标识为“此终端”的对象随后会引发针对被标示为“热”的对象的回避行为。正如我们在儿童的行为中所观察到的，以这种方式受到言语行为影响的能力发展得非常缓慢。

在这个意义上，教育机构经常直接指导学生，但它通常是通过建立一个复杂的言语集来发挥作用的，学生随后可以在所谓的自我指导中使用它。此时，说话者与听者成为同一个人。在特定的场合下，学生的言语行为被唤起，进而以非言语行为指导学生自己。举一个简单的例子，学生记住了一组指令，然后正确地操作适用于这些指令的设备。在更为复杂的例子中，他掌握了一种广泛的历史反应集，其中的一些反应对他有恰当的指导，使之有效地处理了当下的情况。

如果我们的知识不仅仅包括一个反应集，还包括这个反应集可能对其他行为产生的所有影响，那么在教育中获取知识显然远远不是死记硬背式的学习可以比拟的。此外，即使在广义上，教育机构的职能也不仅仅是传授知识。就像第十六章所分析的，它还要教会学生思考。它建立了一个特 411
别的集，其作用是通过对变量的操作，可以促进问题解决方案的出现。学生学会观察，收集相关材料，组织材料，并提出尝试性的解决方案。这样的实践活动对于他为将来的某些场合做好准备是必不可少的。我们看到，伦理团体、宗教和政府机构不能仅仅是建立良好、虔诚或守法的行为方式，还必须要建立自我控制的程序，使个体在群体或机构成员不在场的情况下，面对新的场合依然能够表现出良好、虔诚或守法的行为。同样，教育机构也不能仅仅满足于建立标准的正确答案集，还必须建立这样一个反应集，可以这样说，凭借这个反应集，学生可以在机构的任何代表成员都不在场的情况下，面对新情况依然能够得出正确答案。

反控制

由于教育机构运用变量的权力一般来说是很弱的，我们或许不必担心它经常会被滥用，除非有人对反控制感兴趣。然而，教育者实施控制的一些方式也通常会受到限制。教育机构通常是根据特定的课程设置获得保障的。一个孩子被送到一个特定的学校很大程度上是因为这个学校会教什么。那些掌握最终控制权的人——例如那些为学校提供资金的人——可能会坚持严格遵守课程安排。由宗教机构资助的学院要从事适当的宗教教育，并不得建立与宗教机构利益相违背的行为。政府资助的学校可以被要求将其教育技术用于支持政府，并避免其教育与政府的控制技术相冲突，或者威胁政府权力的来源。

412 由于其他类型的机构也参与教育控制，它们经常赞助教育机构的服务。经济机构和宗教机构有时为学校提供材料，以鼓励学校按照经济或宗教控制开展教育。政府机构可能有必要限制公立学校以这种方式为其他机构服务的程度。

第六部分

人类行为控制

第二十七章 415
文化与控制

风俗习惯

除了第二十一章所讨论的伦理行为外，个体还从群体中获得广泛的风俗习惯集。一个人吃什么、喝什么、如何吃喝，他有什么样的性行为，他怎样建房子、绘画和划船，他喜欢谈论或不愿意谈论的话题是什么，他演奏什么类型的音乐，他喜欢维持什么样的人际关系、避免什么样的人际关系，这一切都在一定程度上取决于他所在群体的行为。当然，社会学家和人类学家已经对许多群体的真实风俗习惯做了广泛的描述。在此，我们只关心他们所举例说明的各种过程。

当某些反应得到强化，而其他反应没有得到强化或受到惩罚时，行为就会符合特定社群的标准。这些作用往往与非社会环境的后果紧密地交织在一起。例如，一个人划船的方式，部分取决于某些机械的相倚关系，就对船的推进来说，有些动作是有效的，有些则无效。这些相倚关系取决于船与桨的构造——这是该群体的造船者们观察到的其他做法的结果。它们 416
也取决于水的类型，这可能是一个群体所特有的地理原因，因此，即使船和桨的类型相同，在内陆湖区划船的方式与在沿海地区划船的方式也是不同的。群体所建立的教育方面的相倚关系依然是造成差异的另一个原因。当个体采用某种握法、姿势和划桨方式等时，他会因赞同而得到强化；当他采用其他方式时，他会受到批评等惩罚。这些变量在决定最终被确定为群体特征的“风格”方面尤为重要。

在社会环境中观察到的相倚关系很容易解释守规矩的个体的行为。问题是如何解释相倚关系。其中一些相倚关系的设定，其原因与风俗习惯对群体的影响无关。社群是作为一个具有强化作用的环境而发挥职能的，在该环境中，某些行为得到强化，其他行为受到惩罚，但这是通过其他利益回报来维持的。言语行为就是一个很好的例子。在一个特定的社群中，食物、水、其他物品以及服务会强化特定的言语反应。这些反应就像被同样的结果强化的非言语反应一样，自然而然地成为孩子反应集的一部分。一个孩子是在水池边弯下腰去喝水，还是说一句“我想喝水”就能喝到水，这都没有多大关系。然而，要解释后一种情况下为什么能喝到水，就需要对言语环境做相当详尽的分析。这里只需指出，言语环境可以通过其对所有参与者的影响来维持自身，而不仅仅是通过其向社群新成员教授言语的功能。一个成年人在一个新的言语环境中可能没有受到明确的教育强化，但仍然可以获得足够的词汇。一些非言语的风俗习惯也可以用同样的方式来解释。此外，当一种惯例被政府、宗教或教育机构延续时，我们可以指出通常的利益回报。

417 但事实是社群作为一个整体经常会明确合格的行为，尽管这在本质上是一种教育技术。例如，除了维持言语行为的相互强化之外，社群还将“对”和“错”的分类扩展到该行为的某些其他形式，并相应地实施赞许和反对的泛化强化。在许多群体中，语法或发音上的错误会带来比说谎或偷窃之类的小事更具厌恶性的后果。该群体也支持教育机构朝着同样的方向努力。但为什么这种偏离行为具有厌恶性呢？如果一个不符合语法的回答实际上并不是模棱两可的，为什么群体要认定这个回答是“错”的呢？为什么它要抗议标新立异的着装，或指责一个成员不合常规的餐桌礼仪？

一个经典的答案是，在早期的群体条件下，一种特定形式的偏离行为一定是有充分的理由令人厌恶的。一般来说，食品是根据其物理性质和化学性质的相倚关系而被选择的。那些难吃的、不能吃的或有毒的食物就不再吃了。一个正要吃这种食物的孩子会受到来自群体的强烈的厌恶刺激。“好”食物和“坏”食物最终会在伦理、宗教或政府准则中被加以规定。现在，由于气候或生活条件的变化，或由于食品制作与保存方法的改变，“坏”食品变得安全了，但这种分类仍然可能存在。对群体来说，不再有任何当前的回报优势来解释为什么吃某种特定的食物被归类为不好。如果与此同时，该群体还为这种分类编造了一个解释，那么这种分类可能尤其令人费解。

我们也可以间接但想必依然有效地展示当前的结果。托尔斯坦·凡勃伦在他的《有闲阶级论》中，证明了那些似乎没有相应的结果并且以令人怀疑的审美或品味原则被加以解释的惯例或习俗，对群体中的其他成员仍
418 有重要影响。根据凡勃伦的观点，我们穿着“盛装”或说着无用的语言，

不是因为衣服漂亮或语言“文雅”，而是因为我们随之会被一个以这些成就为成员标志的群体所接纳，还因为我们能从控制那些不能以同样方式行事的人的过程中获得声望。根据这一理论，现代美国大学建造哥特式建筑，并不是因为现有的材料与最初形成这种建筑风格的材料相似，也不是因为这种风格本身就很美，而是因为大学通过模仿中世纪的教育机构，拥有更广泛的控制权。因此，延续“好”的建筑风格的群体的做法，与延续基于机械原因的“好”的建筑模式的做法一样容易解释。

也许对于合格行为的差别强化来说，最简单的解释就是诱导过程。将伦理行为塑造成群体标准的力量是强大的。群体会介入对说谎、偷窃、人身攻击等行为的抑制，是因为这会对其成员产生直接的后果。群体的如此行为终究还是受控个体“好”行为与“坏”行为之特征的函数。其中之一就是对群体的一般行为缺乏遵从。因此，行为的厌恶性质与不符合标准的性质经常被联系在一起。不合格行为并不总是厌恶性的，但厌恶性行为却总是不合格的。如果这些性质以足够的频率配对，不合格行为的性质就会成为厌恶性的。“对”与“错”最终会具有“合格”与“不合格”的作用力。虽不合格但对群体来说也不属厌恶性行为的实例，从今以后将被视为厌恶性的。

无论我们最终如何解释群体的行为，将“对”与“错”的伦理分类扩展到习俗与惯例，我们都有坚实的基础来观察相倚关系，正是凭借这种相倚关系，一个特定群体的行为特征得以维系。当每个人开始遵循一种标准的行为模式时，他也会通过对其他人的行为进行类似的分类来支持这种模
式。此外，他自己的合格行为也有助于形成与他人行为相比较的标准。因 419
此，一旦一种惯例、习俗或风格形成，观察它的社会系统似乎也就自然地形成自我维持。

作为文化的社会环境

社会环境通常被称为一个群体的“文化”。这个词通常指的是一种精神或氛围，或具有同样非物质维度的东西。然而，我们对社会环境的分析，提供了在自然科学的框架内对文化基本特征的解释。它不仅让我们理解文化的作用，而且，正如我们后面将要看到的，还会改变文化设计。

从最广泛的意义上说，一个人所出生的文化是由影响他的所有变量构成的，这些变量由其他人设定。社会环境在一定程度上是群体产生伦理行为的那些实践的结果，以及这些实践延伸到习俗和惯例的结果。这一成就在一定程度上来自第五部分所探讨的所有机构以及个体与之有特别密切联

系的各种次级机构。例如，个体的家庭可能通过宗教或政府手段的延伸、心理治疗、经济控制或作为一种教育机构来对其实施控制。他所归属的特殊团体——从游戏群体或街头帮派到成人社会组织——也有类似的作用。特定的个体也可以施加特殊形式的控制。因此，从广义上讲，文化相当复杂并且作用极其强大。

然而，文化不是一元的。在任何大型群体中都没有观察到放之四海而皆准的控制性相倚关系。不同的风俗习惯经常会发生冲突——例如，对于移民子女的行为，家庭提供的社会强化可能与熟人和朋友提供的社会强化不一致。不同的团体或控制机构可能以相互冲突的方式运作；世俗教育往
420 往与宗教教育相冲突，政府与心理治疗相冲突，而经济控制权通常更是被许多以不同方式行使权力的群体所瓜分。

特定的社会环境可能会改变一个人，因此他会受到相互冲突的文化的影响。在美国，用于控制性行为的技术最近发生了重大变化。未婚女性以前受到伦理团体、政府、宗教和教育机构的严格控制。一般来说，只有在年长女伴陪伴的情况下，未婚女性才被允许与外界接触，如有必要，女伴可以对其使用身体约束。易导致性行为的刺激尽可能被直接从环境中消除。有关生殖器官的解剖学和生理学知识，尤其是男性生殖器官的解剖学和生理学知识，始终是语焉不详，任何可能改变这种状况的行为都会受到惩罚。这种惩罚，加上其他程序，会产生反映为一种自我控制形式的"纯洁"或"端庄"行为。与性行为有关的事实无法被掩盖，于是就以虚构的方式被解释。当然，早期性行为不仅会受到厌恶刺激的严厉惩罚，还会受到诸如反对、羞辱和以排斥相威胁这类强烈举措的条件性惩罚。因此，任何早期的性行为都会引起厌恶性自我刺激。这为进一步的自我控制行为提供了强化，并引发了与性行为不相容的情绪反应。

要证明如此严厉措施的正当性，其途径只能是：辩称性行为是错误的；尽管如此，这种行为的力量还是十分强大的；男性的侵犯性的性行为一定会遭到女性异乎寻常的防御。然而，这也经常会有令人反感的副作用。虽然这种控制主要是针对婚前性行为，但这种影响通常会延伸到婚姻状态，个体被阻止以正常的方式享受性关系。由此导致的对性冲动的压抑产生了许多在第二十四章中所概述的神经质效应——从变态的性行为到常见的责骂行为。这些结果，无疑与许多其他因素一起，导致了实际生活中
421 的实质性变化。现代版本的性控制已大不相同了。虽然没有明确制订计划，但人们认识到，关于性行为的焦虑是不必要的。不再是从环境中去除所有可能导致性行为的刺激，而是提供关于性的解剖学及其功能的知识。

与异性的友好关系更是获得了充分的允许，并且避免了对性行为的严厉惩罚，这有利于对这种性行为的后果进行指导。这些技术可能不如早期的措施有效。性行为可能没有被压抑得那么深，而且在显性的层面上可能更为普遍。最终结果对个体和集体可能有利，也可能不利。

无论如何，今天的青少年受到的是相互冲突的各种技术的影响，这种冲突反映了从一种文化实践向另一种文化实践的过渡。总的来说，宗教和政府的控制仍然遵循早期的模式。在家庭中，对不同年龄成员的控制方法往往不同。家庭作为一个整体可能与个体作为其成员的其他群体有很大的不同。我们不能说，一套关于性行为控制的做法就是这个人所处文化的特征。

文化对行为的影响

人们常说："人性在全世界各地都是一样的。"这也许意味着无论在哪里遇到的行为过程都是一样的——所有的行为都随着剥夺或强化的变化而变化，以同样的方式形成辨识，以同样的速率发生消退，等等。这一观点可能与人类的呼吸、消化和繁殖在全世界都是一样的这一说法一样正确。毫无疑问，在所有这些领域发生的各种变化在速率上存在着个体差异，但基本过程可能具有相对恒定的性质。这句话也可能意味着，决定行为的自变量在全世界各地都是一样的，但这是另一回事。遗传禀赋差异很大，并 422
且环境更有可能展现出的是差异而不是相似之处，其中很大一部分可以被追溯到文化变量。其结果当然是高度的个性化。

社会环境对个体行为的影响，可以从对环境的分析中逐点推论。让我们以一个 30 岁的个体为例。他的行为在多大程度上可以被合理地追溯到他曾接触到的文化变量?

工作水平。从这个意义上说，我们的研究对象的反应集的某一部分显示了作为强化结果的给定概率，我们说他显示了一定水平的兴趣、热情或是对"精神疲劳"的抵抗力。如果自然环境包括适宜的气候、充足的食物供应和其他资源，我们就有可能发现高水平的相关行为。同样重要的是，家庭、作为一个整体的群体和各种亚群体、政府、宗教、心理治疗、经济和教育等机构都提供大量的正强化。

动机。一个人是否经常感到饥饿，不仅取决于在非社会环境中获取食物的便利性，还取决于控制他吃什么、什么时候吃、是否遵守斋戒期等的文化实践。他的性行为不仅取决于异性成员的存在，还取决于对性关系的伦理控制，取决于政府和宗教的限制，取决于性教育，等等。其他种类的剥夺与餍足也同时受到社会条件和非社会条件的控制。

情绪倾向。社会环境是主要原因，我们的研究对象可能是在爱、恨、怒或怨的氛围中成长起来的，因此可以用各种情绪模式来描述他的行为。

反应集。无生命的世界建立了一个复杂而实用的反应集。它还可以设置对于扩展这样一个反应集有作用的行为：如果探索反应被频繁地强化，
423 我们的研究对象会表现出强烈的“对自然的好奇心”；如果在第十六章中讨论的那种自我操纵行为被条件化，他还会表现出在研究和发明方面的特殊技能。但是由文化所产生的类似反应集通常要广泛得多。言语性问题解决以及在个人控制中使用的社交技能都是重要的例子。所有具有控制作用的机构都在一定程度上与这种行为的产生有关，虽然这是教育机构的特殊关注。个体处理事物以及人事的能力，将部分取决于这些机构在多大程度上已具有社会环境的特征。

自我控制。无生命的环境可能会建立某种程度的自我控制——例如，个体学会不吃虽然美味但却难以消化的食物——但迄今为止，自我控制的更大一部分是由文化决定的，特别是由伦理、宗教和政府机构决定的。逃避这种影响的非道德的个体表现出太缺乏控制的后果，而完全“被抑制”或被约束的个体则处在另一个极端。我们的研究对象是否明显地表现出我们刚刚所探讨的其所处文化的其他那些影响，往往就取决于自我控制的作用。例如，他可能很容易表现出一种情绪化的方式或是一种禁欲主义的克制，而这取决于他的情绪行为作为对或错、合法或非法、虔诚或有罪而受到强化或惩罚的程度。

自我认识。对自己行为的辨识性反应以及对其作为函数的变量的辨识性反应似乎是社会环境的唯一产物。我们的研究对象是否有自我意识或内省，取决于群体对诸如“你在做什么?”或“你为什么要那样做?”这种问题的回答能坚持到什么程度。

神经质行为。一个纯粹的物理环境无疑会引发一些无效的、有害的或危险的行为，这种行为被称为神经质行为。然而，到目前为止，更大的麻烦来源于社会环境。是与环境保持良好的接触，还是避免产生后果严重的
424 情绪反应，我们的研究对象能否平衡这二者之间的关系，主要取决于他所出生的那个群体的控制措施。

文化性格

如果社会环境的某些特征对于一个特定的群体来说是独有的，我们就期望在其成员的行为中找到某些共同特征。共同的文化应该产生共同的

“性格”。俄罗斯的孩子和美国的孩子学习扔石头和避免撞到脚趾的方式基本上是一样的，因为相关的变量主要是在物理环境中。他们说话的方式不同，是因为他们的言语环境不同。其他被社会强化的行为也是不同的。这两个群体在塑造个体行为的对错方面也遵循不同的分类标准。宗教、政府、心理治疗、经济和教育机构在控制的权力和程度上有很大的不同。家庭、企业和社会组织的影响也不相同。因此，俄罗斯人和美国人表现出截然不同的反应集或“性格”。

然而，群体性格或文化性格的概念具有类型学体系固有的所有危险。人们总是倾向于认为，因为个体在某一方面相似，所以他们在其他方面也相似。虽然某些行为特征可能在不同的文化中始终不同，但在一个特定的群体中，个体之间的差异也是很大的。我们已经看到，社会环境从来都不是一成不变的。只有那些俄罗斯居民共有的、不同于任何其他社会环境特征的社会环境特征，才可以说是“俄罗斯文化”。俄语就很好地满足了这些条件，应该可以从中发现作为俄罗斯“性格”一部分的“俄罗斯思想”的某些相应特征。要找到其他的例子，尤其是风俗习惯，能如此满足这些条件是不容易的。

通过研究某特定群体所获得的实证性证据，很难证明特定文化实践与
行为特征之间的关系。最近，有人把民族性格的某些方面归因于婴儿的护 425
理实践。在一些国家或文化群体中，借助于襁褓或摇篮板，婴儿在出生后第一年的大部分时间里基本上是静止不动的。有人认为，尤其是在一年的最后三个月，这种身体上的约束是非常令人沮丧的，并导致强烈的情绪倾向。如果婴儿屈服于约束，其影响可能会在成人的行为上显现出来，成为一个“追随者”。如果这种约束增强了一种典型的愤怒或反抗模式，那么当他成为一名“领导者”时，这种效果就可以被观察到。因此，一种特殊的照顾婴儿的做法据说可产生两种类型的成人性格。这些类型很好地符合了对特定政治模式的解释，但证据并不令人满意。像襁褓这样的文化习俗在多大程度上是一个群体的特征，而在与之进行比较的其他群体中却没有这种文化习俗，这大概可以通过实地观察或其他形式的调查来加以确定。是否任何群体的成年成员都可以被分为两类，分别表现为顺从行为和攻击行为，尽管这样的调查还没有做过，但大概也是可以证实的。即使我们接受这些事实已被证实，它们之间的关系也不会因此就被证实。由于作为样本的文化群体的性质，许多其他的实践都将与任何一个被选择做研究的实践相联系。因此，其他一些实践也可能影响着群体性格的任何表现。

人类学家对群体本身感兴趣，特别关注特定群体特有的风俗、习惯以及其他行为特征。如果我们对任何一套特定的文化实践不感兴趣，民族性格或文化性格的问题就不会有同样的紧迫性。我们也许会同意，如果一个群体的特点是有一套独特的实际做法，它也可能以独特的行为模式为特征，但实践与行为模式之间的因果联系可能需要在实验科学所特有的条件下对相关变量进行函数分析。

第二十八章 426
文化的设计

任何一群人的社会环境都是一系列复杂事件的产物，其中偶然事件有时起着突出的作用。习俗与惯例得以产生的环境往往对群体的终极影响很小或者与之根本没有关系。更加明确的控制措施的起源可能同样是偶然的。因此，一个强有力的领导者所行使的控制模式，反映了他的许多个人特质，可能导致政府将行为划分为合法或非法，甚至可能为一个高度组织化的机构设定模式。圣人用来控制自己的技术可能成为宗教机构既定实践的一部分。经济控制在一定程度上是由群体可获得的资源决定的，而这最终是一个地理问题。当不同的文化相互融合或当一种文化在非社会环境中经历重要变化时，还会引入其他偶然因素。一种文化实践在决定一个群体的行为特征方面并不会因为它的起源是偶然的而效果就差。而一旦对行为产生的影响被观察到，这种行为的来源可能就会被更加仔细地审视。有些问题会被提出来。为什么一种文化的设计在很大程度上要听凭偶然？难道不可以有意识地改变社会环境，使人类产品满足更多可接受的规范吗？ 427

在许多文化群体中，我们观察到的做法可以被描述为“在实践中做出改变”。伟大的宗教书籍提供了许多精心构建社会环境的例子。戒律是对现有的和拟议的做法之法典化，据此，团体或宗教机构将对这些行为实施强化或者惩罚。基督的教导在新设计的性质上更为明确。在政府控制下，法律的制定通常确立了新的文化实践，而立宪或修宪则是更广泛的范围内的一项类似的工作。中小学和大学开设的实验性课程以及建议家庭实践做出实质性改变的儿童养育书籍，都是试图操纵文化的重要部分。当一种新的心理治疗技术从理论或人类行为的实验研究中衍生出来时，社会环境就在一定程度上被改变了。社会立法创造了一种实验性的环境，在这种环境中，行为往往被衣食住行等强化，某些类型的剥夺则不太可能发生。对大型产业或政府机构结构的规划是文化设计的一种实验。这些都是操纵一小部分社会环境的事例；所谓的“乌托邦”思想则包含了一种对文化的整体设计。

因此，对文化的刻意操纵本身就是许多文化的一个特征——这一事实需要对人类行为进行科学分析才能做出解释。在文化实践中提出改变，做出这样的改变，并接受这样的改变，都是我们主题的一部分。虽然这是人类最复杂的活动之一，但其基本模式似乎很清楚。一旦环境的某一特征被证明对人类行为具有强化作用，或者可以逃避更具厌恶性的条件，那么营造这样的环境就像在房间变冷时生炉火关窗户一样简单。医生告诉他的患者不要再吃某种食物，这样他就不会再被过敏所困扰，因为他已经观察到
428 食物和过敏之间的联系。心理治疗师告诉他的患者去换一份更适合他的工作，这样他就不会有那么多的挫败感，因为类似的联系已经被搞清楚了。一位经济学家建议政府征收重税以抑制通货膨胀，因为他还观察到了另一种关系。所有这些例子都涉及许多详细的步骤，其中许多是言语性的，我们需要对科学思维进行更详细的分析，而不是在这里对具体实例给予合理的解释。但基本过程已经足够清楚，足以做出一些解释。

当我们谈到一种文化的“刻意”设计时，我们指的是“为了其后果”而引入一种文化实践。但正如我们在第七章讨论“自主行为”时所看到的，其未来的后果从来都不会真正有效。之所以要在实践中做出改变，是因为类似的改变在过去已经产生了某些后果。当个体描述自己的行为时，他可能会把过去的后果说成他当前行为的“目标”，但这并没有多大的帮助。为了更好地理解文化的设计者，不要去猜测他的目标，也不要让他为了我们去猜测这些目标，而是要研究那些促使他倡导文化变革的早期环境事件。如果他的建议是建立在科学实验的基础上，那么我们就想知道实验和实际情况有多么符合。我们也可能想要研究其他“变革的原因”，这些原因可以从他的个人成长史中找到，也可以从那些考察过类似领域的人的历史记录中找到。

价值判断

这种对文化设计者行为的诠释带给了我们一个古典比例的问题。最终，人类行为科学也许能够告诉设计师为了产生某种结果而必须建立什么样的文化，但它是否能够告诉设计师他*应该*产生什么样的结果？“应该”这个词把我们带进了熟悉的价值判断领域。人们通常认为有两种知识，一
429 种是事实，另一种是价值，科学必然限于第一种知识。文化的设计是否需要第二种？文化设计者最终必须放弃科学从而转向其他思维方式吗？

含有“应该”的语句在科学话语中没有位置，这种说法是不正确的。至少有一种用途可以做出可接受的转换。以“你应该”开头的句子通常是对强化结果的预测。“你应该带把雨伞”可能意味着“你带雨伞会被强化”。一个更为明确的转换应该至少包含三个陈述：（1）不被淋湿是对你的强化；（2）带雨伞能让你在雨中不被淋湿；（3）天要下雨了。所有这些陈述都属于科学范畴。当然，除此之外，“应该”这个词在伦理团体、政府和宗教机构实施的控制中也起着很大的作用。“你应该带把雨伞”这句话，也可能不是源于对相倚关系的预测，而只是为了诱导一个人带把雨伞。“应该”是厌恶性的，被提示的人如果没有带一把伞，可能会感到内疚。这种劝诫性的用法可以用通常的方式来解释。它只不过是一种隐蔽的命令，与价值判断没有关系，与事实的科学陈述也没有关系。

当强化的结果具有伦理性质时，同样的解释也是可能的。“你应该爱你的邻居”可以被转换成两个陈述：（1）“你的同胞的赞许对你是正强化”；（2）“爱你的同胞会受到你所隶属的群体的赞许”。这两种陈述都有可能被科学所证实。当然，这句话也可以用来强迫一个人以一种类似于爱其邻居的方式行事，实际上这可能就是最常见的原因，但这并不是价值判断的意思。

当文化设计中提出一个给定的改变主要就是为了诱导人们做出改变时，我们就可以根据前面的劝诫性例子对它做出解释。该提议也许是对后果的预测。例如，当有人说这个群体“应该”赞许诚实，因为它的成员将因此而避免上当受骗，或者它“应该”反对偷窃，因为这样可以使它的成 430
员避免财产损失时，这些有时候很容易明确。有时隐含的后果并不那么明显，比如某项行为研究导致某人提出我们“应该”以某种方式处理罪犯，或者我们“应该”避免教育领域的厌恶性控制。在这一点上，通常会借助于自由、安全、幸福、知识等经典价值观。我们已经看到，这些通常都间接地指向文化实践的某些直接后果。但是，关于价值观的关键问题取决于“应该”这个词的另一种含义，其中隐含着一个更为遥远的后果。这种价值在科学领域里有相似的对应物吗？

文化的生存

我们在某些方面已经看到，操作性强化类似于进化理论中的自然选择。正如突变会因其结果而被选择或废弃从而产生遗传特征一样，新的行为方式也会因强化而被选择或废弃。还有适用于文化实践的第三种选择。一个群体采取某种给定的做法——一种习俗、一种惯例、一种控制设置——要么是通过设计，要么是通过某些事件，但就其对群体的作用而言，可能完全是偶然的。作为社会环境的一个特征，这种做法改变着群体成员的行为。由此产生的行为可能会影响到群体在与其他群体或非社会环境的竞争中能否胜出。有优势的文化实践往往成为生存下来的群体的特征，从而也使这些实践得以长久延续。因此，一些文化实践可以说具有生存价值，而另一些从遗传的意义上说则是致命的。

简而言之，一种特定的文化是一种行为实验。它是一组特殊的条件，许多人在这种条件下成长与生活。这些条件产生了我们已经探讨过的行为模式或行为特色，即文化性格。群体成员的普遍兴趣水平、他们的动机和
431 情绪倾向、他们的反应集，以及他们养成自我控制和自我认识的程度，都与群体作为一个整体的力量有关。此外，文化对其他因素也有间接的影响。群体的总体健康将取决于出生率、卫生状况、育儿方法、普遍的生活条件、工作时间和种类，还取决于是否有很多有才能的人进入了医学和护理行业，这个群体的财富有多大比例被用于医院建设、公共卫生服务，等等。文化实践也在很大程度上决定了产生于群体的遗传物质的使用，因为文化实践决定了一个人能否充分发挥他的才能，教育机构能否不分阶级或其他区别而对他开放，以及无论教育政策是进步还是保守，他在选择职业时是否会受到政治上或经济上的偏袒，等等。文化也决定了群体成员在多大程度上专注于食物或性，或在多大程度上逃避轻微的厌恶刺激以寻求“安逸”，或者在多大程度上逃避来自诸如繁重劳动或战斗等重大的厌恶刺激，以及他们在多大程度上承受强大机构的剥削。因此，它反过来又决定了他们从事科学、艺术、工艺以及体育运动等有意义的活动的程度。对特定文化的实验性检验，是由特定时代条件下群体之间的竞争提供的。

那么，生存是用来评价特定文化实践的标准吗？那些习惯于仰赖更为传统的价值观的人通常不愿意接受这一选择。生存价值是一个困难的标准，因为它可能没有幸福、自由、知识和健康那么明显。这不是一个一成不变的标准，因为从这个意义上说，某个时期可能是“好”的文化，在另一个时期就不一定是“好”的文化。因为生存总是以竞争为前提，如果只是在无生命的环境中，它似乎无法在没有竞争的情况下定义“好”的文
432 化。我们似乎没有办法测试一种文化在真空中的生存价值，以确定它的至善。相反，一种文化的短暂存在并不能证明它的善。所有现存的文化显然都幸存了下来，其中许多文化几百年来没有发生过很大的变化，但这并不一定意味着它们比那些在更激烈竞争的环境下湮灭或遭受剧变的文化更好。生存的法则不允许我们辩称，就因为它现在仍然存在，这种状态就一

定是好的。

另一个困难是，生存常常与传统价值观发生直接冲突。在某些情况下，一个群体在不幸福的情况下更有可能生存下去，或者在某些情况下，只有当大量成员屈服于奴役时，这个群体才有可能生存下去。在某些情况下，一种文化的生存可能依赖于无节制的性行为，而在其他情况下，对其实施严厉的压制性控制则可能会增强其他类型的有利行为。因此，为了接受生存作为判断一种文化的标准，似乎有必要放弃诸如幸福、自由和美德等原则。也许对生存最常见的妨碍基本上可以说是对人类历史上迄今为止具有生存价值的实践的厌恶反应。攻击行动通常在促进一个群体对抗另一个群体或一个个体对抗另一个群体的生存方面是最成功的。

这些困难似乎可以解释为什么那些习惯了传统价值观的人不愿接受把生存作为一种选择。我们没有理由敦促他们这样做。我们不必说任何人选择生存作为评价一种文化实践的标准。人类的行为并不依赖于对任何价值观的预先选择。一个人跳着闪过了一辆驰来的汽车时，我们会说“他选择了生而不是去死”。但是他跳出去并不是因为他做出了这样的选择；他跳出去是因为跳跃是由某些刺激性环境引起的。这一事实可以通过许多早期的强化性相倚关系来解释，在这些相倚关系中，快速运动减少了即将到来的厌恶刺激的威胁，或者，根据第十一章的说法，避免了厌恶性后果。此时个体的反应，或者说可以在条件反射作用下以这种方式做出的反应，与 433
生或死的问题并不是完全无关的。事实证明，这种行为显然对他有利。但这种特殊的优势在他跳出去之前是不可能发挥作用的。只有过去的优势才会对他的行为产生影响。他可能会跳跃或者可以学会跳跃，因为他的祖先们是从一个庞大的人口中被挑选出来的，而之所以能够被挑选，就是因为他们能够跳跃或者可以学会从移动物体的路径上快速跳出。那些不会跳跃或学不会跳跃的人很可能就无法被当代的后人所代表。因此，个体对于他自己的未来所选择的“价值”，只不过是一种条件，这种条件在选择性地创造和延续行为时起作用，而这种行为现在似乎是这种选择的例证。个体无法选择生存或死亡；他的行为方式决定着他的生死。行为通常会导致生存，因为行为体是在进化过程中被生存所选择的。

在同样的意义上，对一种文化实践提出建设性建议的行为并不涉及“价值的选择”。漫长的生物和文化历史造就了一个人，他在文化条件方面以一种特定的方式行事。我们的问题不是确定在文化设计者的行为中起作用的价值观或目标；而是要考察设计发生时的复杂条件。一些文化上的改变可能是由于其后果，这些后果被粗略地描述为幸福、自由和知识等。最终，群体的生存获得了一种类似的功能。作为文化设计的先决条件，与生存相关的某种实践会发挥作用。在所谓的价值观中，生存之所以来得晚，是因为文化对人类行为的影响以及文化本身的延续，只有在人类行为科学发展得很好时才能得到证明。科学加速了“改变实践的实践”，正是因为科学提供了大量的实例，在这些实例中，实践的结果被展示了出来。熟悉
434 科学研究结果的人最有可能在文化设计中建立可比条件，如果这种表达不被误解的话，我们可以说，他是用生存作为评价一种实践的标准。

我们能评估生存的价值吗？

文化的演化似乎遵循着物种进化的模式。许多不同文化形式的产生与遗传理论的“突变”相对应。在普遍的情况下，一些文化形式被证明是有效的，而另一些则无效，文化的延续也因此而被决定。当我们从事一种文化的刻意设计时，可以说，我们正在引发“突变”，这可能会加速演化过程。这种作用可能是随机的，但也有这种可能，即这种突变可能特别适合生存。

但是有一个困难，而且是非常严重的困难。生存不会对文化设计者的行为产生有用的影响，除非他确实能够计算出生存的价值。当前的一些问题表明，这是很难做到的。我们可以改变家庭生活和教育机构的模式，以便让孩子长大后成为更幸福的人，但我们能肯定幸福的人就更有可能在当今世界生存吗？心理治疗师面临着一个类似的问题，弗洛伊德本人的著作就是最好的例证。一方面，弗洛伊德对治疗神经症很感兴趣；另一方面，他又想证明神经症患者成就的重要性。一群非神经质的人会缺乏科学和艺术的主动性吗？如果是的话，他们能和一群中度神经质的人竞争吗？与此类似，在政府的设计中，可能会给每个人提供一个相当程度的安全措施，但政府这样做了之后，会得到一个精力充沛、高效和有创造力的人的支持吗？

实际情况几乎总是比实验室的情况更加复杂，因为它们包含更多的变量，而且往往还有许多未知的变量。这是技术相对于纯科学的特殊问题。在人类行为领域，尤其是文化设计领域，我们必须认识到一种复杂性，在这种复杂性面前，实验室科学的严密性是无法维持的。但这并不
435 意味着科学不能帮助解决关键问题。坚持仔细观察，收集不含一丝先入为主之见的结论，这就是科学精神。所有这些既适用于简单情况，也适用于复杂情况。此外，一门严谨的人类行为科学可以提供以下几种实际的帮助。

在简化条件下对基本行为过程的展示，使我们能够看到这些过程在复杂情况下的作用，尽管这些过程在那里无法得到严格的控制。如果能够识别出这些过程，复杂的情况便可以得到更明智的处置。这是一种只有纯科学才最有可能对技术做出的贡献。例如，一个行为过程经常要占用相当长的时间，并且靠随意的观察通常是观察不到的。在受控制的条件下，采用适当的记录技术揭示这个过程时，我们可能就会识别它，并在全世界的复杂情况下利用它。惩罚会很快见效，随意的观察也会建议使用，但是，如果我们知道有另一种行动方案正在朝着更好的解决措施推进，我们可能就不会利用惩罚这一暂时的优势。孩子的行为在没有惩罚的情况下最终也会改变，而我们却很难做到不惩罚他，除非我们有足够的证据证明这一成长过程。只有通过科学研究而详细地建立发展程式，我们才能接受前面所述的惩罚所带来的不利因素。消退的过程也需要很多时间，这一过程对于随意观察来说是不清楚的。我们不太可能有效地利用这一过程，直到对简单实例的科学研究使我们确信，的确会达到一个给定的最终状态。科学的任务是弄清楚对一个系统执行的不同操作所产生的各种结果。只有当我们清楚地看到这些结果时，我们才可能在复杂的实际情况中被这些结果的对应物所影响。

当一门严格的行为科学引导我们认识到生存是评估控制手段的标准时，它会使一种不同的远程结果产生作用。我们已经看到，幸福、正义和知识等与某些直接的结果相差并不远，这些结果会强化个体选择某种文化 436
或实践，而不是另一种。但是，正如通过惩罚获得的直接好处最终会与后来的不利之处相匹配，一种文化实践的这些直接后果可能会被其他不同类型的文化实践所遵循。科学分析可能会使我们在考虑生存的长期后果时，抵制自由、正义、知识或幸福等更为直接的诱惑。

也许行为科学对评价文化实践所做出的最大贡献就是坚持实验。我们没有理由只是根据某些原则或价值就去假设任何文化实践总是对的或总是错的，而不管环境如何，或者假设任何人都可以在任何时候对它的生存价值做绝对化的评估。只要认识到这一点，我们就不太可能死死地抓住这个不可更改的答案来逃避犹豫不决，我们更有可能继续修改文化设计，以便测试其结果。

科学通过使过去的结果有效地决定未来的行为，以此来帮助我们在可选择的行动方案中做出决定。尽管没有哪一种行动方案可能完全由科学经验所决定，但科学领域中任何类似行动的存在，无论多么粗略，都将在某种程度上使人们更有可能采取两种行动中更有利的那一种。对于那些习惯于用绝对原则来评价一种文化的人来说，这或许不够。但这似乎是我们所能做到的最好了。正规化的科学经验，加上个体在复杂环境中的实际经验，为有效行动提供了最好的基础。剩下的不是价值判断的领域；这是一个猜测的领域。当我们不知道的时候，我们会猜测。科学并不能消除猜测，但通过缩小可选择行动路线的范围，它可以帮助我们更有效地猜测。

第二十九章 437
控制带来的问题

人类的行为长期以来一直受到某些经验法则的控制，这是一种前科学的技术。对行为的科学研究已经到了可以提供辅助技术的程度。随着科学方法继续被应用于行为，我们可以期待这种技术的贡献也会迅速倍增。如果我们的评判能够从科学的应用落实到其他实际问题上，它对人类事务的影响将会是巨大的。

我们不能保证由此产生的力量将被用于现在看似是人类的最佳利益。正如现代战争技术所清楚地展现的那样，科学家们未能阻止他们的成就被用在与科学的最初目的相距甚远的方式上。至于其贡献将被用于何处，行为科学本身并不具有任何控制手段。马基雅维利对人类行为的前科学洞察是为了维护政府机构的权力。在纳粹德国，一门更精确的科学成果也被应用于同样小范围的利益集团。这种情况可以预防吗？我们是否还要继续发展一门行为科学而不考虑它的用途？如果不是的话，那么它产生的控制权 438
将委托给谁？

这个问题不仅令人困惑，更是令人感到恐惧；因为我们有充分的理由害怕那些最善于夺取控制权的人。对于科学最终将能够“精确地控制人类的思想”的说法，温斯顿·丘吉尔曾回答说：“如果我在这一切发生之前完成了我在这个世界上的任务，我也就非常满意了。”然而，这并不是完全令人满意的处置办法。其他种类的解决方案可分为四大类。

否定控制。一个解决方案是坚持认为人是自由行为人，永远不受控制技术的控制。显然，在这种信念中寻求庇护已经不可能了。对政府进行评估时所涉及的自由问题与对厌恶性技术的反控制有关。个人自由的信条，对那些坚信从强制控制中解脱出来十分重要的人来说颇具吸引力。但行为是非强制性的；随着其他种类的控制被更好地理解，个人自由的信条作为一种激励手段变得越来越不奏效，在对人类行为的理论认识中也越来越站不住脚。我们都在施加控制，我们也都处在控制之中。随着对人类行为的进一步分析，控制将变得更加有效。这个问题迟早要面对。

拒绝控制。另一种解决办法是故意拒绝被控制的机会。最好的例子来自心理治疗。治疗师通常清楚地意识到他拥有影响那些求助者的权力。正如我们所看到的，滥用这种权力需要不同寻常的伦理标准。卡尔·罗杰斯写道："治疗师不能对评价一个人的能力、动机、冲突和需求负责；他也无法评估个体所能达到的适应程度、他应该承受的重构程度、他应该解决的冲突、他对治疗师的信赖程度以及他的治疗目标，对个体施加某种意义上的控制不再是治疗过程中不可避免的伴随物。随着该治疗过程被扩展到
439 越来越多的人，比如成千上万的退伍军人，这意味着其所属群体对个体及其价值观和目标的微妙控制，而该群体是自我选择实施这种控制的。事实上，这是一种微妙而善意的控制，这只会使人们更不可能意识到他们所接受的是什么。"[①] 罗杰斯的解决方案是尽量减少患者与治疗师之间的接触，直到控制似乎消失。

出于类似的对控制的恐惧而产生的政府哲学，则以无政府主义和自由主义的极端形式表现出来。"管得最少就是管得最好。"这并不意味着温和的政府手段特别有效，因为如果真是这样的话，温和政府将会占大多数。这意味着管理最少的政府相对来说不存在滥用权力的危险。在经济学中，类似的哲学捍卫"自由"经济的正常稳定，反对一切形式的监管。

然而，拒绝接受控制，仅仅是将控制交给了他人。罗杰斯认为，个体拥有解决自身问题的方法，由于这个原因，治疗师不需要主动采取行动。但内在解决方案的最终来源是什么？如果说个体是以伦理和宗教训练为标志的文化的产物，在这种文化中，政府的控制和教育是行之有效的，经济强化以一种可接受的方式发挥作用，还有大量适用于解决个人问题的世俗智慧，那么他很可能会"找到解决方案"，也许不需要治疗师。但是，如果个体所受到的控制是过度的、缺乏技巧的或是有害的，或者他接受的是非典型的伦理或宗教训练，或者他因反社会行为而获得了强大的经济强化，那么他"自己内部"也许就没有可接受的解决方案。就政府而言，如果公民与宗教、教育和其他类型的机构有联系，而这些机构提供政府拒绝接受的控制，自由主义的哲学就起作用了。无政府主义理论认为，一旦政
440 府撤销对人的控制，人就会茁壮成长，但这种理论常常忽略了使人得以适应稳定的社会制度的其他控制力量。在"自由社会"里，个体是由政府以

① *Harvard Educational Review*, Fall 1948, page 212.

外的机构控制的。使民主哲学成为可能的“对普通人的信仰”，实际上是对其他控制来源的信仰。在设计美国政府的结构时，那些拥护最小政府的人倡导有效的宗教控制和伦理控制；如果没有这些，一个自由主义的计划就会把这个国家的人民交给其他控制机构，并可能带来灾难性后果。同样，在一个不受控制的经济中，价格、工资等可以作为变量的函数而自由变化，而这些变量不是由政府机构设定的；但在其他任何意义上，它们都不是自由的。

拒绝接受控制，从而把控制留给其他来源，通常会产生控制多元化的效果。多元化是解决我们的问题的另一个可能的方案。

多元化控制。一个相当明确的解决办法是，将对人类行为的控制分配给许多机构，这些机构几乎没有共同之处，它们不太可能联合成为一个专制的单位。总的来说，这是支持民主而反对极权主义的论点。在极权主义国家，所有的机构都被集中在一个单一的超级机构之下。国教符合政府的原则。通过国家所有权，超级机构获得了完全的经济控制权。学校被用来支持政府的举措，并根据国家的需要培训男女公民，而有可能反对政府计划的教育实践则通过控制言论和新闻而被加以限制。甚至心理治疗也可能成为国家的职能，就像在纳粹德国，因为没有对立的机构，所以就可以采取极端的手段。

一个统一的机构通常被认为更有效率，但它使得解决控制问题变得非常困难。正是多元化机构的效率低下，才为防止滥用权力提供了一些保障。就以美国的广告这样一个简单的例子来说明多元化的好处。为了诱使人们购买特定品牌的商品，每年要花费大量的金钱。每个公司试图控制的
很大一部分由其他试图控制的公司所抵消了。如果广告只针对品牌的选 441
择，其净效应就可能是微小的。例如，如果所有用于促销特定品牌香烟的钱都用于增加每天所吸香烟的数量，而不管吸的是什么品牌，其效果可能会更加明显。这一事实被那些把广告资金集中在一种产品而不是单个品牌上的行业所认可。

在一个民主国家，有一种类似但也更为重要的消除控制作用的做法：教育和政府的限制常常与经济控制对立；心理治疗常常与政府和宗教的控制对立；政府与宗教之间也经常会有一些对立；等等。只要对立的力量保持某种平衡，任何机构对控制的过度利用都是可以避免的。这并不意味着控制永远不会被滥用。在这样划分的情况下，来自控制的收益往往不那么引人注目，而且没有一个机构的权力会增加到让群体成员感到恐慌的程度。然而，这并不能说明，多元化控制的作用仅仅是使收益多元化。

多元化的巨大优势并不是只与控制问题密切相关。多元化允许在文化设计中进行更安全、更灵活的实验。极权主义国家之所以脆弱，是因为如果它犯下一个错误，整个文化就可能被摧毁。在多元化的情况下，新的控制技术可以在当地得到试验，而不会对整个结构造成严重威胁。

那些接受多元化作为控制问题解决方案的国家认为，有若干适当的措施可以被采用。一个控制机构旗帜鲜明地反对另一个。例如，反垄断行为的立法可以防止单一机构的无限制的经济权力的发展。其作用通常是建立两到三个强大的机构，在这些机构之间分配某种特定的经济控制权。在教育方面，任何对标准化实践的反对都隐含着明确的多元化。通过保持多种
442 不同的教育机构，以不同的方式开展工作，取得不同的结果，我们获得了安全实验的优势，避免过分侧重任何一个项目。在美国，联邦政府、州政府和地方政府并存，体现了政府的多元化，而宗教控制权则分散在许多教派之间。

对于那些担心滥用人类行为科学的人来说，这个解决方案指出了一个明确的步骤。通过尽可能广泛地传播科学知识，我们获得了一些保证，这些知识不会被任何一个机构为了其自身的扩张而扣押。

对控制的控制。在另一种解决控制问题的尝试中，政府机构被赋予了限制个体或其他机构行使控制之程度的权力。例如，用武力控制他人的可能性是显而易见的。一个单靠武力统治的强人，其统辖的是一个极权主义的小邦。当力量被分配给许多人时，多样化的优势就会产生：武力的作用被有所抵消，剥削则会不那么明显，群体的力量也不那么严重地依赖于一个人的持续力量。但是，一个以“维护和平”为职责的政府，为防止仰仗使用武力进行任何形式的控制，可以实现对单纯的武力多样化的超越。这样的政府可以将控制扩展到其他形式。例如，在现代民主制度中，不允许拥有巨额财富的人以任何方式控制行为，而这些方式原本对他是不加限制的。不允许教育工作者使用由他支配的控制权来确立某些类型的行为。不允许宗教和心理治疗鼓励或纵容非法行为。通过对个体的“不当影响”的纠正，个人控制被加以限制。

在针对这个问题的解决中，最终的控制权在哪里是毫无疑问的。但是，如果这样一个政府要有效地运作，就必须赋予它更大的权力，那么防止滥用权力的问题就依然存在。当一个政府成功地维持了和平而又不干预
443 其公民的生活时，通过武力控制的问题显然已经得到了解决。为了维持和平而使用武力的政府可能会以其他方式控制公民，并与其他政府作战。其他类型的控制也可能会被滥用。一个政府如果能够限制某一特定机构的控

制，就可以强迫该机构支持其自身的扩张计划。极权主义国家开始时也许仅仅是限制其下属机构的控制，但它最终可以篡夺它们的职能。这在过去都曾经发生过。行为科学一定能降低这种情况再次发生的可能性吗？

能够对抗专制的安全措施

一个控制者的终极力量取决于被控制者的力量。一个富人的财富取决于他通过财富控制的那些人的生产力；奴隶制作为一种控制劳动力的技术，最终被证明是非生产性的，并且生存成本过高。政府的力量取决于公民的创造力和生产力；强迫性的控制会导致低效或神经质行为，而这违背了它们的目的。一个使用令人瞠目的宣传手段的机构，会遭受它所控制的人群的无知与狭隘的反噬。一种满足于现状的文化，一种声称知道什么控制措施是最好的并因此而不做实验的文化，可能会获得暂时的稳定，但只会以最终的消亡为代价。

通过展示政府的做法如何塑造被统治者的行为，科学可能会更快地引导我们设计一个政府，从最广泛的意义上说，这必然会促进被统治者的福祉。一个群体从其成员中所产生的最大力量通常需要一些条件，这些条件可以粗略地用自由、安全、幸福和知识等术语来表述。在没有例外情况下，生存标准既符合政府的利益，也符合被统治者的利益。预测这种力量最终会成为那些从事文化设计的人的首要考虑因素，这也许并不是纯粹的一厢情愿。根据第十五章的说法，这种成就只是代表了一种特殊的自我控
制。统治者或文化的设计者很容易利用任何可资利用的权力来达到某种立 444
竿见影的效果。运用权力来实现某种终极结果要困难得多。但是每一项科学进步都强调了这些结果，这使得在文化设计中实施某种程度的自我控制变得更加可能。

为了被统治者的利益而建立的政府很容易被划归为伦理或道德议题。这并不意味着政府的设计是基于任何绝对的对与错的原则，而是如我们所看到的那样，政府的设计受到长期后果的控制。第十五章中描述的所有自我控制的例子也可以被归类为伦理或道德议题。我们处理政府设计和控制的伦理问题，就像我们处理任何其他人类行为的伦理问题一样。由于显而易见的原因，当某人打我们的时候，我们就称其为坏人。后来，由于显而易见的原因，当他打别人时，我们也称他为坏人。最终，我们更为一般地反对使用身体暴力。反抗措施成为我们团体伦理实践的一部分，宗教机构也支持这些措施，称使用身体暴力是不道德或罪恶的。因此，所有这些反对使用身体暴力的措施，都可以用直接厌恶性后果来加以解释。然而，在

政府的设计中，我们可以通过考量其对群体的最终影响来评估身体暴力的使用。为什么一个政府不应该屠杀被占领城市或国家的全部人口？认为这种行为是错误的，并可能以一种激烈的情感方式对这种建议做出反应，这就是我们文化遗产的一部分。一个群体的成员以这种方式做出反应，这一事实可能最终会被证明对群体的力量做出了贡献。但除了这种反应之外，我们还可以谴责这种做法，因为它最终会削弱政府。正如我们所看到的，这将导致其他战争中更激烈的抵抗，导致害怕遭遇同样命运的国家有组织的反击，并导致政府在控制其本国公民方面出现非常严重的问题。同样，尽管我们反对奴隶制，因为对一个人的厌恶性控制对其他人也同样是厌恶
445 性的，因为这种控制是“错误的”，或者因为它“与我们对人的尊严的观念不相容”，但在文化设计中还可能有另一种考虑，即奴隶制降低了那些被奴役者的效力，并对群体的其他成员产生严重影响。同样，我们为了捍卫一种我们认为优越于他人的生活方式，会列出那些能够对我们立即产生强化作用的特性，我们称之为伦理或道德上的好；但是，在评价一个特定的文化实验时，我们可以反过来问，这种生活方式是否有利于遵循它的人的最有成效的发展。

在文化实践的设计中，伦理和道德原则无疑是有价值的。在这方面，至今仍然存在的那些原则大概是最有价值的。然而，任何给定设置的最终生存价值并不能因此得到保证。科学所能告诉我们的关于特定做法对行为的影响，以及这种行为对群体生存的影响，可能会更直接地导致人们认识到最广泛意义上的政府的终极力量。最终，这个问题的提出必须涉及整个人类。近来有很多文章在讨论人类事务时都谈到需要回归“道德法则”。但“谁的道德法则?”这个问题经常会让人感到尴尬。面对要找到一项为世界各国人民所接受的道德法则的问题，我们更加清醒地意识到任何一个群体或机构所提出的原则中的缺陷。通过教育或军事征服来推广这些原则的可能性并不大。如果一门行为科学能够发现使人具有终极力量的那些生活条件，那么它就可能提供一套“道德价值观”，因为这些价值观独立于任何一个群体的历史和文化，因而才可能被普遍接受。

谁来控制？

尽管科学可以为更有效的文化设计提供基础，但谁将从事这种设计的问题仍然没有答案。“应该由谁来控制?”是一个伪问题——至少在我们搞
446 清楚对该问题的回答可能带来什么后果之前的确如此。如果我们着眼于对群体的长期影响，问题就会变成：“如果文化要生存，那么应该由谁来控

制?”但这相当于问：“谁将控制幸存的群体?”这个问题的答案需要一种预测，但由于要考虑到极其复杂的情况，这种预测是无法确定的。然而，从长期来看，从生存的角度来看，最有效的控制可能是基于对文化实践的生存价值的最可靠的估计。既然行为科学关注的是对文化实践的结果的证明，我们就有理由相信，这样一门科学将是这个或这些幸存文化的基本标志。因此，仅就这一点而言，当前最有可能生存下来的文化当属那些将科学方法最有效地应用于人类行为问题的文化。

然而，这并不意味着科学家们正在成为自封的统治者。这并不意味着任何掌握了科学方法和成果的人都能跳出历史的潮流，把政府的演变掌握在自己手中。科学也不是自由的。它不能干涉事态的进程；它只是这进程的一部分。我们在解释人类一般行为时如果将科学家排除在这个人类群体之外，结果将会大不相同。然而，科学提供了对一种进程的描述，该进程本身就是一个例子。对于我们目前在文化演化中的地位，可以采取这样一种形式进行合理的陈述：我们发现自己是一种文化的成员，在这种文化中，科学蓬勃发展，科学方法已被应用于人类行为。如果文化从这一事实中获得力量，那么行为科学将继续蓬勃发展，我们的文化将对未来的社会环境做出重大贡献，这是一个合理的预测。

个体的命运

西方思想强调个体的重要性与尊严。以“人权”为基础的民主主义哲
学主张，在法律面前人人平等，个体的福利是政府的目标。在类似的宗教 447
哲学中，虔诚与救赎是留给个体自己的，而不是留给宗教机构。民主主义的文学艺术强调的是个体，而不是类型，而且常常关注的是提高人们对自己的认识与了解。许多心理治疗流派已经接受了“人是自己命运的主人”的理念。在教育、社会规划和许多其他领域，个体的福利和尊严都得到了优先考虑。

这一观点的有效性是不容否认的。与之相关的实践增强了个体作为团队中一个充满活力并且富有成效的成员的能力。“坚持自己”的人是社会环境特别强化的人。具有西方民主思想特征的环境产生了这种作用。这一观点在反对专制控制时尤为重要，事实上，也只能从这种控制的角度来理解。对一个强大的机构实施反控制的第一步，是增强被控制者。如果政府机构不能理解个体对机构自身的价值，那就必须让个体自己理解他自身的价值。这种方法的有效性体现在以下事实中：专制政府最终被共同行动的个体所反制，以建立一个他们认为更具强化作用的世界；认识到个体重要

性的管理机构往往会变得强大起来。

因此，个体自由、主动和责任等概念的使用得到了充分的强化。然而，当我们转向科学所提供的东西时，我们发现传统的西方观点并没有得到非常令人欣慰的支持。运用科学方法研究人类行为的必要条件，就是假设人不是自由的。对外在生物有机体行为负责的内在自由人，只是科学分析过程中发现的各种原因的一种前科学替代物。所有这些可能的原因都在
448 个体之外。生物基质本身是由遗传过程中先前发生的事件所决定的。其他重要的事件可以在非社会环境中被发现，从最广泛的意义上说，也可以在个体所处的文化中被发现。这些就是使个体依照自己的行为行事的影响因素。对这些因素来说，个体影响不到它们，而对个体的赞扬或责备，对这些因素而言也没有意义。个体可以自己承担起控制变量的责任，而他自己的行为则是这些变量的一个函数，或者从更宽泛的意义上说，他设计他自己的文化，这都无关紧要。他这样做只是因为他是一种文化的产物，这种文化产生了自我控制，或是作为一种行为模式的文化设计。环境决定个体，即便他在改变环境时亦是如此。

环境的这种优先重要性已逐渐为那些关心改变人类命运的人所认识。改变文化比改变个体更为有效，因为任何对个体的影响都会在该个体死亡后消失。由于文化存在的时间要长得多，对他们的任何影响都会更具强化作用。临床医学与医学科学之间也有类似的区别，前者关注个体的健康，后者则关注最终将影响数十亿人健康的医疗实践。据推测，随着社会环境与个体行为的相关性变得更加清晰，对文化的重视也将会提高。因此我们可能会发现，有必要从强调个体的哲学转变为强调文化或群体的哲学。但文化也会改变和消亡，我们不能忘记，文化是由个体行动创造的，只有通过个体的行为才能生存。

科学并不把群体或国家置于个体之上，反之亦然。所有这些解释都源自一种不恰当的隐喻手法，借用了某些突出的控制实例。在分析人类行为的决定因素时，我们选择一个较长的因果链中的显著环节作为出发点。当一个人明显地操纵另一个人的行为时——前者的行为作为一个变量，而后者的行为作为变量的函数——我们说第一个人控制了第二个人，但我们并
449 没有问是谁或者是什么控制了第一个人。当政府明显地控制它的公民时，我们只考虑这一事实，而不去识别那些控制政府的事件。当个体作为一种反控制措施而得到增强时，我们可以像在民主主义哲学中所阐述的那样，把他的行为当作一个起点。然而，实际上，我们没有理由把原动力的角色分配给任何人或任何东西。尽管科学有必要将自己局限于一系列连续事件

中所选定的局部，但任何解释最终都必须被应用于整个系列。

即便如此，从科学分析中产生的个体观念，对于大多数深受民主主义哲学影响的人来说，仍然是不合口味的。正如我们在第一章中所看到的，剥夺人类对自己在宇宙中所占地位的深信不疑的信仰，一直都是科学所承担的令人遗憾的任务。很容易理解为什么人们总是自谄自媚——为什么他们总要用这种方式（通过提供对批评或其他形式惩罚的后果的逃避来强化自己）来描述这个世界。不过，尽管奉承能够暂时性地强化行为，但它是否具有最终的生存价值则还是个问题。如果科学不能证实个体行为中的自由、主动性和责任等假设，那么这些假设最终无论是作为激励手段还是作为文化设计的目标都不会有效。我们可能不会轻易放弃它们，事实上，我们可能会发现在这方面很难控制自己或他人，直到有了可供替代的原则。但改变可能会发生。这并不意味着更新的概念就一定不被接受。我们不妨以这样的反思来聊以自慰：科学毕竟是知识的累积进步，这种进步只能归功于人类，人类的最高尊严可能就在于接受人类行为的事实，而不考虑它们可能带来的短暂影响。

索　引[①]

① 索引中的页码为英文原书页码，见于正文侧边。——译者注

Science and Human Behavior by B. F. Skinner

Published by arrangement with the original publisher, Free Press, a Division of Simon & Schuster, Inc.

图书在版编目（CIP）数据

科学与人类行为/(美）B. F. 斯金纳（B. F. Skinner）著；王京生译．-- 北京：中国人民大学出版社，2023.1

（西方心理学大师经典译丛）

书名原文：Science and Human Behavior

ISBN 978-7-300-30980-4

Ⅰ.①科…　Ⅱ.①B… ②王…　Ⅲ.①行为科学　Ⅳ.①C

中国版本图书馆 CIP 数据核字（2022）第 164195 号

西方心理学大师经典译丛

科学与人类行为

［美］B. F. 斯金纳　著

王京生　译

Kexue yu Renlei Xingwei

出版发行	中国人民大学出版社		
社　　址	北京中关村大街 31 号	**邮政编码**	100080
电　　话	010－62511242（总编室）		010－62511770（质管部）
	010－82501766（邮购部）		010－62514148（门市部）
	010－62515195（发行公司）		010－62515275（盗版举报）
网　　址	http：//www. crup. com. cn		
经　　销	新华书店		
印　　刷	涿州市星河印刷有限公司		
规　　格	155 mm×230 mm　16 开本	**版　　次**	2023 年 1 月第 1 版
印　　张	21.75 插页 2	**印　　次**	2024 年 5 月第 2 次印刷
字　　数	357 000	**定　　价**	79.80 元

西方心理学大师经典译丛

001	自卑与超越	[奥] 阿尔弗雷德·阿德勒
002	我们时代的神经症人格	[美] 卡伦·霍妮
003	动机与人格（第三版）	[美] 亚伯拉罕·马斯洛
004	当事人中心治疗：实践、运用和理论	[美] 卡尔·罗杰斯等
005	人的自我寻求	[美] 罗洛·梅
006	社会学习理论	[美] 阿尔伯特·班杜拉
007	精神病学的人际关系理论	[美] 哈里·沙利文
008	追求意义的意志	[奥] 维克多·弗兰克尔
009	心理物理学纲要	[德] 古斯塔夫·费希纳
010	教育心理学简编	[美] 爱德华·桑代克
011	寻找灵魂的现代人	[瑞士] 卡尔·荣格
012	理解人性	[奥] 阿尔弗雷德·阿德勒
013	动力心理学	[美] 罗伯特·伍德沃斯
014	性学三论与爱情心理学	[奥] 西格蒙德·弗洛伊德
015	人类的遗产："文明社会"的演化与未来	[美] 利昂·费斯汀格
016	挫折与攻击	[美] 约翰·多拉德 等
017	实现自我：神经症与人的成长	[美] 卡伦·霍妮
018	压力：评价与应对	[美] 理查德·拉扎勒斯 等
019	心理学与灵魂	[奥] 奥托·兰克
020	习得性无助	[美] 马丁·塞利格曼
021	思维风格	[美] 罗伯特·斯滕伯格
022	偏见的本质	[美] 戈登·奥尔波特
023	理智、疯狂与家庭	[英] R. D. 莱因 等
024	整合与完满：埃里克森论老年	[美] 埃里克·埃里克森 等
025	目击者证词	[美] 伊丽莎白·洛夫特斯
026	超越自由与尊严	[美] B. F. 斯金纳
027	**科学与人类行为**	**[美] B. F. 斯金纳**

* * * *

了解图书详细信息，请登录中国人民大学出版社官方网站：

www.crup.com.cn